洛扎年鉴

ལྷོ་བྲག་གི་ལོ་རིམ་མེ་ལོང་།

2021

（总第4卷）

洛扎县地方志编纂委员会　编

图书在版编目（CIP）数据

洛扎年鉴. 2021 / 洛扎县地方志编纂委员会编. —
北京 : 方志出版社, 2021.10
ISBN 978-7-5144-4915-0

Ⅰ. ①洛… Ⅱ. ①洛… Ⅲ. ①洛扎县 – 2021 – 年鉴
Ⅳ. ①Z527.54

中国版本图书馆CIP数据核字（2022）第238463号

责任编辑：李志瑜
责任校对：刘玉霞
责任印制：梅中英
出 版 者：方志出版社
地　　址：北京市朝阳区潘家园东里9号（国家方志馆4层）
邮　　编：100021
网　　址：http://www.zgfzcb.cn
发　　行：方志出版社图书营销中心（010–67110500）
印　　刷：河南和印印务有限公司
开　　本：889毫米×1194毫米　1/16
印　　张：24
字　　数：564千字
版　　次：2021年10月第1版
印　　次：2021年10月第1次印刷
定　　价：380.00元

《洛扎年鉴（2021）》编纂委员会

《洛扎年鉴（2021）》编辑部

编辑说明

一、《洛扎年鉴（2021）》以马克思列宁主义、毛泽东思想、邓小平理论、“三个代表”重要思想、科学发展观、习近平新时代中国特色社会主义思想为指导，坚持辩证唯物主义和历史唯物主义的立场、观点和方法，坚持“实事求是、质量第一、存史资政、服务大众”的办鉴宗旨。

二、《洛扎年鉴（2021）》记载洛扎县的基本面貌和年度经济社会发展情况，为社会各界和广大读者了解、研究县情提供准确可靠的信息资料和基本数据，为洛扎县的经济建设和社会事业协调发展服务。

三、《洛扎年鉴（2021）》上限为2020年1月1日，下限至2020年12月31日，为保持历史的延续性和反映事物发展的完整性，个别事项适当上溯和下延。

四、《洛扎年鉴（2021）》载录洛扎县2020年经济社会发展的基本资料，设有特载、大事记、县情概览、中共洛扎县委员会、洛扎县人民代表大会、洛扎县人民政府、中国人民政治协商会议洛扎县委员会、纪检监察、人民团体、法治、军事、经济管理、自然资源·城乡建设·生态环境、农牧业·水利·林业·电力、交通·旅游·邮政·通信、商贸、财税·金融、卫生与健康、教育体育·气象、文化·文物、民政·人力资源和社会保障、乡（镇）概况、荣誉录、统计数据（统计局）、附录等内容。

五、《洛扎年鉴（2021）》采用分类编辑法，以类目、分目、条目为主要框架结构，个别包含多方面资料的条目，则在段落间加插楷体标题提示，方便读者查阅全书。

六、《洛扎年鉴（2021）》所提供的内容、图片和数据，分别来自洛扎县各有关部门和乡（镇）人民政府，经各级领导审核，由于口径和统计方法不同，恐有不一致之处，使用时以县统计局提供的数据为准。

数字洛扎·2020

※ 土地面积：5031平方公里

※ 年末常住人口：20413人

※ 地区生产总值：77153.6万元

※ 第一产业增加值：5155.4万元

※ 第二产业增加值：42339.9万元

※ 第三产业增加值：29658.3万元

※ 农林牧渔业总产值：5411万元

※ 粮食产量：10342.9吨

※ 油菜籽产量：770.97吨

※ 青稞产量：0.65万吨

※ 蔬菜产量：2566.35吨

※ 肉类产量：1118.32吨

※ 奶类产量：3400.32吨

※ 禽肉产量：1129吨

※ 禽蛋产量：66.8吨

※ 牲畜出栏率：31.2%

※ 城镇登记失业率：2.3%

※ 全社会固定资产投资：136548万元

※ 税收收入：6012万元

※ 财政收入：5125万元

※ 财政支出：177380万元

※ 居民储蓄存款余额：4.7770亿元

※ “三农”贷款余额：3.7562亿元

※ 社会消费品零售总额：20250万元

※ 国内外旅游接待人数：5万人次

※ 旅游收入：833万元

※ 农牧民人均可支配收入：15637元

※ 规下工业增加值：1260万元

※ 开复工项目：111个

※ 国家投资：99210.98万元

※ 招商引资：7亿元

※ 民间投资：81240.46万元

※ 劳动力转移就业：7081人次

※ 完成劳务创收：8716万元

领导关怀

2020年4月11日，西藏自治区党委书记吴英杰到洛扎县考察调研。图为吴英杰（前排左五）与杰罗布村群众合影

2020年4月13日，西藏自治区党委书记吴英杰到洛扎县洛扎镇考察调研。图为吴英杰（左二）到次麦养鸡场考察种植养殖循环农业模式带动群众脱贫致富情况

2020年4月14日，西藏自治区党委书记吴英杰到洛扎县拉康镇考察调研。图为吴英杰（居中）实地考察小康示范村建设工作

社会民生

2020年，洛扎县杜鲁社区曲久小康村新貌

2020年，洛扎县第一批抵边搬迁群众合影

2020年8月15日，洛扎县藏医院在援藏专家的指导下开展“三伏贴”疗法

2020年11月3日，洛扎县在湖北广场举办“洛扎县全民厨艺技能”大赛

文化建设

2020年7月13—15日，西藏自治区歌舞团到洛扎县开展以“打赢脱贫攻坚战、全面建成小康社会”为主题的文艺演出活动。图为参演人员合影

2020年11月1日，“2020 · 洛扎县库拉岗日文化旅游节”开幕。图为县委副书记、县长白玛多吉在开幕式上致辞

2020年8月1日，洛扎县举办八一建军节军民联欢晚会。图为演出人员合影

2020年9月16日，洛扎县举办民族团结进步文艺晚会。图为县委副书记、县长白玛多吉（左八）与获奖人员合影

洛扎镇

2020年6月5日，洛扎镇党委书记罗利（左）实地了解贫困户生产生活情况

2020年8月5日，洛扎镇党委副书记、镇长达娃次仁（左二）到次麦社区查看雪后受灾情况

2020年11月，洛扎镇嘎波社区召开中共十九届五中全会精神学习宣讲会

2020年6月10日，洛扎镇召开农村供水工程水费收缴意见征求大会

拉康镇

2020年6月17日，西藏自治区人大常委会副主任、山南市委书记许成仓（左一）到拉康镇调研指导工作

2020年，洛扎县委书记赵天武（右二）到拉康镇民久玛检查指导工作

2020年2月18日，洛扎县人大常委会副主任、拉康镇党委书记费德光（左一）看望慰问困难群众

2020年2月12日，拉康镇开展为孤寡老人送温暖活动

2020年，拉康镇次巴鼎小康村新面貌

生格乡

2020年4月5日，洛扎县委书记赵天武（左一）到生格乡仲村检查指导扶贫工作开展情况

2020年11月18日，洛扎县委副书记、县长白玛多吉（右二）到生格乡木村荞麦加工厂检查指导工作

2020年4月20日，生格乡党委书记张昭（右二）到古局村检查指导小康村建设工作

2020年4月25日，生格乡党委副书记、乡长仁青贡布（右一）入户了解农牧民生产生活情况

2020年4月16日，中国共产党生格乡委员会第二届代表大会第三次会议召开

边巴乡

2020年9月25日，山南市委常委、宣传部部长燕红（右二）到边巴乡督导检查“四讲四爱”群众教育实践活动开展情况

2020年2月18日，洛扎县委书记赵天武（右一）到边巴乡督导小康村建设工作

2020年3月13日，边巴乡党委书记尼玛平措（左二）到各村了解疫情防控进出人员情况

2020年9月12日，边巴乡党委副书记、乡长周金生（右二）与村干部开展座谈

2020年11月23日，边巴乡召开基层党组织书记抓党建工作述职评议会

2020年5月22日，边巴乡召开脱贫攻坚领导小组第三次会议

扎日乡

2020年4月16日，洛扎县委书记赵天武（右二）到扎日乡实地调研白沙农场运营情况

2020年7月16日，洛扎县委副书记、县长白玛多吉（右一）到扎日乡检查指导小康村建设工作

2020年3月20日，扎日乡党委书记王光录（左一）看望慰问维稳值班人员

2020年，扎日乡党委副书记、乡长索朗（右一）入户调研脱贫攻坚工作

色　乡

2020年7月1日，洛扎县政协副主席、色乡党委书记蔡小东（后排左四）到田间地头开展政策宣讲、为民服务活动

2020年6月1日，色乡党委副书记、乡长扎西次仁（中）看望慰问乡完全小学优秀学生

2020年，色乡组织干部职工集体学习《习近平谈治国理政》第三卷

2020年，色乡干部职工开展特色党建活动

2020年，色乡干部职工开展“我和我的祖国”视频拍摄活动

拉郊乡

2020年12月，洛扎县委书记赵天武（后排右三）到拉郊乡德玛龙检查指导疫情防控工作

2020年6月11日，洛扎县委副书记、县长白玛多吉（第二排左四）到拉郊乡德玛龙看望慰问工作人员

2020年3月14日，拉郊乡党委书记古桑旦增（左一）实地查看道路积雪情况

2020年8月16日，拉郊乡党委副书记、乡长顾世超（左一）到贫困户家中了解脱贫情况

目 录

洛扎年鉴

特 载

大事记

县情概览

中共洛扎县委员会

洛扎县人民代表大会

洛扎县人民政府

中国人民政治协商会议洛扎县委员会

纪检监察

人民团体

法 治

军 事

经济管理

自然资源 · 城乡建设 · 生态环境

农牧业·水利·林业·电力

交通·旅游·邮政·通信

商　贸

财税 · 金融

卫生与健康

教育体育·气象

文化·文物

民政·人力资源和社会保障

乡（镇）概况

荣誉录

统计数据（统计局）

附 录

索 引

特 载

洛扎年鉴

在县委九届七次全会上的工作报告

（2021年1月14日）

洛扎县委书记 赵天武

2020年是极不平凡的一年。一年来，在市委的坚强领导下，县委常委会坚持以习近平新时代中国特色社会主义思想为指导，全面贯彻落实党的十九届五中全会及中央第六次、第七次西藏工作座谈会精神，按照区党委九届七次、八次、九次全会的部署，落实市委一届五次、六次、七次全会要求，增强“四个意识”、坚定“四个自信”、做到“两个维护”。紧紧围绕全面建成小康社会的宏伟目标，抓好“稳定、发展、生态、强边”四件大事，统筹推进疫情防控和经济社会发展，全面加强党的建设，大力推进长治久安和高质量发展，各项事业取得新成效。

一年来，我们坚持不懈践行“两个维护”，自觉在思想上、政治上、行动上同以习近平同志为核心的党中央保持高度一致

全面加强党对各项工作的领导，坚持把党的领导落实到国家治理各领域、各方面、各环节上，充分发挥县委领导核心作用，不断提高县委把方向、管大局、保落实的能力和定力。召开县委全会、经济工作会、县委常委会（扩大）会议、宗教领导小组会议以及深改委、边防委等会议50余次，主动研究部署脱贫攻坚、基层党建、寺庙管理、边境管控、疫情防控、编制“十四五”规划等工作，补短板、强弱项，研究解决困难问题。坚持以党的政治建设为统领，全面加强党的思想政治建设，召开理论学习中心组学习会25次，研究部署学习贯彻落实工作，教育引导党员干部增强“四个意识”、坚定“四个自信”、做到“两个维护”。巩固深化“不忘初心、牢记使命”主题教育成果，县委常委班子带头精读《习近平谈治国理政》（第三卷），开展专题研讨7次，推动党的创新理论学习走深走实，增强应对重大风险挑战的能力和本领。始终围绕中心、服务大局，把践行“两个维护”作为最高政治原则和根本政治规矩，自觉把洛扎工作放在区党委、市委工作大局中考量，对以习近平同志为核心的党中央绝对忠诚和对区党委、市委工作部署不折不扣全面落实，统筹做好洛扎各项工作。

一年来，我们坚持以强边固防为首要任务，坚决筑牢中不国土安全屏障

牢固树立总体国家安全观，坚持屯兵和安民并举、固边和兴边并重，大力推进守边固边富边强边，全力捍卫国家领土完整，做到守土负责、守土担责、守土尽责。

*加强党对边境工作的领导。*调整充实县委国家安全委员会、边防委员会，统筹边境发展和边境管理各项工作，召开县委常委会、国家安全委员会、边防委员会会议研究边境工作重大问题。按照“外事无小事”原则，稳慎应对处置，及时向市委报告，做到不出事、不添乱。县委领导带头深入边境一线调研20余次，了解情况、发现问题、制定对策，形成9个情况报告上报市委，为市委决策提供科学依据。

*稳慎推进抵边建设。*基本完成杰罗布等5个抵边搬迁点203户680人的抵边搬迁点建设，加快完成德玛龙抵边搬迁点建设。积极筹备德玛龙等7个抵边行政村设置工作。

一年来，我们坚持底线思维，增强忧患意识，坚决维护边境地区社会稳定

始终把维护稳定作为第一位的工作任务，牢固树立“稳定压倒一切”的思想，坚持底线思维，增强忧患意识，全力推动边境治理由“要我稳定”向“我要稳定”转变。

*深入开展反分裂斗争。*开展经常性、多样性实战演练磨合和应急处突培训，做到心中有数。结合扫黑除恶专项斗争、“四讲四爱”群众教育实践活动，不断深化反分裂斗争教育。

*依法加强宗教事务管理。*全面落实宗教事务条例、自治区“五项”宗教领域管理工作意见，着力在“导”上下功夫。深入开展“遵行四条标准、争做先进僧尼”教育实践活动，创新开展“四讲四坚守”主题教育，表彰了一批模范寺庙和先进僧尼，引导寺庙僧尼爱国爱教、遵纪守法。

*社会治理水平显著提升。*认真落实“环洛扎安全工程”，积极推进“雪亮工程”，逐一细化落实人防、技防、物防措施，围绕中央第七次西藏工作座谈会、自治区成立55周年和党的十九届五中全会等重要节点和疫情防控关键时期，加强社会面管控，确保社会面持续和谐稳定。坚持和发展新时代“枫桥经验”，深入推进矛盾纠纷排查化解，研究制定信访工作意见，落实领导包案机制，全年累计接访26件、办结22件。坚持人民群众生命安全至上，深化重点行业领域安全生产专项治理，加大对各类案件的侦破、查处力度，严厉打击各类违法活动，有效震慑了各类违法犯罪的发生。

*不断铸牢中华民族共同体意识。*认真贯彻落实《西藏自治区民族团结进步模范区创建条例》，深化拓展民族团结教育和民族团结进步创建活动，创新开展“你到我家串串，我到你家聊聊”等活动，选树表彰了一批民族团结模范集体和先进个人。大力宣传党的民族政策，深入开展铸牢中华民族共同体意识教育、爱国主义教育、社会主义核心价值观教育，不断增强“五个认同”。全面推广普及国家通用语言文字，广泛开展藏汉互学活动，促进民族交往、交流、交融。

*牢牢掌握意识形态工作领导权和主动权。*全面落实意识形态工作责任制，县委常委会会议定期听取、研究意识形态工作，召开全县宣传思想文化工作会，研究部署意识形态工作。加强重大突发事件和敏感舆情的分析研判处置，及时有效处置网上舆情舆论5起。坚持正确舆论导向，用好管好洛扎政务网、“秘境洛扎”等平台，统筹内宣外宣一体推进，唱响主旋律、传播正能量。

一年来，我们深入贯彻新发展理念，不断推动高质量发展

坚定不移贯彻新发展理念，以“夯实基础、民生优先、产业富民、固边兴边”的工作思路，把高质量要求贯彻各项工作全过程。加强党对经济工作领导，强力推动经济高质量发展，预计2020年全县地区生产总值、固定资产投资、社会消费品零售总额、财政收入、农村居民人均可支配收入分别为7.26亿元、15.92亿元、1.37亿元、5128万元、15700元，圆满完成“十三五”规划目标。

着力巩固脱贫成果。落实“五级书记抓扶贫”和党政“一把手”负总责机制，严格按照“四个不摘”要求，聚焦“两不愁、三保障”目标，补齐“控辍保学”、安全饮水短板，保持各类帮扶政策总体稳定，落实社保兜底救助政策持续巩固教育、医疗、住房、饮水等方面成果。落实落细各项巩固提升措施，建立健全防止返贫和动态监测机制，逐步完善农村低收入人口分类帮扶长效机制。全县842户2765人稳定实现脱贫摘帽，人均可支配收入16795.69元，精准扶贫工作取得历史性成就。

经济社会实现高质量发展。加快完成“十三五”项目建设收尾工作，全年开复工项目111个，总投资55.77亿元；提前谋划“十四五”规划，初步形成“十四五”规划项目356个，涉及投资182亿元。大力实施乡村振兴战略，统筹推进城乡融合发展，实施县城环境综合整治、污水处理厂和乡（镇）垃圾无害化处理设施、“厕所革命”等一批民生基础设施，27个小康村建设项目已竣工20个，涉及2690户10654人，加快在建7个小康村建设。持续深化供给侧结构性改革、“放管服”改革，稳步推进农村综合改革。激发市场活力，增市场主体186家。深化电力体制改革、理顺农电管理体制，挂牌成立国网洛扎县供电公司。扎实开展农村乱占耕地建房问题专项整治。

人民群众获得感、幸福感、安全感不断增强。优先发展教育事业，全力做好“控辍保学”工作，义务教育阶段入学率巩固率100%，学前三年入学率90.17%。不断扩大文化惠民工程覆盖面，办好库拉岗日文化旅游节，组建27支行政村文艺演出队，《边疆儿女心向党》歌曲广为传唱。全年接待游客5万余人次、旅游收入833万元。加强医疗卫生县、乡、村一体化管理，核酸检测实验室投入使用，医疗卫生水平不断提高。城镇登记失业率控制在2.3%，高校毕业生185人全部实现就业。深入开展“为民服务十件实事”，一批群众最急、最忧、最盼的紧迫问题得到解决。

一年来，我们牢固树立生态优先发展理念，坚决筑牢生态安全屏障

深入贯彻习近平生态文明思想，牢固树立绿水青山、冰天雪地就是金山银山的理念，把生态文明建设作为战略性任务来抓，保护好洛扎的山山水水、一草一木，美丽洛扎建设卓有成效。

筑牢生态安全屏障。统筹山、水、林、田、湖、草、沙系统治理，实施“国土绿化”行动和“见缝插绿”工程，完成重点区域造林和防护林建设面积0.5万亩，森林抚育面积3万亩，义务植树4.67万棵，“无树村”和“无树户”总消除率90%以上。扎实开展“建设新农村爱国卫生”活动和人居环境整治、生态环境“六大专项整治”行动，把边境小康村建设与人居环境整治工作统筹协调、同步建设，村容村貌得到有效提升、生活垃圾得到有效治理，城乡面貌大为改观。抓紧创建自治区级生态文明示范区，生态洛扎、美丽洛扎建设卓有成效。

健全落实绿色发展长效机制。实行最严格生态保护政策，全面落实“河湖长制”，划定“三线一单”管控体系，健全完善生态环境综合执法监管监测体系，收缴乱采乱挖、生态恢复不到位等罚金5.1万元，收缴砂石场环境恢复治理金52.8万元。正确认识并处理好生态与富民的关系，安排生态岗位2708个、落实补助资金958万元，让群众吃上了“生态饭”。

一年来，我们坚持人民至上、生命至上，坚决打好疫情防控的人民战争、总体战、阻击战

坚持把人民群众生命安全和身体健康放在第一位，统筹抓好疫情防控和复工复产，实现疫情零输入、零感染。

全面部署推进疫情防控。第一时间成立疫情防控工作领导小组（指挥部），统一领导、统一指挥、统一行动。先后召开县委常委会（扩大）会、疫情防控工作领导小组会议等20余次，贯彻落实上级关于疫情防控工作的各项部署要求。投入85万元医疗物资筹备资金和70万元粮食储备资金，有序发放口罩、消毒液等医疗物资，全力维护人民群众生命安全和身体健康。全方位宣传防控政策、防疫知识，有效疏导群众负面情绪。

*全民动员参与疫情防控。*严格落实“外防输入、内防反弹”策略，全面做好疫情防控工作。全县2956名党员迅速投入战“疫”，755名党员主动向疫区捐款36.77万元、186名党员自愿多缴党费3.3万元，1514名群众爱心捐款23.78万元，尽最大努力支持湖北打赢武汉保卫战。全力抓好边境疫情防控，县委领导带头深入边境一线前哨点安排部署、指导检查工作，在色德沃和巴桑曲浈方向设置宣传牌、警戒线，在5个重点方向、8个对外通道安排驻地巡逻人员长期值守管控，坚决阻止双方人员越界放牧、采挖虫草（药材）。

*有序推进复工复产。*积极做好复工复产指导帮扶工作，建立24小时重点企业用工调度保障机制，有序组织农牧民就近、就便转移就业；落实支持企业复工复产保持企业经济平稳运行的优惠政策，为9家个体工商户减免增值税、减税降费约17.72万元，为企业减免房租约80万元；发放93.06万元消费券用于消费扶贫，引导干部职工购买扶贫产品，支持洛扎扶贫产业健康发展。

一年来，我们坚持以党的政治建设为统领，全面加强党的建设

县委常委会全面落实新时代党的建设总要求和党的组织路线，坚持“三个牢固树立”，统筹推进党的各项建设，为洛扎“十三五”顺利收官提供了坚强有力的政治保证。

*加强党的绝对领导。*坚持党对一切工作的领导，县委充分发挥领导核心作用，定期专题听取“一府一委两院”等部门工作汇报，研究解决困难问题，安排部署重点工作。全力支持人大、政协依法依章程履行职能、开展工作、发挥作用。加强和改进党对群团组织的领导，研究制定群团组织改革方案，完成团县委、妇联换届选举工作，群团组织作用进一步发挥。全面贯彻依法治县方略，扎实开展“七五”普法，科学谋划“八五”普法。

*加强党的思想政治建设。*把党的思想政治建设摆在首位，始终把学懂弄通做实习近平新时代中国特色社会主义思想作为首要政治任务，自觉对标对表，教育引导党员干部增强“四个意识”、坚定“四个自信”、做到“两个维护”。深入学习宣传贯彻落实党的十九届五中全会和中央第七次西藏工作座谈会精神，研究制定贯彻落实实施方案、宣传宣讲方案，县委领导带头深入边境一线、寺庙、村居宣讲，推动各级开展各类宣讲2240场次、受众7.6万余人次，做到家喻户晓、人人皆知。持续引导党员干部严守政治纪律和政治规矩特别是反分裂斗争纪律，举办党员政治教育培训班36期、受教育党员5200余人次。

*全面夯实基层基础。*召开县委九届六次全会专题研究部署党的建设工作，制定出台《中共洛扎县委员会关于贯彻落实市委一届五次全会精神深入推进边境党建长廊建设的实施意见》，全面夯实党在洛扎的执政基础。坚持以提升组织力为重点，规范设置县直单位26个党组，创建9个“八星党支部”，整顿软弱涣散基层党组织5个，扎实开展好党员“三包五带五促”活动。深化边境党建长廊建设，加快筹备德玛龙等7个抵边搬迁点设立抵边行政村事宜，不断巩固国家边防。树立正确选人用人导向，共提拔调整晋升干部60名，选优配强乡村振兴“领头雁”，培养储备村级后备干部282名，为村“两委”换届储备优秀人才。规范党员教育管理，发展党员85名，帮教转化3名信教农牧民党员。

*深化党风廉政建设和反腐败工作。*认真贯彻《党委（党组）落实全面从严治党主体责任规定》，全面落实中央八项规定及其实施细则精神、区党委实施办法和市委贯彻落实意见，自查清理纠治党的十八大以来违反中央八项规定精神问题5类262条，收缴资金20万余元。落实基层减负要求，县委会议、文件同比减少10%以上。深入推进反腐败斗争工作，处置问题线索22件，给予党纪政务处分6件6人次，收缴违纪资金6万余元。县委牵头对18名受处分党员干部进行回访教育，帮助受处分党员干部重拾信心、消除顾虑、大胆工作。突出政治巡察，开展九届县委第八、九轮巡察工作，派出9个巡察组对27家党组

织（单位）进行了常规巡察，对7家党组织（单位）开展巡察“回头看”，持续做到警钟长鸣、震慑常在。

一年来，县委常委会高度重视自身建设，带头严守政治纪律和政治规矩，坚决维护习近平总书记党中央的核心、全党的核心地位，坚决维护党中央权威和集中统一领导。带头学习党章党规，学习习近平新时代中国特色社会主义思想、学习习近平总书记关于西藏工作的重要论述和新时代党的治藏方略，学习党的十九届五中全会和中央第七次西藏工作座谈会精神，切实提高政治理论水平，不断增强把方向、管大局、作决策、保落实的能力。带头执行民主集中制，严肃党内政治生活，不定期召开书记办公会。带头廉洁自律，模范遵守党章党规党纪，自觉接受党和人民监督，为全县党员干部做表率。

洛扎县人民代表大会常务委员会工作报告

（2021年1月16日）

洛扎县委副书记、县人大常委会主任　王勇波

2020年工作回顾

2020年，县人大常委会坚持以习近平新时代中国特色社会主义思想为指导，深入贯彻落实党的十九大、十九届二中、三中、四中、五中全会精神和中央第七次西藏工作座谈会精神，贯彻落实习近平总书记关于坚持和完善人民代表大会制度的重要思想和关于西藏工作的重要论述，在县委的坚强领导下，紧扣中心，贴近民心，不忘初心，认真履行宪法和法律赋予的职权。一年共召开常委会会议6次，主任会议11次，做出决议、决定9项，开展监督工作32项，依法任免4人次，全面完成了县十三届人大五次会议提出的目标任务。

一、始终站在“两个维护”的政治高度，守初心担使命抓落实，全力以赴推进新时代人大工作

县人大常委会始终坚持在党的领导下履行法定职责，认真贯彻落实党中央、区党委、市委和县委决策部署，切实提高政治站位，增强“四个意识”，坚定“四个自信”，做到“两个维护”，始终保持正确政治方向，努力维护全县大局。

一是坚持党对人大工作的全面领导。坚持党的领导、人民当家做主、依法治国有机统一，始终把人大工作置于县委的领导之下，坚持把对党负责和对人民负责有机结合起来，自觉增强党性观念，努力实现党的领导和依法办事的有机统一，使人大工作始终沿着正确的政治方向前进。一年来，向县委请示报告16项，所有重大事项都报请县委同意后再按法定程序落实，确保党的领导贯穿人大工作各方面和全过程。进一步推动“不忘初心、牢记使命”主题教育成果巩固深化，切实提高知、信、行合一能力，增强守初心、担使命的思想自觉和行动自觉，进一步巩固信仰之基，补足精神之钙，擦亮政治机关底色。

二是坚持科学思想理论的正确指导。人大常委会始终坚持用习近平新时代中国特色社会主义思想指导人大工作实践，把《习近平谈治国理政》（第三卷）、习近平法治思想、习近平总书记关于坚持和完善人民代表大会制度的重要思想、治边稳藏的重要论述及中央第七次西藏工作座谈会精神结合起来，科学制订学习计划，全年召开党组理论中心组学习（扩大）会议5次、人大党组成员领学13人次。在真学、真懂、真信、真用上下功夫，自觉增强“四个意识”、坚定“四个自信”、做到“两个维护”，进一步强化了坚持和完善人民代表大会制度的责任感和使命感。

三是紧跟县委决策部署的实践先导。始终坚持县委有号召、人大有行动。根据县委统一安排部署，积极参与了重点项目建设、信访稳定、强基惠民等中心工作，并取得较好成绩。人大常委

会坚持把代表视察作为密切联系群众、了解社情民意、强化执法监督的重要途径，通过联合县政协，组织区、市、县、乡四级人大代表和政协委员，先后在巩固脱贫攻坚成果、排查矛盾纠纷隐患和信访突出问题、道路交通安全等领域，开展了集中视察3次，有针对性地提出了各类意见建议40余条。积极响应县委关于疫情防控、制止餐饮浪费行为系列工作安排部署，在“秘境洛扎”网络平台上，向全县各级代表分别发出了藏语和汉语版的《一封信》和《倡议书》，各级代表积极响应号召，在疫情防控阻击战中切实起到了防护知识宣传员、物价稳控监督员、防护卫生保洁员、宣传教育引导员的作用。经统计，各级人大代表及人大工作人员向疫情捐款累计达10万余元。

四是做好干部人事任免的制度引导。人大常委会始终坚持党管干部和依法任免干部相统一的原则，加强同县委组织部门以及提请任免机关的沟通，严格把关，对人事任免工作作出进一步规范。对县委提名任免的干部人选，严格实行任职前法律知识考试、表态发言、任后宪法宣誓和颁发任命书等人事任免制度，并持续强化日常工作监督，确保任职干部履职尽责，实现党委满意与群众满意的有机结合。一年来，人大常委会先后任免国家机关工作人员4名，其中免职1人，任命3名。

工作千万条，党的领导第一条。只要我们坚持讲党性，始终以党的旗帜为旗帜，以党的方向为方向，以党的意志为意志，人民代表大会制度就能焕发出无限生机，人大工作就能在新时代发展的进程中迸发出不竭动力！

二、始终围绕加强和改进监督工作，查实况求实效促实干，助力完成经济社会发展和改革攻坚任务

监督工作是人大及其常委会的重要职责。常委会围绕全县发展大局确定工作思路，抓住经济社会生活中的重大问题，改进监督方式，强化监督措施，一年来听取审议专项报告9个，开展执法检查2次，进行满意度测评2次，专题调研4次，推动了全县经济社会发展和各项重点工作的有效落实。

一是加强对经济工作的监督。人大常委会密切关注全县宏观经济运行态势。听取和审议了县人民政府关于2019年财政决算情况和2020年上半年计划执行、预算执行、预算调整和国有资产管理情况等报告，依法促进政府及有关部门进一步按照稳中求进工作总基调，更好统筹疫情防控和经济社会发展，全力做好“六稳”“六保”工作，进一步推动政府及有关职能部门更好地履职尽责，完善管理机制，确保国有资产保值增值，更好发挥国有资产在推动经济发展、维护和谐稳定、增进民生福祉等多方面的作用，助力完成全年经济社会发展目标。

二是加强对司法工作的监督。围绕维护公平正义，推动解决人民群众反映强烈的突出问题开展监督，促进司法机关严格规范执法、公正文明执法。组织开展了《中华人民共和国道路交通安全法》《中华人民共和国工会法》《中华人民共和国妇女权益保障法》《中华人民共和国反家庭暴力法》及山南市相关条例的执法检查，抓住突出问题，加大监督力度。听取审议了“七五”普法规划实施情况、法治政府建设情况的报告，持续加强法治思想教育，注重法治素养和法治能力建设。听取和审议关于刑事审判、民事诉讼法律监督工作情况报告，努力维护司法公正和权威，保障群众合法权益，切实让人民群众在每一个司法案件中感到公平正义，既履行监督职责，又维护司法权威，实现二者的有机统一。

三是加强对民生领域的监督。常委会坚持把改善民生福祉、提升民生幸福指数作为履职重点，本着监督和支持相统一的方式，有效推进民生领域监督。一年来，听取和审议了资源管理和防灾减灾、环境保护等工作开展情况专项报告，有效促进职能部门依法履职；结合群众关注的热点难点问题，突出对脱贫攻坚、小康村建设、信访领域、生态环保、道路交通安全、强边固边等民生事业的监督，组织各级人大代表开展视察、调研，提出的建议得到县委的支持和采纳。一年

来，共组织开展视察、调研5次，提出意见建议20余条。

四是加强对干部任后监督。常委会积极稳步推进被任命干部的履职监督工作，采取分批向常委会报告工作的方式，听取9名人大任命干部履职情况报告，随即开展满意度测评，有效督促任命对象依法履职、担当作为。

五是主动配合完成上级交办的监督任务。加强与上级人大的工作联系，协助和配合自治区、市人大对反奸防谍安全防范工作、边境管理和出入境、野生动物保护、宗教事务管理、教育领域法制化建设、就业创业等工作开展专项调研；完成区市两级人大委托的《中华人民共和国公共文化服务保障法》《中华人民共和国道路交通安全法》《中华人民共和国村民委员会组织法》《中华人民共和国工会法》等10部法律法规的执法检查和法治政府建设、民营经济发展、河道采砂等8项内容的调研视察工作，完成调研报告及执法检查报告20余份。

不忘来路，方得始终。我们由人民选举产生，只有对人民负责，为人民尽责，才能不负重托；我们受人民监督，只有依法履职，担当作为，才能不负众望。

三、始终维护人大代表的主体地位，接地气察民情聚民智，全心全意推动代表依法履职担当尽责

不断创新方式方法，切实加强和改进代表工作，支持和保障代表依法履行职责，进一步发挥代表的主体作用。

一是强化代表履职能力。高度重视代表学习培训，积极组织县级人大代表参与代表履职和政策知识培训，同时激励基层人大代表参加上级人大各类业务培训，并为乡（镇）人大订送《山南人大之声》刊物和《人民西藏》《西藏人大财经工作》等资料，开拓代表视野。加强人大常委会委员与代表的沟通联系，邀请县人大代表列席县人大常委会会议，参加常委会组织的调研、视察、执法检查等活动，为代表知情知政、履行职责创造良好条件。一年来，举行县级人大代表培训1次，组织基层人大代表外出考察交流学习2次，接待兄弟市、县人大来我县考察学习5次。

二是加强意见建议督办。人大常委会坚持把办理代表意见建议作为保障代表民主权利、发挥代表作用的重要工作来抓。一年来，政府主要领导亲自主持召开了交办会议，常委会持续跟踪意见建议答复办结工作，组织办公室人员深入乡（镇）实地调研，对意见建议办理情况进行跟踪督查，及时反馈存在的问题。同时，听取了县人民政府关于代表建议办理情况的工作报告。县十三届人大五次会议期间提出的61件建议中，已办结38件，正在解决或列入计划的14件，共占85%，因政策限制等原因无法办理但已向代表做出说明的9件，人大代表对意见建议办结工作的满意度逐年提高。

三是丰富代表活动内容。认真落实《关于切实加强和改进全市各级人大代表工作、充分发挥闭会期间代表作用的决定》，以“三聚”“八个一”“人大制度宣传月”“法在我身边”活动为依托，开展形式多样的惠民政策宣讲活动，走访辖区人大代表听民意、深入基层代表当中聚民智；组织代表定期学习法律、宣讲政策、走访座谈、提交意见、代表述职，开展“双联系”等活动，有效丰富了闭会期间的代表活动。一年来，组织开展宣传活动6次，知识竞赛1次、演讲比赛1次，印制发放新出台条例法规宣传册1500余本，发放宣传帽、宣传袋各500余份，积极参加市人大九月制度宣传月系列活动，荣获演讲比赛第二名。

四是加强县乡人大联动。加强基层人大政权建设，促进乡（镇）人大工作有效运转，从乡（镇）党委委员中选配了6名兼职副主席人选；加强对乡（镇）人大的指导，邀请乡（镇）人大主席列席市人大常委会会议，邀请参加区市人大来我县开展视察、调研及执法检查，邀请乡（镇）人大主席参加县人大党组理论中心组（扩大）会议，与党组成员共同学习人大业务知识及法律法规知识，交流学习心得，切实提高了

乡（镇）人大工作水平。人大常委会领导同乡（镇）人大保持定期联系，邀请乡（镇）人大主席参加人大工作交流座谈会、深入基层一线现场督促指导，轮流邀请基层人大代表列席县人大常委会，不断增强乡（镇）人大的活力和工作成效。一年来，召开乡（镇）主席人大工作座谈会1次，邀请参加常委会党组理论中心组（扩大）会议16人次，参加视察调研20余人次，参加人大常委会会议及县委、县政府重要会议50余人次。

千变万变，主体不变。常委会将始终尊重代表主体地位，不断改进方法，改善服务，为代表依法履职创造条件，让代表的主体作用得到充分发挥。

四、始终不断厚植群众工作基础，强宣传保稳定促和谐，在全社会营造浓厚的民主法治氛围

常委会充分利用人大代表分布面广、联系选民多、基层情况熟的优势，创新机制，畅通渠道，积极发挥代表作用，认真做好维稳工作。坚决贯彻落实党中央、区党委、市委和县委关于维护稳定的各项决策部署，全力维护民族团结和社会稳定。按照县委的统一部署，常委会领导率先垂范、下沉基层，深入各自联系乡（镇）、村（居）、学校、寺庙等重点场所，大力开展法律法规宣传教育及中央第七次西藏工作座谈会议精神等系列宣传活动；认真开展守边固边、强基惠民工作和维稳蹲点值班，有序开展对村（居）“两委”换届的指导，努力推进依法治县进程；积极开展“民族团结、从我做起”活动，深入推进民族团结进步事业，巩固和发展平等团结互助和谐的社会主义民族关系，铸牢中华民族共同体意识，在丰富精神文化生活的同时，确保了全县社会稳定和长治久安。

五、始终把抓好自身建设摆在重要位置，补短板强弱项促提升，全面提升新时代人大工作水平

常委会坚持把自身建设作为一项基础性、经常性工作来抓，以扎实有力、持之以恒的举措，不断激发工作凝聚力和创造力，确保全县人大工作紧跟时代步伐、富有时代特色。

一是发挥党建引领作用。常委会党组认真履行“一岗双责”，在抓业务工作的同时，加强对机关党建、党风廉政工作领导。定期开展党组理论中心组学习和支部党员大会、主题党日等活动，组织开展了集中学习、讲党课、谈心谈话、听取分管领域的党建党风廉政工作汇报，组织观看警示教育片，不断强化底线思维。持续深化“五查五增、质效提升”活动，进一步增强人大干部的法律意识。注重对机关干部的培训，选派人大机关干部参加自治区、市人大组织的各种业务学习培训班，常委会组成人员和人大常委会机关工作人员的整体素质和履职水平得到进一步提高。以创建“八星党支部”为目标，抓好政治引领、支部提升等各项工作，一年来组织开展支部学习10次，讲党课4次，开展走访慰问联系村（居）的老党员、困难党员、在校大学生和孤寡老人，同农牧民党员一起参加升国旗仪式等主题党日活动15次，组织基层人大代表和人大工作人员参加上级业务培训及重大会议10余次、30余人。

二是完善制度释放活力。坚决维护党的集中统一领导，坚持重要工作和重大事项向县委请示报告制度。完善常委会行使职权的各项制度，不断提高日常工作的制度化和规范化水平。认真贯彻民主集中制，充分发扬民主，严格依法办事，重大事项集体讨论决定。严格实行目标责任管理制度，根据岗位职责和工作需要，将任务分解明确，责任落实到人，确保人人有事做，事事有落实，件件有回音，工作效率明显提升。一年来，参照上级人大制订人大工作“一要点三计划”及党建党风廉政工作“一要点三计划”，并倒排工期逐一逐项抓好了落实。

三是转变作风提升效能。加强作风建设，把调查研究、倾听群众意见贯穿于常委会整体工作之中，深入基层调查研究，接地气、连民心、解民忧，推动解决群众最关心、最直接、最现实的问题。依托“秘境洛扎”微信公众号及日常宣传，加大对人大工作和代表履职情况的宣传力度，扩大人大影响力。注重加强廉政建设，制定落实廉政建设和反腐败工作责任制度，把党风廉政建设与人大依法履职相结合，促进机关工作人员奉公守法。全面安排部署人大常委会机关开展加强政治纪律教育和党风廉政建设宣传教育月活动，研究制定并严格实施“三公”经费和车辆管理制度，强化落实“两个责任”，推动工作提质增效。

2021年目标任务

2021年是建党100周年，是“十四五”规划开局之年，是西藏和平解放70周年，也是十三届人大常委会履职的收官之年，做好今年的人大工作意义重大。面对改革发展稳定的新形势、新任务，县人大常委会工作的总体要求是：坚持以习近平新时代中国特色社会主义思想为指导，深入贯彻落实党的十九大和十九届二中、三中、四中、五中全会以及中央第七次西藏工作座谈会精神，深入贯彻落实习近平法治思想、习近平总书记关于坚持和完善人民代表大会制度的重要思想和关于西藏工作的重要论述，坚持党的领导、人民当家做主、依法治国有机统一，认真贯彻落实区党委人大工作会议精神，在市人大有力指导和县委的正确领导下，紧紧围绕稳定发展生态强边“四件大事”，依法履行监督决定任免“三件职能”，不断提升履职尽责实效，充分发挥人大代表作用，努力开创人大工作新局面。

一、聚焦“十个必须”，持之以恒围绕中心服务大局

强化人大及其常委会的政治机关属性，始终不渝坚持党的领导，旗帜鲜明站稳立场，坚定不移地担当起宪法和法律赋予的各项职责，自觉做到党有所指、我有所向，民有所呼、我有所应，法有所赋、我有所为，更好地实现党的领导、人民当家做主和依法治国有机统一。要全面准确学习领会“十个必须”的核心要义和精神实质，自觉融会贯彻于人大履职尽责当中，在谋划工作、推进法定职权行使过程中，逐条对应落实，以之为指针和标杆。要深入学习贯彻中央第七次西藏工作座谈会精神和新时代党的治藏方略，并与学习贯彻习近平新时代中国特色社会主义思想、关于西藏工作的重要论述贯通起来，自觉运用于人大工作实践，并对标县委大事要事谋划全县人大工作，聚力县委重大决策部署依法行使人大重大事项决定权，紧扣县委意图依法行使人大人事任免权，切实体现政治觉悟和政治担当，用扎实的工作成效，切实服务好全县工作大局。

二、聚焦“四件大事”，全力以赴改进完善人大工作

把做好人大工作与推进县委重大决策落实结合起来，加强重大事项监督，依法作出决定决议，努力把县委的决策部署转化为全县人民的共同意志和自觉行动。要认真分析研究稳定发展生态强边“四件大事”的法制需求；聚焦“四个确保”，切实抓好人大各项法定职责的履行。围绕防范化解重大风险和“三大攻坚战”，切实加强调研防范化解重大风险，关注巩固拓展脱贫攻坚和全面推进乡村振兴工作，开展好《中华人民共和国环境保护法》等执法检查。要切实加强计划和预算执行、预算调整、国有资产管理、法治政府建设、地方性法规执行、“七五”普法总结和民事审判、检察机关适用认罪认罚从宽制度执行情况等工作监督，对《西藏自治区民族团结进步模范区创建条例》《山南市文明行为促进条例》等法律法规开展执法检查，继续深化“雅砻环保行”活动，运用多种监督方式，延伸监督链条，抓实督办环节，促进问题解决，推动监督工作落到实处、收到实效。要依法对“八五”普法作出决议，按照县委人事安排依法进行人事任免，对常委会任命人员进行履职评议；持续开展“三聚”“八个一”“双联系”活动，不断提高人大工作质量和效率。要持续优化代表工作机制和服务，拓展代表参与常委会工作的路径和渠道，纵深推进代表主体活动，促使代表履职作用得到更好发挥。要严格执行代表意见建议工作办法，加强代表建议办理，提高办理工作质效，努力办成更多顺民意暖民心、有效果有影响的实事好事。

三、聚焦“三个特别”，坚定不移抓好班子队伍建设

为政之要，莫先于用人。要深入学习习近平总书记关于民族干部的“三个特别”重要论述，按照德才兼备、以德为先的标准，突出政治标准，把干部队伍建设作为重中之重来抓，把加强自身建设作为常委会依法履行职权的重要保障，不断提高常委会组成人员政治理论水平和履职能力。要坚定政治原则和政治立场，深化以案促改，巩固“不忘初心、牢记使命”主题教育成果，坚持正确的政治方向，进一步增强政治定力、纪律定力、道德定力、抵腐定力。要立足新形势下的民族工作实际，把党的领导贯穿民族工作始终，牢牢把握民族团结这条生命线，聚焦团结奋斗、共同繁荣发展主题，始终打牢中华民族共同体的思想基础，把全力做好新时代民族工作作为检验干部能力的重要方面。要坚持全面从严治党，加强常委会党组及机关党支部建设，深入落实意识形态工作责任制，严格遵守廉洁自律各项规定，进一步增强依法履职的底气、敢于创新的勇气和清正廉洁的正气。要深入学习贯彻区党委人大工作会议及《意见》精神和市委人大工作会议及《决定》精神，依法探索新方法、实行新举措、创造新亮点，推进人大工作高质量发展。要持续开展“五查五增、质效提升”活动，努力锻造一支政治素质高、履职能力强、整体形象好的人大干部队伍。要持续加强与上级人大、兄弟县区人大的联系和交流，加强对乡（镇）人大工作的监督、指导和支持，保持良性互动，努力形成整体合力、增强整体实效。

洛扎县人民政府工作报告

——在洛扎县第十三届人民代表大会第六次会议上

（2021年1月16日）

洛扎县委副书记、县长　白玛多吉

2020年工作回顾

2020年，是洛扎发展历程中极不平凡的一年。全县坚持以习近平新时代中国特色社会主义思想为指导，全面贯彻党的十九大、十九届二中三中四中五中全会和中央第六次、七次西藏工作座谈会精神，紧紧围绕着眼点着力点、出发点、落脚点，突出抓好“四件大事”，正确处理好“十三对关系”，坚持“夯实基础、民生优先、产业富民、固边兴边”经济工作思路，团结拼搏、埋头苦干，解决了许多长期想解决而没有解决的难题，办成了许多过去想办而没有办成的大事，各项事业取得全方位进步、历史性成就。特别是2020年初，我们始终坚持人民至上、生命至上，认真落实“外防输入、内防疏忽”防控策略，扎实做好“六稳”工作、全面落实“六保”任务，全县未出现确诊或疑似病例。地区生产总值、全社会固定资产投资、财政收入、社会消费品零售总额、农村居民人均可支配收入分别完成7.71亿元、13.65亿元、5128.65万元、2.02亿元、15637元，分别同比增长7.7%、-40.6%、19.4%、-7.2%、13%。完成税收收入6012万元，同比增长2%。拉郊乡拉郊村获评“国家森林乡村”，色乡央吉等5人获得全区事业单位脱贫攻坚专项奖励个人嘉奖，驻扎日乡曲措村工作队获得全区创先争优强基础惠民生活动先进驻村工作队，洛扎镇、拉康镇自治区生态文明示范区通过初验，荣获自治区双拥模范县、山南市第四次全国经济普查先进集体称号。

——过去一年，我们始终坚持党的领导，发展合力广泛凝聚。始终把做到“两个维护”作为最高政治准则和根本政治规矩，坚持用习近平新时代中国特色社会主义思想和总书记治边稳藏重要战略思想武装头脑、指导实践、推动工作，坚决维护党中央一锤定音、定于一尊的权威，始终同以习近平同志为核心的党中央保持高度一致，坚决服从党中央集中统一领导，坚决执行党中央决策部署、自治区工作要求和市委、县委任务安排，召开2次政府全体会议、5次党组会议、20次常务会议、15次中心组理论学习会议进行学习贯彻、细化落实，做到令行禁止、政令畅通。

——过去一年，我们加快建设重大项目，基础设施日趋完善。科学编制“十四五”规划纲要，规划储备库项目356个，总投资182亿元；高质量发展项目414个，总投资1188亿元。开复工项目111个，完成投资15.92亿元。录入国家重大建设项目库184个，总投资22.4亿元；在线审批项目录入356个，总投资37.87亿元。完成招商引资7亿元，完成年度计划的100%。边防公路新建项目、国道219线至拉郊乡公路整治工程、人饮安全巩固提升、藏医院等一批重大项目落地实施。乡镇村居通畅率达100%，农田水利灌溉保障率、自然村供水保障率均达100%，国网通电率达100%，行政村通信网络覆盖率达100%。争取中粮援藏资金3300万元，协调援建协其边境小康村；“十四五”援藏规划项目7个，规划总投资6000万元。

——过去一年，我们巩固提升脱贫成效，小康步伐日益坚实。完成国家脱贫攻坚普查，加强整改各类监督检查反馈问题，动态调整确认贫困户842户2765人，综合贫困率下降至零，脱贫攻坚取得决定性胜利。整合涉农资金6132万余元，支出进度达92.69%。入股拉康水电站产业资金1.32亿元，固定收益分红279万元。实施57个水源点保护工程和季节性饮水困难改造提升项目。成立2家扶贫电商超市，销售扶贫产品85.4万元。集中就业残疾人23名，人均年增收9000元。兑现生态岗位人员工资949万余元。劳务输出7081人，创收约8716万元。边境小康村和抵边搬迁吸纳就业2.08万人次，发放报酬417.7万元。

——过去一年，我们持续转变发展方式，产业结构优化升级。一、二、三产业预计分别完成5155.4万元、42340万元、29658.3万元，分别同比增长1.9%、16.4%、0.1%。一产上，粮食总产量达1.03万吨；牲畜5.97万头（只、匹），完成接羔9369头（只、匹），成活率91.2%；开工5000亩高标准农田，121.7亩新增耕地正在实施客土。二产上，工业、建筑业预计分别完成1386万元、3.325亿元；“南·卡日”雪山冰泉水通过国家级绿色食品认证，赛卡古托牌豌豆粉丝获得绿色食品标志使用权；拉康水电站加快建设。三产上，接待游客5万人次、旅游收入833万元，分别同比增长2%、20%；拉郊峡谷生态观光区通过验收，白玛林湖景区通过初验，卡久景区基本完工。

——过去一年，我们着力推进绿色发展，生态环境持续好转。完成2019年度森林抚育面积划分和所有权确权审核，完成3万亩森林抚育任务、义务植树4.67万棵和700亩边境小康村植树造林任务，2018年边境小康村植树造林任务进度40%以上。落实森林生态效益补偿资金712.52万元。积极对接“三线一单”，完成卡久风景名胜区整合优化工作。空气质量达到国家一级标准，城镇集中饮用水源地水质达到II类标准，核发企业排污许可证57张。扎实开展爱国卫生、村庄清洁、生态环境“六大”专项整治和白色污染治理等行动，没收一次性塑料袋2000余个，回收处理废旧农膜0.8吨，新增环境保洁员8人。收缴乱采乱挖等罚金5.1万元和环境恢复治理金52.8万元。

——过去一年，我们全面优化发展格局，城乡差距不断缩小。稳慎有序推进边境小康村和抵边搬迁，竣工入住和在建3851户15590人，正在开展收尾工作，基本完成杰罗布等5个点203户680人抵边搬迁工程，“水电路讯网”全面通达。加强基层政权建设，筹备设立德玛龙、隆啦等7个抵边行政村，确保边防巩固和边境安全。完成拉康镇垃圾无害化处理设施、经六路延伸段、县城亮化工程等建设项目，正在建设生格乡垃圾无害化处理设施。规范建材市场，收缴拖欠房租费10万余元。扎实推进农村乱占耕地建房问题专项整治。收缴砂石场承租金80万元。补划边境小康村占用基本农田154.97亩；申报2020年增减挂钩节余指标305亩。完成征收农用地片区综合地价市级初审和平衡工作。

——过去一年，我们扎实办好民生实事，社会事业全面进步。科技上，罗宝藏药材开发公司、拉康镇藏药材销售合作社入库自治区科技型中小企业名单。推广“喜拉22号”青稞0.8万亩，良种覆盖率80%以上。完成1500头娟珊牛改良和21头犏牛经济杂交任务。教育上，学前教育三年入学率达90.17%，义务教育阶段入学率、巩固率均达100%。生格乡小学宿舍楼、美秀幼儿园、五人制足球场等项目投入使用。卫生上，住院分娩率100%，无孕产妇死亡，0~6周岁儿童死亡率1.05‰。洛扎镇、生格乡卫生院达到优质服务基层行创建标准。新建分子生物实验室，配备了卫生应急、负压救护、疫苗冷链等专用车辆。文化上，组建洛扎峡谷乐队和27支行政村文艺演出队。若浪霞波卓传习基地命名为第三批自治区非遗项目传习基地，门日合作社设立为市级非遗扶贫就业工坊，门当央谐等3个项目列入市级非物质文化遗产代表性目录。库拉岗日文化旅游节总成交额850万余元。社会保障上，城镇新增就业338人，城镇登记失业率控制在2.3%以内。农牧民技能培训544人，就业率达43.93%。高校毕业生就业185人。足额兑现残疾人两项补贴、特困人员补助、医疗救助等各类民生资金1.3亿余元。提标德玛龙、俄若拉执勤群众补助，提高边民戍边固防积极性。建成公租房78套，有效缓解住房紧张问题。农牧民补助奖励机制通过自治区终验。同时，进一步保护妇女儿童权益。

——过去一年，我们全面深化体制改革，经济活力有效激发。继续推进“证照分离”“多证合一”，新增市场主体186家，完成总年报率100%。深化“放管服”改革，县级政务大厅受理办件1.1万余件，办结率100%；推进“减证便民”专项行动，取消证明事项58项；电子证照签发、服务承诺时间压缩等五项指标均达到国务院考核要求。签订国有产权整体无偿划转协议，挂牌成立国网洛扎县供电公司。完成735户外业和226户内业农村宅基地房地一体确权登记测量工作，发放不动产证书24本。第七次全国人口普查入户登记工作顺利完成。

——过去一年，我们坚持筑牢安全防线，边境局势持续稳定。深化军警民联防联动机制，严格落实24小时双向检查制度和“四必查”的要求，扎实推进扫黑除恶专项斗争，全力维护边境局势和谐稳定。受理群众来信来访26批次，办结率84.6%；化解矛盾纠纷31件，帮助追回运输费、材料费、民工工资等800万余元。强化道路交通、建筑施工、森林草原等领域安全生产监管，排查问题235处，整改率达97%。拉隆寺防范系统工程和消防改造工程通过竣工验收，切实加强文物消防安全。关心关爱藏胞侨胞，圆满完成征兵任务。狠抓防灾减灾，健全应急管理体制机制，强化气象灾害监测预警，做到未雨绸缪。

——过去一年，我们全面从严管党治党，自身建设显著增强。以政治建设为统领，增强“四个意识”、坚定“四个自信”、做到“两个维护”。严格执行民主集中制，“三重一大”事项及时向县委报告。全面加强政府系统党风廉政建设，整改违反中央八项规定精神问题164个，制止餐饮浪费现象，“三公”经费大幅下降。抓好审计反馈问题整改，追缴个人借款8.27万元，收回账款2300万余元。自觉接受人大依法监督和政协民主监督，人大建议和政协提案答复率93%以上、满意率90%以上。扎实推进普法教育、安置帮教等工作，聘请常年法律顾问，推进法治政府建设。践行“一线工作法”，强化督查督办，政府系统工作效能进一步提升。

过去一年的成绩来之不易，这是市委、市政府和县委正确领导的结果，是人大和政协大力支持的结果，是中粮集团无私援助的结果，更是全县2万多名干部群众共同努力的结果。

奋斗尤为艰辛，发展时不我待。我们清醒认识到，洛扎经济社会发展仍面临着诸多困难和挑战，推动高质量发展任重道远，发展不平衡不充分问题有待进一步解决，基础设施和公共服务短板问题依然突出、传统产业转型升级还需狠下功夫，改革创新和艰苦创业精神有待增强，特别是个别干部担当精神还需要进一步加强。对此，我们一定要正视问题，采取有效措施加以解决。

2021年主要任务

2021年是我国现代化建设进程中具有特殊重要性的一年。我们将坚持以习近平新时代中国特色社会主义思想为指导，全面贯彻党的十九大、十九届二中三中四中五中全会和中央第七次西藏工作座谈会精神，贯彻落实习近平总书记关于西藏工作的重要论述和新时代党的治藏方略，统筹推进“五位一体”总体布局，协调推进“四个全面”战略布局，坚持党的领导、坚持以人民为中心、坚持新发展理念、坚持深化改革开放、坚持系统观念，坚持稳中求进工作总基调，以推动高质量发展为主题，以深化供给侧结构性改革为主线，正确处理好“十三对关系”，突出抓好“四件大事”，落实好中央和区市县经济工作思路，为全面建设团结富裕文明和谐美丽的社会主义现代化新洛扎开好局、起好步。

2021年经济社会发展预期目标是：地区生产总值增长8.5%、全社会固定资产投资增长21%、地方财政收入增长2%、社会消费品零售总额增长10%、农村居民人均可支配收入增长13%，城镇登记失业率控制在2.3%以内，确保社会长治久安和经济高质量发展。

（一）聚焦稳增长、调结构，加快构建质量变革、效率变革、动力变革的现代化经济体系

强化投资拉动作用。紧扣加快边疆发展、确保边疆巩固和边境安全这条主线，积极衔接国家、自治区、山南市“十四五”重大战略，保持投资合理增长。交通方面，积极推进国道219交叉口至果巴村、色温线交叉口至措玉村等9条自然村公路和危桥改造及生命安全防护工程建设，完成边巴乡喜新、色乡琼共等抵边公路，增加边境路网密度和深度。水利方面，继续实施贡祖灌区、边巴灌区，建设边境小康村人饮工程、门切水库、县城山洪沟治理等项目。电力方面，跟踪对接洛扎雄曲流域综合规划审批工作，加快拉康水电站建设，做好松布曲、俄东桥水电站前期工作，全面启动抵边村通大电网工程。通信方面，争取建设12座抵边村移动基站，实施已建成边境小康村网络覆盖工程。优化县城5G电信网络网格，切实提高通信网络覆盖率。

强化产业支撑作用。做大做强洛扎粉丝、洛珠藏包、生格荞麦，积极申报“洛扎清油”地理标志产品，实施洛扎县温室大棚等特色产业项目，大力开发野生蕨菜、食用菌等林下资源。发挥“南·卡日”雪山冰泉水国家级绿色食品效应，提高市场占有率。积极做好全域旅游规划。加快建设白玛林湖徒步游、朵宗旅游、乡村旅游等基础设施，创建卡久AAA级景区和白玛林湖AAA级景区，确保接待游客和旅游收入实现双增长。

强化消费基础作用。加快推进国家级电子商务示范县项目。依托2家扶贫电商超市，鼓励干部职工“以购代捐”“以买代帮”助力消费扶贫。借助“扶贫832”平台、中粮我买网、雅砻文化旅游节、物资交流会和库拉岗日文化旅游节，进一步展销洛扎特色农畜产品。加快推进扎日加油站建设和县城加油站搬迁。全力培育1家限额以上标准商贸流通企业，促进商贸经济快速发展。

（二）聚焦补短板、促协同，推动形成区域协调发展、新型城镇化、农业农村现代化的新发展格局

突出抓好乡村振兴战略。做好巩固拓展脱贫攻坚成果同乡村振兴有效衔接，完善防止返贫致贫监测和帮扶机制，大力整合涉农资金，在过渡期内保持主要帮扶政策总体稳定，逐步实现由集中资源支持脱贫攻坚向全面推进乡村振兴平稳过渡。衔接试点推广粉垄技术，持续增加青稞单产。坚持最严格的耕地保护制度，按时完成土地开垦和5000亩高标准农田建设任务，新建1500亩高标准农田，坚决遏制耕地“非农化”、防治“非粮化”，规范耕地占补平衡。深化村庄清洁行动，建设美丽宜居示范村。推进农村宅基地房地一体确权登记颁证后续工作，尽快完成27个行政村资产清查和股权量化工作。

突出抓好城镇功能提升。推进县城扩容提质，加快实施县城主体功能提升、供水二期改扩建工程、排水防涝工程、供暖供氧工程等项目，积极衔接特色城镇建设。完成生格乡垃圾无害化处理设施，加强“厕所革命”公厕的运维管理。做好市政设施托管运营，加强市政管网管理维护、县城环卫等工作。争取县城污水处理厂和拉郊村、仲村、次麦社区等建成边境小康村污水处理设施项目，确保城乡污水达标排放。持续推进城乡建设用地增减挂钩，破解城镇扩容用地瓶颈。

突出抓好边境地区建设。加快推进42个边

境小康村（点）建设，同步推进巩固提升工作。对22个已建成边境小康村完善基础设施和公共服务设施，扶持培育边境特色产业，让边民居边致富、安心守边。加快推进德玛龙等在建抵边搬迁项目，抓好抵边行政村建设，争取实施杰罗布村、桑布拉幼儿园和抵边村文化室建设项目，吸引更多群众向边境一线转移。

（三）聚焦惠民生、提品质，着力建设全面发展、共建共享、共同富裕的雪域幸福家园

促进高质量就业增收。高质量落实“八个一批”就业扶持政策，用好用活就业补助资金，加大就业岗位开发力度，帮助更多高校毕业生就业创业。以康桑劳务派遣公司和民工联队为载体，转移更多劳动力。扶持发展残疾人培训公司。加快培育新型农业经营主体和新型职业农牧民。深化农村改革，落实征地拆迁补偿政策，引导土地承包权、草原经营权等有序转让，增加群众收入。继续将400万元以下投资项目交由本地农牧民实施，吸纳更多群众就业增收。精准开展实用技能培训，增强农牧民增收本领。发展农牧业保险，增强抗风险能力。

加强高质量基础教育。落实立德树人根本任务，开好思政课，把爱国主义精神贯穿教育全过程。持续抓好义务教育阶段入学率、巩固率；实施好教育质量三年提升计划，夯实学前教育普通话基础，加强教育教学常规工作管理。扎实推进教育治薄扶弱工程，加快建设色乡小学风雨操场、生格乡全民健身房、边巴乡小学供暖工程、桑玉村幼儿园等建设项目，不断提升教育发展水平。

打造高质量健康洛扎。加快实施藏医院、疾控中心和启动疾控中心实验室项目建设。统筹推进智慧医疗建设，力争建成藏医院自治区级风湿骨病专科和脾胃专科。加快运行藏医制剂室，申报3～5个藏成药制剂准字号。稳步推进紧密型医共体建设，实现药械采购、双向转诊等“七个一体化”。加强常见病、地方病、慢性病综合防治，推进优质服务基层行创建，继续抓好“两降一升”、家庭医生签约等工作，不断提升群众健康水平。

健全高质量社保体系。持续巩固全民参保登记成果，实现应保尽保。落实好异地就医结算制度，用好大病救助资金，完善全民社保“一卡通”“一站式”和“周结算”报销制度，切实提升医疗报销效率。完成特困人员供养中心改扩建项目，认真落实残疾人两项补贴、临时救助等惠农政策。关爱退役军人及其家属，保护妇儿权益。开工建设30套公租房，减轻中低收入无房群体负担。

（四）聚焦添动能、增后劲，不断厚植开放有序、活力激发、红利释放的高质量发展沃土

坚持创新驱动，激发内生动力。做大做强藏鸡、黄粉虫和蔬菜种养殖循环农业实体，强化科技攻关，提高产业效益。加强畜禽改良，推广优质青稞良种，确保良种覆盖80%以上。力争研发投产“南·卡日”母婴用水、喷雾面膜和“罗宝藏药”哲门顿巴、八味如意散、血康散等产品。加强科普阵地建设，发挥好科技特派员、三区科技人才、农牧生产技术员作用。

全面深化改革，增强发展活力。规范运行县级政务中心，推动便民服务向基层延伸，大力推行“互联网+政务服务”，深化巩固“减证便民”专项行动成果，进一步压缩政务服务承诺时间。继续推进“证照分离”“多证合一”，有序推进食品许可审批、工业产品准入、药品审评审批。落实好财政核心业务一体化、预算执行和绩效管理等改革任务，推进财政支出标准化。

加强对外开放，释放市场潜力。把招商引资作为融入新发展格局的关键渠道，优化完善招商服务机制，力争完成招商引资10亿元。精准高效开展受援工作，积极协调中学多功能教学楼暨中粮产业培训中心、水彩写生基地、藏香猪养殖等一批援藏项目落地实施。利用安徽省黄山市“组团式”医疗援藏和安徽中医药大学第一附属医院帮扶优势，力争建成1~2个藏医专科。借助“藏货出藏”工程，推动洛扎本土产品走进区外市场。

（五）聚焦建高地、树形象，全面打造充满活力、宜居宜业、包容相亲的生态文明高地

以更大力度美化生态环境。持续巩固中央环保督察反馈问题整改成果，配合做好第二轮中央环保督察。加快编制国土空间规划，加快实施复垦复绿和人工种草2万亩。大力创建自治区生态文明示范县，设立垃圾分类示范点，科学划分县城声功能区。统筹推进国土绿化，加快实施边境小康村植树造林工程，完成义务植树、中幼林抚育和2000亩庭院经济林建设。严厉打击各类破坏原生植物违法等行为，坚决革除滥食野生动物等陋习。全面落实河（湖）长巡河巡湖制度。

以更大力度抓好环境保护。牢固树立绿水青山就是金山银山的理念，守护好高原的生灵草木、万水千山，把洛扎打造成重要的生态文明高地。建设剩余水源地保护工程和彩虹沟重点区生态保护工程。继续推进“白色污染治理”。加强工程建设、砂石料开采等重点领域环境监察执法，严厉打击各类违法违规行为，实现环境监察全覆盖。严格执行建设项目竣工“三同时”制度，加强环境影响评价登记备案工作。

以更大力度营造人文氛围。深入开展民族团结进步模范区创建，铸牢中华民族共同体意识。精心举办“2021·库拉岗日”文化旅游节，继续打造“一乡一品一特色”文化品牌。优化公共文化服务体系，积极创建自治区级非物质文化遗产特色县乡村。谋划启动庆祝建党100周年、西藏和平解放70周年等重大庆典文艺活动。积极创建国家双拥模范县。扎实做好地方志等工作。

以更大力度优化发展环境。持续加强城市管理、地材开采运输、建材市场等领域监管，全面整治农村乱占耕地建房问题，严肃打击各类违法违规行为。大力推行增值税专用发票电子化，继续实行“非接触式”办税服务。加强“双随机、一公开”，推进电价降价措施落地，完善企业经营异常名录、“黑名单”和信用修复制度，努力破除制约民营经济发展的壁垒。

（六）聚焦防风险、守底线，奋力开创边防安全稳固、社会和谐稳定、边民安居乐业的强边固防新局面

狠抓疫情防控。毫不放松常态化疫情防控，继续做好“外防输入、内防疏忽”工作，加强边境一线管理，认真落实“四早”措施，强化核酸检测，稳妥有序推进疫苗接种。全力推进爱国卫生运动，加强防疫宣传教育，提升群众健康知识和水平。

狠抓社会治理。严格落实各项维稳措施，确保社会大局持续和谐稳定。深入开展“遵行四条标准、争做先进僧尼”教育实践活动。力争建成“雪亮工程”“智慧公安”业务一体化平台。深入开展扫黑除恶专项斗争，谋划启动“八五”普法。完善“四级信访接待日”和矛盾纠纷排查化解机制，确保实现“三无”“三不出”。

狠抓安全生产。扎实开展三年专项整治行动，健全应急救援联动机制和物资保障体系，加大道路交通、建筑施工等重点领域隐患排查整治，强化高空作业安全管理。落实自然灾害防治“九有”工程，综合治理各类地质灾害隐患。抓好森林草原防火和防汛抗旱，新建400座牲畜暖棚圈，切实保障群众生命财产安全。

政府自身建设

适应新发展阶段、贯彻新发展理念、构建新发展格局，我们一定不忘初心、牢记使命，不断改进工作作风，不断提升政府效能，努力建设人民满意的服务型政府。

（一）始终坚持党的领导。坚持把政治建设摆在首位，始终同以习近平同志为核心的党中央保持高度一致，深入贯彻落实党委、政府的系列决策部署和工作要求，向县委对标看齐，坚决做到上下贯通、执行有力。认真开展“政治标准要更高，党性要求要更严，组织纪律性要更强”专题教育。

（二）始终坚持依法行政。用法治思维和手段管权管事管人，加快法治政府建设。自觉接受

人大法律监督和政协民主监督，主动接受纪委监委监督和社会舆论监督。认真办理人大建议和政协提案，全力支持和保障人大代表、政协委员履职。

（三）始终坚持担当务实。大力发扬“老西藏精神”，缺氧不缺精神、艰苦不怕吃苦、海拔高境界更高。坚守人民情怀，坚持困难麻烦由政府解决，把方便实惠送给群众，形成“人人高效率、事事抓落实、件件求实效”的工作常态。

（四）始终坚持清正廉洁。严格落实全面从严治党主体责任，坚决贯彻执行中央八项规定及其实施细则精神。坚持政府过紧日子，加强资金监控，压缩非刚性、非重点支出和公用经费。按照一体推进不敢腐、不能腐、不想腐的要求，推动政府系统廉政建设，始终坚守底线、不碰红线、筑牢防线。

中国人民政治协商会议第二届洛扎县委员会常务委员会工作报告（草案）

——在政协第二届洛扎县委员会第八次会议上的报告

（2021年1月15日）

洛扎县政协主席 洛桑次仁

2020年工作回顾

2020年是全面建成小康社会和“十三五”规划收官之年，也是山南政协成立60周年。一年来，在县委的坚强领导下，在山南市政协的有力指导和县人大、政府的大力支持下，县政协常委会团结引领全县政协各参加单位和广大政协委员，深入学习贯彻习近平新时代中国特色社会主义思想、习近平总书记关于加强和改进人民政协工作的重要思想、关于西藏工作的重要论述和新时代党的治藏方略，学习贯彻党的十九大、十九届二中、三中、四中、五中全会、中央第七次西藏工作座谈会、中央政协工作会议、区党委、市委政协工作会议、市委一届五次、六次全会以及县委九届六次全会、县委政协工作会议精神，全面贯彻落实县委的各项决策部署，紧紧围绕全县中心工作，坚持建言资政和凝聚共识双向发力，主动担当作为，认真履职尽责，扎实推进政协各项工作，为坚决打赢疫情防控阻击战、决战脱贫攻坚和决胜全面小康、促进社会和谐稳定做出了积极贡献。

一、坚持党的领导，共同思想政治基础不断巩固

（一）抓好政治理论学习，增强政治自觉。县政协把理论学习作为政协委员和机关履职建言的基础和前提，通过采取集中学习、个人自学、专题研讨等形式，重点围绕党的十九届四中、五中全会精神、习近平新时代中国特色社会主义思想、中央第七次西藏工作座谈会精神、市委一届五次、六次全会和县委九届六次全会精神以及各级关于新时代加强和改进政协工作的实施意见等内容，开展形式多样的理论学习活动，引导政协机关干部和广大政协委员在政治立场、政治方向、政治原则、政治道路上始终同以习近平同志为核心的党中央保持高度一致。全年，县政协理论中心组和主席办公会、常委会、集体专题学习共21次。

（二）加强政协党的建设，提高政治站位。严格落实主体责任，按照县委工作要求，制定洛扎县政协党组和党员干部主体责任清单，建立工作台账，将主体责任落实情况纳入批评与自我批评中，推动主体责任落细落实。认真落实重大工作提前向县委汇报、重要事项向县委请示、重点工作推进落实情况定期向县委报告等制度要求，将全面从严治党主体责任落实情况、党建工作责任制落实情况向县委汇报，政协年度协商工作计划、常委会工作报告等按程序提请县委常委会讨论审议。

（三）抓好党风廉政建设，严守政治纪律。切实加强廉政教育，加大对党风廉政建设的研究部署，将廉政教育纳入理论学习计划中，每月组织集中学习。认真召开县政协党组专题民主生活

会，深入开展批评与自我批评，严格落实民主集中制，将廉洁自律情况纳入问题查摆整改内容，党组书记和班子成员认真开展讲廉政党课活动，全年讲廉政党课4次。深入开展以案促改活动，认真开展典型案件剖析会，加强党员干部警示教育，全年开展学习通报和以案促改会议12次，做到以案促改、以案促教、以案促建、以案促管。做好意识形态工作，县政协认真贯彻落实党中央、区党委、市委、县委关于意识形态工作的领导和重大问题的处置制度，健全完善意识形态领域情况的研判预警机制，抓好县政协委员群、工作群等媒介的监督管理，牢牢把握意识形态领域工作的领导权和话语权。营造良好的廉政工作氛围，利用“三大节日”等传统节日，大力开展家风家训教育活动，组织机关干部到县廉政基地、烈士陵园，重温入党誓词，接受党性锻炼，守牢廉政底线。

二、强化责任担当，主动参与做好疫情防控工作

常委会把坚决打赢疫情防控的人民战争、总体战、阻击战作为重大政治任务，按照党中央、区党委、市委、县委的统一部署要求，广泛动员组织全县广大政协委员主动参与到疫情防控和经济社会发展中，并积极贡献智慧和力量。主动担当作为。常委会认真安排部署疫情防控工作，坚持靠前履职、积极作为，第一时间发出《关于坚决打赢疫情防控阻击战的倡议书》，团结引领广大政协委员和政协干部全力投入疫情防控工作。县政协领导班子深入基层一线，对防控责任落实、防疫知识宣传、返藏人员登记管理、设卡检查等情况进行督导检查，有力推动了各项防控措施的落实。积极汇聚力量。政协委员积极参与疫情防控值班和设卡消毒等工作，通过入户宣讲、发放宣传资料、创作编排文艺节目、拍摄发送短信视频等方式，积极向群众宣传各级党委、政府的工作部署和科学防疫知识，耐心细致地做好解疑释惑、稳定情绪的工作，教育引导寺庙僧人和信教群众增强自我防护意识，消除紧张心理，在疫情防控期间做到不信谣、不传谣、不造谣，自觉提高防范意识，养成良好卫生习惯，着力构筑起群防群治抵御疫情的严密防线。情系疫区献爱心。广大委员特别是经济界、宗教界、农牧界委员在重大疫情面前，纷纷伸出援手献爱心，共捐款22.15万元，捐物价值21.18万元，其中经济界委员捐款14.11万元、捐物价值15.93万元，宗教界委员捐款4.07万元、捐物价值3.89万元，农牧界委员捐款0.68万元、捐物价值2.2万元，充分展现了为国履职、为民尽责的情怀，体现了“一方有难、八方支援”“中华民族一家亲”的良好精神风貌。立足本职做贡献。各级医疗卫生界委员在疫情防控工作中勇挑重担、冲锋在前，积极带领基层医务人员深入村（居）委会、商店、寺庙、学校等地开展消毒工作，做好外来人员尤其是返藏人员、返乡人员、返藏大学生的排查和居家隔离人员的体温监测工作，用通俗易懂的语言为群众讲解防疫知识，加班加点做好发热门诊和医院的查班等工作，充分发挥了界别委员的独特优势和作用。疫情防控进入常态化后，各级政协委员积极献计出力，协助党委、政府抓好复工复产，有力促进了群众增收。

三、广泛凝心聚力，着力推进社会大局和谐稳定

常委会牢固树立总体国家安全观，把维护祖国统一、加强民族团结作为第一政治责任，充分发挥政协独特优势和作用，积极做好解疑释惑、化解分歧、凝聚共识、凝心聚力的工作，着力促进社会局势的持续和谐稳定。主动靠前履职。认真落实区党委、市委、县委维稳决策部署，政协班子成员积极承担维稳督导、带班值班、信访积案化解等任务，特别是在中央第七次西藏工作座谈会等重要敏感时段期间，坚决服从县委安排，认真完成工作任务，为全县稳定大局贡献了政协力量。促进民族团结。组织政协委员广泛联系界别群众，深入宣传党的民族宗教政策和《自治区民族团结进步模范区创建条例》，深入开展社会主义核心价值观教育、爱国主义教育、中华民族共同体意识教育、反分裂斗争教育和民族团结教育，引导各族群众不断增进“五个认同”，

促进各民族交往交流交融。助推社会治理。积极发挥基层委员作用，深入宣传《民法典》等法律法规，教育引导群众遵法、学法、守法、用法。及时向当地党政组织反映群众的疑惑、社会的动态、维稳的风险等，认真协助做好疏导情绪、化解矛盾等工作，切实把矛盾纠纷和安全隐患消除在萌芽状态、解决在基层，有力助推了平安洛扎的建设。

四、注重规范提升，扎实做好政协各项经常性工作

（一）提案办理工作进一步加强。为充分发挥政协提案在履行政治协商、民主监督、参政议政职能中的重要作用，更好调动政协委员积极参与到提案监督、跟踪办理活动中的积极性，县政协及时召开常委会议进行研究部署，邀请政协常委、委员代表对重点提案、民生项目类提案进行监督视察，推动提案办理工作扎实推进。县政协二届七次会议共收到提案41件，立案37件，立案率为90.2%。截至年底，所有提案已全部答复，实现答复率100%，满意率97%。其中，已办结提案17件，占立案总数的46%，正在解决或列入计划的14件，占立案总数的37.8%，因受客观条件限制，一时难以解决的6件，占立案总数16.2%。

（二）调研视察质量进一步提升。为进一步发挥政协优势，提高政协委员参政议政和建言献策能力，年内县政协先后组织委员深入各行业部门和乡镇，针对群众普遍关心的热点、难点问题进行视察调研。特别是年内县政协多次联合县人大，围绕“边境小康村建设”“脱贫攻坚成效巩固”“矛盾纠纷隐患和信访突出问题”等方面进行调研。还邀请相关部门负责人、代表、委员共同探讨调研中发现的难题，提出可行性的对策建议40条。

2020年还组织本届以来未参加过外出考察学习的15名基层委员前往林芝市围绕基层党建、脱贫摘帽后持续促进农牧民增收的成功经验和做法进行考察学习，考察结束后召开成果交流会，形成了较高质量的调研报告，及时报送县委、县政府做参考。

（三）社情民意工作稳步推进。为进一步激发委员报送社情民意信息的积极性，畅通反映社情民意信息的渠道。2020年在各乡（镇）设立了“社情民意信息收集信箱”，建立健全了社情民意信息台账，要求各乡镇联络办根据来信性质进行分类处理，对属于本乡（镇）管辖办理的信件，直接转交乡（镇）党委、政府主要领导阅处；对不属于本乡（镇）职权处理范围内的，报县政协再转交相关部门办理，或以《社情民意专报》形式呈送县党政主要领导阅处。

（四）基层政协组织更加完善。县委、县政府高度重视政协工作，积极加强对政协工作的领导，坚持把政协工作摆上重要议事日程，及时召开了县委政协工作会议，大力支持政协履职活动，关心政协干部队伍建设，调剂编制，批准成立了政协综合委员会。按照“五有”要求，建立健全了各乡（镇）政协委员联络办公室，由乡（镇）党委副书记、人大主席兼任乡镇政协联络办公室主任，由统战委员兼任政协联络办公室工作人员，负责开展乡（镇）政协工作，明确了岗位职责，形成了工作制度，每年还为各乡（镇）安排1.5万元工作经费。截至目前，全县7个乡镇政协联络办公室已全部设立并投入使用。

（五）服务县委政府中心工作。2020年是全面建成小康社会和“十三五”规划的收官之年，也是政协迈步新征程的重要一年，为助力脱贫攻坚，政协干部职工齐上阵。一是政协党组成员积极投身小康村建设、脱贫攻坚、交叉巡察等各项中心工作。在边境小康村建设工作中，政协党组班子按照县委的统一安排部署，深入色乡、洛扎镇、扎日乡等乡（镇），通过采取入户走访、召开座谈会等方式，圆满完成了县委交办的任务，也受到当地干部群众的一致好评。二是认真开展结对帮扶工作。政协班子成员、机关干部深入结对户家中，通过定点帮扶、扶智教育、惠民惠农政策宣讲、提供就业信息服务、帮助农产品销售等措施，为脱贫攻坚加油助力。三是认真开展联系工作。严格履行派驻单位职责，班子成员

深入驻村点、联系点村（社区）、寺庙开展督导检查、宣讲政策、定期慰问和办实事等工作。全年督导检查21次，宣讲政策10场次，开展慰问7次，办实事4次。2020年我单位派驻驻村人员被评为自治区级先进驻村工作队员，驻村工作队被评为市级先进集体。

（六）集中力量做好各项反馈问题整改。一是做好“不忘初心、牢记使命”主题教育问题台账的销号工作，针对政协班子存在的14个问题，班子成员主动认领查摆问题，现已整改完毕。二是聚焦贯彻落实中央八项规定精神，按照（藏党发〔2019〕17号）文件精神确定的9种类型46项问题，逐一进行自查及整改，并将查出的问题如实上报纪委，做到思想认识坚决到位、支持配合坚决到位、严守纪律坚决到位、整改落实坚决到位，确保整改工作顺利有序进行。

五、狠抓“两支队伍”作风转变，全面提升新时代自身建设水平

（一）委员培训不断增强。常委会以加强委员队伍和政协机关干部队伍建设为根本，强化教育、服务和管理，努力提升政协“两支队伍”的履职能力和水平。先后选派10名政协干部、政协委员参加党委以及上级政协、市委党校组织的各类学习培训。2020年专门邀请自治区和市政协业务骨干、市委党校教授以及县医保局、人社局、教育局、卫健委等部门负责人，为我县政协机关干部、各级政协委员等开展2期业务和民生政策专题培训，切实增强了履职本领。

（二）工作作风持续转变。巩固提升“不忘初心、牢记使命”主题教育成果，持续转变作风，围绕县委、县政府决策部署，把初心和使命变成锐意进取、开拓创新、埋头苦干、真抓实干的实际行动，将作风转变融入日常工作，要求广大政协委员和机关干部坚持说实话、办实事、察实情、出实招、求实效，紧盯最末端、最前端，深入开展调研、认真履职尽责、主动担当作为、创新思路举措，牢固树立“功成不必在我，功成必定有我”的精神境界。

为工作作风持续转变和拉近政协班子成员与基层委员的关系，2020年组织基层政协委员前往林芝市考察学习时所有人员统一乘坐中巴车，做到了轻车简从，减少费用的开支，也取得了很好的效果。

（三）委员管理更加规范。县政协按照总书记提出的“懂政协、会协商、善议政、守纪律、讲规矩、重品行”的要求，认真实施委员履职工作规则，健全完善委员履职档案，积极组织基层委员参加履职活动，着力推动“荣誉委员”向“责任委员”转变。建立党组成员联系界别委员制度，县政协7名党组成员分别联系7个界别委员，在日常协商过程中加强同党外人士、群团组织、宗教人士的沟通联系。建立党员委员联系党外委员制度，24名党内委员分别与38名党外委员建立对应联系。截至目前，党内委员联系党外委员48余次，宣传党的政策10次。建立党员委员参加双重组织生活的制度，自觉接受政协党组织的教育管理和参加政协党建活动，提升党性锻炼。

对标对表新时代人民政协的新使命、新要求，我们也清醒地认识到，还存在一些需要加强和改进的地方，主要体现在：建言资政的质量水平还有待进一步提升；民主监督的方式方法还有待进一步探索；基层政协工作水平还有待进一步提高。这些问题将在下一步工作中加以认真解决。

2021年工作思路

2021年是中国共产党成立100周年和西藏和平解放70周年，也是实施“十四五”规划的开局之年。做好今年的政协工作，要以习近平新时代中国特色社会主义思想为指导，深入贯彻落实习近平总书记关于加强和改进人民政协工作的重要思想、关于西藏工作的重要论述和新时代党的治藏方略，贯彻落实党的十九大、十九届二中、三中、四中、五中全会、中央第七次西藏工作座谈会、区党委九届八次全会、区党委九届九次全会暨区党委经济工作会议、市委一届六次、七次

全会和市委经济工作会议精神、县委九届七次全会和县委经济工作会议精神，贯彻落实县委对政协工作的部署要求，突出政协工作的主轴主线主题、中心环节、主要原则和政治责任，团结引领全县政协各参加单位和广大委员，牢牢把握团结和民主两大主题，聚焦稳定、发展、生态、强边四件大事，坚持建言资政和凝聚共识双向发力，认真履行政治协商、民主监督、参政议政职能，把提质增效贯穿政协履职全过程和各方面，把政协制度优势转化为治理效能，充分发挥人民政协专门协商机构作用，着力助推县委、县政府各项决策部署贯彻落实，为实现“十四五”开好局、起好步，建设团结富裕文明和谐美丽的社会主义现代化新洛扎贡献政协智慧和力量。

一、聚焦党的领导，更加自觉地强化思想政治引领

坚持把政治建设放在首位，着力强化理想信念，筑牢思想根基，不断巩固团结奋斗的共同思想政治基础，毫不动摇地坚持党对政协工作的全面领导，增强“四个意识”、坚定“四个自信”、做到“两个维护”，自觉在思想上、政治上、行动上同以习近平同志为核心的党中央保持高度一致，始终做到与区党委、市委、县委思想上同心同德、目标上同心同向、行动上同心同行。按照全国地方政协工作经验交流会和全区地市政协主席座谈会、全市基层政协工作推进会暨提案工作表彰会精神的要求，把加强思想政治引领、广泛凝聚共识作为履职工作的中心环节，把发挥“三个重要”的作用贯通起来，把“三个赋予、一个有利于”的要求体现出来，统一于专门协商机构履行职能全过程，切实把各族各界群众的智慧和力量凝聚到实现我县“十四五”规划和二〇三五年远景目标上来，确保县委的各项决策部署在政协政令畅通、执行到位、落地见效。

二、聚焦“四件大事”，更加自觉地服务中心工作

坚持围绕中心、服务大局，紧盯稳定、发展、生态、强边“四件大事”，瞄准我县“十四五”战略部署和战略举措，紧扣落实改革发展新举措、民生保障新任务、生态建设新目标、维护稳定新要求、边境工作新使命深入开展调查研究，多建睿智之言、多献务实之策、多出推动之力，着力助推洛扎长治久安和高质量发展。聚焦特殊使命，发挥政协独特优势和作用，认真做好协调关系、化解矛盾、凝心聚力的工作，着力促进社会和谐稳定。深入挖掘整理党外爱国人士的有关史料，组织开展红色记忆和民族交流交融考察学习活动，充分发挥委员的桥梁纽带作用，让“三个离不开”“五个认同”思想更加深入人心，不断推动民族团结创建活动。突出优先发展农业农村、全面推进乡村振兴主题，开展农业农村问题大调研，积极反映社情民意，助推“十四五”农业农村发展开门红。坚持生态保护第一，以推动绿水青山、冰天雪地就是金山银山的理念，开展河湖污染防治专题调研，助力洛扎生态环境保护建设。

三、聚焦提质增效，更加自觉地提升工作水平

坚持人民政协作为社会主义协商民主的重要渠道和专门协商机构的性质定位，围绕贯彻新时代党的治藏方略，准确把握建言资政和凝聚共识双向发力的重要意义，把履职质量导向放在更加突出的位置，注重从“做了什么”“做了多少”向“做出了什么效果”转变，把提高双向发力质量贯穿政协工作的全过程和方面。突出问题导向、目标导向和效果导向，改进政协调查研究的方式方法，摸实情、集众智，建真言、献良策，更好地服务县委、县政府中心工作。把凝聚共识作为新时代政协的重要职能，将其有机融入调研视察、学习考察、协商履职的各项活动中，更好地凸显政协“三个重要”的独特作用。加强学习借鉴，改进方式方法，压紧压实责任，进一步规范提升政协提案、社情民意信息、文史资料等工作，切实在抓好政协经常性工作上培育新亮点、实现新突破。坚持把加强制度建设作为推进政协工作提质增效的关键，针对工作短板和弱项，进一步对接好上级政协各项制度，结合实际健全完善年度协商计划制定、综合委员会工作、委员履职成果转化等重要制度，着力抓好具体落实，切实推动我县政协制度更加健全完备，增强专门协商机构的工作实效。

四、聚焦自身建设，更加自觉地建强“两支队伍”

坚持把加强自身建设作为加强和改进人民政协工作的重要基础，着力提升能力素质，强化作风建设，确保我县政协队伍在新时代“跟得上趟、承得了重”。继续狠下功夫，进一步解决县政协基础工作薄弱、人员力量薄弱的问题，特别是按照许成仓书记提出的“五有”要求，着力深化乡（镇）政协委员联络办公室建设。加强委员队伍建设，完善以会代训方式，建立健全轮训制度，通过在相关培训机构举办培训班等途径，切实提高委员履职能力和水平。严格落实委员年度考核办法，教育引导委员做好“委员作业”，既争当荣誉委员，又争做责任委员。提前做好换届准备工作，主动协助组织、统战部门共同做好新一届委员人选的提名工作，对拟继续提名的委员人选提出意见，认真把好政治关、素质关、结构关、程序关，真正把代表性强，议政水平高、群众认可、德才兼备的优秀人士吸收到委员队伍中来，着力改善优化委员队伍。认真落实全面从严治党主体责任，持之以恒地抓好党风廉政建设和反腐败斗争，对标一线工作部门的要求和标准，从严教育、从严要求、从严管理、从严监督政协委员干部，以钉钉子精神抓好各项工作落实，切实树立新时代政协机关的新风貌新样子。

大事记

洛扎年鉴

1月

4日 洛扎县委书记赵天武在机要520会议室参加一届山南市委第103次常委会（扩大）会议；在县指挥中心（公安局5楼）参加西藏自治区、山南市维稳工作视频会议并召开全县维稳工作电视电话会议，安排部署自治区“两会”期间全县维护社会稳定工作，特别是针对近期强降雪天气，强调做好道路交通安全工作。

5日 洛扎县委书记赵天武到生格乡仲村、茶村和拉康镇、门切社区等开展“三大节日”慰问工作，走访慰问仲村贫困户，了解家庭成员经济收入等情况，宣传讲解脱贫攻坚和边境小康村建设等党和国家好政策。

8日 洛扎县委书记赵天武在机要520会议参加中央“不忘初心、牢记使命”主题教育总结大会；在会议中心二楼参加全县安全生产工作暨禁毒工作部署会议并就相关工作进行强调部署；在县委三楼会议室参加职级晋升干部任职集体谈话会。

13日 洛扎县委书记赵天武主持召开九届县委第89次常委会（扩大）会和洛扎县扶贫开发工作领导小组第1次会议。

14日 洛扎县委书记赵天武在会议中心二楼参加西藏自治区“不忘初心、牢记使命”主题教育总结大会。

15日 洛扎县委书记赵天武在会议中心二楼参加西藏自治区创先争优强基础惠民生活动第八批驻村工作总结表彰暨第九批驻村工作动员大会、全区平安建设（综治工作）暨“先进双联户”创建活动表彰大会；在机要局520会议室参加山南市“不忘初心、牢记使命”主题教育总结大会；在县会议中心二楼出席全县“不忘初心、牢记使命”主题教育总结大会并讲话。

16日 洛扎县委书记赵天武在机要局520会议室参加全区脱贫攻坚工作会议第一、二阶段会议。

17日 洛扎县委副书记、县长白玛多吉对县政务服务大厅运营情况进行实地考察。

21日至22日 洛扎县委副书记、县长白玛多吉带领慰问组到扎日乡、拉康镇的8个村（社区）、隆拉搬迁点、派出所和县公安局、县城各警务站、人民医院、供电公司、气象局、电视台，重点对三老人员、困难党员、离退休干部、医疗人员、执勤官兵、驻村干部、重点项目建设单位带值班人员、环卫工人、困难群众及坚守一线岗位的干部职工开展慰问活动并送上慰问金73200元。

24日 洛扎县委副书记、县长白玛多吉主持召开洛扎县新型冠状病毒防控工作安排部署会议，县委组织部、县政府办、卫健委、教育局、人民医院、藏医院、疾控中心等部门负责人参加会议。

26日 洛扎县委副书记、县长白玛多吉主持召开洛扎县新型冠状病毒感染的肺炎疫情联防联控工作领导小组会议暨再安排再部署会议，县委常委、政法委书记、公安局局长谭福强，副县长边巴出席会议，洛扎镇、县直各单位负责人参加会议。

28日 洛扎县委书记赵天武在机要局520会议室参加一届山南市委第105次常委会。

29日 洛扎县委书记赵天武在会议中心二楼会议室主持召开县委常委会（扩大）会议，研究部署全县疫情防控工作。

30日 洛扎县委书记赵天武到扎日乡政府、扎日乡检查站和各村检查指导疫情防控工作开展情况，慰问一线工作人员。同时，了解脱贫攻坚工作情况，特别是群众就业和稳定增收等方面采取的措施和思路等。

同日 洛扎县委副书记、县长白玛多吉主持召开洛扎县新型冠状病毒感染的肺炎疫情联防联控工作部署会议，会议传达学习《中共山南市委员会办公室 山南市人民政府办公室关于印发〈山南市疫情防控“十个一律”工作机制〉的通知》（山委办〔2020〕2号）内容；听取各部门关于疫情防控工作开展情况的汇报。

同日 洛扎县委副书记、县长白玛多吉带领县教育局负责人到扎日乡、洛扎镇检查指导疫情防控工作，并就如何做好返藏学生、隔离场所、临时检查点等疫情防控工作做安排部署。

31日 洛扎县委书记赵天武在机要局520会议室参加一届山南市委第106次常委会（扩大）会议；主持召开县委常委会（扩大）会议暨县应对新冠肺炎疫情工作领导小组第一次全体会议。会后到县人民医院、县中学、县完小等重点单位督导检查疫情防控工作，就做好相关工作做强调部署。

2月

1日 洛扎县委书记赵天武在国安指挥部参加西藏自治区国安指挥部视频会议。

同日 洛扎县委书记赵天武到边巴乡、拉康镇、拉郊乡、生格乡、洛扎镇督导检查疫情防控各项措施落实情况和脱贫攻坚工作开展情况，了解掌握有无返贫情况等。

2日 洛扎县委书记赵天武到色乡督导检查疫情防控和脱贫攻坚各项工作情况，实地查看防控措施落实及采取群众持续稳定增收方面措施等。

3日 洛扎县委书记赵天武参加山南市政府新型冠状病毒感染肺炎疫情联防联控工作调度会议并到县集中供养中心检查指导疫情防控工作。

4日 洛扎县委书记赵天武到洛扎镇贡祖、门当2个卡点及社区督导检查疫情防控工作。

5日至6日 洛扎县委副书记、县长白玛多吉带领县发改委、应急管理局、自然资源局、生态环境分局负责人到各乡（镇）、村（社区）检查指导疫情防控、安全生产、环境保护、脱贫巩固等各项重点工作，对下一阶段各项工作作详细的安排部署。

6日 洛扎县委书记赵天武到扎日乡拉隆寺、乃翁日追、顿尼林寺管会、扎西根陪寺和次麦社区督导检查疫情防控工作，检查寺庙消防、环境综合整治等工作开展情况。

7日 洛扎县委书记赵天武在县机要局520会议室参加一届山南市委第108次常委会（扩大）会议并主持召开县委常委会（扩大）会议暨县应对新冠肺炎疫情工作领导小组第二次全体会议，同时就做好维护稳定、脱贫攻坚、经济发展等重点工作进行安排部署。

11日 洛扎县委书记赵天武在县机要局520会议室参加西藏自治区人大常委会副主任、山南市委书记许成仓主持召开的专题会议（扶贫）。

12日 洛扎县委书记赵天武到生格乡、生格乡木村、开雪拉康和拉康镇、拉康社区、卡久寺、拉康电站、门切次巴鼎督导检查疫情防控、维护稳定、脱贫攻坚、边境小康村、项目建设及基层党建等各项重点工作。

13日 洛扎县委副书记、县长白玛多吉带领县发改委、小康办、自然资源局和洛扎镇负责人到洛扎镇各社区、各小组实地检查指导疫情防控、维护稳定、小康村建设等各项重点工作，详细了解群众生产生活、藏历新年年货筹备情况，对下一阶段各项工作作详细的安排部署。

14日 洛扎县委书记赵天武主持召开县委常委会（扩大）会议暨县应对新冠肺炎疫情工作领导小组第三次全体会议，同时安排部署维护稳定、脱贫攻坚、项目建设等经济社会发展各项工作；主持召开洛扎县扶贫开发工作领导小组第2次会议，全面安排部署全县巩固提升脱贫攻坚成效，整改好各类巡视巡察和考核考评反馈的问题，做足迎接国务院考核。

17日 洛扎县委书记赵天武到洛扎镇、洛扎镇吉堆社区督导检查疫情防控工作和脱贫攻坚工作。在国安指挥部参加全市组织部门做好疫情防控工作电视电话会议。

同日 洛扎县委副书记、县长白玛多吉到县疫情防控集中隔离点、扎日乡检查站、蒙达村、白沙农场，实地检查指导疫情防控、冬季农牧业生产、脱贫成效巩固等各项重点工作，对下一阶段工作作详细的安排部署。

18日 洛扎县委书记赵天武在县机要局520会议室参加一届山南市委第109次常委会（扩大）会议。主持召开县应对疫情工作领导小组各专项小组会议，传达学习相关会议精神，就继续做好疫情防控各项工作作强调和安排部署。到边巴乡柏日村、雪玛村、美秀村和提吉寺、卓瓦寺及拉康镇杜鲁社区检查指导疫情防控、脱贫攻坚、边境小康村建设、维护稳定、基层党建和藏历新年氛围营造等重点工作。

19日 洛扎县委书记赵天武陪同山南市委副书记格桑到边巴乡、拉康镇、卡久寺、洛卓窝龙寺管会、塞卡古托寺管会、色村及留观隔离施工人员、国安指挥部开展节日慰问和疫情防控、脱贫攻坚、维护稳定等重点工作督导检查。

20日 洛扎县委书记赵天武到扎日乡蒙达设卡点、扎日村卫生室、扎日乡检查站、生格乡仲村卫生室、茶村卫生室和门切社区卫生室及门切卡点看望慰问疫情防控一线工作人员。到茶村、门切2户特别困难的贫困户家中开展慰问活动。

21日 洛扎县委书记赵天武参加洛扎县“众志成城 抗击疫情”爱心捐款活动并带头向疫区捐款2000元。

22日 洛扎县委书记赵天武在县机要局520会议室参加西藏自治区人大常委会副主任、山南市委书记许成仓主持召开的县（区）维稳工作部署会议；在县会议中心二楼主持召开全县维稳工作部署会议，全面安排部署藏历新年期间全县维护稳定、疫情防控等重点工作。

23日 洛扎县委书记赵天武在县机要局520会议室参加中央统筹推进新冠肺炎疫情和经济社会发展工作部署会议。

24日 洛扎县委书记赵天武率在家县级领导干部到县人民医院、疾控中心、协其警务站、县应对疫情工作领导小组办公室、县国安办、隔离安置点、养老院等地看望慰问节日期间奋战在疫情防控和维护稳定一线的干部职工，送去节日慰问金和生活物资。

25日 洛扎县委书记赵天武在县维稳指挥部调度疫情防控和藏历新年期间维护社会稳定工作开展情况等。

28日 洛扎县委书记赵天武到扎日乡督导检查疫情防控、脱贫攻坚、维护稳定等当前各项重点工作。

3月

1日 洛扎县委书记赵天武在县机要局520会议室参加九届区党委第127次常委会（扩大）会议；在县机要局520会议室参加一届山南市委第110次常委会（扩大）会议。

2日 洛扎县委书记赵天武在县会议中心二楼主持召开九届县委第94次常委会（扩大）会议，传达学习相关会议精神，听取全县维护稳定、重点项目开复工、春季生产准备及疫情防控工作情况汇报，安排部署维护稳定工作、经济社会发展特别是重点项目开复工、巩固提升脱贫攻坚成果及春季农牧业生产等当前各项重点工作。

3日至5日 洛扎县委副书记、县长白玛多吉带领县发改委、教育局、应急管理局、农业农村局、自然资源局主要负责人，到各乡（镇）、寺管会、村社区、小康村建设场地检查指导疫情防控、维护稳定、安全生产、农牧业发展、小康村建设和教育事业等各项重点工作，就下一步如何做好各项工作作详细的安排部署。

6日 洛扎县委书记赵天武分别到色乡谢翁温泉德庆鼎宾馆和县城龙巴庄园酒店集中隔离点检查指导疫情防控工作及相关防护隔离措施等落实情况。在县机要局520会议室参加中央决战决胜脱贫攻坚座谈会和自治区会议；主持召开九届县委第95次常委会会议。

9日 洛扎县委书记赵天武在县机要局520会议室参加一届山南市委第111次常委会（扩大）会议。

12日 洛扎县委书记赵天武在县机要局520会议室参加西藏自治区边防委员会会议。

同日 洛扎县委书记赵天武到生格乡检查指导仲村温室大棚项目维修情况、仲村合作社（养猪场）及富民农产品销售专业合作社（糌粑加工厂）运营情况，了解项目带动贫困群众脱贫和群众增收等情况；到洛扎镇次麦社区、吉堆社区和扎日乡政府督导检查脱贫攻坚、疫情防控、维护稳定等工作情况。

13日 洛扎县委书记赵天武在县公安局五楼国安指挥部参加西藏自治区国安指挥部视频会议；在县会议中心二楼主持召开全县维护稳定工作视频会议，全面安排部署近期维稳工作。

14日 洛扎县委书记赵天武参加全县爱国卫生环境卫生清扫活动；到洛扎镇贡祖、门当社区和卡点及扎日乡检查站督导检查维护稳定、疫情防控、脱贫攻坚和边境小康村建设等重点工作及相关措施落实情况。

16日 洛扎县委书记赵天武在县会议中心二楼会议室主持召开九届县委第96次常委会（扩大）会议，传达学习相关文件精神，听取各乡镇脱贫攻坚、边境小康村建设工作推进情况，研究部署相关工作等。

19日 洛扎县委书记赵天武在县会议中心二楼会议室召开的一届山南市委五次全会视频会议。

20日 洛扎县委书记赵天武与西藏自治区外事办、商务厅边境工作调研组在县委三楼会议室座谈。

21日 洛扎县委书记赵天武到扎日乡白沙农场、蒙达糌粑加工厂、扎日村清油加工厂调研扶贫产业和党建工作。

22日 洛扎县委书记赵天武到县建材市场、残疾人就业基地、种养殖基地、洛扎县粉丝厂、次麦藏鸡养殖专业合作社调研扶贫产业项目效益情况；陪同西藏自治区党委组织部调研组开展相关工作。

23日 洛扎县委书记赵天武陪同西藏自治区党委组织部调研组到色乡调研指导相关工作。

同日 洛扎县委副书记、县长白玛多吉主持召开洛扎县产业项目运营务虚会，专题研究产业扶贫项目运营各相关工作。

24日 洛扎县委书记赵天武召集各乡镇党委书记、乡镇长及十一个专项组组长召开推进全县扶贫产业工作专题会议，县级领导白玛多吉、边巴、王小荣、次旺加布参加。

25日 洛扎县委书记赵天武在县会议中心二楼会议室主持召开中国共产党洛扎县第九届委员会第五次全体会议和选人用人“一报告两评议”会议；在会议中心二楼出席洛扎县委经济工作会议并讲话。

27日 洛扎县委书记赵天武在县边境管理大队指挥中心会议室主持召开县委政法工作会议、县边防委员会第一次全体会议暨县第一季度管边议边工作会议，全面总结2019年相关工作，安排部署2020年工作。同时，就做好脱贫攻坚巩固提升、边境小康村和疫情防控等当前重点工作的再安排、再部署、再强调。

28日 洛扎县委书记赵天武在洛扎镇党委书记罗利、扶贫办主任边巴和吉堆社区书记等陪同下到吉堆1、5、7、8小组共13户建档立卡户走访看望慰问和了解相关情况，特别是已脱贫户是否存在返贫风险及边境小康村建设工作推进等情况。

29日 洛扎县委书记赵天武在县扶贫办负责人等陪同下走访看望慰问色乡色村一组（措玉）和桑玉村10户建档立卡户贫困群众，了解贫困群众生产生活情况，宣传相关政策措施等并代表县委、县政府为色村一组（措玉）老党员旦增群培一家送去慰问金1000元。

30日 洛扎县委书记赵天武在县委三楼会议室同山南市委副书记刘志强进行座谈（市脱贫攻坚交叉普查工作组）；陪同刘志强到扎日乡白沙农场、扎日清油加工厂和曲措易地扶贫搬迁点和边境小康村建设入户了解脱贫群众相关情况。

31日 洛扎县委书记赵天武到生格乡、拉康镇、拉郊乡调研茶村牦牛养殖基地、拉康社区林下资源加工厂、拉郊村黑木耳种植基地等扶贫产业运营及带动群众增收情况和基层党建、边境小康村建设等工作。

同日 洛扎县委副书记、县长白玛多吉到各乡（镇）检查指导重点工作开展情况并做详细的安排部署。

4月

1日 洛扎县委书记赵天武在机要局520参加西藏自治区党委常委会扩大会议；在会议中心二楼主持召开全县森林防火电视电话会议；在县委三楼会议室主持召开第97次常委会会议。

2日 洛扎县委书记赵天武在县会议中心二楼会议室出席县纪委九届五次全会第一次全体会议；在县委三楼会议室参加扶贫大督查反馈会议。

3日 洛扎县委书记赵天武到吉堆社区、残疾人联合会了解扶贫产业运营及带动增收情况和经济发展等重点工作。

5日 洛扎县委书记赵天武到边巴乡柏日村、雪玛村；拉康镇；生格乡古局村、仲村和色乡检查脱贫攻坚、边境小康村建设和基层党建工作。

同日 洛扎县委副书记、县长白玛多吉主持召开洛扎县扶贫产品一体销售工作座谈会，对洛扎县境内农畜产品、民族手工制品、 扶贫产品集中销售工作进行部署。

6日 洛扎县委书记赵天武到扎日乡隆拉、拉康镇民久玛检查边境工作。

7日 洛扎县委书记赵天武参加全县植树活动。

8日 洛扎县委书记赵天武到拉郊乡杰罗布地区检查边境工作。

同日 洛扎县委副书记、县长白玛多吉带领县民政局、行政审批局负责人到县残疾人培训公司、扶贫产品销售店、政务服务大厅，通过听取相关负责人情况汇报、查看文件资料、与残疾人亲切交谈等方式，对产业发展、扶贫产品销售和政务服务大厅运行等各项重点工作开展情况进行检查指导，对下一步工作做详细的安排部署，提出具体要求。

9日 洛扎县委书记赵天武在县委三楼会议室主持召开扶贫开发领导小组第四次会议。

10日 洛扎县委书记赵天武到拉郊乡杰罗布、拉康镇、边巴乡雪玛村、生格乡仲村、次麦社区调研脱贫攻坚、边境小康村建设、人居环境整治等工作情况。

11日 洛扎县委书记赵天武到拉郊乡检查拉郊乡至杰罗布村，杰罗布村至俄若拉山道路保通、交通安全、人居环境整治工作。

11日至12日 洛扎县委副书记、县长白玛多吉带领县发改委、小康办等部门主要负责人到各乡（镇）、村（社区）检查指导小康村建设、脱贫攻坚、优化环境等各项重点工作，通过查看工作台账、询问干部群众等方式详细了解小康村建设、脱贫攻坚、优化环境工作开展情况，对下一阶段工作详细的安排部署。

12日 洛扎县委书记赵天武陪同山南市委常委、秘书长赫沛查看拉郊乡切公拉至德玛龙、乡政府至杰罗布至俄若拉道路通畅和交通安全，了解拉康镇拉康电站、次巴鼎小康村情况，掌握边巴乡G219道路情况和环境卫生。

13日 西藏自治区党委书记、西藏军区党委第一书记吴英杰等自治区领导入户洛扎县白沙村群众家中，调研次麦藏鸡养殖场并召开干部群众座谈会。洛扎县委书记赵天武等陪同。

14日 西藏自治区党委书记、西藏军区党委第一书记吴英杰等自治区领导调研杰罗布村、俄若拉驻哨点、德玛龙驻哨点等白玉地区边境一线干部群众守土固边情况，看望慰问一线守边干部群众，在杰罗布村与干部群众进行座谈；调研拉康镇拉康电站和次巴鼎边境小康村建设，听取全县边境小康村建设情况汇报。洛扎县委书记赵天武等陪同，

16日 洛扎县委书记赵天武到扎日乡白沙农场和洛扎镇尤其种植养殖基地查看扶贫产业项目。

17日 洛扎县委书记赵天武主持召开九届县委第87次常委会（扩大）会议。

21日 洛扎县委书记赵天武在机要局520参加一届山南市委第114次常委（扩大）会议。

23日 洛扎县委书记赵天武到拉郊乡德玛隆深入了解脱贫攻坚、边境管理工作和边境疫情管控情况。

同日 洛扎县委副书记、县长白玛多吉采取“四不两直”的方式到县城周边指导检查消费扶贫产品销售和群众就业创业工作。

24日 洛扎县委书记赵天武在县礼堂出席中国人民政治协商会议第二届洛扎县委员会第七次会议开幕。

25日 洛扎县委书记赵天武在县大礼堂出席洛扎县十三届人民代表大会第五次会议开幕；在县会议中心二号会议室主持召开洛扎县十三届人民代表大会第五次会议主席团第二次会议；在县大礼堂主持召开洛扎县十三届人民代表大会第五次会议第二次全体会议。

26日 洛扎县委书记赵天武在县大礼堂出席洛扎县十三届人民代表大会第五次会议第三次全体会议。

27日 洛扎县委书记赵天武在县大礼堂出席洛扎县十三届人民代表大会第五次会议闭幕。

28日 洛扎县委书记赵天武在县委三楼会议室主持召开县委国安委会议。

29日 洛扎县委书记赵天武到色乡曲西村调研脱贫攻坚和边境小康村建设工作，走访慰问色乡曲西村二组仁增卓玛、三组尼玛扎西2户贫困户。

30日 洛扎县委书记赵天武在县会议中心二楼会议室出席全县党建工作部署及宣传思想工作会议；在机要局520参加中央八项规定精神自查自纠电视电话会议和山南市扶贫开发领导小组第四次会议。

5月

3日 洛扎县委书记赵天武到拉郊乡杰罗布村督导检查边境工作。

5日 洛扎县委书记赵天武在县委三楼会议室主持召开第99次常委会会议。

6日 洛扎县委书记赵天武在机要局520会议室参加山南市委扶贫工作会议和山南市委常委会（扩大）会议。

7日 洛扎县委书记赵天武到拉郊乡德玛龙地区检查边境工作。

9日 洛扎县委书记赵天武到山南市参加任职廉政谈话会议。

11日 洛扎县委书记赵天武在县会议中心二楼会议室主持召开洛扎县脱贫攻坚工作领导小组五次会议。

13日 洛扎县委书记赵天武到门当社区实地督导检查饮水安全和群众增收、基层党建发展等工作；到洛扎镇尤其养殖基地检查动物疫病防控工作。

14日 洛扎县委书记赵天武在机要局520会议室参加西藏自治区人大常委会副主任、山南市委书记许成仓主持召开的调度会议。

14日至15日 洛扎县委副书记、县长白玛多吉带领县发改委、生态环境分局等负责人到各乡（镇）检查指导小康村建设、脱贫攻坚、安全生产、生态环保等各项重点工作。

15日 洛扎县委书记赵天武到色乡洛卓窝龙寺、拉普温泉和拉康镇卡久寺督导检查维稳工作。

16日至17日 洛扎县委副书记、县长白玛多吉带领县发改委、应急管理局等部门负责人到扎日乡、色乡和各小康示范村建设点，实地查看边境小康村建设、抵边搬迁工程和边境一线疫情防控、维护稳定、安全生产等各项工作，并就做好下一阶段相关工作提出明确的要求。

18日 洛扎县委书记赵天武到拉康民久玛检查边境工作。

20日 洛扎县委书记赵天武到德玛龙至色德沃方向徒步巡边，检查指导抵边车巡道前推情况。

21日 洛扎县委书记赵天武主持召开九届县委第100次常委会（扩大）会议。

同日 洛扎县委副书记、县长白玛多吉到扎日乡拉隆村、洛扎镇门当社区，督导检查脱贫攻坚和边境小康村建设相关工作并深入结对帮扶贫困户群众家中看望慰问困难群众。

22日 洛扎县委书记赵天武到扎日乡拉隆寺、贡祖苏拉康、乃翁日追等地检查相关工作。

6月

1日 洛扎县委书记赵天武在机要局520会议室参加全市抵边搬迁工作专题会议。

2日 洛扎县委书记赵天武陪同山南市委副书记格桑到拉郊乡德玛龙边境一线调研边境工作。

4日 洛扎县委书记赵天武在县会议中心二楼会议室主持召开全县扶贫开发工作领导小组第6次会议。

5日 洛扎县委书记赵天武在县湖北广场出席6·5世界环境日活动启动仪式；在县机要局520会议室参加一届山南市委第118次常委会（扩大）会议。

7日 洛扎县委书记赵天武到洛扎镇尤其养殖基地和扎日乡白沙农场督导检查产业扶贫整改和农牧业生产有关工作，实地查看国土绿化工作开展情况，对苗木选择、栽植技术和管理养护提出指导意见。

8日 洛扎县委书记赵天武在县机要局520会议室参加区党委理论学习中心组2020年第4次学习会。

9日 洛扎县委书记赵天武到洛扎镇吉堆、门当社区督导检查脱贫攻坚、边境小康村等工作。

同日 洛扎县委副书记、县长白玛多吉到扎日乡督导检查脱贫攻坚问题整改工作，通过实地查看、询问扶贫干部、查阅资料、查看台账记录、听取汇报等方式，详细了解掌握脱贫攻坚存在问题整改工作开展情况，并就当前及下一阶段工作做出部署。

10日 洛扎县委书记赵天武到洛扎镇贡祖、次麦、嘎波社区督导检查脱贫攻坚、边境小康村等重点工作。

10日至15日 洛扎县委副书记、县长白玛多吉到拉郊乡、拉康镇、色乡、扎日乡等边境一线，实地检查边境小康村建设、抵边搬迁、道路交通、边境维稳、疫情防控、边民生产生活等情况，看望慰问一线边民群众、执勤干警、道路建设施工人员。

11日 洛扎县委书记赵天武在县机要局520会议室参加山南市农牧民转移就业工作推进会和山南市高校毕业生就业创业工作领导小组会议。

12日 洛扎县委书记赵天武在县会议中心二楼会议室出席洛扎县2020年“四讲四爱”第一节点总结暨第二节点安排部署会。

13日 洛扎县委书记赵天武到色乡桑玉村二组（雄村）督导检查脱贫攻坚、边境小康村建设、基层党建和强基惠民等工作；实地了解查看雄巴拉康有关情况；现场查看岗子水源点项目建设情况等。

14日 洛扎县委书记赵天武到拉郊乡边境一线督导检查疫情防控等工作。

16日 洛扎县委书记赵天武出席洛扎县排查解决发展党员违规违纪应急工作动员部署会并讲话。

17日 洛扎县委书记赵天武陪同西藏自治区人大常委会副主任、山南市委书记许成仓到色乡曲西村、塞卡古托寺等地调研相关工作。

19日 洛扎县委书记赵天武在县委三楼会议室主持召开九届县委第101次常委会会议，传达学习西藏自治区人大常委会副主任、山南市委书记许成仓到洛扎调研时的重要讲话精神，研究贯彻意见；专题研究《中共山南市委员会关于全面加强新时代党的建设的实施意见》（征求意见稿），广泛征求意见建议。

20日 洛扎县委书记赵天武到生格乡木村、古局村和茶村及拉康镇杜鲁社区、亭村等地检查指导边境小康村、脱贫攻坚、“四讲四爱”群众教育实践活动等工作，重点检查边境小康村涉及建档立卡贫困户房屋建设工作推进情况，了解存在问题及工作打算。

22日 洛扎县委书记赵天武在县机要局520会议室参加一届山南市委第119次常委会（扩大）会议；在县委三楼会议室主持召开九届县委第102次常委会（扩大）会议。

同日 洛扎县委书记赵天武和县委副书记、县长白玛多吉先后到扎日乡乃村、白沙、蒙达、扎日村和洛扎镇吉堆、嘎波、门当、次麦及色乡曲吉麦、曲西督导检查边境小康村涉及建档立卡贫困户房屋建设工作推进情况，了解存在问题及工作打算。

23日至25日 洛扎县委书记赵天武出席山南市委一届五次全会。

25日 洛扎县委书记赵天武陪同山南市委副书记刘志强到边巴、生格、色乡、扎日等地督导检查边境小康村涉及建档立卡贫困户房屋建设工作推进情况。

26日 洛扎县委书记赵天武到洛扎镇嘎波社区二组温度小组、门当社区和拉康镇杜鲁社区及生格乡茶村督导检查指导边境小康村涉及建档立卡贫困户房屋建设工作推进情况。

27日 洛扎县委书记赵天武到色乡曲吉麦、曲西、桑玉和生格乡木村及洛扎镇门当社区督导检查指导边境小康村涉及建档立卡贫困户房屋建设工作推进情况。

28日 洛扎县委书记赵天武先后到扎日乡白沙村、边巴乡雪玛村及拉康镇杜鲁社区督导检查边境小康村涉及建档立卡贫困户房屋建设工作推进情况等。

29日 洛扎县委书记赵天武先后到扎日乡乃村、蒙达村、扎日村和洛扎镇门当、吉堆社区督导检查边境小康村涉及建档立卡贫困户房屋建设工作推进情况等。

30日 洛扎县委书记赵天武先后到洛扎镇嘎波社区二组（温度）督导检查边境小康村涉及建档立卡贫困户房屋建设工作推进情况等。

7月

7日 洛扎县委副书记、县长白玛多吉率县政府办、发改委、自然资源局、应急管理局等部门负责人到生格乡仲村、茶村，拉康镇门切社区、拉康社区、杜鲁社区，边巴乡美秀村、柏日村、桑布拉搬迁点督导检查贫困户小康村建设、抵边搬迁项目、增减挂钩、复垦复绿、安全生产、疫情防控等工作。

18日 洛扎县委副书记、县长白玛多吉一行到县中学考点检查指导中考组织工作和学校各项工作开展情况。

20日 洛扎县委书记赵天武在县委机要局520会议室参加一届山南市委第121次常委会（扩大）会议暨理论学习中心组专题学习会和一届市委第122次常委会（扩大）会议。

22日 洛扎县委书记赵天武在县政府四楼会议室参加市委赴洛扎督导检查信访工作汇报会。

23日 洛扎县委书记赵天武在县委机要局520会议室参加山南市委理论中心组学习（扩

大）会议（《民法典》专题辅导报告会）。

24日　洛扎县委书记赵天武在县委机要局520会议室主持召开九届县委第104次常委会（扩大）会议。

26日　洛扎县委书记赵天武到县人武部、县中队开展“八一”建军节看望慰问驻地官兵活动，带去节日的祝福和慰问品。

31日　洛扎县委书记赵天武陪同中央媒体赴山南（洛扎段）调研采访组到洛扎县拉郊乡德玛龙、色乡公漳浦调研采风。

同日　洛扎县委书记赵天武出席洛扎县“军爱民 民拥军 军民同心固边疆 同奋斗 共发展 军政团结建小康”主题军地联谊晚会。

同日　洛扎县委副书记、县长白玛多吉主持召开国务院和区市联防联控严防聚集性疫情做好秋冬季防控工作会议专题部署会议，全面分析研判当前疫情防控形势，就当前及下一阶段疫情防控工作作出安排部署。

8月

1日　洛扎县委书记赵天武在县委三楼会议室主持召开九届县委第105次常委会会议。

5日　洛扎县委书记赵天武在县委机要局520会议室参加一届山南市委第123次常委会（扩大）会议。

6日　洛扎县委书记赵天武到色乡色村1组（措玉）督导检查边境小康村、脱贫攻坚工作，实地查看了解白玛林湖景区建设项目情况。

7日　洛扎县委书记赵天武到拉郊乡拉郊村和杰罗布地区（德玛龙5、6号板房、德久塘）督导检查边境一线疫情防控、边境小康村建设和抵边搬迁工作。

9日　洛扎县委书记赵天武到生格乡茶村、拉康镇门切社区和边巴乡雪玛、柏日（桑布拉）、美秀村督导检查边境小康村建设、抵边搬迁和脱贫攻坚工作等。

10日　洛扎县委书记赵天武在县委三楼会议室主持召开九届县委第106次常委会会议，传达学习相关通知文件精神，安排部署经济、党的建设、宗教领域、意识形态、党风廉政建设、边境小康村建设、抵边搬迁、脱贫攻坚等当前各项重点工作，研究审议其他事项。

11日　洛扎县委书记赵天武出席全县新时代文明实践中心（所、站）业务骨干培训班开班仪式并发表讲话。

12日　洛扎县委书记赵天武在县委机要局520会议室参加山南市委反馈问题整改工作推进会议。

13日　洛扎县委书记赵天武在会议中心二楼会议室参加决战脱贫攻坚突出问题整改督促会暨扶贫领域腐败和作风问题专项治理工作例会并汇报县委落实脱贫攻坚主体责任情况。

15日　洛扎县委书记赵天武到拉郊乡杰罗布、巴桑仔等地督导检查边境工作。

20日　洛扎县委书记赵天武陪同中粮集团赴藏调研组到洛扎镇次麦养鸡场、协其村等地就产业发展、脱贫攻坚方面开展调研。

23日　洛扎县委书记赵天武在县委机要局520会议室参加全市维护国家安全视频会议。

24日　洛扎县委书记赵天武在县委机要局520会议室主持召开县委国家安全委员会（扩大）会议，研究部署全县维护稳定工作。

25日　洛扎县委书记赵天武到拉康镇民久玛调研边境小康村建设、维护稳定工作。

26日　洛扎县委书记赵天武到洛扎镇、吉堆社区、扎西根培寺、色乡公漳浦等地督导检查维护社会稳定、脱贫攻坚、边境小康村建设和抵边搬迁等工作。

同日　洛扎县委副书记、县长白玛多吉参加县农业农村局科技科普志愿队以“科技活动周”为契机，“科技战疫创新强国”为主题的集中宣传科技科普知识活动。

27日　洛扎县委书记赵天武在县指挥中心参加全市维护稳定工作视频调度会。

28日　洛扎县委书记赵天武在县指挥中心参加西藏自治区国家安全指挥部视频调度会。

29日　洛扎县委书记赵天武在县委三楼会议室主持召开书记专题会（组织部）。

9月

1日　洛扎县委书记赵天武先后到洛扎镇、扎日乡各边境小康村建设项目点，实地了解掌握项目建设情况，协调解决存在问题和困难，就加快施工进度、如期完成建设任务提出明确要求。

4日　洛扎县委书记赵天武在县委机要局520会议室参加一届山南市委第125次常委会（扩大）会议暨中央第七次西藏工作座谈会精神专题学习会。

5日　洛扎县委书记赵天武在县委机要局520会议室主持召开九届县委第107次常委会（扩大）会议暨中央第七次西藏工作座谈会精神专题学习会。

7日　洛扎县委副书记、县长、县边境小康村建设指挥部总指挥长白玛多吉主持召开洛扎县边境小康村建设工作推进会。

7日至8日　洛扎县委书记赵天武陪同西藏自治区人大常委会副主任、山南市委书记许成仓，市委常委、秘书长赫沛调研民玖玛、德玛龙、德久塘、巴桑仔边境一线道路建设情况和守土固边工作，看望慰问一线守边干部群众。

8日　洛扎县委副书记、县长白玛多吉带领县农业农村局等部门负责人到吉堆、嘎波和门当社区，实地查看产业项目运营和边境小康村建设等各项工作，并就做好下一阶段相关工作提出明确要求。

9日　洛扎县委书记赵天武在县委三楼会议室主持召开九届县委第108次常委会会议；在县委机要局520会议室参加维护祖国统一、加强民族团结会议。

10日　洛扎县委书记赵天武到洛扎镇门当、吉堆社区督导检查边境小康村建设和脱贫巩固工作等。

11日　洛扎县委书记赵天武在县会议中心二楼会议室参加全国深化“放管服”改革优化营商环境电视电话会议。

13日　洛扎县委书记赵天武到边巴乡各村、拉康镇镇督导检查边境小康村建设工作，了解掌握项目建设情况等；到拉康电站商议修建拉康电站至松布渠至俄东桥边境巡逻道路相关事宜。

17日　洛扎县委书记赵天武在县会议中心二楼会议室主持召开中国共产党洛扎县第九届委员会第六次全体会议并讲话。

20日　洛扎县委书记赵天武到边巴乡桑布拉（边境一线）检查指导边境工作，安排部署边境疫情防控等工作；到边巴乡和乡各村督导检查脱贫攻坚、边境小康村建设和抵边搬迁工作。

22日　洛扎县委副书记、县长、县脱贫攻坚指挥部总指挥长白玛多吉主持召开洛扎县脱贫攻坚指挥部2020年第8次会议。

23日至25日　洛扎县委书记赵天武陪同外交部调研组到拉郊乡白玉地区、拉康镇民玖玛岗拉地区和边巴乡桑布拉调研边境工作。

27日　洛扎县委书记赵天武在县委机要局520会议室参加山南市信访工作联席会议2020年三季度全体会议。

28日　洛扎县委书记赵天武在会议中心二楼会议室主持召开九届县委第109次常委会（扩大）会议。

29日　洛扎县委书记赵天武在县维稳指挥中心参加全市维稳视频会议；在会议中心二楼会议室参加中央第七次西藏工作座谈会议精神宣讲视频会；主持召开县委党建工作领导小组会议暨基层党建工作推进会，全面安排部署基层党建工作。

30日　洛扎县委书记赵天武参加“9·30”烈士纪念日公祭活动；在县委机要局520会议室参加一届山南市委第127次常委会（扩大）会议。

10月

1日　洛扎县委书记赵天武在县文化广场参加“十一”国庆节升国旗仪式。

12日　洛扎县委副书记、县长白玛多吉带领县委统战部、小康办负责人到生格乡、色乡，检查指导边境小康村建设和民族宗教等方面相关工作。

21日　洛扎县委副书记、县长白玛多吉出席2020年库拉岗日文化旅游节工作部署会议并讲话。

27日至29日　洛扎县委副书记、县长白玛多吉率县委宣传部、应急管理局、交通运输局一行到杰罗布、俄若拉、明久玛、桑布拉等边境一线和部分乡（镇）、村（社区），对维护稳定、项目建设、安全生产、疫情防控、人口普查、农村乱占耕地建房问题整治等重点工作进行督导检查并宣讲中央第七次西藏工作座谈会精神。

11月

19日　洛扎县委副书记、县长白玛多吉向政府系统各级各部门宣讲中央第七次西藏工作座谈会精神，在家政府党组成员、各乡（镇）人民政府、政府系统各部门和县中（区）直各单位和相关企（事）业部门负责人参加宣讲会。

25日　洛扎县委书记赵天武到洛卓窝龙寺宣讲十九届五中全会和“七次会”座谈会精神。

26日　洛扎县委书记赵天武到洛扎镇门当社区，查看村容村貌、农村人居环境整治及人饮保障工作。

27日至28日　洛扎县委书记赵天武到德玛龙、杰罗布边境一线，实地查看疫情防控及边境工作。

29日　洛扎县委书记赵天武在会议中心二楼参加六项专项整治会议；在会议中心二楼主持召开九届县委第112次常委会（扩大）会议及暨2020年扶贫开发领导小组第10次会议。

30日　洛扎县委副书记、县长白玛多吉主持召开2020年脱贫攻坚指挥部第10次专题会议，书面传达全国易地扶贫搬迁后续扶持工作现场会精神、9月24日自治区扶贫开发领导小组会议和10月22日自治区扶贫开发领导小组会议精神、自治区脱贫攻坚指挥部2020年第13次会议精神。

12月

5日　洛扎县委书记赵天武到日喀则市亚东县参加全区强边工作现场会议。

10日　洛扎县委书记赵天武在县会议中心二楼会议室主持召开干部考察测评会。

11日　洛扎县委书记赵天武在陇巴庄园酒店出席洛扎县第九次团代会并讲话；在县会议中心二楼会议室参加山南市应对新型冠状病毒感染肺炎疫情工作领导小组会议；在县会议中心二楼会议室主持召开全县应对新型冠状病毒感染肺炎疫情工作领导小组会议，安排部署相关工作；主持召开县委巡察工作第九次书记专题会。

14日至21日　洛扎县委副书记、县长白玛多吉到全县1所中学、7所乡镇小学（教学点1所）、26所幼儿园，通过听取汇报、查看现场、查阅资料、座谈交流等方式，开展年底教育系统综合检查工作，同时对学校日常管理和教育教学方面存在的问题要求及时整改。

16日　洛扎县委书记赵天武在县会议中心二楼会议室主持召开九届县委第113次常委会（扩大）会议、县委宗教工作领导小组会议和县扶贫开发工作领导小组第11次会议，集中传达学习各级重要会议文件及通知精神，研究部署稳定、经济、生态、宗教、寺庙和脱贫攻坚等当前重点各项工作，研究相关请示事宜。

17日　洛扎县委书记赵天武在县会议中心二楼会议室主持召开洛扎县双述双评一建议会议暨基层党建工作述职评议大会；在520会议室参加山南市边境小康村建设工作指挥部会议，汇报相关工作。

18日　洛扎县委书记赵天武在县会议中心二楼会议室参加全区村（社区）“两委”换届工作暨业务培训动员部署电视电话会议。

19日至20日　洛扎县委书记赵天武陪同由

区党委组织部带队的中组部干部二局调研组分别到色乡拉康镇调研指导边境党建和抵边搬迁工作。

21日 洛扎县委书记赵天武在县委机要局520会议室参加一届山南市委第132次常委会（扩大）会议。

22日 洛扎县委书记赵天武在县委三楼会议室主持召开九届县委第114次常委会会议。

25日 洛扎县委书记赵天武在县委机要局520会议室参加山南市深入开展“遵行四条标准争做先进僧尼”教育实践活动表彰大会分会场会议。

27日 洛扎县委书记赵天武在县会议中心二楼会议室主持召开2019年度、2020年度洛扎县“四大班子”考核民主测评会。

28日 洛扎县委书记赵天武在县会议中心二楼会议室参加全市村“两委”换届工作电视电话会议。

29日 洛扎县委书记赵天武在县委三楼会议室主持召开九届县委第115次常委会（扩大）会议，学习上级重要会议文件通知精神，部署重点工作，研究相关请示。

30日 洛扎县委书记赵天武在县机要局520会议室参加一届山南市委第133次常委会（扩大）会议和山南市2020年县（区）委书记、市直行业系统党工委书记抓基层党建工作述职评议会议。

31日 洛扎县委书记赵天武在县机要局520会议室参加自治区通报会。

县情概览

洛扎年鉴

【概况】　洛扎县位于山南市西南部，“洛扎”藏语意为“南方大悬崖”，因地处喜马拉雅山南麓而得名，地理位置位于北纬27°43′~28°28′、东经90°22′~91°36′，是西藏的边境县之一。外与不丹王国接壤，内与措美县、错那县、浪卡子县相邻，距山南市政府所在地354公里。属藏南高山峡谷地带，境内地形复杂，地势起伏较大，西北高、东南低，平均海拔3820米，县境内最高海拔7538.1米，最低海拔2310米，县城所在地海拔3890米。

【自然地理】　洛扎县水资源丰富，洛扎雄曲河为全县最大河流，发源于曲措村良岗蒲冰川前缘，经扎日、吉堆、嘎波、生格、拉康等地流入不丹境内，汇入印度恒河，全长131.5千米，落差大、水流急，流速2.8米/秒，流量75立方米/秒，为全县人畜用水、灌溉发电用水的主要来源。境内较大支流共有3条，分别为色乡雄曲河、边巴乡当许雄曲河和拉郊河。主要山川有库拉岗日雪山、茶拉推嘎岗日。库拉岗日雪山海拔7538.1米，为山南境内海拔最高的山峰，附近集中分布有6座7000米以上的山峰；茶拉推嘎岗日为喜马拉雅山的主脊之一，海拔6515米。

【气候资源】　洛扎县气候分属高山峡谷温暖湿润半湿润气候区和高山谷地温凉半干旱气候区两大类。县东南部具有半湿润、湿润气候的特点，降水多、日照少；西北部少雨多风，气候干燥，日照充足。全县年均日照时长为2983小时，年平均降水量366.8毫米，年无霜期105天左右。县境内降水分布不均，东南地区多于西北地区。

【动植物资源】　洛扎县野生动物主要有猞猁、獐子、藏野驴、水獭、岩羊、黄羊、藏雪鸡、雪猪、马麝、扭角羚（羚牛）、棕熊和赤麻鸭等，国家一级保护动物有雪豹、棕尾虹雉等。

林业资源主要有云杉、冷杉、红豆杉、乔松、高山松、高山栎、桦木和杜鹃等，为山南市主要林区之一，也是西藏自治区国家一级保护植物红豆杉分布最广的林区之一。

【矿产资源】　洛扎县已探明矿产资源丰富，金属矿主要有铁、铅、锌、铜、银和钼等，分布于全县2镇、4乡（除边巴乡）。非金属矿主要有砂石料、花岗岩和水晶等，主要分布于扎日乡、色乡、生格乡和洛扎镇等地。

【旅游资源】　洛扎县主要旅游资源有雪山、湖泊、温泉、原始森林、瀑布、古碉楼和寺庙等，主要旅游景点有卡久风景名胜区（国家AA级景区）、朱措白玛林湖、库拉岗日雪山、茶拉推嘎岗日、扎西根培（彩虹沟）、拉康峡谷、拉郊峡谷、拉普温泉、列让沟瀑布、杰顿珠宗古碉楼群和多宗遗址等。

【区划与人口】 2020年，洛扎县辖7个乡镇、27个行政村、101个村民小组，其中边境乡镇6个、边境村（社区）委会22个。全县共6122户，总人口20413人，其中农村人口18308人，城镇人口2105人。全县有1所中学、6所小学、25所幼儿园、1个教学点；1家医疗卫生机构，7家乡镇卫生院，27家村卫生室。全县耕地面积3.2万亩、草场面积333万亩、森林面积255万亩、水域面积400平方公里。

【特色特产】 洛扎县主要物产有牦牛、青稞、油菜、虫草、林下产品、藏药材、藏鸡和松茸等。特色产品有“赛卡古托”粉丝、次麦藏鸡蛋、扎日清油、拉康藏药、贡祖腰带和生格荞麦等，在区内享有一定知名度。

【经济社会发展】 2020年，洛扎县地区生产总值、全社会固定资产投资、财政收入、社会消费品零售总额、农村居民人均可支配收入分别完成7.17亿元、13.65亿元、5128.65万元、2.02亿元、15637元，分别同比增长6.9%、–30.7%、19.4%、3%、13.5%。完成税收收入6012万元，同比增长2%。第一、第二、第三产业分别完成5411万元、35607万元、30080万元，同比分别增长2.1%、8%、2.7%。全年接待游客5万人次，旅游收入833万元，同比分别增长2%、20%。科学编制“十四五”规划纲要，规划储备库项目356个，总投资182亿元；高质量发展项目414个，总投资1188亿元；开复工项目111个，完成投资15.92亿元；录入国家重大建设项目库184个，总投资22.4亿元；在线审批项目录入356个，总投资37.87亿元；完成招商引资7亿元，完成年度计划的100%。

【农牧业发展】 2020年，洛扎县农牧业产值完成5411万元，同比增长2.1%。粮食总产量1.03万吨；牲畜5.97万头（只、匹），完成接羔9369头（只、匹），成活率91.2%；开工5000亩高标准农田，121.7亩新增耕地实施客土。罗宝藏药材开发有限公司、拉康镇藏药材销售专业合作社入选自治区科技型中小企业名单。推广“喜拉22号”青稞0.8万亩，良种覆盖率80%以上。完成1500头娟姗牛改良和21头犏牛经济杂交任务。

【民生事业】 2020年，洛扎县学前教育三年入学率90.17%，义务教育阶段入学率、巩固率均100%。年内，生格乡小学宿舍楼、美秀幼儿园和五人制足球场等项目投入使用。全县住院分娩率100%；洛扎镇、生格乡卫生院达到优质服务基层创建标准；新建分子生物实验室，配备卫生应急、负压救护和疫苗冷链等专用车辆。组建洛扎峡谷乐队和27支行政村文艺演出队；若浪霞波卓传习基地被命名为第三批自治区非遗项目传习基地，门日合作社设立为市级非遗扶贫就业工坊，门当央谐等3个项目列入市级非物质文化遗产代表性目录；库拉岗日文化旅游节总成交额850万余元。城镇新增就业338人，城镇登记失业率控制在2.3%以内；农牧民技能培训544人次，就业率43.93%；高校毕业生就业185人。足额兑现残疾人两项补贴、特困人员补助、医疗救助等各类民生资金1.3亿余元；提标德玛龙、俄若拉执勤群众补助，提高边民戍边固防积极性。建成公租房78套，有效缓解住房紧张问题。农牧民补助奖励机制通过自治区最终验收。同时，进一步保护妇女儿童权益。

中共洛扎县委员会

洛扎年鉴

综　述

【概况】　2020年，全县有1个地方党委，31个党组，7个乡（镇）党委，1个直属机关工委，1个“两新”工委，1个教育党总支，7个村（社区）党委，15个村（社区）党总支，163个党支部；有党员3066名，其中农牧民党员2332名。年内，全县地区生产总值、全社会固定资产投资、财政收入、社会消费品零售总额、农村居民人均可支配收入分别完成7.17亿元、13.65亿元、5128.65万元、2.02亿元、15637元，同比分别增长6.9%、-30.7%、19.4%、3%、13.5%，完成税收收入6012万元，同比增长2%。

【党建工作】　2020年，中共洛扎县委员会全面加强党对各项工作的领导，坚持把党的领导落实到国家治理各领域、各方面、各环节，充分发挥县委领导核心作用，不断提高县委把方向、管大局、保落实的能力和定力。全年召开县委全会、经济工作会、县委常委会（扩大）会议、宗教领导小组会议以及深改委、边防委等会议50余次，主动研究部署脱贫攻坚、基层党建、疫情防控、编制“十四五”规划等工作，补短板、强弱项，研究解决困难问题。带头执行准则和条例，严明政治纪律和政治规矩，坚持把理想信念教育、思想政治教育作为党员干部教育培训的主要内容，举办培训班36期，受教育5200人次。召开县委九届六次全会专题研究部署党的建设工作，制定出台《中共洛扎县委员会关于贯彻落实市委一届五次全会精神深入推进边境党建长廊建设的实施意见》，全面夯实党在洛扎的执政基础。坚持以提升组织力为重点，规范设置县直单位26个党组，创建9个八星党支部，整顿软弱涣散基层党组织5个，扎实开展好党员“三包五带五促”活动。深化边境党建长廊建设，加快筹备德玛龙等7个抵边搬迁点设立抵边行政村事宜，不断巩固国防和边防。深入开展军警地“五共五固”活动，充分发挥德玛龙、俄若拉前哨点临时党支部的战斗堡垒作用，全力抓好边境管理和疫情防控。树立正确选人用人导向，提拔调整晋升干部60名，选优配强乡村振兴“领头雁”，培养储备村级后备干部282名，为村“两委”换届储备优秀人才。规范党员教育管理，全年发展党员85名。

【党风廉政建设】　2020年，中共洛扎县委员会坚持党要管党、全面从严治党，坚持“三个牢固树立”，自觉履行管党治党政治责任，以党的政治建设为统领全面加强党的各项建设，党风廉政建设和反腐败斗争取得一定成效。坚决扛起管党治党责任，召开县纪委九届五次全会，专题研究部署党风廉政建设和反腐败工作，坚持把党的领导贯穿到纪检监察工作全过程各方面，听取县纪委监委工作汇报30余次，研究部署全面从严治党工作，跟踪督办重要案件。压实管党治党责任，听取各党委（党组）落实“两个责任”情况汇报，召开党风廉政建设述责述廉会议，班子成员及各党委（党组）现场述责述廉、接受问题评议。围绕稳定、发展、生态、强边四件大事，聚焦疫情防控、巩固拓展脱贫攻坚成果、边境小康村建设、执行中央八项规定精神、落实“三个不增加”等重大决策部署开展监督检查，对违反宗教领域“三个不增加”和转发有害信息的6名相关责任人进行问责，严肃查处涉及扶贫领域问题5起，处置疫情防控走形式、履职不力1件，给予2名党员、公职人员酒驾党纪处分，开展15项重点工作专项监督检查，公开通报发现问题125个，督促相关单位落实整改115个。集中开展自查纠治违反中央八项规定精神问题5类262项，清退违规资金29万余元；驰而不息纠正“四风”，立案审查调查违反“四风”问题1件。认真落实为基层减负松绑各项举措，坚决反对形式主义、官僚主义。坚持以零容忍的态度惩贪治腐，处置问题线索22件，立案审查调查6件，给予党纪政务处分6人，收缴违纪资金14.84万元。充分运用“四种形态”批评教育帮助和处理25人次；完成九届县委第八、第九轮巡察，首次对拉康社区、扎日村等5个村（社区）党组织开展直接巡村。开展18名受处分党员回访工作，率先试点县乡纪检监察力量整合，开展片区协作办案10件，深化拓展群众身边腐败和作风问题专项整治，各族群众在党风廉政建设和反腐败斗争中的获得感、幸福感不断增强。

【思想文化建设】 2020年，中共洛扎县委员会坚持以党的政治建设为统领，全面加强党的思想政治建设，组织召开理论学习中心组学习会25次，及时跟进学习中共中央总书记习近平在中央政治局历次集体学习会、中央政治局常委会会议、中央经济工作会议、决战决胜脱贫攻坚座谈会、统筹推进新冠肺炎疫情防控和经济社会发展工作部署会等一系列会议上的重要讲话精神，学习中共中央总书记习近平到云南等地考察调研时的重要讲话精神，研究部署学习贯彻落实工作，教育引导党员干部增强“四个意识”、坚定“四个自信”、做到“两个维护”，切实把习近平新时代中国特色社会主义思想转化为推动洛扎县各项工作的政策举措、具体行动和实际成效。巩固深化“不忘初心、牢记使命”主题教育成果，县委常委班子带头精读《习近平谈治国理政》（第三卷），开展专题研讨7次，推动党的创新理论学习走深走实，增强应对重大风险挑战的能力和本领。召开专题会议学习贯彻十九届五中全会、中央第七次西藏工作座谈会精神，研究贯彻落实意见，指导制定全县宣讲方案，带头深入边境一线、寺庙、村（社区）宣讲十九届五中全会和七次会精神，推动开展各级各类宣讲2240场次，受众7.6万余人次，做到家喻户晓、人人皆知。全面落实意识形态工作责任制，带头管阵地、把导向、管队伍，加强重大突发事件和敏感舆情的分析研判处置，及时有效处置网上舆情舆论事件5次。大力开展“四力”教育和“岗位大练兵”活动，组织宣传文化干部、新闻媒体、文化文艺等骨干队伍外出学习培训20余人次。加大投入力度，本级财政投入精神文明建设资金5万元、新时代文明实践中心建设资金70万元、网评中心5万元、文化市场综合执法经费2万元纳入财政预算，专门安排15万元的“四讲四爱”活动工作经费，投入150万余元顺利举办洛扎县2020年库拉岗日文化旅游节。强化基层意识形态阵地建设和管理，有力推进35个新时代文明实践中心（站、所）建设，整合、优化县综合文化活动中心、乡（镇）文化站、乡村活动文化广场、村级农家书屋等各类资源，不断提升基层公共文化设施使用效益和总体效能。

【维护稳定】 2020年，中共洛扎县委员会始终把维护稳定作为第一位的工作任务，树立“稳定压倒一切”的思想，坚持底线思维，增强忧患意识，全力推动边境治理由“要我稳定”向“我要稳定”转变。开展反分裂斗争，立足反分裂斗争的长期性、复杂性，健全应对工作预案体系和力量布局，开展经常性、多样性实战演练磨合和应急处突培训。深入开展“遵行四条标准、争做先进僧尼”教育实践活动，创新开展“四讲四坚守”主题教育，表彰一批模范寺庙和先进僧尼，引导寺庙僧尼爱国爱教、遵纪守法。落实“环洛扎安全工程”，逐一细化落实人防、技防、物防措施，围绕中央第七次西藏工作座谈会、自治区成立55周年和十九届五中全会等重要节点和疫情防控关键时期，加强社会面管理，确保社会局势持续和谐稳定。坚持和发展新时代“枫桥经验”，深入推进矛盾纠纷排查化解。深化重点行业领域安全生产专项治理，加大对各类案件的侦破、查处力度，严厉打击各类违法活动，有效震慑各类违法犯罪的发生。深化拓展民族团结进步宣传教育和创建活动，创新开展“你到我家串串，我到你家聊聊”等活动，选树表彰一批民族团结模范集体和先进个人。大力宣传党的民族政策，深入开展铸牢中华民族共同体意识教育、爱国主义教育、社会主义核心价值观教育，不断增强“五个认同”（认同伟大祖国；认同中华民族；认同中华文化；认同中国共产党；认同中国特色社会主义）。

【经济发展】　2020年，中共洛扎县委员会坚持高质量发展不动摇，坚定不移贯彻新发展理念，加强党对经济工作的领导，坚持“夯实基础、民生优先、产业富民、固边兴边”工作思路，不断满足人民群众对美好生活的需要。召开县委常委会会议、县委经济工作会、经济运行调度会等，听取经济运行情况，分析全县经济发展形势，研究调度经济发展工作。加快城乡统筹发展，加快完成“十三五”项目建设收尾工作，全年开工复工项目111个，总投资55.77亿元；提前谋划“十四五”规划，初步形成“十四五”规划项目356个，涉及投资182亿元。统筹推进城乡融合发展，实施县城环境综合整治、污水处理厂和乡（镇）垃圾无害化处理设施、“厕所革命”等一批民生基础设施，27个小康村建设项目竣工20个，涉及2690户10654人，加快在建7个小康村建设。持续深化供给侧结构性改革、“放管服”改革，稳步推进农村综合改革。激发市场活力，全年新增市场主体186家。深化电力体制改革、理顺农电管理体制，挂牌成立国网洛扎县供电公司。扎实开展农村乱占耕地建房问题专项整治。

【社会事业】　2020年，中共洛扎县委员会大力发展社会事业。优先发展教育事业，全力做好“控辍保学”工作，义务教育阶段入学率、巩固率100%，学前三年入学率90.17%，持续改善各学校办学条件，生格乡小学宿舍楼、美秀幼儿园、五人制足球场等项目投入使用。不断扩大文化惠民工程覆盖面，组建洛扎峡谷乐队和27支行政村文艺演出队，《边疆儿女心向党》歌曲被广为传唱。办好库拉岗日文化旅游节，全年接待游客5万人次，旅游收入833万元；若浪霞波卓传习基地被命名为第三批自治区非遗项目传习基地，门日合作社设立为市级非遗扶贫就业工坊，门当央谐等3个项目列入市级非物质文化遗产代表性目录。加强医疗卫生县、乡、村一体化管理，住院分娩率100%。洛扎镇、生格乡卫生院达到优质服务基层创建标准；核酸检测实验室投入使用，并配备卫生应急、负压救护、疫苗冷链等专用车辆。城镇新增就业338人，城镇登记失业率控制在2.3%以内；农牧民技能培训544人，就业率43.93%；高校毕业生185人全部实现就业；足额兑现残疾人两项补贴、特困人员补助、医疗救助等各类民生资金1.3亿余元。深入开展“为民服务十件实事”，群众最急、最忧、最盼的紧迫问题得到解决。

【脱贫攻坚】　2020年，中共洛扎县委员会严格按照“四个不摘”要求，聚焦“两不愁、三保障”目标，补齐“控辍保学”、安全饮水短板，保持各类帮扶政策总体稳定，落实社保兜底救助政策，持续巩固教育、医疗、住房、饮水等方面成果。落实落细各项巩固提升措施，建立健全防止返贫和动态监测机制，逐步完善农村低收入人口分类帮扶长效机制。年内，全县842户2765人稳定实现脱贫摘帽，人均可支配收入16795.69元，精准扶贫工作取得历史性成就。

【疫情防控】 2020年，中共洛扎县委员会坚持统筹推进，坚决打赢疫情防控的人民战争、总体战、阻击战。始终把人民群众生命安全和身体健康放在第一位，统筹抓好疫情防控和复工复产，实现疫情零输入、零感染。全力以赴抓好各项防控措施落实，召开县委常委会（扩大）会、疫情防控工作领导小组会议等20余次，贯彻落实党中央、区党委、市委关于疫情防控工作的各项部署要求，投入85万元医疗物资筹备资金和70万元粮食储备资金，有序发放口罩、消毒液等医疗物资，全力维护人民群众生命安全和身体健康。全方位宣传防控政策、防疫知识，有效疏导群众负面情绪。严格落实“外防输入、内防反弹”策略，全县2956名党员迅速投入战“疫”，755名党员主动向疫区捐款36.77万元，186名党员自愿多缴党费3.3万元，1514名群众爱心捐款23.78万元，尽最大努力支持湖北打赢武汉保卫战。县委领导带头深入边境一线安排部署、指导检查工作，到色德沃和巴桑曲演方向设置宣传牌、警戒线，在5个重点方向、8个对外通道安排驻地巡逻人员长期值守管理，全力抓好边境疫情防控。积极做好复工复产指导帮扶工作，建立24小时重点企业用工调度保障机制，有序组织农牧民就近就便转移就业；落实支持企业复工复产保持企业经济平稳运行的优惠政策，为9家个体工商户减免增值税、减税降费17.72万元，为企业减免房租80万余元；发放93.06万元消费券用于消费扶贫，引导干部职工购买扶贫产品，支持全县扶贫产业健康发展。

◆ 2020年1月31日，洛扎县召开应对新型冠状病毒感染肺炎疫情工作领导小组第一次全体会议

【生态文明建设】 2020年，中共洛扎县委员会深入贯彻习近平生态文明思想，牢固树立绿水青山、冰天雪地就是金山银山的理念，把生态文明建设作为战略性任务来抓，保护好洛扎县的山山水水、一草一木，美丽洛扎建设卓有成效。筑牢生态安全屏障，统筹山、水、林、田、湖、草、沙系统治理，实施“国土绿化”行动和“见缝插绿”工程，完成重点区域造林和防护林建设面积0.5万亩，森林抚育面积3万亩，义务植树4.67万棵，总消除率90%以上。扎实开展“建设新农村爱国卫生”活动和人居环境整治、生态环境“六大专项整治”行动，把边境小康村建设与人居环境整治工作统筹协调、同步建设，村容村貌得到有效提升，生活垃圾得到有效治理，城乡面貌大为改观。创建自治区级生态文明示范区，生态洛扎、美丽洛扎建设卓有成效。健全落实绿色发展长效机制，实行最严格生态保护政策，全面落实“河湖长制”，划定“三线一单”管理体系，健全完善生态环境综合执法监管监测体系，收缴乱采乱挖、生态恢复不到位等罚金5.1万元，收缴砂石场环境恢复治理金52.8万元。正确认识并处理好生态与富民的关系，安排生态岗位2708个，落实补助资金958万元，让群众吃上“生态饭”。

【强边工作】 2020年，中共洛扎县委员会坚持以强边固防为首要任务，牢固树立总体国家安全观，坚持固边和兴边并重，大力推进守边固边富边强边，全力捍卫国家领土完整，做到守土负责、守土担责、守土尽责。加强党对边境工作的领导。调整充实县委国家安全委员会、边防委员会，统筹边境发展和边境管理各项工作，召开县委常委会会议、国家安全委员会会议、边防委员会会议研究边境工作重大问题。按照“外事无小事”原则，稳慎应对处置，及时向市委报告，做到不出事、不添乱。县委领导带头深入边境一线调研20余次，了解情况、发现问题、制定对策，形成9个情况报告上报市委，提出“徒步巡边到哪里，路就要推进到哪里，执勤哨所就要建到哪里”等边境管理总体思路做法。按照“稳得住、守得好、不添乱”的边境工作原则，采取党政军警民协调联动机制，打好边境管理人民战争，细化落实管理措施。稳慎推进抵边建设，完成杰罗布等5个抵边搬迁点建设，加快推进德玛龙抵边搬迁点建设，筹备德玛龙等7个抵边行政村设置工作。稳慎推进抵边搬迁点水电路信网基础设施建设，边境一线生活条件大幅改善。深入开展“五共五固”活动，不断提升边境基层党组织稳边、固边、兴边能力，有力保障国家安全、增进民族团结、促进全县发展。

【领导名录】 中共洛扎县委员会

县委书记　赵天武

县委副书记、县长　白玛多吉（藏族）

县委副书记、县人大常委会主任

王勇波（1月任）

市委副秘书长、县委副书记

李国伟（正处级，中粮集团援藏）

县委副书记　次旺罗布（7月任）

县委办公室工作

【概况】 2020年，中共洛扎县委办公室（洛扎县委保密委员会办公室、洛扎县委机要局、洛扎县国家保密局、洛扎县密码管理局、洛扎县档案局）围绕县委中心工作，加强理想信念教育、强化自身建设、创新工作思路、提高服务水平，推动和促进县委各项工作完成，各项决策贯彻落实。年内，机关行政编制共8人，机关事业编制1人，设主任1人，副主任3人，加挂县委保密委员会办公室、县国家保密局、县委机要局、县密码管理局、县档案局牌子，实有干部职工12人（其中干部9人、专技人员3人），在岗10人，借调1人，驻村1人。

【党建工作】 2020年，中共洛扎县委办公室高度重视自身建设，始终把党的政治建设摆在首位，加强党员政治教育，教育引导党员干部严守党的政治纪律和政治规矩，带头增强“四个意识”、坚定“四个自信”、做到“两个维护”，严守政治纪律和政治规矩。带头学习党章党规，学习习近平新时代中国特色社会主义思想，学习习近平治国必治边、治边先稳藏的重要战略思想和一系列重要指示批示精神，学习贯彻十九届五中全会精神和中央第七次西藏工作座谈会精神，提高政治理论水平，增强服务决策、服务发展、服务落实的能力。全面推进党组织标准化建设，全年召开支委会13次、党支部党员大会4次研究讨论“三重一大”等事宜，开展讲党课2次，召开组织生活会1次，查摆问题13个，并全部整改完成。严格党员培养发展程序，提交入党申请书1人，培养入党积极分子2人，接收党员2人，转接党组织关系1人，党组织建设不断走向规范化、制度化。截至年底，县委办公室党支部共有正式党员12名，预备党员2人。顺利完成八星党支部创建工作，为党支部活动开展提供有力保障。

【党风廉政建设】 2020年，中共洛扎县委办公室高度重视党风廉政建设和反腐败工作，坚持把反腐倡廉建设同党的政治建设、思想建设、组织建设、作风建设和制度建设紧密结合，始终把党风廉政建设和反腐败与日常工作同安排、同部署、同检查、同考核，强化组织领导，将党风廉政建设纳入办公室一项重要工作，落实党风廉政建设责任制。带头执行民主集中制、带头落实“三会一课”等制度。严格遵守党内法规制度，在推动决策落实、持续改进作风、保持廉洁自律等方面为全县党员干部做表率。全面落实中央八项规定及其实施细则精神、区党委实施办法和市委贯彻落实意见，牵头开展违反中央八项规定精神问题自查清理纠治工作。开展党员理想信念教育，开展“党风廉政宣传教育月”活动，针对春节、藏历新年等重大节日开展党风廉政教育10次，组织观看廉政警示教育片3次，做到学习教育制度化、常态化，不断提高党员干部党性觉悟，增强政治意识，提高政治站位，严守党的政治纪律和政治规矩。

【综合文秘工作】 2020年，中共洛扎县委办公室坚持把高标准、高质量、高效率服务作为首要职责，准确把握、落实县委的各项决策部署，明确任务、细化分工，全面促进办公室基础业务工作规范化。协调县委与市委、各县（区）委的联络工作及县人大、县政府、县政协办公室和县各有关部门工作。组织起草县委各类综合性材料，做好县委和县委领导的文稿服务工作，围绕县委重要决策和工作部署，开展调查研究、信息综合等工作，为县委决策提供依据。做好规范性文件备案管理工作，严格落实基层减负要求，做到精文简会，上报和印发县委及县委办公室各类文件161件，办理上级来文（中央、自治区、市）458件。完善办会程序，从会议通知、会场布置到会议期间服务等做到精心谋划、周密部署，全年组织、办理各类重要会议活动97场次，其中组织参加自治区、市召开的电视电话会议47次，组织召开县委全委会2次、县委经济工作会1次、县委常委会（扩大）会议27次、县委扶贫开发领导小组会议12次、其他各类会议8次。

【督查工作】 2020年，中共洛扎县委办公室围绕全县中心工作和重点工作抓督查，围绕区党委、市委和县委重大决策部署抓落实。根据县委全委会、县委经济工作会、县委常委会会议等重要会议安排部署的重点工作，制定督查任务，建立台账，实行销号管理。建立健全领导批示件办理工作机制，及时对县委领导重要指示、批示进行督办。狠抓重要文件精神贯彻落实情况的督促检查。加大督办力度，通过现场督查、会议督查、跟踪督查、突击督查、专项督查和明察暗访等方式，不断提高督查的针对性和时效性。年内，全面开展各种形式督查3次，形成《督查专报》9期，全面推进县委各项工作有序开展。

【信息工作】 2020年，中共洛扎县委办公室完善工作机制，强化信息工作责任，量化报送任务、规范报送流程，建立信息编写约稿制度，定期或不定期向各单位下发信息需求要点，深挖信息素材，不断提高信息质量。主动围绕县委中心工作，围绕领导关注点收集信息，狠抓经验总结和特色亮点，做好信息采编工作，切实把一些创新举措和高效举措进行推广，实现取长补短、推动工作开展。截至年底，累计上报信息360余期，完成市委信息科约稿7篇。

【保密工作】 2020年，洛扎县委保密委员会办公室深入贯彻中共中央总书记习近平“坚持党管保密、加强依法治密、加大创新力度、做好综合防范”的重要指示精神和区党委书记吴英杰在中管干部和区管干部保密教育培训会上的讲话精神，坚持树牢总体国家安全观，加强和改进保密工作，严防窃密、泄密案件发生，切实强化风险意识和忧患意识，坚持稳中求进、着眼长远、强化领导、夯实基础，不断增强做好保密工作的责任感、紧迫感，全面落实保密工作领导责任制，切实提升保密工作水平。利用3月“综治宣传月”和7月“七五普法”等契机，开展保密宣传教育6次，悬挂藏汉双语横幅3条，发放宣传资料和张贴海报3000余份。召开全县保密工作会议，安排部署全县保密工作，开展保密业务培训2次，开展反窃密、反泄密技术安全检查指导和涉密计算机及涉密载体保密检查4次。订阅保密刊物《保密工作》《保密科学技术》96份。

【档案工作】 2020年，洛扎县档案局（馆）

紧紧围绕县委、县政府中心工作，立足全县档案工作实际，全面服务经济社会发展和人民群众需要，充分发挥档案资源效益，进一步加强和规范档案业务建设，逐步提升档案管理整体水平，促进全县档案工作迈上新台阶。扎实开展档案业务培训工作，10月28日开展档案业务培训会，组织7名乡（镇）档案工作人员开展为期45天的跟班学习，切实提升基层档案员理论水平。同时，县档案局（馆）工作人员先后深入各级各部门指导档案业务工作，进一步加深各单位对档案工作的了解，规范各单位的档案管理工作。全年接收各单位3000余件档案进馆，收集整理各类奖牌30余块，极大丰富馆藏档案的数量和门类，为更好发挥档案资源效益打下良好基础。强化服务意识，认真做好档案查阅利用服务工作，办理档案查借阅50余件（次）。扎实开展国际档案宣传日活动，发放档案宣传资料90余册，切实提高干部职工和群众对档案工作的认识和了解。

【领导名录】 **中共洛扎县委办公室**

主　任　赵　莉（女）

副主任、县国家保密局局长　次仁多吉

副主任、县委机要局局长　高婷婷（女）

副主任、县档案局局长　钟明婷（女）

县档案馆馆长　索朗卓嘎（女，藏族）

组织工作

【概况】 2020年，中共洛扎县委组织部（编办）坚持围绕中心、服务大局，坚定不移贯彻执行新时代党的建设总要求和新时代党的组织路线，坚持和加强党的全面领导，坚持党要管党、全面从严治党，坚持稳中求进工作总基调，以党的政治建设为统领，有序推进组织、党建、编制、老干部、公务局各项工作。

【基层党组织建设】 2020年，中共洛扎县委组织部（编办）突出重点，全面加强基层党组织建设。强化政治建设，进一步提高基层党组织政治功能，巩固提升“不忘初心、牢记使命”主题教育成果，坚持用习近平新时代中国特色社会主义思想武装全党。年内，县委共召开理论中心组学习（扩大）会议22次，做到读原著、学原文、悟原理。坚持问题导向，对照各级各类督察检查反馈问题和上年未整改完成问题，举一反三、标本兼治，整改到位问题完善相关佐证资料，健全台账资料，未整改完成事项抓紧整改。结合党员“三包五带五促”活动、机关党员干部进村入户为民服务活动，聚焦破解疑点、难点问题，各级党组织党员干部深入各自所包联系点与所包群众面对面交谈、详细了解家庭基本信息、生活生产状况等信息，通过购买奶渣、酥油、藏药、藏式腰带等方式帮助促进扶贫产品销售，带头为民服务累计6100余次，推动党员干部履职尽责，担当作为。抓牢抓实党员政治教育活动，深入贯彻《中共中央关于加强党的政治建设的意见》，共组织开展党员政治教育培训班2期，累计受教育党员干部210人次，累计选派9名机关党员干部到市委党校、区委党校参加各类党员政治教育培训，县直机关工委、各乡（镇）、村（社区）通过采取培训班、以会代学、交流研讨等方式，累计开展524次党员政治教育，累计受教育党员4911人次，加强对党忠诚教育，教育引导党员干部严守党的政治纪律和政治规矩，进一步增强“四个意识”、坚定“四个自信”、做到“两个维护”。强化组织建设、进一步建强基层党组织，把党建边境长廊建设引向深入。召开县委九届五次全会，研究出台《中共洛扎县委员会关于贯彻落实市委一届五次全会精神 深入推进边境党建长廊建设的实施意见》。坚持“建强组织、凝聚人心、夯实基础、守土固边”原则，持续推进“做神圣国土守护者、幸福家园建设者”“党带我致富、我为国守边”等教育活动，大力弘扬“玉麦精神”“古桑旦增为国守边精神”，引导边民群众向卓嘎、央宗姐妹、古桑旦增学习，进一步增强边境地区群众爱国守边、维护祖国领土完整、维护边境稳定的责任意识。狠抓软弱涣散基层党组织整顿，按照“末位倒排、晋位升级”原则和日常掌握情况，经县委研究将县中学等5个党组织确定为软弱涣散党组织，并根据有关要求完成对全县27个村（社区）党组织和35个机关党组织的标准化建设。

【党建促脱贫】 2020年，中共洛扎县委组织部（编办）突出行业特点，统筹推进各领域党建促脱贫工作。召开抓党建促决战决胜脱贫攻坚会议1次、县委常委会专题听取党建促脱贫攻坚开展情况3次，专题研究抓党建促脱贫攻坚工作3次，深入学习贯彻中共中央总书记习近平关于扶贫工作的重要论述，全面贯彻落实中央、区、市、县各级党委政府决策部署。持续壮大村集体经济，通过边境小康村建设、219国道项目建设、入股分红等方式带动村集体经济发展，结合干部进村入户为民服务、“三包五带五促”、结对帮扶等活动，通过党员带动，示范引领，充分发挥党组织在乡村治理中的领导作用，切实将基层党组织建设成为“听党话、跟党走，善团结、会发展，能致富、保稳定，遇事不糊涂、关键时刻起作用”的桥头堡垒和民族团结先锋队、群众致富带头人。

【机关事业单位党组织建设】 2020年，中共洛扎县委组织部（编办）着力解决“灯下黑”问题，抓好机关事业单位基层党建。规范优化党组织设置，将原有44个县直机关党支部调整为35个，进一步优化党组织设置。贯彻落实《中国共产党党组工作条例》，结合机关单位实际，新设机关党组26个，有效贯彻执行党的理论路线方针政策。

【“两新”组织党组织建设】 2020年，中共洛扎县委组织部（编办）提升“两个覆盖”质量，抓好“两新”组织基层党建。理顺“两新”党组织隶属关系，根据实际，将全县61个“两新”党组织进行整合优化，截至年底，全县共设立“两新”党组织14个，其中符合“三有”的企业成立4个单独党支部、县城“小个专”设立1个联合党支部、7各乡镇各设立1个联合党支部、社会组织设立2个单独党支部，选派党建指导员14名，进一步规范两新党组织设置和党建工作。“两新”党组织根据要求，开展“点亮初心在行动”——“两新”党员初心行动献礼建党99周年系列活动，共成立7支“两新”党员志愿服务队，开展卫生整治5次，累计清理垃圾3吨，践行自身初心使命。

【学校党组织建设】 2020年，中共洛扎县委组织部（编办）强化党组织引领，抓好学校领域基层党建。坚持把党的领导贯穿办学治校、立德树人全过程，把防范化解意识形态风险摆在学校党建工作突出位置，紧扣培养什么人、怎样培养人、为谁培养人这一根本任务，持续加强师生思想政治建设，推动社会主义核心价值观进教材、进课堂、进师生头脑。

【离退休党组织建设】 2020年，中共洛扎县委组织部（编办）坚持退休不褪色，抓好离退休领域基层党建。坚持把思想政治教育放在突出位置，教育引导离退休干部职工党员充分发挥政治优势、经验优势、威望优势。深入开展“部务会成员与离退休干部谈心谈话”和“心里有话对组织说”等活动3次，进一步了解掌握离退休干部职工的心理动向，解决好退休干部职工心中所想所盼。营造关心关爱离退休人员良好环境。

【党员发展】 2020年，中共洛扎县委组织部（编办）坚持提高质量、提升素质，进一步加强基层党员干部队伍建设。扎实规范入党程序，严格按照《中国共产党发展党员工作细则》要求，严格按照党员发展流程图5个阶段、25个程序规范党员入党程序，重点抓好申请入党阶段、入党积极分子的确定和培养教育阶段、预备党员的接收阶段等程序的全程纪实工作，特别对入党积极分子培训考察、发展对象的确定、政治审查、集中培训、党委派专人和预备党员谈话、党委审批、预备党员的确定考察等相关程序进行详细记录谈话，把牢党员“入口关”。年内，共吸收入党积极分子116人，接收预备党员85人，预备党员转正59人。严格规范党员档案，安排专班人员对全县党员干部档案进行审查，各乡镇按照县委组织部统一部署，形成乡镇党委副书记、组织委员和各村（社区）第一书记的工作专班，认真自查和解决发展党员违规违纪问题，探索解决农牧区基层党组织发展党员源头不足、培养教育缺失、审查把关不严格等重点难点问题，对全县2014年以来327名农牧民党员发展程序和党员档案进行集中摸排及整顿，问题整改完成。切实抓好党员教育管理工作，充分利用巩固“不忘初心、牢记使命”主题教育活动成果、“三会一课”和政治教育培训等工作，积极教育引导党员严守政治纪律。充分利用党内组织生活，加强党员教育管理，坚持把习近平新时代中国特色社会主义思想作为党员教育主课程，深入推进党员教育与业务工作相结合。年内，全县各级党组织共召开党员大会549次，支委会1098次，党小组会369次。丰富教育载体，充分用好主题党日、党支部书记讲党课、微信公众号等网络平台，累计开展主题党日活动1281次，受教育党员125086人次，开展党支部书记讲党课366次，受教育党员3670人次。严格落实责任、经费，进一步加大基层党建保障力度，县委、县政府高度重视全县党建工作，预算落实村（社区）党建经费270万元，乡镇党建经费35万元，村小组党建经费30.3万元，基层村（社区）党员活动经费44.44万元，“两新”支部党建经费38.62万元，全县党建工作经费20万元，党员及村（社区）干部培训经费15万元，按时足额兑现村（社区）干部报酬待遇和“三老”人员工资，保证各项党建经费和村（社区）干部报酬待遇及时、足额兑现。规范督导检查，坚决贯彻落实基层减负要求，制定督导方案，全年累计对基层党建督导检查3次，查摆问题38个，整改落实35个，对督导检查出的问题，采取能整改的立行立改，一时整改不了的，建立台账盯住改、抓紧改，做到问题不解决不松手。在解决基层党建实际问题的同时，为基层减负，推动基层党建工作提质增效。

【疫情防控】 2020年，中共洛扎县委组织部（编办）发挥先锋模范作用，助力打赢疫情防控阻击战。为充分发挥全县各级党组织和党员在疫情防控工作中的战斗堡垒和先锋模范作用，切实做好疫情防控工作，严格按照上级有关要求组织开展相关工作。以村（社区）“两委”班子成员和驻村工作队带领党员对村小组包片，双联户户长和联户单位下属党员对所辖农户包户，基层医务人员和党员包人的形式，开展村小组主要进出路口设立关卡，对外来人员进行体温检测和登记、宣传疫情防控知识和政策要求、对返县学生和从外地返村人员的隔离观察和每日体温测量等各项工作，对各级党组织“三包”工作落实情况进行指导检查，形成通报，对存在问题提出整改要求，全县共有1950余名党员参与“三包”管理工作并组织动员全县党员进行捐款，共有2982名党员参与捐款活动，共计捐款94.73万余元，参与党员捐款率100%。划拨疫情防控专项党费，在市级划拨市管党费2.1万元的基础上划拨7.9万元县管党费，共计10万元分配到各乡镇、县公安局、教育局、国安办、卫健委等有关单位，专门用于疫情防控物资购置和慰问疫情一线工作人员。动员县直机关干部，成立“疫情防控志愿服务队”，专门负责在县城宾馆隔离人员的送饭和所需日常物资采购工作，共计85名机关干部参与志愿服务队，其中党员63名。组织开展推优工作，根据上级有关文件精神将疫情防控工作中表现突出的优秀共产党员和人民满意的公务员，根据各乡镇和县直机关推荐的28名人员，经县委组织部部务会、县委常委会会议等层层筛选和优中选优，最终将优秀公务员和人民满意的公务员共计14名向山南市委组织部进行推荐审批。

【机构编制改革】 2020年，洛扎县深入推进各项改革进程，党政机构改革顺利完成。按照自治区、山南市统一安排部署，贯彻执行改革相关文件精神，以改革机构设置，优化职能配置，创新体制机制为核心，以构建系统完备、科学规范、运行高效的机构职能体系为目标，围绕“六个坚持”，实现机构设置到位、人员转隶到位、人事安排到位、职责划转到位、“三定”印发到位，保质保量顺利完成机构改革。探索乡镇机构改革，县委编办就基层管理体制建议意见广泛征求2次各乡镇及县委主要领导意见建议，在全面分析的基础上，梳理出乡镇管理体制机制运行中存在的一些共性问题，并提出问题的对策和建议，确保下一步乡镇机构改革取得明显成效。理顺执法领域体制改革，按照减少层次、整合队伍、提高效率的原则，设立交通运输等6大领域综合执法队，实行“局队合一”体制，并在乡镇设立执法队。推动形成以城市管理执法为主，六大领域执法、行业系统执法协同联动的执法机制，机构编制规范管理得到完善和加强。机构编制管理工作严格把好新设机构新增编制关口。年内，编委研究设立机构1个（洛扎县医疗保障服务中心），撤销机构1个（洛扎县文化市场执法大队），为县广播电视台和县中学核增领导职数各1名。完善机构编制管理实名制工作，不断强化机构编制日常管理和监督工作。把机构编制实名制管理与机构编制日常管理结合起来，做到机构、人员信息随时更新、随机审核，及时掌握机构编制变化情况，实现对编制、人员全面的监控，强化机构编制实名制的日常跟踪管理。做好事业单位法人年度报告公示工作，严格按照《条例》规定，在进行事业单位法人年检时，严格按照受理、审核、核准等程序予以办理，对提交的材料严格把关，对材料不齐、内容不实的要求补齐材料再予以公示。

【干部选拔任用及人才工作】 2020年，洛扎县开展干部人事调整和职级晋升1批次，提拔调整干部21人，其中提拔16人（提拔副科级15人，正科级1人）、进一步使用2人、平职调整1人、免职2人。职级晋升干部共39人，其中晋升一级主任科员17名，晋升三级主任科员19名，晋升四级主任科员3名。从乡镇交流到县直单位18人（其中行政6人、事业12人），寺管会相互交流干部3人。另外，按照医疗人才“县管乡用”要求，拟对医疗人才按照县到乡6人、乡到县4人、乡到乡2人进行交流。同时合理配置各类人才，注重老、中、青梯次合理配备，注重性格气质互补，注重性别、民族搭配，力求人尽其才、才尽其用。按照县委、县政府关于“引进急需人才，培养使用人才，用好现有人才”的人才战略，在人才引进、培训和使用上狠下功夫，不断推动全县人才队伍向科学化、正规化迈进，优化环境、稳定人才，积极营造尊重人才、见贤思齐的社会环境。牢固树立因事择人、以职选人、以事业发展需要用人的观念，树立以人才为中心的思维方式，进一步改进选拔方式。年内，县委、县政府不断改善干部职工住房条件，通过“十四五”规划，建设576套周转房、公租房项目（正在建设78套）。召开人才工作座谈会，对第一书记、大学生村官、专招生、乡村振兴专干、引进人才、专技人才等72名代表进行慰问，并发放慰问金共计3.6万元。优化素质、培养人才。截至年底，全县以自主举办培训、组织干部外出培训为手段，共培训各类人才1000余人次。

【老干部工作】 2020年，洛扎县离退休干部共76人；老干部工作人员1人（老干部局局长）；县委管辖的离退休党组织1个；老干部活动中心1所。年内，组织全县老干部深入学习十九届五中全会、中央第七次西藏工作座谈会精神，严格按照县委部署要求，开展专题党课3次，组织学习16次，受教育300余人次。积极组织老干部参加县里组织的庆祝“3·28”西藏百万农奴解放纪念日等各大活动，在治边稳藏战略中不断发挥余热。投入53万余元，组织41名（含工作人员2名）退休干部职工到福建省厦门市进行健康疗养；为76名老干部落实2020度年护工费7.6万元；“三大节日”期间慰问全县退休老干部76

人，落实慰问金7.6万元；为三个安置点退休干部职工落实活动经费16万余元，拨付代管费1.8万余元；看望慰问去世干部家属4名、落实慰问金0.52万元；看望住院老干部3名，落实退休党支部班子工作补贴0.24万元。每季度通过电话了解老干部诉求，老干部全年提出诉求问题6条，完成6条，做到事事有回音，件件有着落，扎实做好老干部的各项工作。

【公务员工作】 2020年，洛扎县注重培养干部能力，进一步加强干部素质建设。为不断提升干部理论水平和业务能力，围绕政治纪律、党员教育、脱贫攻坚等内容，以邀请教授讲师、县内相关工作领导对参训人员进行讲授为手段，举办培训工作。全年，共开展自主培训3期（政治教育培训2期，扶贫政策讲解培训1期），受教育干部300余人次。分级分类，合理选派各类参训人员，根据上级各单位各部门举办干部培训通知要求，积极配合，针对培训内容，严格按照不同类别、不同层次、不同岗位，有针对性地选派参训干部，切实确保干部培训取得成效。截至年底，选派350余人次参加上级各部门举办的区内外各类培训。

【党建工作】 2020年，中共洛扎县委组织部（编办）从严从实抓好党支部自身建设。全面把握深入学习贯彻习近平新时代中国特色社会主义思想，中共十九届五中全会、中央第七次西藏工作座谈会，全体组工干部聚焦任务要求，大力弘扬“老西藏精神”“两路精神”“时代楷模”卓嘎、央宗姐妹和全国“人民满意的公务员”古桑旦增爱国守边精神，自觉践行党的根本宗旨。党支部明确责任分工，书记认真履行“一岗双责”，各党支部委员充分履行各自职责，在抓党支部党建上积极建言献策，使每名党支部委员真正成为抓党建的“明白人”。开展好《习近平谈治国理政》（第三卷）学习研讨，通过采取召开部务会、党支部党员大会、举办读书会、研讨会等形式，开展学习研讨9次，班子成员撰写研讨发言稿14份，党支部党员在学习研讨会上作交流发言15人次。扎实开展好“三包五带五促”活动，组织党支部党员17名，包商户6户，包非党员3名。开展好“八星党支部”创建工作，自觉把落实从严治党主体责任记在心上、扛在肩上、落实在行动上，推动“八星党支部”创建工作不断深入、取得实效，经党支部自评为“七星”党支部。开展庆祝建党99周年各项活动，组织党员观看《重生》等纪录片，重温入党誓词，激励党员的责任感、使命感和荣誉感。加强学习、检验成果，先后组织党员干部积极参与《习近平谈治国理政》（第三卷）答题活动、脱贫攻坚政策理论知识考试、扫黑除恶应知应会知识答题及“党章党规在我心知识竞赛”等活动，培养干部职工学习兴趣，全面掌握相关知识，确保宣传工作取得成效。年内，召开党支部学习会议30余次，党员大会5次，党课5次，发表信息简报31次，定期开展以“宣传疫情防控知识到结对户家”“党员志愿为疫情服务”“民族团结一家亲、同心共筑中国梦”等主题党日活动，党员参加学习和活动率95%以上，人均撰写学习笔记1万字以上。严格按照党员发展要求做好培养教育工作，年内1名发展对象吸收为预备党员，全体党员及时、足额交纳党费。扎实开展结对帮扶活动。充分利用春节、藏历新年、“3·28”、“七一”等重大节日节点，14名干部走访15个结对户4～6次，积极宣传边境小康村建设、脱贫攻坚等惠民政策及疫情防控知识、《中华人民共和国民法典》等法律法规、十九届五中全会、中央第七次西藏工作座谈会及自治区、市委、县委等各大会议精神，教育群众感党恩，帮助谋划发展思路，做到扶志和扶智，并从结对户中购买农畜产品等，进行消费扶贫。引导党员牢固树立“四个意识”、坚定“四个自信”、做到“两个维护”，进一步增强党员干部的理想信念，切实提高干部职工的党性修养。投入新冠肺炎疫情防控阻击战，组织15名党员为县城集中隔离人员和一线工作的医务人员、干警送餐，开展疫情防控志愿服务。全体党员和干部职工响应党中央号召，关键时候站出来，为支持新冠肺炎疫情防控工作热心捐款1.18万元。

【党风廉政建设】 2020年，中共洛扎县委组织部（编办）加强党风廉政建设，紧抓组织领导、责任落实。县委组织部部务会把落实主体责任作为全面从严治党的重要举措，做到部务会“不松手”、部务会成员“不甩手”、部机关各支委会成员“齐动手”。县委组织部部长把“第一责任”放在心上、扛在肩上、抓在手上，带头参加廉政学习，带头参加党支部讨论，带头参加党支部活动，多次对部机关党风廉政建设作出意见指导，要求部机关党员干部旗帜鲜明讲政治，切实做到信念绝对坚定、党性绝对纯洁、对党绝对忠诚，切实做到要求全面从严、能力全面过硬、工作全面提升，切实做到规矩用权、干干净净干事、清清爽爽做人。把全面从严治党作为重要内容列入工作要点，对党风廉政建设主体责任工作任务进行细化分解，构建权责明晰的责任分解体系、执行有力的责任落实机制、有责必究的责任追究“链条”，做到守土有责、守土尽责、守土负责。部务会成员履行党风廉政建设“一岗双责”，坚持党风廉政建设工作与分管业务工作一同推进，做到既管事又管思想管作风，对发现的苗头性、倾向性问题，及时提醒批评教育。党支部书记认真履行支部党风廉政建设第一责任人职责，加强对党支部党员干部的经常性党风党纪教育和廉洁从政教育，开展岗位廉政风险排查和防范工作，把落实“两个责任”的压力传导到党支部每个“末梢神经”，锻造一支政治品格过硬、职业操守过硬、专业能力过硬、作风形象过硬的组织工作干部队伍。拧紧理想信念的“总开关”，筑牢拒腐防变的思想道德防线，学习《中国共产党章程》《中国共产党关于加强党的建设的意见》《关于新形势下党内政治生活准则》《中国共产党党组条例》等，让全体党员掌握党内条例规章制度，确保政策法规有效实施，建强县委组织部党支部。加强廉政建设教育，学习《中国共产党纪律处分条例》《中国共产党廉政准则》《中国共产党党内问责条例》《关于共产党员违反政治纪律行为的处分决定》《关于厉行节约反对食品浪费的意见》和各级纪委会议精神以及关于违反中央八项规定精神、严重违纪违法案例、扶贫领域和作风问题典型案例及典型通报等，积极开展党风廉政宣传月各项活动，围绕《严肃党内政治营造风清气正的政治生态》为主题上党课，组织党员干部观看《叩问初心》等警示教育片，“洛扎风纪”微信公众平台《中华人民共和国公职人员政务处分法》在线答题，不断提高规矩意识和党纪意识，筑牢防腐红线。领导班子坚持用《中国共产党党员领导干部廉洁从政若干准则》约束自己、监督自己，做好党员领导干部的表率。严格贯彻落实党风廉政建设主体责任和民主集中制各项要求，推行党务政务公开，建立工作例会制度，坚持重大问题决策、重要干部任免、大额资金使用必须由班子讨论决定，切实履行“一岗双责”，自觉遵守廉洁从政的各项规定，经得住考验，守得住原则，全年没有违反八项规定，没有出现安全生产、社会治安综合治理等方面“一票否决”的事项；没有利用职务和职权上的影响为亲属及身边工作人员谋取过利益；没有违反规定干预和插手选拔任用干部；没有使用公款出国出境旅游；没有使用公款报销或支付应由班子个人负担的各项费用，切实做到廉洁自律、廉洁从政。扎实推进组织部门自身建设，按照上级党委组织部门的统一部署，结合组织部门和组织工作实际，以巩固“不忘初心、牢记使命”主题教育活动为载体，以“党委满意、群众满意”为最终目标，坚持做人民公仆，忠诚于人民，以人民甘苦为甘苦，全心全意为人民服务，扎实推进组织部门自身建设。

（补海春）

【领导名录】 中共洛扎县委组织部（编办）

县委常委、部长　袁　斌

常务副部长　尼玛央宗（女，藏族）

副部长、老干部局局长　边巴次仁（藏族）

副部长、编办主任　李维龙
副部长、公务员局局长　蔡朕龙
副部长　次仁拉姆（女，藏族）
电子政务中心主任　扎西曲杰（藏族）

宣传工作

【概况】 2020年，中共洛扎县委宣传部无内设机构，行政编制人员8人，科级领导职数5人，互联网评论中心事业编制2人，实有人员3人。

【理论学习】 2020年，中共洛扎县委理论学习中心组始终以习近平新时代中国特色社会主义思想和十九大精神为学习主题，制订学习计划，县委理论学习中心组学习制度辐射带动各乡镇、各单位，全县理论学习步入制度化、常态化。年内，县委理论学习中心组学习24次，各级党委（党组）理论学习中心组学习323次，并加大“学习强国”学习平台推广使用力度。

【“四讲四爱”群众教育实践相关活动】 2020年，按照西藏自治区党委、山南市委关于“营造四讲四爱浓厚社会氛围”的要求，中共洛扎县委宣传部迅速安排、立即行动，创新载体、丰富形式，大力加强社会营造工作，使“四讲四爱”群众教育实践活动内容抬头可见、随处可学、耳熟能详。围绕学习贯彻习近平新时代中国特色社会主义思想和十九大精神这条主线，充分利用一切可利用的宣传阵地和载体，加大宣传力度，拓展覆盖广度，县活动办在次麦社区、生格乡林管站、色桥等处制作大型宣传标语11处、小型标语60余处，并重新制作6处大型宣传标语；重新喷绘宣传标语130余处。7个乡镇、27个行政村居纷纷行动，在城乡显著位置、重要地段、交通沿线，铺设户外广告，喷绘宣传标语。截至年底，各乡（镇）、村（社区）共喷绘党旗国旗30余处，新制标语180处，横幅60处，重新喷绘40余处。村（社区）新制大型五代领导人画像和

◆ 2020年6月3日，洛扎县开展“四讲四爱”暨脱贫攻坚政策巡回宣讲活动

习近平心连心画像54幅，结合疫情防控工作，开展“讲文明 爱生活 抗疫情”访谈活动，创新制作《洛扎县新型冠状病毒性肺炎预防短片》、“藏历新年祝词+疫情防控提醒”和邀请区内著名歌手和演员拍摄疫情防控宣传VCR、《新冠肺炎心理调适指南》（藏语版）等疫情防控宣传影视资料，相关音频资料下发至全县各乡镇、村（社区）和寺管会，通过乡村“小喇叭”和广播进行大力播放宣传，做到疫情防控宣讲工作不停顿、不间断。“一心一意感党恩、坚定不移听党话、旗帜鲜明跟党走”为主题的《我们的心声》栏目，收集536个人的心声268期，用群众自己的亲身经历和感受诉说心声，讲的人是群众，听的人也是群众，通过群众自己讲、自己听、自己想、自己悟，实现自我教育、自我完善、自我提高。此外，围绕社会主义核心价值观的每一个主题，创新摄制《社会主义核心价值观宣传短片》，使群众更加生动形象地理解其内涵，从而引导群众践行社会主义核心价值观，围绕“四讲四爱”群众教育实践活动每个节点创新摄制《永做讲党恩爱核心的好公民》《永做讲团结爱祖国的好公民》短片，制作“加强民族团结 建设美丽西藏”等专题访谈栏目7期，《讲文明 爱生活 抗疫情》专题访谈3期，开展县级干部、乡镇党政领导、县直各单位主要领导诵读《习近平谈治国理政》第三卷活动，围绕中央第七次西藏工作座谈会精神，创作歌曲《边疆儿女心向党》，以文艺的形式宣讲

“七次会”精神，在县电视台、“秘境洛扎”微信公众号和抖音平台每日同步推送每期相关内容，阅读量、点击率可观，受到农牧民欢迎。全年全县开展实践活动410余场次，参与人数1.8万余人次。

【新闻宣传】 2020年，各级媒体对洛扎县信息采用率大幅度提高。其中，中央级媒体和区外媒体采用27条，自治区采用17条，山南市120条，县政务网采用1028条，微信公众平台“秘境洛扎”刊发各类动态1970余篇。

【精神文明建设】 2020年，中共洛扎县委宣传部贯彻落实中共中央总书记习近平“治国必治边、治边先稳藏”的重要战略思想和“加强民族团结、建设美丽西藏”的重要指示以及给隆子县玉麦乡群众的回信精神，着力培育和践行社会主义核心价值观，着力加强理想信念教育和思想道德建设，进一步培育社会文明新风、筑牢反分裂促稳定的坚实基础。探索制作《社会主义核心价值观》宣传短片，为引领社会思潮、凝聚社会共识奠定基础。

【网信工作】 2020年，洛扎县网信办围绕自治区、市、县三级重大决策部署，建立健全工作机制，制定下发《2020年全县网信系统贯彻落实“三个专项斗争”工作方案》等，不断提升舆情发现力、研判力、处置力，加快传统媒体和新兴媒体融合，着力建强网络宣传阵地，年内，着力打造“秘境洛扎”微信公众号，规范抖音平台管理，组织工作人员深入乡镇、村（社区）以及县城开展“网络安全为人民 网络安全靠人民”为主题网络安全宣传教育活动，发放藏语和汉语版资料1300余份，进一步增强网民安全和诚信意识。

【宣传活动】 2020年，中共洛扎县委宣传部积极引导全县宣传思想战线工作人员深入生活、深入人民，用心、用情、用功宣传好新洛扎，推出讴歌党、讴歌祖国、讴歌人民的精品力作。成功举办第五届“库拉岗日文化旅游节”，并将开幕式进行网络直播，直播观看人数10万余人，精心组织谋划，打造上线《秘境洛扎》官方抖音账号。年内，累计发布作品9个，浏览量1.8万余人次。

【党建工作】 2020年，中共洛扎县委宣传部组织引导机关党员干部解放思想、转变观念、改进作风、提高效能，勇于挑大梁、做标杆、走前列、树形象，提升机关党建工作水平，党支部严格按照“三会一课”制度，召开党员大会7次，党支部委员会4次，开展廉政党课1次，组织主题党日活动12次。严格按照《中国共产党发展党员工作细则》等有关规定，贯彻执行“控制总量、提高质量、发挥作用”的方针，执行积极分子入口票决制，做好积极分子培养工作。年内，2人递交入党申请书，并确定为积极分子，按程序进行谈话，符合申请入党的基本条件。

【党风廉政建设】 2020年，中共洛扎县委宣传部按照《西藏山南市洛扎县党风廉政建设责任书》和县委关于党风廉政建设工作的总体部署和相关要求，开展党支部学习10次，集中观看警示教育片4次，将夯实基础，严格管理，作为抓好党风廉政建设的重要内容之一。落实党风廉政建设责任制，抓基础管理，制止奢侈浪费行为。防微杜渐，树正气、形成良好的风气。按照从严考标、强化监督、狠抓追究的原则，重新制定党风廉政建设措施，明确处罚措施，层层签订廉政建设责任书；抓管理与责任制密切配合，夯实基础，促进党风廉政建设责任制落到实处。

【文化市场工作】 2020年，中共洛扎县委宣传部以“督内容、确保主线不偏，督人员、确保作用明显，督效果、确保内容深入人心”为督导思路，加大执法检查力度。着力将日常监管、集中整治、案件查处与宣传教育有机结合，严格落实“防、堵、查、打”各项措施，在县城歌舞娱乐场所、网吧等开展专项整治，精心组织打击淫秽色情信息“净网”行动、非法报刊专项治理“秋风”行动等。年内，出动执法人员30人次，检查经营单位130家次。采取明察暗访形式对网吧、音乐新产品下载点、打字复印店开展文化执法检查共18次。

【广播电视台工作】 2020年，洛扎县广播电视台探索媒体融合之路，通过广播、电视、手机等媒体资源，在“秘境洛扎”抖音公众号上推出“感党恩、听党话、跟党走”系列节目《我们的心声》，推送267期；制作《社会主义核心价值观宣传短片》11期；制作“2020年库拉岗日文化旅游节”前期准备和每日动态11期；推送“2020年库拉岗日文化旅游节”开幕式文艺节目15条；推送“四讲四爱”群众教育实践活动短视频2条；推送疫情防控知识14期；制作并推送深入学习《习近平谈治国理政》（第三卷）、中央第七次西藏工作座谈会精神的新闻和采访类短视频共20条；制作《关注秘境洛扎，带你走进人间秘境》12期；制作《党的光辉照边疆、边疆人民心向党》微闪6期；制作新时代文明实践中心作品9期；制作《四讲四爱骨干宣讲员示范宣讲》6期；制作“世界读书日”学生朗诵12期；制作“四讲四爱”访谈栏目3期；在各大节日来临之际，制作并推送红歌联唱7期；推送“2019年库拉岗日文化旅游节”文艺节目精彩回顾6期；协助县委统战部拍摄《民族团结访谈节目》6期；制作《支农惠农政策解读》《网络二十禁》等视频36期；录制十九届五中全会精神解读7期。截至年底，发布522条信息，“秘境洛扎”抖音公众号粉丝4万余名，获赞326400次。

年内，县广播电视台更换高频头230余个，更换一体机6套，更换接收机190余台，更换锅盖58个，线缆55圈，维护接收机100台。对已损坏的设备进行及时更换，检修覆盖率98%，出动人数50次367人次。全县7支电影放映队共巡回放映电影362场，观影总人数21720人次。

【健全完善制度】 2020年，中共洛扎县委宣传部结合各职能的工作实际，对各项规章制度进行系统的梳理、修订和完善，并将各类修订完善的制度全部上墙。

【人才队伍建设】 2020年，中共洛扎县委宣传部以能力建设为主线，采取实践锻炼、在职学习、参加上级培训等途径，形成多层次、多渠道的教育培训格局，增强干部培训的针对性和实效性。按照编制情况，结合各自优势，重新调整干部职责分工，进一步明确职责范围，提高工作质量和整体效果。

（嘎　珍）

【领导名录】 中共洛扎县委宣传部

县委常委、部长　边　　巴（藏族）

常务副部长　曲喜龙（蒙古族）

副部长、网信办主任、新闻出版局局长

仓决卓玛（女，藏族）

副部长、政府新闻办公室主任、广播电视局局长

归桑仁增（藏族）

统战与民族宗教工作

【概况】 2020年，洛扎县委统战部、县民宗局牢固树立“四个意识”、坚定“四个自信”、做到“两个维护”，增强干部职工履职能力，做好统一战线、民族宗教、藏胞、非公有制经济、党外人士和加强寺庙创新等工作。

【党建工作】 2020年，洛扎县委统战部、县民宗局认真开展统战民宗党支部工作，进一步规范和落实“三会一课”制度，坚持统战、民宗第一负责人参与到讲党课、参加到党支部活动中来，同时进一步规范党支部活动中心建设，独立出一

个办公室设立党员活动中心，并投入大量资金制作党务公开栏、支部活动剪影、心得体会专栏等宣传栏。

【党风廉政建设】 2020年，洛扎县委统战部、县民宗局深入开展党性党风党纪教育和从政道德教育，强化党员干部“服务、为民、务实、清廉”的从政观念。组织党员干部观看警示教育活动和举行签字承诺仪式，落实党风廉政建设“两个责任”，完善党组织工作措施；组织全体干部职工进行安排部署，制订学习计划，通过观看警示教育片、组织集中学习、撰写心得体会、集中讨论、个人问题剖析与互相提问题等方式全力开展政治纪律教育实践活动，积极营造风清气正的良好氛围。

【专题会议】 2020年，洛扎县委、县政府主要领导、统战民宗主要负责人先后多次组织召开宗教领域工作安排部署专题会议，及时通报工作开展情况和存在不足，汲取经验，总结不足，巩固成效，推进宗教工作持续进步。

【活动表彰】 2020年，洛扎县委统战部、县民宗局按照关于开展“遵行四条标准、争做先进僧尼”教育实践活动相关规定，对寺庙和僧尼进行表彰。年内，表彰5座县级“遵行四条标准，争做先进僧尼”教育实践活动模范寺庙，2个优秀寺管会，58名县级“遵行四条标准、争做先进僧尼”教育实践活动僧尼，1名先进宗教工作者，6名先进寺管会干部。

【慰问活动】 2020年，洛扎县委、县人大常委会、县政府、县政协领导组织并投入6.8万元资金对全县6个寺管会、寺庙、拉康（日追）僧尼以及统战爱国人士和回国定居藏胞15人开展藏历新年、春节慰问。县委统战部，县民宗局、工商联全体干部职工捐赠7000余元对结对帮扶对象开展慰问。

【藏胞工作】 2020年，洛扎县委统战部、县民宗局先后多次成立调研组深入各乡镇看望归国定居藏胞家庭，选送2名藏胞到其他省市参观学习，拓宽眼界，探寻致富门路。帮助归国定居藏胞家庭解决小康示范村建设房屋修建自筹资金4.5万元。山南市委统战部解决5万元资金用于藏胞医疗保障等专项资金。

【非公有制经济工作】 2020年，洛扎县委统战部、县工商联继续动员非公企业参与精准扶贫行动，巩固精准扶贫成效，为群众早日致富奔小康，做出应有贡献。同时，继续加强非公企业各项工作的开展和督促协调，切实利用好平台，促进工商联工作开展和非公企业经济发展。

【党外人士队伍建设】 2020年，洛扎县委统战部、县民宗局坚决落实党关于加强党外干部培养、任用的一系列工作方针、政策，按照“立足长远、注重素质、搞好培养、备用结合”的工作思路和各级党委、政府及上级部门相关要求，开展党外干部培养选拔等工作，进一步完善方案、细化措施，有组织、有计划地广泛物色、培养党外代表人士，建立健全党外代表人士档案，并继续开展对统战爱国人士后代的调查、登记造册工作。

【民族团结进步事业发展】 2020年9月16日，洛扎县举行“加强民族团结 建设美丽西藏”主题文艺晚会，共同庆祝西藏自治区成立55周年，共同庆祝自治区第30个民族团结进步月和山南市首个民族团结进步日，表彰全县民族团结进步模范集体和个人，为受表彰的10个模范集体和15个模范个人进行颁奖，颁发奖金11万余元。深入开展民族团结宣传活动，全县各族干部群众500余人参加，通过活动，在全县干部群众思想中牢牢树立“三个离不开”思想，使“三个离不开”思想更加深入人心。

（扎西平措）

【领导名录】 洛扎县委统战部

县委常委、统战部部长、民宗局局长 次仁罗布（藏族）

县委统战部常务副部长 尼玛伦珠（藏族）

县委统战部副部长、民宗局副局长 扎西平措（藏族）

吴 世 方

县工商联主席 巴桑次仁（藏族）

县工商联副主席 白玛曲吉（女，藏族）

国 安

【概况】 2020年，洛扎县委国家安全委员会办公室承担协调全县国家安全和社会稳定的职责，维护洛扎县社会局势的持续和谐稳定。

【党建工作】 2020年，洛扎县委国家安全委员会办公室属于政法国安党支部，坚持以习近平新时代中国特色社会主义思想、十九届五中全会、中央第七次西藏工作座谈会精神为指导，全面贯彻党的方针政策，进一步夯实党支部党建基础，加强党组织建设。全年召开支部委员会12次，党员大会4次，召开党内民主生活会1次，组织生活会2次，上党课4次，开展主题党日活动12次。

【党风廉政建设】 2020年，洛扎县委国家安全委员会办公室始终坚持以习近平新时代中国特色社会主义思想为指引，以党风廉政建设责任制为“龙头”，以“两个责任”为抓手，扎实推进党风廉政建设各项工作。坚持把党风廉政建设纳入办公室工作总体布局，细化分解各项任务，明确任务分工，层层落实责任，主要领导和单位干部职工层层签订《党风廉政责任书》。采取集中学习、个人自学、组织谈论、写心得、观看警示教育专题片等形式，认真组织学习，强化干部职工的党性观念和纪律意识，增强清正廉洁，遵纪守法的自觉性，规范从政行为。

【维护稳定】 2020年，洛扎县委国家安全委员会办公室认真履行统筹、协调职责，强化对国家安全和社会稳定工作的协调落实，健全完善协调联络机制，加强对既定措施落实情况的督导检查，确保春节、藏历新年、库拉岗日文化旅游节、两会、中央第七次西藏工作座谈会、十九届五中全会等重大节庆、会议期间社会局势的持续和谐稳定。全年召开维护国家安全稳定安排部署会议20余次。

【风险防控】 2020年，洛扎县委国家安全委员会办公室突出重点领域、重点区域，坚持维稳系统组织、各方广泛参与的原则，建立健全防范化解机制，切实提升预测预防能力，督促落实风险防范化解各项措施，切实掌握工作主动权，有效维护社会安全。

【宣传教育】 2020年，洛扎县委国家安全委员会办公室充分利用“综治宣传月、周、日”“4·15全民国家安全教育日”“库拉岗日文化旅游节”“12·4法制宣传日”等各类宣传活动，大力宣传《中华人民共和国宪法》《中华人民共和国国家安全法》《中华人民共和国国防法》《中华人民共和国反间谍法》《中华人民共和国反恐怖主义法》《中华人民共和国网络安全法》

◆ 2020年9月16日，洛扎县委国家安全委员会办公室工作人员开展宣传国家安全法规活动

等法律法规，教育干部群众强化国家安全意识，进一步增强干部群众的国家意识、公民意识、法治意识。

【领导名录】 洛扎县委国家安全委员办公室

主　任　柏中川

副主任　刘　静

　　　　催成旦增

强基础惠民生工作

【概况】 2020年，洛扎县驻村工作队开展驻村工作，围绕新时代干部驻村“七项重点任务”，创新工作举措，狠抓任务落实，取得丰硕成果。

【疫情防控】 2020年，面对突如其来的新冠肺炎疫情，洛扎县各驻村工作队闻令而动，将人民生命健康安全放在首位，将基层防控疫情作为践行初心使命的“主战场”。各驻村工作队结合实际多措并举，积极协助村（社区）“两委”细化疫情防控预案，完善疫情防控工作机制，落实具体措施，压紧压实疫情联防联控责任。按照网格化管理模式，成立以村（社区）“两委”班子、驻村工作队、村小组组长、双联户长为单位的疫情联防联控工作领导小组，组建“义务宣传队”“义务巡防排查队”“义务卫生清洁队”三支队伍。进一步细化分工，责任到人，实行村（社区）、乡（镇）逐级请假审批制度，随时掌握村（社区）群众外出情况，落实好“日报告”“零报告”制度。村（社区）与驻村工作队、村小组，村小组与双联户长、党员逐一签订居家隔离人员监管责任书。各驻村工作队制作6000余份图文结合的宣传单发放到各村小组，在微信群积极转发关于疫情防控的相关知识，采取“车载流动广播”在各村（社区）进行巡回宣讲，深入普及新冠肺炎疫情健康防护知识。各驻村工作队积极协调乡（镇）和村（社区）、卫生院（所），切实落实属地管理职责，以小组为单位，逐户走访，全面做好区内外返乡人员排查工作，尤其是区内返回人员一律逐一核实、逐一建档造册，每日走访居家隔离情况，实时监测体温，密切关注其健康状况。各驻村工作队积极与村（社区）、村小组班子沟通协调，暂时关停茶馆357家、旅店32家、小型朗玛厅25家，全力做好疫情防控工作，避免人员聚集，有效阻断病毒传播途径，确保人民群众生命安全和身体健康。各驻村工作队积极动员农牧民党员群众发挥先锋模范作用，号召党员群众做好家庭和个人卫生，全力参与环境卫生清洁行动，从而带动群众参与到疫情防控这场“人民战争”中来。年内，开展以“疫情防控、党员先行”为主题的环境卫生清扫和消毒志愿活动1235场次，参与群众1.1万余人次。各驻村工作队积极宣传、广泛动员，广大农牧民党员、群众迅速响应、踊跃捐款，疫情防控期间先后有2983人次农牧民党员捐款94.727万元，先后有4583人次农牧民群众捐款58.086万元。

◆ 2020年6月6日，驻曲措村工作队深入田间地头向农牧民群众宣讲“四讲四爱”群众教育实践活动和非法集资等相关防范知识

【学习宣传贯彻中共十九大精神】 2020年，洛扎县各驻村工作队结合巩固“不忘初心、牢记使命”主题教育成果、“四讲四爱”群众教育实践等活动，利用庆祝中国共产党建党99周年、西藏自治区成立55周年等契机，通过“农牧民夜校”“第一书记开讲”、党内组织生活等平台，用通俗易懂的语言、喜闻乐见的方式，结合农牧民群众身边的新发展新变化新生活，宣讲习近平

新时代中国特色社会主义思想和十九大精神，宣讲党的民族宗教政策、强农惠农富农政策，宣讲党的十九届五中全会精神、中央经济工作会议精神、中央农村工作会议精神、中央第七次西藏工作座谈会精神，区党委九届八次、九次全会精神，市委一届五次、六次全会精神，县委九届六次全会精神2684场次，举办各类专题讲座195场次，发放宣传资料2.5万余份，受教育群众10.8万余人次，同时开辟专题宣传栏205期。

【脱贫攻坚】 2020年，洛扎县各驻村工作队积极当好扶贫政策的宣讲员、服务发展的参谋员、上下联络的信息员、党建促脱贫的指导员、小康村建设的协调员，向辖区群众宣讲精准扶贫、精准脱贫政策1835次，印发扶贫宣传资料9400余份，开辟专题宣传栏27个，受教育群众3.5万余人次。各驻村工作队帮助村（社区）“两委”制订实施年度脱贫计划71个，制定扶贫资金和项目公示制度49个，从各渠道争取扶贫项目8个，涉及资金99万元。各驻村工作队帮助所驻村兴办、升级符合产业政策、市场前景好、就业带动力强的集体经济项目产业31个，专业合作经济组织35个，包户帮扶对象874人通过实体项目实现稳定增收。各驻村工作队开展贫困群众技能培训27次，帮助贫困群众转移就业68人，增加现金收入21.5万元。各驻村工作队累计帮助贫困群众研究制定增收致富措施174条，梳理群众生产生活方面存在的困难问题155个，收集整理群众意见建议118条，帮助解决困难和问题211个。

【乡村振兴战略】 2020年，洛扎县各驻村工作队帮助所驻村（社区）“两委”厘清发展思路113条，制定、完善、实施经济发展规范84项，向群众宣讲保持土地草场承包关系稳定长久不变等生态环境保护方面的政策463场次，向群众宣讲保护原生态植物66场次，受教育群众1.8万人次。各驻村工作队大力协助组织开展爱国卫生运动和国土绿化行动，全年开展植树种草、整治“脏乱差”、建设美丽乡村活动825场次，参与群众3.1万余人次。各驻村工作队宣传免费教育政策和就业创业优惠政策234场次，覆盖群众1.6万余人次，农牧区高校毕业生积极参与大众创业、万众创新89人，有效拓宽农牧区群众和毕业大学生的就业创业思路。

【维护稳定】 2020年，洛扎县各驻村工作队开展宣传党的民族宗教政策207场次，受教育群众3.24万人次。各驻村工作队协助村（社区）“两委”制定维稳工作方案和应急预案296个，建立健全农牧区维稳工作机制227条，建立护村队、护路队、护校队、护场队81个。各驻村工作队开展民族团结进步创建活动142场次，受教育群众1.6万人次。各驻村工作队积极运用新时代“枫桥经验”，召开村情民意群众会议223场次，走访所驻村（社区）积极化解和妥善处理各类社会矛盾90件，排查调处与邻乡近村之间草场、水源、矿产等矛盾13件。

【强基础惠民生】 2020年，洛扎县各驻村工作队协助村（社区）“两委”建立完善村规民约和规章制度95个，有效提升基层党组织建设科学化、规范化水平，强基础惠民生得到不断巩固。各驻村工作队积极协助村（社区）党组织书记、第一书记开展好党内常规组织生活，重点开展党员“三包五带五促”、八星党支部创建、基层党建制度落实、村（社区）换届前期等工作，有效助推基层党组织党建工作水平迈上新台阶，增强基层党组织的凝聚力、战斗力。各驻村工作队积极宣传教学“互联网+政务服务”活动，以成立村民个人事项代办服务队为载体，着力提高政务服务网的知晓率和社会的认知度、群众认同感和参与度。各驻村工作队协助村“两委”组织党员开展“两学一做”制度化常态化活动、“不忘初心、牢记使命”主题教育制度化活动136次，发放学习宣传资料2897份，农牧民党员参与5900余人次，讲党课243次，组织班子成员和党员查摆问题266个，解决问题258个。投入

0.95万元举办45期党员教育培训班，培训农牧民党员2009人次。同时为村（社区）“两委”班子成员上文化课504学时，上政策理论课547学时。帮助村级党组织解决工作经费8.2万元，帮助解决办公设备经费5.1万元，协助召开支部党员大会139次、支委会308次、党小组会297次，充分使用村级组织活动场所546次。年内，各驻村工作队慰问五保户、贫困户和困难群众1265次，发放慰问金和慰问品价值25.24万元，慰问“三老”人员59人次，发放慰问金和慰问品价值4.4万元，帮助解决“三就”（就业、就医、就学）、“两保”（社会保障、医疗保障）、“六通”（通路、通水、通电、通信、通邮、通广播电视）等民生突出问题84件，为群众办好事、办实事8182件，投入资金93.97万元，实现就业、再就业33人。

【基层精神文明建设】 2020年，洛扎县各驻村工作队积极宣讲弘扬社会主义核心价值观、依法宣传推广国家通用语言文字186场次，开办农牧民群众普通话培训班66场次，参与群众7500余人次。县强基办积极配合县文化局用足用好文化活动经费，为27个村（社区）配备354万元的文艺演出队演出经费，将民族传统文化与先进文化、红色文化相结合，将宣传党的政策、弘扬正能量相统一，在重要节假日、地方节假日期间下村进行文艺会演，同时大力开展“送健康、送文艺、送体育”活动，保障群众的身体健康，丰富群众的精神文化生活。各驻村工作队宣传“厕所革命”、“两降一升”及包虫病、肺结核病、风湿病防治等139场次，覆盖群众2.1万余人次，针对农牧民群众中存在的不良习惯和陈规陋习行为开展专题教育245场次，受教育群众1.78万余人次，帮助、改变陈规陋习，克服不良习性2330人次，有效加强基层精神文明建设，营造出健康向上的村居人文环境。

【决胜全面建成小康社会】 2020年，洛扎县各驻村工作队尽心竭力为群众办好事、做实事，帮助解决实际困难156件。县直机关派驻单位积极履行派驻职责，派驻单位党委（党组）班子成员看望慰问驻村干部216次，深入宣讲习近平新时代中国特色社会主义思想、党的十九大精神、十九届五中全会精神及中央第七次西藏座谈会精神207场次，受教育党员、群众1.8万余人次。派驻单位帮扶巩固脱贫攻坚成果项目7个，涉及资金71.7万元。其中，驻杰罗布村工作队积极与西藏自治区公安厅反恐特侦队沟通协调，争取到30万元资金为杰罗布村10户村民购置家具家电，有效解决后顾之忧，增强守边兴边的决心和信心。各驻村工作队帮助村（社区）“两委”破除陈旧落后的思想，厘清科学发展思路，树立先进科学发展观念，打好全面建成小康社会的思想基础，动员群众参与到小康示范村建设中来，为农牧民群众描绘全面建成小康社会的蓝图，确保小康建设有目标、有依据、有措施。

（李　欢）

【领导名录】 洛扎县创先争优强基础惠民生活动领导小组办公室

县创先争优强基础惠民生活动领导小组组长

赵天武

县创先争优强基础惠民生活动领导小组副组长

次旺罗布（藏族）
边　巴（藏族）
杨忠平
次仁罗布（藏族）
袁　斌
刘安军
普布索朗（藏族）

县强基础惠民生领导小组办公室主任

袁　斌

县强基础惠民生领导小组办公室常务副主任

刘安军

县强基础惠民生领导小组办公室副主任

蔡朕龙

洛扎县人民代表大会

洛扎年鉴

综　述

【概况】　2020年，洛扎县人大常委会召开党组会5次，常委会会议6次，主任会11次，依法任免国家机关工作人员4人；听取和审议专项工作报告9项，依法做出决议决定9项，集中视察3次，开展专题调研4次，对10部法律法规开展执法检查，组织代表外出考察2次，接待兄弟市、县人大考察学习5次，陪同上级人大工作组调研和完成上级委托调研视察18次，有效发挥地方国家权力机关的作用。

【常委会会议】　洛扎县十三届人大常委会第十八次会议　2020年4月24日，洛扎县第十三届人大常委会第十八次会议在政府楼四楼会议室召开。会议由县人大常委会副主任刘安军主持，县人大常委会组成人员21人出席会议，会议还邀请县纪委监委、县委组织部等单位负责人列席会议。会议集中学习洛桑江村在西藏自治区十一届人大常委会第十七次会议闭幕会上的讲话和王德文在山南市一届人大常委会第二十八次闭幕会上的讲话；会议审议通过加措、巴桑罗布辞去县级人大代表辞职事宜，审议确认洛扎县人民代表大会代表资格审查委员会关于索朗顿珠、廖仕平、加措、巴桑罗布终止洛扎县第十三届人民代表大会代表资格的报告；审议通过县人大常委会工作报告草案；会议讨论研究召开县十三届人大五次会议相关事宜。

洛扎县十三届人大常委会第十九次会议　2020年5月21日，洛扎县第十三届人大常委会第十三次会议在政府四楼会议室召开，县委副书记、县人大常委会主任王勇波主持会议，人大常委会组成人员19人出席会议。“一府一委两院”、生态环境分局、县司法局各一名负责人及人大办工作人员列席会议。会议书面传达学习洛桑江村在自治区十一届人大常委会第十八次会议闭幕会上的讲话精神、陈海清在山南市一届人大常委会第二十九次会上闭幕会上的讲话；传达学习《王德文在学习贯彻〈西藏自治区民族团结进步模范区创建条例〉座谈会上的讲话》《山南市人大常委会办公室关于进一步深化开展“五查五增 质效提升”活动的通知》（山人大办发〔2020〕24号）精神；审议通过山南市生态环境洛扎分局2019年环境保护目标完成情况报告；审议通过县司法局关于“七五”普法工作开展情况报告；会议听取市人大党组成员、副主任贡觉多吉，市人大教科文卫副主任委员索朗旺堆所作的市级人大代表履职报告。

洛扎县第十三次人大常委会第二十次会议　2020年7月16日，洛扎县第十三次人大常委会第二十次会议在政府四楼会议室召开。会议由县委副书记、县人大常委会主任王勇波主持，县人大常委会组成人员19人出席会议。“一府一委两院”、县发改委、县财政局、县自然资源局各一名负责人及县、乡级人大代表和人大办全体工作人员列席会议。会议书面传达中共中央总书记习近平在全国两会期间重要讲话精神和十三届全国人大三次会议主要精神，西藏自治区十一届人大常委会第十九次、第二十次会议精神传达提纲，中共中央总书记习近平2020年5月29日在十九届中央政治局第二十次集体学习时的讲话，并每人发放一本《中华人民共和国民法典》认真学习；传达学习中国共产党山南市一届委员会第五次全会精神、王德文在山南市一届人大常委会第三十次会上闭幕会上的讲话；审议通过关于洛扎县2020年上半年国民经济和社会发展计划执行情况报告；审议通过县国资委关于行政事业单位国有资产管理工作专项报告；审议通过县自然资源局关于耕地保护、资源管理、防灾减灾等专项工作情况报告；审议通过县人民法院关于刑事审判工作情况的报告；审议通过县人民检察院关于民事诉讼法律监督工作情况的报告。

洛扎县十三届人大常委会第二十一次会议　2020年9月28日，洛扎县十三届人大常委会第二十一次会议在会议中心二楼召开。会议由县委副书记、县人大常委会主任王勇波主持，县人大常委会组成人员16人出席会议，县纪委、监委，县人民法院，县人民检察院及县政府办、政协办、县委组织部、县人社局、县应急管理局、县扶贫办等负责人和2名县、乡级人大代表列席会议。会议集中学习中央第七次西藏工作座谈会精神、王德文在山南市一届人大常委会第三十二次会议闭幕会上的讲话精神；传达学习《习近平谈治国理政（第三卷）》——坚持以人民为中心、《山南市人民代表大会常务委员会听取和审议“一府两院”专项工作报告规定》、《山南市人民代表大会常务委员会审议意见办理工作规定》；依法任命益西担任县政府副县长一职；依法免去张富云的县人大常委会办公室副主任职务，任命肖斌为县人大常委会办公室副主任；审议通过洛扎县人大法制委关于开展《中华人民共和国未成年人保护法》《中华人民共和国反家庭暴力法》及《中华人民共和国妇女权益保障法》执法检查情况的报告；听取审议4名市人大代表（山南市政协党组书记、主席巴珠，洛扎县委副书记、县长白玛多吉，县委组织部原部长尤刚，次麦社区党支部书记云丹）的履职报告，并进行满意度测评；听取县政府职能部门负责人（县人社局局长次旦央吉、县应急管理局局长次仁旺堆、县扶贫办主任边巴）任职以来的履职报告。

洛扎县十三届人大常委会第二十二次会议　2020年12月21日，洛扎县十三届人大常委会第二十二次会议在政府楼四楼会议室召开。会议由县委副书记、县人大常委会主任王勇波主持，县人大常委会组成人员20人出席会议。会议书面传达学习中央全面依法治国工作会议精神和山南市委宣传部、市人大常委会办公室联合下发的关于进一步加强和改进人大宣传工作的意见，王德文在山南市一届人大常委会第三十三、三十四次会议上的讲话暨专题党课报告，县人大代表考察组赴阿里、昌都考察报告；传达学习全国人大常委会关于修改《中华人民共和国国旗法》的决定、全国人大常委会关于修改《中华人民共和国国徽法》的决定、全国人大常委会关于修改《中华人民共和国人民代表大会和地方各级人民代表大会选举法》的决定、《习近平谈治国理政（第三卷）》第六章——改革开放四十年积累的宝贵经验；审议通过《洛扎县人大常委会关于召开洛扎县十三届人民代表大会第六次会议的决定（草案）》；审议通过关于贯彻落实《洛扎县人民代表大会常务委员会关于全面加强生态保护 依法推进美丽洛扎建设的决定》情况报告；审议通过洛扎县人民政府2020年财政预算调整方案的报告；听取审议3名市级人大代表（洛扎县委书记赵天武，县委副书记、县人大常委会主任王勇波，洛扎县教育局原局长巴桑罗布）的履职报告，并进行满意度测评；听取审议“一府一委两院”干部（洛扎县人民法院副院长索朗玉珍、县人民检察院副检察长张艳、县教育局局长巴桑罗布、县自然资源局局长付杰、县统计局局长扎西次仁、县信访局局长唐创光）任职以来的履职报告，并进行满意度测评。

【人民代表大会会议】 洛扎县十三届人民代表大会第五次会议 2020年4月25—27日，洛扎县召开第十三届人民代表大会常委会第五次会议，会议应到代表91人，实到代表74人。会议听取和审议洛扎县人民政府工作报告；审查和批准洛扎县2019年国民经济和社会发展计划执行情况与2020年国民经济和社会发展计划草案的报告，批准洛扎县2020年国民经济和社会发展计划；审查和批准洛扎县2019年财政预算执行情况与2020年财政预算草案的报告，批准洛扎县2020年财政预算；听取和审议洛扎县人大常委会工作报告；听取和审议洛扎县人民法院工作报告；听取和审议洛扎县人民检察院工作报告；通过关于设立洛扎县第十三届人民代表大会专门委员会的决定；表决通过关于接受次仁占堆等7名人员辞去洛扎县第十三届人民代表大会常务委员会委员职务请求的决定；表决通过关于接受加措辞去洛扎县第十三届人民代表大会常务委员会副主任职务请求的决定；表决通过关于接受索朗顿珠辞去洛扎县第十三届人民代表大会常务委员会主任职务请求的决定；补选县第十三届人民代表大会常务委员会主任；补选县第十三届人民代表大会常务委员会部分委员；通过县第十三届人民代表大会有关专门委员会组成人员；表决通过六个决议草案。

【重大事项讨论决定】 2020年，洛扎县人大常委会借鉴先进经验，充分结合全县实际，审查批准洛扎县2019年国民经济和社会发展计划执行情况与2020年国民经济和社会发展计划草案的报告，批准2020年国民经济和社会发展计划；审查批准洛扎县2019年财政预算执行情况和2020年预算草案的报告，批准洛扎县2020年财政预算；审议通过洛扎县人民政府2020年财政预算调整方案的报告。

【人事任免】 2020年，洛扎县人大常委会坚持党管干部与人大依法任免国家工作人员相统一的

◆ 2020年10月19—25日，洛扎县人大组织基层代表到昌都市考察学习

原则，切实加强干部任免监督力度，严格执行拟任人员任前法律考试，任中表态发言、举手表决，任后颁发任命书、宪法宣誓等制度。年内，任免国家机关工作人员4人，为全县地方国家机关有效运转提供坚强的组织保障。

【代表意见办理】 2020年，洛扎县第十三届人大五次会议期间提出的61件建议中，办结38件，正在解决或列入计划的14件，占85%，因政策限制等原因无法办理但已向代表做出说明的9件，人大代表对意见建议办结工作的满意度逐年提高。

【代表工作】 2020年，洛扎县人民代表大会邀请代表参加各项活动36人次，邀请代表列席各类重要会议50余人次。县乡人大及各级人大代表以“人大代表之家”为平台，围绕《中华人民共和国全国人民代表大会和地方各级人民代表大会代表法》和新修订的《中华人民共和国宪法》《中华人民共和国各级人民代表大会常务委员会监督法》等法律法规，有效开展“法在我身边”和人大制度宣传月、“五查五增 质效提升”等活动。同时，组织代表及办公室人员参与“世界环境日”“宪法日”“综治宣传周”等活动，积极宣传人民代表大会制度及环境保护、精准扶贫等相关政策法规知识。全年开展宣传活动6次、知识竞赛1次、演讲比赛1次，印制发放新出台条例法规宣传册1500余本，发放宣传帽、宣传袋各500

余份，参加山南市人大九月制度宣传月系列活动，荣获演讲比赛第二名的优秀成绩。9月、10月分别组织部分基层人大代表和人大工作人员到阿里地区和昌都市考察学习贯彻落实中央和区党委关于加强和改进人大工作相关文件精神情况；学习组建和发挥人大“三个专门委员会”和基层人大工作中的好做法、好经验；学习人大财务监督系统建设和运行工作情况；参观学习边境建设和基层人大代表在边境建设中发挥作用情况等。

【监督工作】 2020年，洛扎县人大常委会始终将事关群众切身利益的问题作为监督工作重点，切实增进民生福祉。围绕人民群众普遍关注的民生热点，积极推进全县边境小康村建设，组织代表突出对脱贫攻坚、小康村建设、信访领域、生态环保、道路交通安全、强边固边等民生事业的监督开展集中视察、调研5次，提出意见建议20余条。县人大常委会听取资源管理和防灾减灾、环境保护、国有资产管理等专项报告，做到有监督措施、有审议意见、有跟踪督办，保障监督工作的实效。全年完成委托调研18次，形成调研报告、执法检查报告及情况汇报20余篇。人大常委会积极稳步推进被任命干部的履职监督工作，采取分批向常委会报告工作的方式，听取9名人大任命干部履职情况报告，随即开展满意度测评，有效督促任命对象依法履职、担当作为。全力助推脱贫攻坚战，贯彻落实山南市人民代表大会常务委员会关于各级人大代表积极履职尽责、聚力脱贫攻坚的决定精神，全县各级人大代表全力投身脱贫攻坚工作中，做到支持扶贫不放松、监督扶贫不放松、参与扶贫不放松。截至年底，联合县政协组织县乡人大开展扶贫领域整改工作专项视察活动1次，为全力助推脱贫攻坚战做出积极贡献。

【执法检查】 2020年，洛扎县人大常委会坚持把全面推进依法治县作为应尽之责，认真履行法律监督职能，全力推动“一府一委两院”依法行政、公正司法。组织县乡两级代表，邀请有关执法部门，开展《中华人民共和国道路交通安全法》《中华人民共和国工会法》《中华人民共和国妇女权益保障法》《中华人民共和国反家庭暴力法》及山南市相关条例的执法检查，抓住突出问题，加大监督力度。听取审议“七五”普法规划实施情况、法治政府建设情况的报告，持续加强法治思想教育，注重法治素养和法治能力建设。听取和审议关于刑事审判、民事诉讼法律监督工作情况报告，努力维护司法公正和权威，保障群众合法权益，切实让人民群众在每一个司法案件中感受到公平正义，既履行监督职责，又维护司法权威，实现二者的有机统一。

【党建工作】 2020年，洛扎县人大常委会党组坚持以习近平新时代中国特色社会主义思想和十九大精神为指导，建立党组书记负总责，班子成员分管负责，机关党支部书记具体抓落实的党建工作责任体系，把党建工作和人大日常工作同安排、同部署、同检查、同落实。党组班子成员及党员领导干部以党员身份参加党支部各项活动，切实实现理论学习有收获、思想政治受洗礼、干事创业敢担当、为民服务解难题、清正廉洁做表率的总目标，严肃认真地召开专题民主生活会、组织生活会、讲党课、主题党日等各项党组织活动。

【党风廉政建设】 2020年，洛扎县人大常委会逐级签订党风廉政建设责任书，细化责任落实。人大常委会党组始终严格落实从严治党的主体责任，积极开展加强政治纪律教育和党风廉政建设宣传教育月活动，严格执行“三公”经费和车辆管理制度，落实基层减负年各项工作，除法定会议外，有效精简会议，控制发文。定期开展党组会议及党支部“三会一课”，全面执行中央八项规定精神及其实施细则，组织学习违规违纪案件通报、观看警示教育片，做到警钟长鸣，营造风清气正、团结务实的氛围。县人大党组定期集中学习各类违规违纪案件通报，县人大党组坚决落实“两个责任”，强化“一岗双责”，始终将党风廉政建设放在更加重要位置，注重加强廉洁自律，制定落实廉政建设和反腐败工作责任制度，将党风廉政建设与人大依法履职相结合，促进机关工作人员奉公守法。

（拉　珍）

【领导名录】　洛扎县人民代表大会常务委员会

县委副书记、县人大常委会主任　王勇波

副主任　古桑旦增（藏族）

刘安军

费德光

人大常委会办公室工作

【概况】　2020年，洛扎县人民代表大会常务委员会办公室紧扣县委和县人大常委会中心工作，讲政治、守规矩，不忘初心、牢记使命，扎实开展工作，完成办公室各项工作，为县人大常委会依法履职和机关有序高效运转提供良好的服务保障。

【服务“三会”】　2020年，洛扎县人民代表大会常务委员会办公室把为县人民代表大会、人大常委会会议、主任会议文会服务（以下简称三会）作为人大常委会办公室的首要职责。坚持以提高会议质量为重点，切实把好上会议题关、材料关、分组讨论关、常委会审议意见监督关，确保程序规范、衔接紧密，不断提高改文、办会服务水平。全年，县人大常委会办公室高效优质完成人民代表大会1次、常委会会议6次、主任会议11次，其他各类会议14次。

◆ 2020年9月16日，洛扎县人大办工作人员开展法制宣传活动

【服务代表】　2020年，洛扎县人民代表大会常务委员会办公室牢固树立为代表服务的意识，不断加强和改进代表工作，全力支持和保障代表依法履职。组织常委会组成人员走访代表，加强常委会组成人员与人大代表的密切联系，畅通社情民意反映和表达渠道，为支持和保证人大代表依法履职提供优质服务；做好闭会期间代表服务工作，确定视察路线和后勤保障等各项服务工作；挑选考察地点，先后组织人大代表到阿里地区、昌都市部分县（区）等地进行考察交流，学习借鉴边境小康村建设、乡村振兴、特色产业开发、环境保护、基层组织建设、人大财务监督系统建设和运行工作情况，加强和改进人大工作等方面的成功经验。为进一步提升人大代表履职能力，发挥代表主体作用，组织基层人大代表参加业务培训，进一步推动代表履职尽责，扎实服务群众。为确保县十三届人大代表补选工作平稳有序推进，提前谋划、精心组织、周密部署，严把组织关、入口关、程序关、舆论关，顺利补选1名县级人大代表。认真督办代表意见，县十三届人大五次会议期间提出的61件建议中，办结38件，正在解决或列入计划的14件，占85%，因政策限制等原因无法办理但已向代表做出说明的9件，人大代表对意见建议办结工作的满意度逐年提高。进一步提升人大代表履职能力，充分发挥代表主体作用。4月27日，开展县级人民代表大会代表业务知识和扶贫政策培训会议1次。

【党建工作】　2020年，洛扎县人民代表大会常务委员会办公室召开专题会议，对全年党建工作进行研究安排部署，与上级签订2020年党建工作责任书，有效推动落实全年党建工作有序开展。年内，组织党员干部集中学习10次，开展专题党课4次，开展走访慰问联系村（社区）老党员、困难党员、困难妇女、在校大学生和孤寡老人，同农牧民党员一起参加升国旗仪式等主题党日活动15次，组织基层人大代表和人大工作人员参加上级业务培训及重大会议10余次，30余人。

【党风廉政建设】 2020年，洛扎县人民代表大会常务委员会办公室认真落实全面从严治党要求，严守政治纪律和政治规矩，坚持挺纪在前，持续加强预防教育和廉洁风险防控，始终聚焦“四风”，强化“两个责任”落实，主要领导与班子成员签订《党风廉政建设责任书》，专题研究部署党风廉政建设和反腐败工作，专门听取党组班子成员党风廉政工作汇报，做到年初有部署、年后有总结，进一步推动全面从严治党责任落地生根。同时，组织办公室全体党员干部，集中观看《说案明纪》等警示教育片，做到警钟长鸣。

【维护社会稳定】 2020年，洛扎县人民代表大会常务委员会办公室积极响应县委号召，及时下发《关于全县各级人大代表积极带头和引领人民群众切实做好维护稳定各项工作的通知》，各级人大代表站在讲政治的高度，充分发挥扎根在群众身边的优势，参与到维护稳定工作中，带头做固边富民的守护员，政策法规的宣讲员，为民务实的勤务员。

【指导乡（镇）工作】 2020年，洛扎县人民代表大会常务委员会办公室组织“一室三委”在家人员，深入七个乡（镇）开展乡（镇）人大工作考评，督促指导乡（镇）人大主席团严格按照工作目标任务和市级人大各类决定要求开展乡（镇）人民代表大会闭会期间的各项活动。同时，全面考核2020年度人大代表履职情况，落实全县无固定收入的县乡人大代表履职补助20.8万元。9月，县人大常委会办公室以人大制度宣传月为契机，开展乡（镇）人大业务知识竞赛和以民族团结为主题的演讲比赛1次。

【干部队伍建设】 2020年，洛扎县人民代表大会常务委员会办公室深入学习《中国共产党章程》，习近平新时代中国特色社会主义思想，十九大和十九届二中、三中、四中、五中全会精神以及中央第七次西藏工作座谈会精神；学习习近平新时代中国特色社会主义思想和总书记系列讲话精神及部门业务领域的重要文件精神，对照初心和使命，重点领会把握习近平总书记关于坚持和完善人民代表大会制度论述摘编，不断增强县人大常委会办公室干部发现解决自身问题的能力，为继续推进新时代改革开放，增强“四个意识”，坚定“四个自信”，做到“两个维护”提供坚强的思想和组织保障。

【自身建设】 2020年，洛扎县人民代表大会常务委员会办公室坚持分级负责制，做到层层把关、严格审核，进一步规范公文的写作、审核、签发、印制、发送等程序，确保零差错、零失误。严格按照规章制度执行公务接待、车辆管理、固定资产管理、财务管理等内部事务，切实做到用制度管人、管事、管权，为人大常委会及人大常委会机关提供优质高效的后勤保障。此外，积极加强与上级人大和县委办、政府办、政协办、县监察委员会、县人民法院、县人民检察院等相关部门及各乡（镇）人大的沟通联系，为人大常委会及机关日常工作顺畅运转，营造和谐良好的环境。

（刘成成）

【领导名录】 洛扎县人民代表大会常务委员会办公室

主　任　次仁卓玛（女，藏族）
副主任　张富云
　　　　肖　斌

洛扎县人民政府

洛扎年鉴

综 述

【概况】 2020年，洛扎县地区生产总值、全社会固定资产投资、财政收入、社会消费品零售总额、农村居民人均可支配收入分别完成7.17亿元、13.65亿元、5128.65万元、2.02亿元和15637元，分别同比增长6.9%、-30.7%、19.4%、3%、13.5%。完成税收收入6012万元，同比增长2%。

【政府重要会议】 2020年，洛扎县人民政府在办事决策过程中严格执行民主集中制和请示报告制，凡涉及项目资金、征地拆迁、政府采购、人事等方面重大事宜及时提交政府党组会议、常务会议集体研究决策，发扬民主、确保决策的科学性、民主性和准确性。不断健全完善制度，涉及“三大一重”事项的严格按照《县委议事规则》和《政府议事规则》，及时报告县委研究审议。全年召开党组会议4次，研究事项12项；召开常务会议20次，研究事项300项，涉及总资金203118万元；召开采购会议7次，研究事项32项，涉及资金108.91万元。

【政府党组理论学习】 2020年1月18日，洛扎县委副书记、政府党组书记、县长白玛多吉主持召开县政府党组理论学习中心组2020年第1次集体学习会议，深入学习中共中央总书记习近平有关脱贫攻坚、党风廉政等方面重要论述和有关通知通报精神，会议强调要坚持不懈地学习好、贯彻好习近平新时代中国特色社会主义思想，切实抓好脱贫攻坚、生态环保、维护稳定等方面各项工作，确保学习与经济社会发展工作两手抓、两不误、两促进。

4月8日，洛扎县委副书记、政府党组书记、县长白玛多吉主持召开县政府党组理论学习中心组第2次学习会议，深入学习领会上级关于脱贫攻坚、生态文明建设等重要内容，确保政府系统各级各部门增强“四个意识”、坚定“四个自信”、做到“两个维护”，以实实在在的学习成效助推洛扎县改革、发展、稳定、生态各项事业发展。县委常委、副县长杨忠平，副县长扎西次仁、胡振洪、达娃央金出席。县政府系统各部门主要负责人参加会议，部分企（事）业单位、区（中）直单位主要负责人列席会议。

4月15日，洛扎县委副书记、政府党组书记、县长白玛多吉主持召开县政府党组理论学习中心组第3次学习会议，深入学习领会习近平新时代中国特色社会主义思想和上级有关重要会议、文件精神，以科学的理论武装头脑、指导实践、推动工作，助推全县经济社会发展取得新的更大成绩。县委常委、副县长杨忠平，副县长王小荣、扎西次仁、胡振洪出席。县政府系统各部门主要负责人参加会议，部分企（事）业单位、区（中）直单位主要负责人列席会议。

4月29日，洛扎县委副书记、政府党组书记、县长白玛多吉主持召开县政府党组理论学习中心组第4次学习会议，深入学习贯彻上级有关会议、文件和通报精神，确保以学习促提升、增实效、强本领，助推洛扎县经济社会再上新台阶。县委常委、副县长杨忠平，副县长边巴、达娃央金出席。县委常委、统战部部长、民宗局局长次仁罗布应邀出席会议。县政府系统各部门主要负责人参加会议，部分企（事）业单位、区（中）直单位主要负责人列席会议。

6月17日，洛扎县委副书记、政府党组书记、县长白玛多吉主持召开县政府党组理论学习中心组第5次学习会议，深入学习贯彻习近平新时代中国特色社会主义思想、中共中央总书记习近平在统筹推进新冠肺炎疫情防控和经济社会发展工作部署会议上的讲话和上级有关会议、文件精神，确保以学习促提升、增实效、强本领，助推决战决胜全面小康。县委常委、副县长杨忠平，副县长张岂凡、边巴、扎西次仁、胡振洪、达娃央金出席。政府系统各级各部门主要负责人参加会议，部分企（事）业单位、区（中）直单位主要负责人列席会议。

7月21日，洛扎县委副书记、政府党组书记、县长白玛多吉主持召开县政府党组理论学习中心组第6次学习会议，学习贯彻中共中央总书记习近平两会“下团组”重要讲话、全国“两会”精神、习近平对进一步做好防汛救灾工作作出的重要指示、《中华人民共和国民法典》节选内容和市委一届五次全体会议以及市脱贫攻坚整改工作领导小组办公室第十次会议精神，力争打造学习型机关，助推法治政府建设，确保党的重大战略部署在洛扎县结出壮丽果实。县委常委、政府党组成员、副县长杨忠平，政府党组成员、副县长王小荣、胡振洪、达娃央金出席。政府系统各级各部门主要负责人参加会议，部分企（事）业单位、区（中）直单位主要负责人列席会议。

7月30日，洛扎县政府党组召开县政府党组理论学习中心组第7次学习会议暨党组书记讲党课，书面传达习近平关于脱贫攻坚的“一二三四五六”、区委常委会（扩大）会议、市委常委会（扩大）会议精神，传达学习《习近平谈治国理政》（第三卷）“关于高质量发展”专题、《中华人民共和国民法典》节选内容和《关于重申党员干部和公职人员严禁违规举办或参加“升学宴”“欢送宴”等纪律要求的通告》。县委副书记、政府党组书记、县长白玛多吉主持会议并作《践行初心使命、夯实基层堡垒，以高质量党的建设全面引领乡村振兴事业》党课。县委常委、政府党组成员、副县长杨忠平，政府党组成员、副县长王小荣、胡振洪，副县长人选益西出席。洛扎镇、色乡、拉康镇、政府系统各部门和嘎波社区主要负责人参加会议，部分企（事）业单位主要负责人列席会议。

8月26日，洛扎县政府党组召开县政府党组理论学习中心组第8次专题学习会议，传达学习中共中央总书记习近平关于疫情防控重要论述和《习近平谈治国理政》（第三卷）“始终把人民放在最高的位置”“全面打好脱贫攻坚战”“坚持党对国家工作的绝对领导”。县委副书记、政府党组书记、县长白玛多吉主持会议并做讲话。县委常委、政府党组成员、副县长杨忠平，政府党组成员、副县长胡振洪，副县长人选益西出席。洛扎镇、拉康镇、政府系统各部门主要负责人参加会议，部分企（事）业单位主要负责人列席会议。

9月7日，洛扎县政府党组召开县政府党组理论学习中心组第9次学习会议，传达学习中央第七次西藏工作座谈会和中共中央总书记习近平对制止餐饮浪费现象的重要指示精神以及有关文件。县委副书记、政府党组书记、县长白玛多吉主持会议并做讲话。县委常委、政府党组成员、副县长杨忠平，政府党组成员、副县长王小荣、扎西次仁，副县长人选益西出席。

9月21日，洛扎县政府党组召开县政府党组理论学习中心组第10次学习会议，传达学习《习近平谈治国理政》（第三卷）重要篇目、吴英杰关于网络安全宣传周启动日活动的批示、市委常委会（扩大）会议和全市深化“放管服”改革优化营商环境电视电话会议精神以及《关于三起违规设立使用“小金库”问题典型案例的通报》《关于三起党员干部赌博、酒驾、醉驾典型案例的通报》。县委副书记、政府党组书记、县长白玛多吉主持会议并讲话。县委常委、政府党组成员、副县长杨忠平，政府党组成员、副县长王小荣、扎西次仁、胡振洪出席。

9月29日，洛扎县政府党组召开县政府党组理论学习中心组第11次学习会议，书面传达自治区党委常委会（扩大）会议精神，传达学习《习近平谈治国理政》（第三卷）重要篇目和《关于加强原生植物保护管理的通告》《关于严格遵守中央八项规定精神 确保中秋国庆期间风清气正的公告》以及《关于三起违反中央八项规定精神典型问题的通报》。县委副书记、政府党组书记、县长白玛多吉主持会议并讲话。县委常委、政府党组成员、副县长杨忠平，政府党组成员、副县长王小荣、扎西次仁、胡振洪出席。杨忠平、扎西次仁围绕学习《习近平谈治国理政》（第三卷）心得体会作交流发言。

11月10日，洛扎县政府党组召开县政府党组理论学习中心组第12次学习会议。县委副书记、政府党组书记、县长白玛多吉主持会议并讲话。会议传达学习《中共中央关于制定国民经济和社会发展第十四个五年规划和二〇三五远景目标的建议》以及中共中央总书记习近平所作的说明和市委一届第六次全体会议精神；学习中国共产党第十九届中央委员会第五次全体会议公报内容和市政府2020年第二次全体会议精神；学习《习近平谈治国理政》（第三卷）之有关生态文明建设、脱贫攻坚“两不愁、三保障”、学校思想政治理论课等方面内容。县委常委、政府党组成员、副县长杨忠平，政府党组成员、副县长张岂凡、扎西次仁、益西出席。张岂凡、益西交流《习近平谈治国理政》（第三卷）心得体会。

11月19日，洛扎县政府召开县政府党组理论学习中心组第13次学习会议。会议学习领会《习近平谈治国理政》（第三卷）节选和《中央列出违反八项规定清单80条》《关于两起形式主义、官僚主义典型案例通报》《关于两起扶贫领域腐败和作风问题典型案例的通报》《关于山南市第一高级中学、市第二职业技术学校制止餐饮浪费工作不力的通报》等内容。县委副书记、县长白玛多吉主持会议并做讲话，在家政府党组成员出席会议，各乡镇、政府系统各部门参加会议，县中（区）直各单位和相关企（事）业部门负责人应邀列席会议。

11月30日，洛扎县政府党组召开县政府党组理论学习中心组第14次学习会议，传达学习《习近平谈治国理政》（第三卷）、《西藏自治区深化农村公路管理养护体制改革实施方案》、《保障农民工工资支付条例》、《关于进一步规范公务接待活动的通知》、《关于三起违反中央八项规定精神典型问题的通报》、《关于两起漠视群众切身利益问题典型案例的通报》，并就如何抓好政府党组自身建设及经济社会发展各项工作作出部署。受白玛多吉委托，由副县长边巴主持会议并讲话。在家班子成员和各乡镇、县直各单位和相关企（事）业部门主要负责人参加会议。

12月10日，洛扎县政府党组召开县政府党组理论学习中心组第15次学习会议，书面传达中央政治局常务委员会会议精神、吴英杰关于做好脱贫攻坚成效省际交叉考核批示和2020年省级党委政府脱贫攻坚成效省际交叉考核工作座谈会精神，传达学习《习近平谈治国理政》（第三卷）“继续进行具有许多新的历史特点的伟大斗争”，中共中央总书记习近平关于防灾减灾、生态文明建设重要论述和自治区强边工作会议精神以及《关于防止耕地“非粮化”稳定粮食生产的意见》《关于进一步做好今冬明春疫情防控工作的通知》。县委常委、政府党组成员、副县长杨忠平主持会议并讲话。政府党组成员、副县长边巴，王小荣、胡振洪、达娃央金出席会议。各乡镇人民政府、政府职能部门和部分企（事）业单位负责人参加会议。

【政府经济运行会议】 2020年8月12日，洛扎县政府召开全县2020年上半年经济运行情况通报暨经济工作部署会议，传达学习山南市有关会议精神，分析研判经济形势，安排部署下一阶段工作。县委副书记、县长白玛多吉主持会议并做讲话。会议强调，充分认清当前严峻复杂形势，切实增强做好经济社会发展工作的紧迫感和使命感。扛起责任、迎难而上，努力在同步建成全面小康社会显担当。牢固树立“一盘棋”思想，进一步强化责任担当、狠抓工作落实，围绕“双过半”目标，积极参与洛扎县经济发展，积极采取务实有效措施做好当下紧要之事，尽心尽力解决当下紧迫之事，确保干在关键处、干出实效，为全县经济发展贡献力量。县委常委、副县长杨忠平，副县长张岂凡、王小荣、达娃央金出席会议。

2020年11月10日，洛扎县政府召开1—10月份经济运行分析会议，县委副书记、县长白玛多吉主持会议并讲话。会议指出，全县上下克服疫情影响，采取超常规措施，保持全县经济社会的健康有序发展，但固定资产投资、农牧民人均可支配收入、财政支出等一些重要指标未达到序时进度要求。全县上下要切实增强紧迫感和责任感，鼓足干劲，扎实做好“六稳”工作，全面落实“六保”任务，奋力完成全年目标，收官“十三五”。

【政府系统廉政工作会议】 2020年4月16日，洛扎县政府党组召开政府系统廉政工作会议，学习贯彻中共中央总书记习近平关于全面从严治党的重要论述精神，听取各乡镇和各部门廉政工作情况汇报，研究部署政府系统廉政工作。县委副书记、政府党组书记、县长白玛多吉出席会议并做讲话。县委常委、副县长杨忠平主持会议。边巴乡人民政府、县财政局、自然资源局做党风廉政建设情况汇报，白玛多吉与班子成员代表扎西次仁、乡镇代表洛扎镇人民政府，王小荣与部门代表县发改委主任签订2020年政府系统廉政建设工作目标管理责任书。

◆ 2020年11月12日，洛扎县人民政府召开2020年1—10月经济运行分析会议

2020年8月12日，洛扎县政府召开政府系统上半年廉政工作会议，听取落实全面从严治党“一岗双责”情况和党风廉政建设情况，研究部署下一阶段工作。县委副书记、政府党组书记、县长白玛多吉主持会议并做讲话。县委常委、副县长杨忠平，副县长张岂凡、王小荣、达娃央金出席。县纪委监委有关负责人到会指导。王小荣、边巴乡、县人社局做工作汇报。

【边境小康村建设推进会议】 2020年4月28日，洛扎县委副书记、县长、县边境小康村建设指挥部总指挥长白玛多吉主持召开洛扎县边境小康村建设工作推进会议，各乡镇、县直各相关单位以及各施工单位、监理单位负责人参加会议。会议围绕边境小康村建设工作目标，传达学习3月16日自治区边境地区小康村建设工作指挥部第一次会议精神和全市边境小康村建设现场推进会议精神和普布顿珠讲话精神。通报全县边境小康村建设工作推进情况，听取各乡镇、各相关单位以及施工单位、监理单位提出的问题。深刻分析边境小康村建设过程中存在的问题，全面安排部署下一步工作任务。

2020年7月17日，洛扎县委副书记、县长、县边境小康村建设指挥部总指挥长白玛多吉主持召开洛扎县边境小康村建设工作推进会议，通报全县边境小康村建设工作推进情况并对下一阶段工作进行安排部署。县直各单位主要负责人、洛扎镇主要领导以及洛扎镇小康村项目施工企业负责人、监理在县主会场参加会议，各乡镇主要领导、正在实施小康村的村（社区）主要领导以及小康村项目施工企业负责人、监理在各乡镇分会场参加会议。会议指出，边境小康村建设项目是脱贫攻坚的重要内容，也是实施乡村振兴战略的重要举措，体现党中央、国务院、区党委政府对长期坚守在边境一线群众的特殊关怀。会议要求，从增加人员设备、确保工程质量、强化安全防范措施、做好造林绿化四个方面齐心协力全力推进小康村建设工作。

2020年8月23日，洛扎县召开小康村建设安排部署会议，副县长王小荣主持并讲话，小康办全体干部参加会议。会议指出，正值决战决胜小康和脱贫攻坚的关键时期，必须坚持用习近平新时代中国特色社会主义思想指导实践，深入解放思想、找准航向、补齐短板，持续抓好小康村推进工作，要从“以学促行、解放思想；担当作为、精准发力；清正廉洁、为民服务”等几个方面营造工作氛围，克服困难，突出重点，坚持抓好、抓牢、抓实小康村建设各领域各方位工作。

2020年8月27日，洛扎县委副书记、县长白玛多吉主持召开全县边境小康村建设部署会，县政协主席洛桑次仁，县委常委、副县长杨忠平出席会议。各乡镇乡镇长，县发改委、财政局等相关部门负责人参加会议。会议要求，各级各部门务必要提高思想认识，始终把边境小康村建设作为构筑国家安全屏障的基础性工作，站在彰显社会主义制度优越性的高度，站在构筑国家安全屏障的高度，站在促进区域协调发展的高度，推进好边境小康村建设。严格按照许成仓的要求和市委、市政府以及县委县政府的决策部署，实施差异化政策，群众意愿强的要全部开工建设；个别难度大，群众参与度不高的要强化解释引导工作，80%以上开工建设。从工作开展、项目推进、宣传教育、在资金拨付、监督管理五个方面再深化，持续推进小康村建设工作。

【信访工作联席会议】 2020年5月15日，洛扎县委常委、政法委书记、公安局局长谭福强主持召开全县信访工作联席会议第一次全体会议，县信访工作联席会议召集领导和各乡镇党政主要负责人、司法助理员、信访专职人员以及县信访工作联席会议成员单位主要负责人40余人参加会议。县委副书记、县人大常委会主任、县信访工作联席会议第一召集人王勇波出席并讲话。会议传达学习全国信访局会议精神和区、市两级信访工作联席会议主要精神以及市委、市政府主要领导的批示精神。副县长扎西次仁总结2019年全县信访工作，分析当前信访形势，安排部署2020年工作，从抓好全信访工作“温度、准度、速度、法度、透明度、高度”六个度作出重点部署。会议通报洛扎县2020年信访矛盾纠纷排查化解工作责任分解清单，对18个“双拖欠”信访隐患突出问题明确责任领导、部门、具体责任人、风险等级及化解时限，做到“问题有人管、事情有人办、过程有人督”的目标。

【民主生活会】 2020年5月13日，洛扎县委副书记、政府党组书记、县长白玛多吉主持召开县政府党组脱贫攻坚专项巡视“回头看”反馈意见整改专题民主生活会。在家政府党组成员出席。县纪委监委、县委组织部有关负责人到会指导。白玛多吉代表政府党组做对照检查，带头开展批评和自我批评，其他党组成员逐一进行对照检查发言。坚持问题导向，主动把自己摆进去、把职责摆进去、把工作摆进去，找准问题和不足，深入剖析产生根源，做到开门见山、直奔主题、重点突出、内容实在。相互批评“病根”找得准，“病症”点得实，“病灶”挖得深，既红脸、出汗，又加油、鼓劲，达到统一思想、增进团结、互相监督、共同提高的目的，并邀请党代表、人大代表、群众代表、政协委员列席会议。

2021年1月28日，洛扎县召开政府党组班子2020年度民主生活会，回顾党组班子自身建设情况，进行党性分析，开展批评与自我批评。县委副书记、政府党组书记、县长白玛多吉主持会议并作总结讲话。县纪委监委、县委组织部有关负责人到会指导并做点评，“三代表一委员”列席会议。会议通报县政府党组班子

2019年度“不忘初心、牢记使命”主题教育专题民主生活会检视问题整改落实情况和2020年度民主生活会意见建议征求情况。白玛多吉代表县政府党组班子做对照检查，认真查摆党组班子存在的主要问题，对产生问题的根源进行深刻剖析，有针对性地提出下一步努力方向和整改措施。白玛多吉带头作个人对照检查，开展自我批评，主动接受班子成员批评。其他班子成员围绕民主生活会主题，逐一作个人对照检查，严肃认真开展批评与自我批评，与会人员并就民主生活会进行满意度测评。

【行政审批和便民服务】 2020年，洛扎县行政审批和便民服务大厅深入开展“减证便民”“互联网+政务服务”“政府采购”等各项工作，切实保障县委、县政府的各项决策部署得到及时有效落实。截至年底，便民服务大厅先后进驻单位8个，办理群众事项10000余件，群众满意率98%；一体化平台录入办件9454件，梳理公共服务事项实施清单90项，录入办件11000余件，签发电子证照123件；组织全县注册用户4200余户，国务院五项考核指标录入均达到区市两级要求，排名全市前列；梳理证明事项109项，清理58项，清理率52.3%，达到国务院政府工作报告提出的清理50%以上的要求；梳理企业、群众办事频率高、数量大的高频事项100项，督促乡村两级便民服务大厅的运行工作，为全面推行网上办理和一次性办结，切实减轻群众负担，实现“最多跑一次”的服务目标，打下坚实基础。

【农牧业发展】 2020年，洛扎县农牧业指标完成5411万元，同比增长2.1%。粮食总产量1.03万吨，牲畜5.97万头（只、匹），完成接羔9369头（只、匹），成活率91.2%。开工5000亩高标准农田，121.7亩新增耕地完成实施客土。罗宝藏药材开发公司、拉康镇藏药材销售合作社入库自治区科技型中小企业名单。推广“喜拉22号”青稞0.8万亩，良种覆盖率80%以上。完成1500头娟姗牛改良和21头犏牛经济杂交任务。

【产业规模】 2020年，洛扎县科学编制“十四五”规划纲要，规划储备库项目356个，总投资182亿元；高质量发展项目414个，总投资1188亿元。开复工项目111个，完成投资15.92亿元。录入国家重大建设项目库184个，总投资22.4亿元。在线审批项目录入393个，总投资37.87亿元。完成招商引资7亿元，完成年度计划的100%。边防公路新建项目、国道219线至拉郊乡公路整治工程、人饮安全巩固提升、藏医院等一批重大项目落地实施。乡镇村居通畅率100%，农田水利灌溉保障率、自然村供水保障率100%，国网通电率100%，行政村通信网络覆盖率100%。争取中粮援藏资金3300万元，协调援建协其边境小康村；“十四五”援藏规划项目7个，规划总投资6000万元。

【工业发展】 2020年，洛扎县工业、建筑业分别完成1386万元、3.325亿元，同比增长2.7%、8%。“南·卡日”雪山冰泉水通过国家级绿色食品认证，赛卡古托牌豌豆粉丝获得绿色食品标志使用权；拉康水电站加快推进建设。

【服务业发展】 2020年，洛扎县服务业完成30080万元，同比增长2.7%。接待游客5万人次，旅游收入833万元，分别同比增长2%、20%。拉郊峡谷生态观光区通过验收，白玛林湖景区通过初验，卡久景区全部完工。组建洛扎峡谷乐队和27支行政村文艺演出队。若浪霞波卓传习基地被命名为第三批自治区非遗项目传习基地，门日合作社设立为市级非遗扶贫就业工坊，门当央谐等3个项目列入市级非物质文化遗产代表性目录。库拉岗日文化旅游节总成交额850万余元。

【脱贫攻坚】 2020年，洛扎县完成国家脱贫攻坚普查，加强整改各类监督检查反馈问题，动态调整确认贫困户842户2765人，综合贫困率下降至零，脱贫攻坚取得决定性胜利。整合涉农资金6132万余元，支出进度92.69%。入股拉康水电站产业资金1.32亿元，固定收益分红279

万元。实施57个水源点保护工程和季节性饮水困难改造提升项目。成立2家扶贫电商超市，销售扶贫产品85.4万元。集中就业残疾人23名，人均年增收9000元。兑现生态岗位人员工资949万余元。劳务输出7081人，创收8716万元。边境小康村和抵边搬迁吸纳就业2.08万人次，发放报酬417.7万元。

【民生民利】 2002年，洛扎县学前教育三年入学率90.17%，义务教育阶段入学率、巩固率均100%。生格乡小学宿舍楼、美秀幼儿园、五人制足球场等项目投入使用。住院分娩率100%，洛扎镇、生格乡卫生院达到优质服务基层行创建标准，新建分子生物实验室，配备卫生应急、负压救护、疫苗冷链等专用车辆。城镇增就业338人，城镇登记失业率控制在2.3%以内。农牧民技能培训544人，就业率43.93%，高校毕业生就业185人。足额兑现残疾人两项补贴、特困人员补助、医疗救助等各类民生资金1.3亿余元。提标德玛龙、俄若拉执勤群众补助，提高边民戍边固防积极性。建成公租房78套，有效缓解住房紧张问题。农牧民补助奖励机制通过自治区终验，同时进一步开展保护妇女儿童权益相关活动。

【生态保护】 2020年，洛扎县坚持绿色发展、和谐发展理念，切实加强生态建设、城乡建设和优化发展环境各项工作，优化地理环境、居住环境、发展环境，推进国土绿化工作。年内，完成2019年度森林抚育面积划分和所有权确权审核，完成3万亩森林抚育任务，义务植树4.67万棵，完成700亩边境小康村植树造林任务，2018年边境小康村植树造林任务进度40%以上。落实森林生态效益补偿资金712.52万元。积极对接“三线一单”，完成卡久风景名胜区整合优化工作。空气质量达到国家一级标准，城镇集中饮用水源地水质达到Ⅱ类标准，核发企业排污许可证57张。扎实开展爱国卫生、村庄清洁、生态环境“六大”专项整治和白色污染治理等行动，没收一次性塑料袋2000余个，回收处理废旧农膜0.8吨，新增环境保洁员8人。收缴乱采乱挖等罚金5.1万元和环境恢复治理金52.8万元。

【体制改革】 2020年，洛扎县坚持促改革、增活力。继续推进“证照分离”“多证合一”，新增市场主体186家，完成总年报率100%。深化“放管服”改革，县级政务大厅受理办件1.1万余件，办结率100%；推进“减证便民”专项行动，取消证明事项58项；电子证照签发、服务承诺时间压缩等五项指标均达到国务院考核要求。签订国有产权整体无偿划转协议，挂牌成立国网洛扎县供电公司。完成735户外业和226户内业农村宅基地房地一体确权登记测量工作，发放不动产证书24本。第七次全国人口普查入户登记工作顺利完成。

【援藏工作】 2020年，中粮集团拨付援助资金共3300万元全部到位。年内，安排藏鸡养殖场场区硬化项目65万元和电路改造项目22万元、藏鸡蛋面条和面块加工车间30万元、育雏鸡舍改造项目60万元、屠宰车间项目30万元、蔬菜温室供水系统改造项目28万元、补贴职工食堂购买产业援藏项目产品35万元等。

援藏工作队组织4名县乡医务人员前往北京参加为期2个月的专项培训，为县医院搭建远程诊疗平台，将北京301医院的优质资源引入洛扎县，通过平台会诊疑难病症5例，参与远程培训8次。投资1200万元的县医院专家周转楼投入使用，拨付100万元援藏资金支持边巴乡卫生院建设。计划外新增项目边境小康村建设，中粮集团额外投入资金4000万元，其中2019年拨付2000万元，2020年拨付2000万元，用于洛扎镇嘎波社区协其村小康村建设，项目涉及82户400人，年内加快建设速度，在所有开工项目中后发先至、进度领先，建材质量、施工质量得到所在村（社区）两委和搬迁户群众的高度肯定，截至年底，全部竣工并投入使用。积极协调中学多功能教学楼暨中粮产业培训中心、水彩写生基地、藏香猪养殖等一批援藏项目落地实施。利用安徽省黄山市“组团式”医疗援藏和安徽中医药大学第一附属医院帮扶优势，建成2个藏医专科。借助“藏货出藏”工程，推动洛扎县本土产品走进区外市场。

【党建工作】 2020年，洛扎县人民政府始终坚持党的领导，广泛凝聚发展合力。始终把做到“两个维护”作为最高政治准则和根本政治规矩，坚持用习近平新时代中国特色社会主义思想和总书记治边稳藏重要战略思想武装头脑、指导实践、推动工作，坚决维护党中央一锤定音、定于一尊的权威，始终同以习近平同志为核心的党中央保持高度一致，坚决服从党中央集中统一领导，坚决执行党中央决策部署、自治区工作要求和市委、县委任务安排，年内，召开2次政府全体会议、5次党组会议、20次常务会议、15次理论学习中心组学习会议，学习贯彻，细化落实，做到令行禁止、政令畅通。

【党风廉政建设】 2020年，洛扎县人民政府坚持转作风、重实干，提升自身效能，把纪律和规矩挺在前面，以政治建设为统领，增强“四个意识”、坚定“四个自信”、做到“两个维护”。严格执行民主集中制，“三重一大”事项及时向县委报告。全面加强政府系统党风廉政建设，整改违反中央八项规定精神问题164个，制止餐饮浪费现象，“三公”经费大幅下降。抓好审计反馈问题整改，追缴个人借款8.27万元，收回账款2300万余元。自觉接受人大依法监督和政协民主监督，人大建议和政协提案答复率93%以上、满意率90%以上。扎实推进普法教育、安置帮教等工作，聘请常年法律顾问，推进法治政府建设。践行“一线工作法”，强化督查督办，政府系统工作效能进一步提升。

（何泽见、吴秀宝）

【领导名录】 洛扎县人民政府

县委副书记、县长　白玛多吉（藏族）
县委常委、副县长　杨忠平
副县长　张岂凡（中粮集团援藏）
　　边巴（藏族）
　　王小荣
　　扎西次仁（藏族）
　　胡振洪
　　达娃央金（女，藏族）
　　益西（藏族，7月任）

政府办公室工作

【概况】 2020年，洛扎县人民政府办公室围绕县委、县政府中心工作，提升服务领导、服务基层、服务群众的水平，增强办公室工作的主动性和创造性，发挥参谋和纽带作用，完成各项工作任务，确保县政府各项工作有力、有序、有效推进落实。

【文秘工作】 2020年，洛扎县人民政府办公室接收上级各类公文980件，印发各类公文645件，撰写领导各类讲话材料80篇，围绕县政府决策需要，挖掘全市经济社会民生亮点、热点、重点，第一时间采编报送有质量、有分量、有正能量的政务信息，全年报送各类信息300篇，上级部门采用110篇，组织、承办各类重大会议10次。

【督查工作】 2020年，洛扎县人民政府办公室

◆ 2020年10月13日，洛扎县政府办公室负责人带领工作人员到拉隆村看望慰问驻村工作队员

围绕中心，突出重点、狠抓热点、突破难点，创新思路、改进方式，在推动县委、县政府决策部署和领导指示、交办事项有落实，保障政令畅通方面发挥作用，建立健全督查工作的责任、检查、通报、反馈、考核、专报等制度，确保督查工作取得实效。围绕县委、县政府重要会议决定和各时期中心工作开展跟踪督查，抓好督办情况反馈工作，务求事事有着落、件件有结果。年内，完成国务院各项迎检工作；全面发放电话督办单15份、督查督办通知20份，上报督查专报20份，完成市委、市政府交办事项6份。对完成难度大、问题复杂的督查事项，不畏艰苦、跟踪督查，确保工作落到实处。

【保密工作】 2020年，洛扎县人民政府办公室执行《中华人民共和国保守国家秘密法》和有关保密法规，狠抓文件资料的起草、收发、登记、借阅、注销等方面工作，做好各类文件的归档管理，遵守保密纪律，确保党和国家的安全。

【协调服务】 2020年，洛扎县人民政府办公室坚持以"勤、细、实"为标准，融洽与县委、县人大、县政协工作联系，加强与县直各部门和山南市有关部门的沟通联系，做好上级领导干部调研考察的联系接待汇报工作。对重点工作部署、重点项目建设、重大活动举办等认真组织，加强调度，多方协调，抓好落实，促进各方面工作相互衔接，形成合力。

【法制建设】 2020年，洛扎县人民政府办公室加强政府法制机构自身建设，推进政府机构正规化、专业化、职业化，通过聘请专业法律顾问，发挥综合协调、工作指导和督促检查作用。建立健全工作制度，对全面法制建设工作作出具体安排，明确工作重点、责任单位的工作任务和相关责任，做到目标具体明确，任务分解落实。强化政府决策法制审核工作，加大审查力度。

【党建工作】 2020年，洛扎县人民政府办公室始终把思想政治工作摆在突出位置，加强党支部党员和单位干部职工的政治纪律教育；严格执行"三会一课"制度，每月按时开展主题党日活动，丰富活动内容和方式，及时充实班子队伍；投入1.2万余元资金，配齐配全相关设施设备，设置好党务公开栏、宣传栏等，把党旗、入党誓词、党员权利义务等及时上墙，建强活动场所；制定《发展党员制度》《组织生活会制度》《"三会一课"制度》等10项党建工作制度，制作民主生活会流程图、党支部宣传活动栏等；严格按照《中国共产党章程》和"成熟一个、发展一个"的党员发展原则，有序发展党员；开展党员"三包无带五促"活动。

【党风廉政建设】 2020年，洛扎县人民政府办公室积极开展党章党规教育、廉政专题教育、政治纪律教育等活动。定期或不定期组织党支部党员认真学习《中华人民共和国民法典》、中央"八项规定"、《纪律处分条例》、《廉洁自律准则》等方面法律法规规定、典型案例通报精神等，先后5次组织全体党员和干部观看廉政警示教育片，召开12次廉政学习会议，切实筑牢思想防线；健全完善《政府采购管理办法》《政府办公室财务管理制度》《政府办公室公车使用管理暂行办法》等制度，进一步规范政府采购、公车使用管理、资金使用等方面决策程序；在研究决定设备采购、资金使用、工作职责分工等办公室重大事项、重要工作过程中严格执行请示报告和民主集中制；配合财政开展个人借款专项清理工作，追缴借款8000元；及时清查整改办公室和原后勤服务中心涉及的违反中央"八项规定"精神问题7条，上缴违规资金2010元，协助收缴维稳带班值班人员伙食补助9100余元。

（黄　丹）

【领导名录】 洛扎县人民政府办公室

主　任　旺　堆（藏族）

副主任　张楠楠

外事办公室工作

【概况】 2020年，洛扎县外事办公室（洛扎县边界事务协调办公室）核定行政编制3人，实有干部4人（主任1人，副主任2人，工作人员1人）。

【巡查工作】 2020年，洛扎县外事办公室按照九届县委第八轮巡察二组巡察反馈意见，对落实党的路线方针政策和党中央决策部署情况，群众身边腐败问题和不正之风，基层党组织软弱涣散、组织力欠缺等方面存在的10个方面13个问题，县外事办公室（洛扎县边界事务协调办公室）主要领导亲自部署认真开展整改工作，年内全部完成整改工作，并通过县纪检委、县委巡察办和县委组织部的督察。

【宣传教育】 2020年，洛扎县外事办公室以集中宣传、节庆日为契机，组织人员通过悬挂横幅、发放宣传资料、设立宣传点等形式，向农牧民群众、干部职工宣传边境管理法律法规、政策条例等相关知识，提高思想意识。克服单位工作人员严重不足的困难，按照县委、县政府要求，指定1名工作人员担任驻山南市疫情防控联络员，并顺利完成新冠肺炎疫情防控期间进藏人员的服务管理工作。通过深入边境一线，与边境一线农牧民、巡逻员面对面交谈，了解边境一线工作开展情况、存在的困难及工作思路。截至年底，开展各类宣传6场，宣传覆盖率89%，受教育1203人次，调研2次，出动车辆5车次。

【外事边界工作】 2020年，洛扎县外事办公室为切实提高边境农牧民群众的生产生活水平，进一步完善居住环境配套基础设施建设，与区市两级外事部门沟通衔接，争取更多的外事项目，助推边境地区经济社会高质量发展。根据县委外事工作委员会办公室及外事工作职责，协助外交部、区外办、区党校、市外办等相关单位的领导，深入边境一线村（社区）、边境执勤点，了解掌握边境一线的抵边搬迁、外事项目、边境党建等工作情况。截至年底，共开展调研工作4次，出动车辆6次，参加人员18人次，上报调研报告1份。

【党风廉政建设】 2020年，洛扎县外事办公室严格落实“一岗双责”工作责任，组织党员干部学习有关党风廉政建设的政策理论和各项法律法规，认真贯彻落实上级党委关于党风廉政建设的部署和要求，牢固树立不抓党风廉政建设就是严重失职的意识，做到将党风廉政建设工作与业务工作同安排、同部署、同落实，加强反腐倡廉学习教育，形成不敢腐、不能腐、不想腐的良好氛围。

【党建工作】 2020年，洛扎县旅发外事党支部对积极分子进行谈心谈话1次，教育引导1次。注重党员教育管理，制订《旅发外事党支部2020年下半年理论学习教育计划》，坚持把深入学习贯彻习近平新时代中国特色社会主义思想作为首要政治任务，全年集中学习12次、学习交流2次，为不断提高党员干部思想认识，推动党建各项工作有序发展提供有力的思想保证、精神动力、舆论支持和文化条件。组织观看警示教育片1场次，引导党员干部强化自律意识，时刻警钟长鸣，切实增强拒腐防变的自觉性。将“主题党日”活动作为提高党员干部政治站位、思想意识的台阶，以慰问五保户、观摩民族团结教育基地、扫墓等为主题，坚持每月召开1次“主题党日活动”，进一步增强党员干部的初心使命，强化党员为民服务的能力和水平。开展谈心谈话1次，收集谈话记录6份。党支部书记和党员之间、党员和党员之间敞开心扉、坦诚相见，做到既交流思想、沟通工作生活情况，又相互听取意见、指出对方存在的问题和不足。疫情防控期间，共自愿捐款4170元，为坚决打赢疫情防控战出力。积极组织党员开展责任片区卫生清扫活动2次，有效发挥党员先锋模范作用，把党建工作的成效体现到凝聚人心、促进和谐上。自7月新党支部成立以来，组织党员集中学习习近平新时代中国特色社会主义思想教育1次、学习中共中央总书记习近平关于民族工作和治边稳藏的重要论述1次，组织党员深入民族团结教育基地观摩学习1次，开展社会主义核心价值观教育1次、观看爱国主义影片1场次、开展新旧西藏对比教育1次。扎实推进“三包五带五促”活动，推进党员包片、包户、包人工作常态长效工作。截至年底，党员深入帮扶对象贫困户家中开展教育慰问4次，进行思想教育消除帮扶对象的等、靠、要思想。通过宣传党的惠民政策引导帮扶对象感党恩、听党话、跟党走。同时通过消费扶贫的方式帮助帮扶对象增收，共计4290元。

（拉巴次仁）

【领导名录】 洛扎县外事办公室

主　任　拉巴次仁（男，藏族）

副主任　武雪莲（女）

　　　　普布卓玛（女，藏族）

信访工作

【概况】 2020年，洛扎县信访局为洛扎县人民政府工作部门，正科级单位，负责处理全县群众来信（来电、传真、电子邮件等），接待群众来访，办理网上信访等工作。年内，县信访局机关人员编制5人，部门领导职数3人，实际在编3人。

◆ 2020年6月15日，洛扎县信访局工作人员开展信访知识宣传活动

【来信来访工作】 2020年，洛扎县信访系统深入学习贯彻习近平新时代中国特色社会主义思想和十九大，十九届二中、三中、四中、五中全会精神以及中央区市县四级信访工作会议精神，认真贯彻落实中共中央总书记习近平关于加强和改进人民信访工作的重要思想和重大理论成果，围绕信访工作重点，强化目标导向和问题导向、结果导向，进一步落实领导责任，明确责任要求，坚持“源头治理、系统治理、综合治理、依法治理”的原则。严格按照西藏自治区党委书记吴英杰强调的“重点要防、难点要盯、热点要梳、一般要复”的信访工作方法，下沉重心，着力加强源头预防、解决信访突出问题、化解信访积案和风险隐患，切实维护群众合法权益，实现“三无”工作目标，为全力维护全县社会稳定和经济发展奠定基础。

【信访工作联席会议制度】 2020年，洛扎县进一步协调各方、整合力量，研究群众热难点问题，解决群众信访突出问题，妥善处理重大疑难信访积案，逐步形成县委、县政府统一领导，人大、政协支持监督，各乡镇、各部门各负其责、齐抓共管、综合治理、标本兼治的群众（信访）工作格局，制定《洛扎县信访工作联席会议制度》，并严格落实山南市信联《关于印发信访工作“责任落实年”实施方案》的通知精神，全年召开信访工作联席会议4次，召开山南市信访工作联席会议联查小组赴洛扎县实地督查汇报会和山南市委赴洛扎指导检查信访汇报会2次，信访工作协调会议10次，分析工作中存在的问题和不足，研究解决问题的对策措施，安排部署各阶段信访维稳工作，切实发挥好联席会议制度的作用。

【排查化解矛盾源头】 2020年，洛扎县信访局按照《洛扎县开展矛盾纠纷和信访积案排查化解活动实施方案》要求，认真落实“四级信访接待日”制度，实行县级领导包村排查，各部门按行业领域排查，各乡镇按辖地进行排查的形式，对重点领域、重点部位，做到村（社区）每日摸排、乡镇每周排查，县级每月研判，坚决做到矛盾纠纷不解决不放过。通过驻村工作广泛开展“枫桥经验”专题学习会22场次，受教育群众1600余人次，切实做到对群众反映的各类问题进行妥善答复和及时处理。

【接访下访活动】 2020年，洛扎县信访局按照“四级信访接待日”和领导干部带案下访相关要求，坚持主要领导主动参与来访群众接访工作，个别时期每天安排一名领导干部定日定点参与接访活动，并提前公示接访领导干部名单、接访时间和地点，做到群众随到随接、随接随处理，发挥领导干部接访作用。年内，全县有26名领导干部参与接访，接待来信来访群众6批12人次。坚持领导干部下访和包案化解相结合，针对辖区、系统、领域存在的信访突出问题和隐患矛盾纠纷，深入开展“带案下访解民忧”活动，对符合政策法规，又有条件的群众诉求马上给予解决；对符合政策法规，但没有条件解决的千方百计创造条件解决；对不符合政策法规，又缺乏事实依据的无理诉求进行思想教育、政策解释和情绪疏导工作，切实做到“事事有回音、件件有着落”。

【党建工作】 2020年7月，洛扎县成立第二联合党支部，分别由县商务局、信访局、编译局3个部门组成。截至年底，党支部有正式党员5名，预备党员1名，女性党员3名；党支部设书记1名、副书记1名。年内，制订《2020年洛扎县第二联合党支部党建工作计划》，先后召开党员大会3次研究党支部党建工作。建立完善各项工作制度，制定《2020年洛扎县第二联合党支部成员工作分工及职责》，党支部书记、副书记明确分工，各负其责。深入开展学习《贯彻习近平新时代中国特色社会主义思想》《贯彻习近平总书记治边稳藏重要论述和一系列重要指示批示精神》《习近平谈治国理政》（第三卷）以及中央、区党委、市委、县委决策部署，学习《中国共产党章程》、党规和《中国共产党支部工作条例（试行）》等党内各项制度及党风廉政、脱贫攻坚等相关材料50篇左右。截至年底，第二联合党支部共召开党员大会7次；专题组织生活会1次；开展主题党日活动4次；召开主题党课1次，参与人数4人；开展谈心谈话4人次，征求意见建议1次；开展“三包五带五促”活动，办实事2件，涉及资金3950元；吸收积极分子2名，发展预备党员1名；收缴党费696元。

【党风廉政建设】 2020年，洛扎县信访局加强组织领导，落实党风廉政建设责任制，制定《2020年度党风廉政建设实施方案》，成立以局长为组长的党风廉政建设领导小组，认真实行“一岗双责”，明确领导班子成员落实党风廉政建设责任制中的职责和任务，同时单位负责人与县政府签订《洛扎县人民政府系统党风廉政建设目标责任书》，与单位各成员签订《党风廉政建设目标责任书》，把党风廉政建设责任落实到个人，确保各项工作能够有序进行。年内，安排部署党风廉政建设工作2次，分管领导听取汇报1次，继续巩固“不忘初心、牢记使命”主题教育活动，积极参加党支部学习研讨活动，并结合工作实际，单位主要领导参与上廉政党课1次，观看党史、警示教育片3场次。以集中学习和自学相结合的形式，认真学习《中国共产党章程》《中国共产党廉洁自律准则》《关于新形势下党内政治生活的若干准则》等各项党纪党规，增强党员干部的责任意识和廉洁意识。自觉坚持民主集中制原则，自觉维护班子团结，坚持集体决策和民主决策。领导班子内部加强互相监督，并自觉接受干部群众监督。

（唐创光）

【领导名录】 洛扎县信访局

局　长　唐创光

副局长　塔　冲（女，藏族）

机关后勤服务

【概况】 2020年，洛扎县机关后勤服务中心以精细管理和精准服务的思路，开展公务接待服务、会务服务、办公区域安全管理服务、机关食堂运行管理提供后勤保障服务等工作。年内，在职在编20人，其中公益性岗位8人，临时工1人。

【接待工作】 2020年，洛扎县公务接待严格按照中央八项规定和《山南市公务接待管理办法》，结合机关后勤服务中心公务接待管理制度要求，实行报告、审核、签批程序，如实填报《洛扎县机关后勤服务中心公务接待审批单》，除特殊情况外，公务接待一律安排在县机关食堂。陪同要求严格按照《山南市公务接待管理办法》，控制接待陪餐人数，杜绝层层陪餐、多人陪餐、提供酒水和香烟等现象，切实规范全县公务接待工作。年内，全县公务接待费用44720元，同比上年减少7107元，做到严禁公款大吃大喝、挥霍浪费现象。

【会务工作】 2020年，洛扎县机关后勤服务中心始终坚持做好大型会议材料复印工作、设备管理维护工作、音响设备调试工作、会场电子屏幕管理工作、会场茶水供应服务等工作。

【安保工作】 2020年，洛扎县机关后勤服务中心严格执行安保人员24小时值班制度、值班交接登记制度，记录每天巡查情况日志和外来人员登记制度，为加强防范检查，以防火、防盗、防破坏为主要内容，夜间进行不定时巡逻，强化门卫工作职责，确保政府机关院内的安全保卫工作。

【机关食堂运行管理工作】 2020年，洛扎县机关后勤服务中心按照《洛扎县职工食堂管理办法》，为全县干部职工提供优质的生活保障。年内，干部职工对机关食堂整体工作相对满意，县机关后勤服务中心以制度来保证干部职工的饮食健康和用餐环境，争取最大满意。

◆ 2020年6月5日，洛扎县机关后勤服务中心组织全体干部职工参加"美丽洛扎、我是行动者"公益活动

【党建工作】 2020年，洛扎县机关后勤服务中心党支部在县委和县政府的领导下，以党的十九大精神为指导，深入学习贯彻落实中共中央总书记习近平重要讲话精神，结合"不忘初心、牢记使命"主题教育和"三包五带五促"活动，紧扣"八星党支部"创建工作，坚持党建工作与业务工作同部署、同落实，在总结梳理以往党建工作规章制度的同时，结合当前党建工作的新要求，进行修改完善。年内，结合支部实际工作，落实党建主体责任，吸收积极分子3名，净化党员队伍建设，认真贯彻落实"三会一课"制度，召开支委会11次，党建推进会1次，党员听取党课3次，党员大会4次，开展"主题党日"活动11次，全体党员干部结合学习撰写心得体会2篇。

【党风廉政建设】 2020年，洛扎县机关后勤服务中心始终坚持把党风廉政建设与中心各项工作结合起来，做到一起部署、一起落实、一起检查、一起考核，坚持注重开展警示教育活动，要求全体干部职工充分认识加强党风廉政建设的重要性。

（德庆玉珍）

【领导名录】 洛扎县机关后勤服务中心

主　任　普布次仁（藏族）

副主任　尼玛卓玛（女，藏族）
　　　　彭果曲珍（女，藏族）
　　　　李　　聪

藏语文工作

【概况】　2020年，洛扎县藏语文工作委员会办公室（编译局）编制3人，实有2人，副主任（副局长）2人。全县藏语文工作按照《中华人民共和国民族区域自治法》《西藏自治区学习使用和发展藏语文若干规定》《山南市社会用字管理办法》等法律法规要求，开展各项工作。

【翻译工作】　2020年，洛扎县藏语文工作委员会办公室（编译局），翻译完成县“四办”（县委办、人大办、政府办和政协办）的各种会议材料、领导讲话、宣传政策材料等5万余字；翻译县“两会”材料2万余字；县委组织部交办的基层党建工作纪实手册和村居换届工作方案、工作流程等8万余字；其他部门和工程公司、广告店等交办的翻译任务和各类横幅、门牌、标语、广告、宣传等相关材料6万余字。截至年底，完成翻译21万余字。

【藏语文社会用字管理工作】　2020年，洛扎县藏语文工作委员会办公室（编译局）联合县委宣传部、统战部、环保局、市场监督局和文化局等部门，采取就地整改和下发《整改通知书》、反馈给负责单位的方式，多次对全县7个乡镇、县城主干街道、寺庙（寺管会）、个体工商户门面、横幅、标语、广告牌、路标等藏语和汉语社会用字规范使用情况进行检查整改，检查社会用字1500余处，整改藏语文社会用字30处，下发《整改通知书》11份，整改率99%。

◆2020年4月27日，洛扎县藏语文工作委员会办公室（编译局）联合县委组织部、宣传部、县文化局、民宗局、市监局等单位到各乡镇及村（社区）开展社会用字检查工作

【党建工作】　2020年7月，洛扎县第二联合党支部成立，分别由商务局、信访局、编译局等3个部门组成。年内，第二联合党支部召开党员大会7次；专题组织生活会1次；开展主题党日活动4次；召开主题党课1次，参与人数4人；开展谈心谈话4人次，征求意见建议1次；吸收积极分子2名，发展预备党员1名；收缴党费696元。认真组织党员学习《贯彻习近平新时代中国特色社会主义思想》、《贯彻习近平总书记治边稳藏重要论述和一系列重要指示批示精神》、《习近平谈治国理政》（第三卷）以及中央、区党委、市委、县委决策部署，学习《中国共产党章程》、党规和《党支部工作条例》等党内各项制度及党风廉政和脱贫攻坚等相关材料50余篇。

（卓　嘎）

【领导名录】　洛扎县藏语文工作委员会办公室（编译局）

副主任（副局长）　洛桑扎巴（藏族）
　　　　　　　　　卓　　嘎（女，藏族）

消防救援

【概况】　2020年，洛扎县消防救援大队（以下简称消防救援大队）肩负全县辖区防灭火、抢险救援和社会救助任务，承担着人民群众的消防安全保卫工作。年内，县消防救援大队有指战员7名，政府专职队员11名，消防文员4名；执勤消防车辆4台，其中一辆为抢险救援车，两辆为6吨水罐消防车。

【消防救援】 2020年，消防救援大队执行二级以上等级战备130余天（其中一级战备40天），完成各项公务执勤30余次，投入执勤车辆50余车次，出动警力241人次。接警23起，其中火灾0起，抢险救援2起，社会救灾21起，出动34次，出动消防车53台次，消防指战员295人次。完成各类消防安全保卫任务34起，出动车辆46台次，消防指战员281人次；开展重点单位六熟悉72家次，灭火实战演练65家次；开展人员密集场所、易燃易爆场所灭火扑救、应急灾害处置等随机拉动演练22次。推动政府消防工作责任制落实，召开消防工作会议和联席会议12次，逐级签订《消防安全责任书》58份，政府主要领导带队开展消防安全检查12次。

【消防宣传】 根据《洛扎县2020年度全民消防救援宣传教育培训方案》安排，充分利用各类媒介，采取群众喜闻乐见的宣传形式，加大消防救援宣传工作力度，增加消防救援公益广告刊播频次，宣传消防救援安全常识，发挥志愿消防救援队作用，深入开展消防救援安全“九进”活动。年内，集中开展公安派出所民警消防业务培训3次、开展社会单位消防安全集中培训和演练工作再指导18次、开展易燃易爆场所培训演练8次、深入各乡镇开展乡镇消防安全大检查和基本防火常识业务培训3次、深入辖区寺庙文物保护单位开展消防安全专项检查26次，发放宣传资料4000余份。利用交通要道的区位优势，在省道101两旁安装大型消防宣传牌和消防标语横幅42处，播放公益广告、提示语289条，更广层面宣传消防常识和增强全面消防安全意识。以“119”消防宣传周为契机，利用电视台、网络平台大力宣传和报道以“关注消防，生命至上”为主题的消防宣传活动，制作宣传横幅110余条。

◆ 2020年11月13日，洛扎县消防救援大队联合县公安局、文化局开展夜查活动

【消防监督检查】 2020年，洛扎县消防救援大队全面开展冬春和夏季消防安全大检查。严格落实消防救援总队、支队关于冬春灭火防控和夏季消防安全检查工作的总体要求，落实电动车自行车火灾防范治理专项工作，制定下发《洛扎县今冬明春灭火防控专项行动方案》《洛扎县2020年夏季消防安全检查实施方案》，并提请县政府召开消防工作会议1次，消防工作联席会议2次，签订消防安全目标管理责任书58份，提请政府发文13份。结合《西藏自治区消防安全专项整治三年行动实施方案》文件精神要求，请示县政府《关于开展打通“生命通道”专项行动的通告》通知，下发给县级有关部门并积极协调相关部门督促指导辖区内落实工作，全面推动开展辖区内各乡镇、重点单位、寺庙、人员密集场所等集中开展消防车通道治理和督促。截至年底，全县完成画线标识28处，确保“生命通道”畅通无阻，办理行政许可3家，检查单位855家次，发现火灾隐患324处，下发《责令限期改正通知书》215份。

【“双拥”工作】 2020年，洛扎县消防救援大队积极开展“最暖火焰蓝”爱民实践活动，深入基层百姓，走访慰问福利院孤寡老人、大队政府专职队家属、贫困农牧民家庭等10余次，充分体现警民鱼水深情。

【党建工作】 2020年，洛扎县消防救援大队进一步规范党委议事程序，完善相关制度建设。推动学习型党支部班子建设和党支部组织生活工作制度，推动学习型队伍的建设，严格落实学习制度。年内，扎实开展各项学习教育活动。根据总队和支队以及县委、县政府相关文件精神，结合工作实际，制定相关专题学习教育方案。扎实开展“两学一做”学习教育活动、“强党性、明规矩”、《中共西藏消防救援总队纪委关于印发〈全区消防救援队伍“警示教育周”活动方案〉的通知》专题教育活动、作风纪律教育整顿活动、“践行训词精神、担当神圣使命、坚持五个不动摇”主题教育实践活动等。通过教育活动的开展，进一步坚定共产主义理想信念，增强爱国、爱党情怀，保证政治上的坚定，完成消防安保及2020年各项工作任务奠定坚实的思想政治基础。

【党风廉政建设】 2020年，洛扎县消防救援大队多项措施夯实党风廉政建设根基。强化教育，提高遵章守纪的自觉性。坚持把教育作为廉政建设的一项基础性、长期性、战略性工作常抓不懈，使党员特别是大队主官自觉在思想上筑牢防线，牢记人民消防为人民的宗旨，自觉遵守和执行各项纪律和制度规定，从思想上提高廉洁的自觉性。强化落实，在工作中践行廉政建设。干部带头参加各类学习教育和相关活动，在全队范围内集中开展自查整治活动，努力营造学习廉政建设、宣传廉政建设、落实廉政建设的浓厚氛围。注重警示，增强拒腐防变能力。坚持从警示教育和典型教育入手，加强对党员干部的反腐倡廉教育。利用宣传展板、廉政文化长廊和观看警示教育片等形式开展警示教育，营造“人人思廉、事事守纪”的浓厚氛围。为深入贯彻中共中央总书记习近平对坚决制止餐饮浪费行为、切实培养节约习惯作出的重要指示精神，打造全面新颖的人人节约、事事节约、物物节约的良好风气。年内，增营区食堂、餐厅内墙上挂贴“光盘行动”宣传标语。

【消防安保工作】 2020年，春节、藏历新年、库拉岗日文化旅游节期间，洛扎县消防救援大队严格贯彻落实总队、支队和县委、县政府的各项工作要求，全体动员、全力以赴，确保全县火灾形势的持续稳定，完成安保工作任务。党委班子高度重视，迅速动员部署，第一时间向县政府、公安局进行专题汇报，并召开2次党委会进行专题研究，先后3次进行部署推进。同时根据总队、支队的重大节点、每逢节点等消防安保工作要求，制定下发相关活动消防专项行动工作方案，并联合各行业部门开展消防监督检查。为确保各项活动开展期间全县火灾形势持续稳定，针对辖区施工工地、学校、医院、寺庙及文物古建筑等场所，开展联合专项检查10次。同时，全面加强微型消防站建设和检查力度，大力提升微型消防站建设水平和实战能力，推动区域联防组织实体化、规范化运行。

（吾金卓玛）

【领导名录】 洛扎县消防救援大队

教导员 邓 宏 黎（9月离）

索朗平措（藏族，7月任）

大队长 曾 维 波

中国人民政治协商会议洛扎县委员会

洛扎年鉴

综　述

【概况】　2020年，中国人民政治协商会议洛扎县委员会（以下简称政协洛扎县委员会）的主要职能为政治协商、民主监督、参政议政。年内，政协洛扎县委员会设1个专门委员会综合委员会，为正科级；政协洛扎县委员会常务委员会设办事机构政协洛扎县委员会常务委员会办公室，为正科级。政协机关人员编制6人。

【全体会议】　2020年4月24日至26日，召开中国人民政治协商会议第二届洛扎县委员会第七次会议。会议应到委员62名，实到委员43名。县委书记赵天武等领导应邀出席会议，与委员共商洛扎县改革发展大计。会议听取并审议通过副主席次旺加布代表政协第二届洛扎县委员会常务委员会所作的工作报告、副主席普布索朗所作的提案工作情况的报告，审议通过洛扎县政协二届七次会议提案审查情况的报告。与会委员列席洛扎县第十三届人民代表大会第五次会议，讨论并赞同副县长边巴所作的政府工作报告，协商讨论并赞同计划报告、预算报告和县人民法院工作报告、县人民检察院工作报告。

【常务委员会】　2020年4月23日，召开政协第二届洛扎县委员会常务委员会第十一次会议。会议审议通过县政协第二届洛扎县委员会第十一次常委会会议议程（草案）；审议通过关于召开政协第二届洛扎县委员会第七次会议的决定（草案）；审议通过县政协第二届洛扎县委员会第七次会议议程（草案）；审议通过县政协第二届洛扎县委员会第七次会议日程（草案）；审议通过政协常委会工作报告（草案）及报告人；审议通过提案工作情况报告（草案）及报告人；审议通过大会主席团组成人员、执行主席和大会秘书长建议人选名单（草案）；审议通过政协第二届洛扎县委员会第七次会议提案审查委员会组成人员名单（草案）。

10月10日，召开政协第二届洛扎县委员会常务委员会第十二次会议。会议审议通过办公室提交的“关于落实中央、区党委、市委、县委政协工作会议主要任务分解细化方案”（初稿）。

【党建工作】　2020年，政协洛扎县委员会严格落实主体责任，按照县委工作要求，制定洛扎县政协党组和党员干部主体责任清单，建立工作台账，将主体责任落实情况纳入批评与自我批评中，推动主体责任落细落实。认真落实重大工作提前向县委汇报、重要事项向县委请示、重点工作推进落实情况定期向县委报告等制度要求，将全面从严治党主体责任落实情况、党建工作责任制落实情况向县委汇报，政协年度协商工作计划、常委会工作报告等按程序提请县委常委会讨论审议。把理论学习作为政协委员和机关履职建言的基础和前提，通过采取集中学习、个人自学、专题研讨等形式，重点围绕十九届四中、五中全会精神，习近平新时代中国特色社会主义思想，中央第七次西藏工作座谈会精神，市委一届五次、六次全会和县委九届六次全会精神以及各级关于新时代加强和改进政协工作的实施意见等内容，开展形式多样的理论学习活动，引导政协机关干部和广大政协委员在政治立场、政治方向、政治原则、政治道路上始终同以习近平同志为核心的党中央保持高度一致。全年，县政协理论中心组和主席办公会、常委会集体专题学习21次。

【党风廉政建设】 2020年，政协洛扎县委员会切实加强廉政教育，加大对党风廉政建设的研究部署，将廉政教育纳入理论学习计划，每月组织集中学习。认真召开县政协党组专题民主生活会，深入开展批评与自我批评，严格落实民主集中制，将廉洁自律情况纳入问题查摆整改内容，党组书记和班子成员认真开展讲廉政党课活动，全年讲廉政党课4次。深入开展以案促改活动，认真开展典型案件剖析会，加强党员干部警示教育，全年开展学习通报和以案促改会议12次，做到以案促改、以案促教、以案促建、以案促管。做好意识形态工作，认真贯彻落实党中央、区党委、市委、县委关于意识形态工作的领导和重大问题的处置制度，健全完善意识形态领域情况的研判预警机制，抓好县政协委员群、工作群等媒介的监督管理，牢牢把握意识形态领域工作的领导权和话语权。营造良好的廉政工作氛围，利用“三大节日”等传统节日，大力开展家风家训教育活动，组织机关干部到县廉政基地、烈士陵园，重温入党誓词，接受党性锻炼，守牢廉政底线。

【组织领导】 2020年，洛扎县委、县政府高度重视政协工作，积极加强对政协工作的领导，坚持把政协工作摆上重要议事日程，及时召开县委政协工作会议，大力支持政协履职活动，关心政协干部队伍建设，调剂编制，批准成立政协综合委员会。按照“五有”要求，建立健全各乡（镇）政协委员联络办公室，由乡（镇）党委副书记、人大主席兼任乡镇政协联络办公室主任，由统战委员兼任政协联络办公室工作人员，负责开展乡（镇）政协工作，明确岗位职责，形成工作制度，为各乡（镇）安排1.5万元工作经费。

【提案办理】 2020年，洛扎县政协二届七次会议立案37件，实现答复率100%，满意率97%。为充分发挥政协提案在履行政治协商、民主监督、参政议政职能中的重要作用，调动政协委员积极参与提案监督、跟踪办理活动的积极性，政协常委会及时召开会议进行研究部署，邀请政协常委、委员代表对重点提案、民生项目类提案进行监督视察，推动提案办理工作扎实推进。

【调研视察】 2020年，政协洛扎县委员会先后组织委员深入各行业部门和乡镇，针对群众普遍关心的热点难点问题进行视察调研。多次联合县人大，围绕“边境小康村建设”“脱贫攻坚成效巩固”“矛盾纠纷隐患和信访突出问题”等方面进行调研。同时邀请相关部门负责人、代表、委员共同探讨调研中发现的难题，提出可行性的对策建议40条。年内，组织未参加外出考察学习的15名基层委员到林芝市围绕基层党建、脱贫摘帽等持续促进农牧民增收的成功经验和做法进行考察学习，考察结束后召开成果交流会，形成高质量的调研报告，及时报送县委、县政府做参考。

【召开民主生活会】 2020年1月，洛扎县政协主席次仁罗布主持召开民主生活会，在家班子成员出席会议，县纪委（监委）、县委组织部、“两代表一委员”应邀列席会议。会议通报政协党组2019年度民主生活会整改落实情况；次仁罗布代表县政协党组班子做对照检查；班子成员分别做对照检查，开展相互批评并表态；县纪委（监委）、县委组织部作点评；最后进行民主测评。

【疫情防控】 2020年，政协洛扎县委员会按照党中央、区党委、市委、县委的统一部署要求，动员组织全县政协委员主动参与疫情防控和经济社会发展，积极贡献智慧和力量。第一时间发出《关于坚决打赢疫情防控阻击战的倡议书》，团结引领政协委员和政协干部全力投入疫情防控工作。政协委员积极参与疫情防控值班和设卡消毒等工作，通过入户宣讲、发放宣传资料、创作编排文艺节目、拍摄发送短信或视频等方式，积极向群众宣传各级党委、政府的工作部署和科学防疫知识，耐心细致地做好解疑释惑、稳定情绪等工作，着力构筑起群防群治抵御疫情的严密防线。全县政协委员、机关干部伸出援手献爱心，捐款22.15万元，捐物价值21.18万元，充分展现为国履职、为民尽责的情怀，体现“一方有难、八方支援”“中华民族一家亲”的良好精神风貌。

【社情民意工作】 2020年，政协洛扎县委员会为进一步激发委员报送社情民意信息的积极性，畅通反映社情民意信息的渠道，在各乡镇设立“社情民意信息收集信箱”，建立健全社情民意信息台账，要求各乡镇联络办根据来信性质进行分类处理，对属于管辖办理范围的信件，直接转交乡镇党委、政府主要领导阅处；对不属于职权处理范围内的，报县政协再转交相关部门办理，或以《社情民意专报》形式呈送县党政主要领导阅处。

【服务中心工作】 2020年，政协洛扎县委员会党组成员积极投身小康村建设、脱贫攻坚、交叉巡察等各项中心工作。在边境小康村建设工作中，政协党组班子按照县委的统一安排部署，深入色乡、洛扎镇、扎日乡等乡镇，通过采取入户走访、召开座谈会等方式，完成县委交办的任务，受到干部群众的好评。认真开展结对帮扶工作，政协班子成员、机关干部深入结对户家中，通过定点帮扶、扶智教育、惠民惠农政策宣讲、提供就业信息服务、帮助农产品销售等措施，为脱贫攻坚加油助力。认真开展联系工作，严格履行派驻单位职责，班子成员深入驻村点、联系点村（社区）、寺庙开展督导检查、宣讲政策、定期慰问和办实事等工作。全年督导检查21次，宣讲政策10场次，开展慰问7次，办实事4次。

【问题整改】 2020年，政协洛扎县委员会做好“不忘初心、牢记使命”主题教育问题台账的销号工作，针对政协班子存在的14个问题，班子成员主动认领查摆问题，抓好问题整改。聚焦贯彻落实中央八项规定精神，按照（藏党发〔2019〕17号）文件精神确定的9种类型46项问题，逐一进行自查及整改，并将查出的问题如实上报县纪委，做到思想认识坚决到位、支持配合坚决到位、严守纪律坚决到位、整改落实坚决到位，确保整改工作顺利有序进行。

【委员培训】 2020年，政协洛扎县委员会以加强委员队伍和政协机关干部队伍建设为根本，强化教育、服务和管理，努力提升政协“两支队伍”的履职能力和水平。先后选派10名政协干部、政协委员参加党委以及上级政协、市委党校组织的各类学习培训。专门邀请自治区和市政协业务骨干、市委党校教授以及县医保局、人社局、教育局、卫健委等部门负责人，为政协机关干部、各级政协委员等开展2期业务和民生政策

◆ 2020年10月28日，政协洛扎县委员会举办第二期委员培训班

专题培训，切实增强履职本领。

【队伍建设】 2020年，政协洛扎县委员会按照习近平总书记提出的“懂政协、会协商、善议政、守纪律、讲规矩、重品行”的要求，认真实施委员履职工作规则，健全完善委员履职档案，积极组织基层委员参加履职活动，着力推动“荣誉委员”向“责任委员”转变。建立党组成员联系界别委员制度，县政协7名党组成员分别联系7个界别委员，在日常协商过程中加强同党外人士、群团组织、宗教人士的沟通联系。建立党员委员联系党外委员制度，24名党内委员分别与38名党外委员建立对应联系。截至年底，党内委员联系党外委员共48次，宣传党的政策10次。建立党员委员参加双重组织生活的制度，自觉接受政协党组织的教育管理和参加政协党建活动，提升党性锻炼。

（汤　强）

【领导名录】 中国人民政治协商会议洛扎县委员会

主　席　洛桑次仁（藏族）
副主席　蔡小东
　　　　普布索朗（藏族）
　　　　次旺加布（藏族）
　　　　次仁多吉（藏族）

政协办公室工作

【概况】 2020年，政协洛扎县委员会办公室围绕县委和县政协工作中心，按照“强化服务意识，倡导奉献精神，力求务实高效，确保规范有序”的总体要求，狠抓作风建设，切实增强服务意识，着力提高办事效率和工作质量，发挥办公室承上启下、参谋助手、服务保障、沟通协调作用，为县政协更好履行职能发挥服务保障作用。

【会务工作】 2020年，政协洛扎县委员会办公室针对政协履职多以各类会议体现的特点，高标准严要求，周密安排，认真做好各类会议、活动的组织、协调和后勤保障等会务服务工作，确保各种会议圆满召开。年内，召开常委会会议2次、主席会5次，党组会7次，各种评议、测评和座谈会4次，机关每月工作例会、党支部会等20多次。积极为县政协主席、副主席参加会议和政治理论学习做好相关服务工作，为离岗休养老干部参加政治学习和活动做好服务。提前谋划，切实做好政协洛扎县第二届委员会第七次会议各项筹备工作，确保会议顺利召开。

【服务履职工作】 2020年，政协洛扎县委员会办公室认真落实县政协全年工作统一部署，积极与相关乡镇、部门及各界别委员沟通联系，精心筹划，做好政协履职活动的组织、协调、后勤保障等工作，确保政协各项履职活动圆满完成。圆满完成边境小康村建设、脱贫攻坚成效巩固等专题调研和委员赴异地视察考察活动。协助区、市及兄弟政协完成到洛扎县专题调研基层公共卫生等任务。积极为各界别委员学习和履职活动做好后勤服务，联系协调组织区、市、县政协委员到县内外开展调研学习80余人次，并配合成立7个乡镇的政协联络办挂牌、设立政协社情民意信箱等多项创新工作顺利实施，取得实效。

【提案和宣传信息服务工作】 2020年，政协洛扎县委员会办公室协助县政协做好提案的征集、督办等工作，协助完成县政协二届七次会议期间提案、意见的收集归类和交办联系工作。加强与相关办理单位沟通联系，及时向领衔督办的县领导汇报，召开重点提案办理工作满意度测评会，其他提案建议全部办理完毕，进一步提高办理实效。协助县政协召开区、市全会提案征集会议，牵头完成社情民意信息收集、撰稿和报送工作。

【党建工作】 2020年，政协洛扎县委员会办公室贯彻落实新时代党的建设总要求，坚持以党的政治建设为统领，推动政协党的各项建设不断推进落实，开创新的工作局面。坚持科学理论武装，把理论学习摆在更加突出位置，深入学习习近平新时代中国特色社会主义思想，特别是中共中央总书记习近平关于加强和改进人民政协工作的重要思想，系统掌握党的基本理论、基本路线、基本方略，把握核心要义、精神实质、实践要求。完善以党组理论中心组学习为引领，主席会议集体学习、党支部会议讲党课、委员培训学习等相配套的学习体系，推动实现以党员领导干部为重点的学习全覆盖。积极开展“支部主题党日活动”“八星党支部”创建、“推进基层党组织标准转化建设”“三包五带五促”等活动。全年组织学习及各类活动30余场次，稳步推进各项活动，干部政治理论素养明显提高。制订《洛扎县政协办党支部2020年党建工作计划》，调整充实党建工作领导小组，严格落实党支部书记“第一责任”职责，建立健全党支部建设工作制度，形成主要领导亲自抓、班子成员配合抓的工作格局。新冠肺炎疫情发生以来，党支部第一时间通过“秘境洛扎”和“洛扎县政协委员”微信公众平台发出《致洛扎县全体政协委员的一封信》，号召全县政协委员积极主动参与疫情防控、后勤保障、捐资捐物等工作。驻洛扎县各级政协委员在疫情防控工作中捐款和捐物折现金433270元，其中捐款金额221450元，捐物折现金211820元。

◆ 2020年8月31日，政协洛扎县委员会办公室党支部组织机关干部结合“三包五带五促开展助力秋收、服务群众”到杜鲁社区开展主题党日活动

【党风廉政建设】 2020年，政协洛扎县委员会办公室认真落实全面从严治党要求，严守政治纪律和政治规矩，坚持挺纪在前，持续加强预防教育和廉洁风险防控，聚焦“四风”，强化“两个责任”落实，主要领导与班子成员签订《党风廉政建设责任书》，专题研究部署党风廉政建设和反腐败工作，做到有部署、有总结，进一步推动全面从严治党主体责任落地生根。

（汤　强）

【领导名录】 政协洛扎县委员会办公室

主　任　德　　吉（女，藏族）

副主任　汤　　强

纪检监察

综　述

【概况】　2020年，中共洛扎县纪律检查委员会、洛扎县监察委员会内设综合办公室（干部监督室、案件审理室）、党风政风监督室（落实监督责任办公室）、信访室（案件监督管理室）、监督检查室、审查调查室5个副科级内设科室，管理1个副科级事业单位纪检监察信息中心。实有领导职数4人、行政编制人员12人、事业编制人员4人；全县设乡（镇）纪委、派出监察室7个，配备乡（镇）纪委书记、派出监察室主任7人、乡（镇）纪检专干13人。

【县纪委九届五次全会】　2020年4月2日，召开中国共产党洛扎县第九届纪律检查委员会第五次全体会议，县委书记赵天武出席会议并讲话，县委常委、纪委书记、监委主任旺庆主持会议。全会以习近平新时代中国特色社会主义思想为指导，深入贯彻十九大和十九届二中、三中、四中全会精神，认真贯彻落实十九届中央纪委四次全会、九届自治区纪委五次全会、一届市纪委五次全会精神，回顾2019年纪检监察工作，部署2020年任务，会议审议通过旺庆代表县纪委常委会所作的《加强监督体系建设、深化全面从严治党、为决胜全面建成小康洛扎提供坚强保障》工作报告。

◆ 2020年7月19日，洛扎县纪委监委所在的第一联合党支部组织党员干部开展“巡河护河我先行”活动

【党建工作】　2020年，中共洛扎县纪律检查委员会、洛扎县监察委员会党支部发动党员干部充分发挥党员先锋模范作用，在新冠肺炎疫情发生后，积极组织党员投身到疫情防控的各个方面，主动将党支部设立在疫情防控一线，14名党员主动自愿捐款12900元，为坚决打赢疫情防控阻击战贡献力量。7月20日，纪委监委党支部和巡察党支部合并新成立第一联合党支部，选举支部书记、副书记、委员5名。截至年底，第一联合党支部有正式党员18名，预备党员1名，召开党员大会4次、支部委员会13次、专题组织生活会1次，开展主题党日活动12次，支部书记讲党课2次，收缴党费2479元，开展“学党章党规、做合格党员”为主题的“七一”系列活动，为“三老”人员送去慰问品3187元，组织党员干部走访结对帮扶困难家庭送去慰问品、慰问金11253

元，融洽党群关系，增强党支部凝聚力。

【政治理论学习】 2020年，中共洛扎县纪律检查委员会常委会把学习贯彻习近平新时代中国特色社会主义思想作为主线，坚持集中学习、个人自学与研讨交流结合，充分发挥班子成员领学促学作用，有力推动全县纪检监察干部学思用贯通、知信行统一。召开12次常委会会议、14次专题学习会，持续跟进学习十九届四中、五中全会、中央第七次西藏工作座谈会精神和中共中央总书记习近平最新重要讲话、重要指示批示精神，学习十九届中央纪委四次全会精神以及赵乐际、杨晓渡等中央纪委国家监委领导讲话要求，学习王卫东在山南调研时的讲话和专题党课精神以及市纪委监委和县委各项部署要求，学习《习近平谈治国理政》（一、二、三卷）、《中华人民共和国监察法》、《中国共产党纪律处分条例》、《中国共产党纪律检查机关监督执纪工作规则》、《纪检监察干部培训系列课程》、《监察机关监督执法工作规定》等。结合职责研究具体落实措施，在担当尽责中巩固深化“不忘初心、牢记使命”主题教育成果，推动全县纪检监察工作高质量开展。

【党对纪检监察工作的领导】 2020年，中共洛扎县纪律检查委员会、洛扎县监察委员会制定执行《向县委请示报告工作清单》和《向市纪委监委请示报告工作清单》，严格执行民主集中制和“两为主一报告”，自觉主动向县委和市纪委监委请示报告重要问题线索、重要案件查办情况20余次，报告政治生态、重点工作推进落实情况10余次，切实把双重领导体制落实到具体工作中。坚持履行协助职责和监督责任有机结合，认真分析研判全县党内政治生态，积极为县委推进全面从严治党建言献策，协助县委召开党风廉政建设专题会、“两个责任”推进会、常委班子“述责述廉”会议等不断强化主体责任，确保纪检监察工作始终在党的领导下开展。

【党风廉政建设】 2020年，中共洛扎县纪律检查委员会、洛扎县监察委员会坚持教育在前、预防在先，以第六个党风廉政建设宣传教育月活动为契机，为新任职干部讲廉政党课2次，推动全县各级党组织负责人与班子成员廉政谈话50余次。注重常态化日常宣传教育，全年开展各类宣传教育活动24场次，发放廉政宣传资料760本，组织观看警示教育片700余人次，转发各类典型案例通报36期，推送警示教育视频20部，组织廉政知识测试1069人次。

【政治监督】 2020年，中共洛扎县纪律检查委员会、洛扎县监察委员会坚守政治机关职责定位，自觉服务全县工作大局，紧紧围绕中共中央、自治区党委、市委、县委各项重大决策部署落实情况开展监督检查，确保党中央决策部署到哪里，监督检查就跟进到哪里。主动深入疫情防控一线开展监督检查54次，发现督促整改问题135条，督促县委问责疫情防控工作走形式、履责不力问题1起。聚焦“关键少数”，抓实近距离常态化监督。选派纪委班子成员参加各级党组织民主（组织）生活会54人次，严肃党内政治生活；紧盯重点领域、重要部门、关键环节，印发纪检监察建议书5份，推动相关部门整改问题21个，完善机制体制5个；严格执行《党风廉政意见回复工作办法》，对6名党员干部提出暂缓使用意见，严防“带病提拔”。在卫生系统开展以案促改警示教育会1次，督促各级医疗卫生机构从典型案件中查找薄弱环节，堵塞制度漏洞。

【纠治“四风”】 2020年，中共洛扎县纪律检查委员会、洛扎县监察委员会坚持纠治“四风”不松劲、不退让，坚持日常监督和专项监督相结合，深挖细查不收手不知止、隐形变异问题，持续整治公车私用、公款吃喝、违规收受礼品礼金、违规发放津贴补贴等突出问题，办理涉及违反八规问题线索4件，立案1件，给予党纪处分1人，收到3名领导干部主动上缴价值1.2万元的礼品礼金；开展制止餐饮浪费专项整治，主动深入机关食堂、各乡镇、学校开展监督检查10余次，对发现的餐饮浪费行为当场反馈、限时整改，督促职能部门发挥宣传引导职责，在全县范围内营造“厉行节约、反对浪费”的良好氛围；开展公车“二维码”专项清查工作，督促68辆“二维码”不规范公车整改更换到位；开展违规出借财政资金问题专项整治，清查收缴资金2841.34万元；开展形式主义、官僚主义问题专项整治，对3名不作为慢作为、履职不到位的负责人进行严肃问责；协助县委认真开展违反中央八项规定精神问题自查清理工作，指导7个乡（镇）和42家县直单位自查、清理、纠治党的十八大以来违反中央八项规定精神问题5类262条，收缴资金29.72万元，促使42人在2020年度民主（组织）生活会上深刻剖析说明自身问题，推动相关部门进一步完善公务接待、津贴补贴发放、财务审批报销等制度规定，构建起纠治“四风”长效机制。

【扶贫领域腐败和作风问题专项治理】 2020年，中共洛扎县纪律检查委员会、洛扎县监察委员会紧扣全县脱贫攻坚巩固提升阶段特征，较真碰硬“督”，凝心聚力“战”，召开扶贫领域专项治理工作推进会议2次，问题线索移送协调会1次，进一步压实党委主体责任、纪委监督责任和行业监管责任。以中央脱贫攻坚专项巡视及“回头看”、市纪委监委监督检查反馈问题整改为抓手，紧盯政策落地、项目推进、资金使用、责任落实和工作作风等方面，常态化开展监督检查、明察暗访，督促纠治“四不摘”落实不到位、脱贫摘帽后松气懈怠等突出问题，推动相关部门落实整改任务96个，受理扶贫领域问题线索5件，立案1件，给予党纪政务处分1人，组织处理5人，公开通报曝光1件1人，为打赢脱贫攻坚战提供坚强纪法保障。

【扫黑除恶监督执纪问责】 2020年，中共洛扎县纪律检查委员会、洛扎县监察委员会对照中央扫黑除恶督导组反馈的问题，举一反三，自查整改。深入开展行业乱象整治，成立工作专班，制定《关于开展重点行业领域突出问题专项整治监督执纪问责工作方案》，督促行业部门围绕22个重点领域开展专项整治，推动相关职能部门调解道路交通工程建设领域双拖欠问题9起，办理公安机关移交党员、公职人员饮酒驾驶问题2件，巩固扫黑除恶打非治乱专项斗争成效。

【保障人民群众切身利益】 2020年，中共洛扎县纪律检查委员会、洛扎县监察委员会紧盯小康村建设、生态环保等重点领域，主动深入全县44个边境小康村建设点，对项目建设进度、部门责任落实、贫困户安置入住等情况进行实地督导，确保89户建档立卡贫困群众如期搬入新家。深入开展生态环保领域监督执纪问责，发现7个边境小康村18个临时取料点采挖不规范、手续不齐全等问题，督促职能部门限时整改。

【县委十五项重点工作专项监督检查】 2020年，中共洛扎县纪律检查委员会、洛扎县监察委员会紧紧围绕中心大局，聚焦政治理论学习、全面从严治党“两个责任”、生态环保、疫情防控、制止餐饮浪费、脱贫攻坚等十五项重点工作加强政治监督，检查乡镇、寺管会、单位、村（社区）52家，发现问题125个，形成1份监督检查报告得到县委主要领导批示肯定，督促相关单位落实整改115个，整改率92%，切实发挥监督保障执行、促进完善发展作用，有效推动上级各项重点工作不折不扣落地落实。

【纪检监察体制改革】 2020年，中共洛扎县纪律检查委员会、洛扎县监察委员会率先试点县乡纪检监察力量整合，补短板、强弱项，提高反腐败治理效能，稳步推动科室资源融合。推动审理室与综合室职能融合、信息中心与综合室部门融合、业务科室和综合科室的人员融合，打破机关科室壁垒，统筹人员力量，全面履行监督执纪问责和监督调查处置职责。全年，共调配综合部门人员参与监督检查40余次，参与执纪审查16

次，切实改变监督检查、审查调查力量薄弱、科室衔接不够顺畅的状况，形成科室间既独立分工又联动配合的工作格局；探索构建片区协作工作模式，重新规划整合乡镇纪检监察力量，将辖区内7个乡镇划分为2个片区，每个片区覆盖9～11名乡镇纪检监察干部，由2名县纪委副书记担任片区负责人，完善问题线索“一周一研判”、交叉监督检查等制度，变“单兵作战”为“集中会战”。自片区协作模式试行以来，开展片区协作办案10件，形成“县纪委牵头、乡镇纪委配合、统一调度、协作联动”的工作格局，开创纪检监察工作新局面。

【监督执纪“四种形态”】 2020年，洛扎县各级纪检监察机关处置问题线索22件，立案6件，给予党纪政务处分6人，收缴违纪资金14.84万元，实现问题线索存量清零。全年运用“第一种形态”19人次，运用“第二种形态”6人次，达到教育大多数，惩戒极少数的目的。对2017年以来受到党纪政务处分的18名党员干部进行回访教育，帮助放下思想包袱，重拾信心，勇担责任。

【自身建设】 2020年，中共洛扎县纪律检查委员会、洛扎县监察委员会在全县纪检监察系统内开展“大学习、大提升”暨“从实战中来，到实战中去”专题活动，按照“缺啥补啥”的原则，围绕党章党规党纪、宪法法律法规、纪检监察业务知识等方面开展业务培训13次，集中学习中纪委培训课程和讲义17场次；运用跟班跟案学习等形式，选派12名县乡纪检监察干部到区纪委、市纪委锻炼，抽调8名乡镇纪检干部到县纪委跟班跟案学习，围绕“公文处理、信访接待、线索摸排、审查调查、案件审查”等中心业务进行实操，不断提升基层纪检监察干部纪法贯通能力和实战能力；以学习领会王卫东《建设作风优良的政治机关》专题党课精神为契机，组织专题研讨会，围绕王卫东提出的“五个方面”问题，采取自我剖析、单位主要领导点评的方式，让纪检监察巡察干部不断“红脸、出汗”，撰写心得体会17篇，检视整改问题36个，着力解决干部队伍在政治思想、纪律作风、能力素质等方面存在的突出问题，全面加强纪检监察干部作风建设。

（达　珍）

【领导名录】 中共洛扎县纪律检查委员会、洛扎县监察委员会

县委常委、纪委书记、监委主任

旺　庆（藏族）

县纪委副书记、监委副主任　王　健

加　央（藏族）

巡察办

【概况】 2020年，中共洛扎县委巡察机构设办公室1个，巡察组1个，编制4人，巡察办和巡察组各2个编制。

【党建工作】 2020年，中共洛扎县委巡察机构始终把学习贯彻习近平新时代中国特色社会主义思想和十九大，十九届四中、五中全会精神，深入学习中央第七次西藏工作座谈会精神作为首要政治任务，组织党员干部开展党性和先进典型教育，强化党章党规学习；通过每日领读领学，系统学习党内法规、《习近平谈治国理政》（第三卷）、巡视巡察重要法规及相关业务知识。5月，根据县委组织部有关机关党组织新建重组工作通知要求，将县纪委监委党支部和巡察党支部进行合并，成立洛扎县第一联合党支部。截至年底，县委巡察机构共有正式党员4名，其中党支部副书记1名，党员3名。开展集中学习20余次，召开专题组织生活会1次，开展主题党日活动12次，全年收缴党费672元，4名党员为打赢疫情防控阻击战自愿捐款4300元，开展结对帮扶慰问活动2次。

【党风廉政建设】 2020年，中共洛扎县委巡察

◆ 2020年12月14日，中共洛扎县委第九轮巡察一组对拉郊乡党委进行巡察情况反馈并召开反馈会

机构撰写党风廉政信息简报12期，积极参与纪检监察系统“大学习、大提升”暨“从实践中来，到实践中去”专题教育活动，围绕党章党规、法律法规、纪检监察和巡察业务知识等方面参加业务培训10余次，集中学习研讨13次。学习王卫东提出的“五个方面”问题，采取自我剖析、单位主要领导点评等方式，人均撰写学习心得体会4篇，检视10余条。组织党员干部观看警示教育片2次；组织参与党风廉政建设线上统一考试1次；开展各类典型案例和违反“中央八项规定”精神学习、廉政警示教育10余次。

【巡察工作】 2020年，中共洛扎县委巡察工作坚持以习近平新时代中国特色社会主义思想为指导，深入贯彻落实党中央、区党委、市委和县委巡视巡察决策部署，突出政治巡察，坚持问题导向，强化整改落实，狠抓成果运用，有效发挥巡察“利剑”作用。全年召开书记专题会2次，县委巡察工作领导小组会8次。召开2轮县委巡察工作动员部署会议，安排60余名巡察干部，对县委统战部、宣传部等22家党组织（单位）开展常规巡察，对拉康镇党委、县委政法委等5家党组织（单位）开展巡察“回头看”，对拉康社区、扎日村等5个村（社区）开展常规巡察。全年向被巡察单位提出立行立改问题35个，完成整改35个问题；反馈问题335类461个问题，移交问题线索2件。年内，县委成立以县纪委、县委组织部、巡察办为成员的专项督查组，开展2轮专项督查，对九届县委第七、第八轮巡察单位问题整改情况进行实地督查，对2家单位整改不力问题在全县范围进行通报批评，有效确保反馈问题的全面整改。

（阿旺伦珠）

【领导名录】 中共洛扎县委巡察办公室

主　任　阿旺伦珠（藏族）

副主任　冯　丽　明（女，9月离）

人民团体

洛扎

洛扎县总工会

【概况】　2020年，洛扎县总工会有工作人员4人，其中主席1人，副主席1人，主任科员1人，科员1人。全县有基层工会组织62个，会员2151人，其中机关和乡镇工会组织50个，干部职工会员1163人（2020年新入会92人）；国有企业工会2个，职工会员82人（2020年新入会8人）；非公企业工会18个，农民工会员906人（2020年新入会44人）。

【党建工作】　2020年，洛扎县群团党支部按照县委组织部要求认真落实三会一课、主题党日制度，以“不忘初心、牢记使命”主题教育为契机进一步加强党员干部理论知识的学习，对照党章党规认真检视在党的政治建设、思想建设、组织建设、作风建设、纪律建设等方面存在的突出问题，并顺利完成“不忘初心、牢记使命”主题教育工作收尾，使全体党员干部在理论知识、理想信念、为民服务、清正廉洁上得到全面提升。同时按照巡查整改工作要求，与群团组织一起召开巡查整改专题组织生活会，并以群团党支部为龙头，扎实开展多种形式的主题党日活动，严格落实三会一课制度。

【党风廉政建设】　2020年，洛扎县总工会为创建单位风清气正、廉洁奉公的政治生态环境，严格遵守中央“八项规定”精神。及时组织干部职工对纪委监委下发的相关通报文件精神及警示教育片进行传达学习，并根据县委、县纪委安排部署进行自查自纠，及时组织职工学习中央“八项规定”精神内容。通过学习、自查牢固树立廉洁从政、依法从政思想。严格遵守财经纪律、廉政纪律，做到专款专用、无贪污、挪用、截留等现象。

【宣传活动】　2020年，洛扎县总工会为切实增强职工、群众合法权益，开展“三八”维权周、“3月综治宣传月”、世界环保日、“安全生产月”“全国科普日”“民族团结月”等6次法制宣传活动，为干部群众进行法制宣传，并发放《中华人民共和国工会法》《中华人民共和国劳动法》《中华人民共和国禁毒法》《女职工劳动保护》《劳动合同问答》《女职工劳动保护规定》《如何防范毒品危害》《关于西藏自治区网络通信活动“二十禁”的通告》《西藏自治区民族团结进步模范区创建条例》等相关资料宣传手册2700余份，劳动合同法宣传扑克200余副，环保手提袋960余个，让干部群众进一步了解相关法律法规，增强法律意识，增强干部群众依法维护自身合法权益的自觉性。7月6日，洛扎县总工会响应县发展改革委员会号召，参与以“树立‘低碳’理念，创建绿色洛扎”为主题的法制宣传，在县湖北广场进行法制宣传，引导干部群众遵法学法用法守法，让干部群众利用法律武器维护自身合法权益，进一步提高干部群众的法律意识、维权意识。向过往干部群众发放《如何防范毒品危害》《劳动合同问答》《女职工劳动保护规定》等宣传手册100余份，购物布袋50余个。9月18日，洛扎县总工会响应县民创办号召，到洛扎镇门当3组、4组、6组三个编织厂开展以“高举民族团结进步旗帜 维护民族团结 构建和谐洛扎”为主题的宣传活动，向合作社职工普及民族一律平等、党的民族宗教政策相关内容及法律法规。让职工更加了解民族团结相关政策和法律法规，引导各族职工自觉增强民族团结意识，维护民族团结成果，构建各民族共有精神家园，发放《西藏自治区民族团结进步模范区创建条例》、民族团结宣传单等资料100余份，宣传袋100余个，受益职工88人次。

【在档困难职工帮扶】 2020年，洛扎县总工会为更好地帮助困难职工解困脱困，严格按照上级总工会和县委、县政府的要求，建立健全困难职工识别帮扶制度，全心全意做好脱困解困工作，帮助困难职工解难题、渡难关。7月16日，到扎日乡、洛扎镇对已脱困职工家庭生产生活和收入情况进行排查，及时掌握职工是否存在返困情况等相关数据。同时，不定期通过电话询问等方式了解掌握困难职工的生活情况，不断更新、完善其信息档案，严格按照“一户一档”原则进行归档。为解决其生活困难，全年为其送去生活救助金11000元。

◆ 2020年7月16日，洛扎县总工会工作人员入户排查脱困职工收入情况

【会员福利】 2020年，洛扎县总工会根据工会经费收支管理办法（藏工办发〔2018〕27号）要求，及时开展暖心工程。藏历新年、劳动节、国庆节、中秋节期间发放职工会员福利，充分保障干部职工的合法权益。年内，结清藏历新年和劳动节福利125.04万元，国庆与中秋福利2086张购物券。对结婚、生育、住院职工会员进行慰问，慰问会员5人次，折合人民币共计4100元。

【“安康杯”知识竞赛】 2020年，洛扎县总工会开展以“强意识、查隐患、促发展、保安康”为主题的“安康杯”知识竞赛，使干部职工牢固树立安全生产“红线、底线、高压线”意识，增强干部职工的安全意识和责任意识。

【疫情防控】 2020年3月，洛扎县总工会根据中华全国总工会、西藏自治区总工会和山南市总工会相关要求，结合县委、县政府相关安排部署，制定县总工会慰问疫情防控一线人员的实施方案。为体现县委、县政府对疫情防控期间奋斗在一线的疫情防控人员的关心和爱护，县总工会及时对县人民医院预检分诊、发热门诊、县域内设卡点、集中隔离点、机场隔离点等10个疫情防控一线值守点进行慰问，并送去慰问物资，折合人民币20000元，让奋战在抗疫一线的干部职工感受到党和政府的温暖和关怀。年底向奋战在一线的各级疫情防控工作人员发放慰问金17500元。

【“送温暖”慰问】 2020年，洛扎县总工会根据《洛扎县2020年“三大节日”慰问活动方案》要求，在“三大节日”期间，对全县3名劳模和扎日乡7名农牧民进行慰问，送去节日的祝福，发放慰问金10000元。在“五一”劳动节到来之际，县总工会前往高海拔乡镇扎日乡慰问6个村居驻村工作队员和困难农牧民工会员，为驻村工作队送去电压力锅和电饼铛6套，折合人民币3576元；为困难农牧民工会员送去毛毯6件，折合人民币1776元，并送上节日的祝福，鼓励克服困难，发扬海拔高、境界更好的风格，同时让干部职工和困难农牧民工会员感受到组织的关心关爱。9月18日，前往洛扎镇门当3组、4组、5组编织厂开展“五送”活动，免费向职工发放药品，并邀请县人民医院2名专家（藏医、西医各1名）为职工进行义诊，活动发放抗病毒颗粒、小儿双清颗粒、阿莫西林颗粒、复方丹参片等14种常用药品折合人民币3069元。

【精准扶贫】 2020年，洛扎县总工会安排4人多次到4户帮扶对象家中开展调查，了解其致贫原因、制定脱贫目标、开展帮扶措施。到帮扶户家中慰问建档立卡户，送去帮扶物品和以买代帮形式购买农户家中物品，折合资金5100元。

【妇女健康】 2020年，洛扎县总工会为提高女职工“两癌”早诊断治疗率，降低“两癌”死亡率，助力全县妇女健康事业发展，切实将工会组织的温暖传递给女职工，于9月29日，联合山南市总工会开展“两癌”筛查，邀请山南市华康医院医生到洛扎县为洛扎县供电有限责任公司、门当民族产品加工销售合作社、门当4组编织厂、山地糌粑加工厂等企业为21名女职工进行免费体检。

【“国际家庭日”活动】 2020年，洛扎县总工会为充分发挥女职工在弘扬中华民族家庭美德、树立良好家风中的独特作用，以小家庭的和谐共建大社会的和谐，推动社会主义核心价值观在家庭落细落小落实，使家庭成为国家发展、民族进步、社会和谐的重要基石。在“5·15”国际家庭日到来之际，县总工会响应区总工会女工委办公室文件要求，组织女职工观看“定家规·立家训·战疫情——全国女职工家规家训及战疫故事集锦”，并要求乡镇自行组织女职工观看，积极宣传良好家风、讲好战疫故事，充分展现女职工在家庭建设和疫情防控中爱国爱家、英勇奋战的精神风貌。

【督导活动】 2020年7月15—16日，由西藏自治区总工会党组成员、副主席丹拥拉姆率领的自治区总工会工作组在山南市总工会副主席杨健的陪同下到洛扎县督导困难职工解困脱困工作。工作组一行到洛扎县色乡和扎日乡实地查看“八有建设”、基层工会建设情况，丹拥拉姆详细询问各乡镇会员管理、福利发放、农民工会员的构成、外出务工情况等，并看望慰问在档困难职工，详细了解其家庭状况，致困原因。丹拥拉姆要求县总工会及时与相关单位沟通联系，尽早解决在档困难职工存在的困难，帮助在档困难职工早日脱困。

（巴桑次仁）

【领导名录】 洛扎县总工会

主　席　陈　　琼（女）

副主席　索朗边巴（藏族）

共青团洛扎县委员会

【概况】 2020年，共青团洛扎县委员会选举产生共青团洛扎县第九届委员会。年内，共青团洛扎县委员会编制2名，实有人员2名，西部计划志愿者3名；乡镇兼职团委书记7名，兼职副书记7名；中学兼职团委书记1名，兼职副书记1名。全县基层团委数8个，其中机关事业7个，中学1个。团支部31个，其中学校团支部2个，企业团支部2个，村（社区）团支部27个。团员人数688人，其中学生团员23人，企业13人，机关团员196人，农村团员456人。兼职团干部46人，其中中学有2人，机关事业14人，企业3人，村（社区）27人。

【基层团组织建设】 2020年，共青团洛扎县委员会加强青年之家建设工作，在次麦社区、杜鲁社区、白沙村等村（社区）建立完善青年之家，年内建设青年之家3个，全县累计建设青年之家10个，为青年活动提供平台。6月，为了解乡镇、村（社区）、中小学基层团组织建设情况，共青团洛扎县委员会到洛扎镇、扎日乡及县中学围绕各级团组织青年工作、基层团组织建设工作及小学少先队工作开展情况进行调研。年内，共开展“五四爱国主义教育”“团歌比赛”“青春同行，缘见七夕”青年交友活动、“合唱比赛”“寒冬亦温暖，暖流爱相伴”物资捐赠仪式活动等团组织活动，丰富基层团组织活力，开展基层团组织活动20次，参与青年1000余人。建立健全非公企业、“两新”组织团组织、青年工作委员会，建立生格乡旦达荞麦产品联合团支部、洛扎县旺火劳务建筑有限公司青工委等，并对其成立工作予以指导，确保青年在哪里，团组织就建在哪里。

【预防青少年违法犯罪】 2020年，共青团洛扎县委员会利用综治宣传日、国际禁毒日、平安宣传日、网络安全宣传日、宪法宣传周等节点，在全县范围内开展预防青少年违法犯罪宣传活动。5月13日，联合县公检法开展“青春与法同行，青少年法律大课堂”法律进校园活动。8月26日，在杜鲁社区开展“七彩假期·情系童心”活动，与19名社区儿童互动，并带去小礼品。9月30日，开展“党建引领团建，情系重点青少年”活动，为残疾儿童、留守儿童送去温暖。截至年底，累计开展宣传活动15次，开展其他活动4次，发放各类宣传册1500册，各类慰问品价值3000余元，参与青少年1500余人次，为创造良好的法律氛围提供基础。

【少先队建设】 2020年6月，共青团洛扎县委员会组织676名少先队员观看“让红领巾更加鲜艳”网上主题队日活动电视直播，学习中共中央总书记习近平给广大少年儿童“六一”国际儿童节寄语；世界环境日期间开展“美丽中国，我是行动者”保护环境教育进校园活动；9月，组织少先队员学习“开学第一课”；10月，国庆期间开展“迎国庆，歌唱祖国，祝福祖国”等系列庆祝活动和组织全县少先队员观看“致敬抗美援朝主题队课”；11月，组织少先队辅导员、少先队员学习“十九届五中全会精神”。截至年底，组织少先队活动累计8次，参与少先队3000余人次。

【团的代表大会】 2020年12月，共青团洛扎县委员会召开中国共产主义青年团洛扎县委员会第九次代表大会，县委书记赵天武出席会议并做讲话，有66名代表参会。大会审议并通过贺同涛代表共青团洛扎县第八届委员会所作的题为《拥抱新时代 勇担新使命为奋力谱写洛扎县发展新篇章贡献青春力量》的报告。选举产生共青团洛扎县20名第九届委员会委员、7名常务委员会委员、书记、副书记。大会明确新的历史条件下洛扎共青团的根本职责、使命要求和总体工作思路，系统部署五年全县共青团工作的主要任务。

【青年工作联席会议机制】 2020年9月，为贯彻落实《西藏自治区中长期青年发展规划（2018—2025）》，由共青团洛扎县委员会起草，以县委名义下发《中共洛扎县委员会办公室洛扎县人民政府关于建立县青年工作联席会议机制的通知》，建立青年工作联系会议机制，明确14个成员单位工作职责，推动县委、县政府与各部门各项工作有效衔接、相互促进。

【疫情防控】 2020年，为打赢疫情防控攻坚战，共青团洛扎县委员会组建为集中隔离人员送餐志愿服务队伍，组织党员、团员有序参与疫情防控工作，彰显共产主义青年团的职责与职能，促进党建带团建更好地发展，弘扬“奉献、友爱、互助、进步”的志愿者精神，服务队58名志愿者，累计送餐100余次。3月17日，共青团洛扎县委员会副书记次翁卓玛分别到县公安局、县人民医院为奋战在一线的防疫工作人员赠送专业

◆ 2020年8月8日，共青团洛扎县委员会组织西部计划志愿者到嘎波湖开展志愿服务活动

防护口罩200个，价值6000元。

【志愿活动】 2020年世界环境日，共青团洛扎县委员会组织志愿者开展“美丽洛扎，我是行动者”活动；7月，开展“助力中考”“助力小考”等服务学生群体志愿活动；8月，开展“嘎波湖志愿服务”“情系湖北·享购山南”志愿宣传和“美丽小区，我是行动者”活动；9月，开展“党建引领团建、情系重点青少年”活动；11月，开展“库拉岗日文化旅游节”志愿服务活动。年内，累计开展志愿服务活动15次，累计参与活动200余人。截至年底，全县有西部计划志愿者7名，服务于洛扎县委组织部、团县委等，召开西部计划志愿者座谈会6次，开展慰问活动6次。

【青年交友活动】 2020年8月22日，共青团洛扎县委员会开展以“青春同行，缘见七夕”为主题的洛扎县首次青年交友活动，各族各界青年在精心布置的场地中玩游戏、唱歌、跳舞，并为青年准备小礼物，21名各行各界青年参与此次青年交友活动。

【五四青年节活动】 2020年4月30日—5月4日，共青团洛扎县委员会在县活动中心广场摆放100位先贤的展板，让全县人民群众在回望先贤中领略当今时代的魅力，切实践行“五四精神，传承有我”，走好新时代“长征路”，800余名青年学生观看展板，并组织县中学德团办开展纪念五四运动活动，进行新团员入团宣誓仪式，表彰优秀团干、优秀团员和优秀国旗队员，开展中国共青团团歌比赛。

【调研活动】 2020年7月4—5日，共青团西藏自治区委员会副书记格桑卓玛一行到洛扎县村居、企业等地调研基层团组织建设情况，共青团山南市委员会副书记拉元陪同调研。格桑卓玛与洛扎县各族各界青年亲切交流，并针对新时代共青团工作提出要求，调研工作解决洛扎县共青团工作中的部分难题，为下一步工作指明方向。

【自身建设】 2020年，共青团洛扎县委员会积极组织团干部及青年参与青年大学习，不定期开展“青年大学习”主题日活动，发动全县各级团员青年参与大学习，累计参与学习人数3500余人。积极组织团干部参与重点工作解读视频直播学习活动、“全民国家安全教育日”线上答题、五四线上主题团日活动、团干部理论政策和业务知识线上答题活动、观看青学联大会线上直播学习习近平总书记致大会致辞等，累计组织各类学习活动10余次，参与团干部200余人次。为各乡镇团委发放《团支部工作实用指南》《凝聚青年——共青团组织凝聚青年工作的理论和实践》等团务知识相关书籍，通过线上线下相结合的方式，在团内形成良好的学习氛围，累计发放各类书籍70余本。组织基层团干部到内地发达地区交流培训，年内组织3名团干部到内地交流培训，10余名团干部到拉萨市、山南市等地交流学习。

【党建工作】 2020年，洛扎县群团党支部（工青妇联合）召开学习会议52次，开展主题党日活动13次，党支部班子成员讲党课4次，开展廉政警示教育13次，观看各类教育影片6次。4月30日，党支部班子成员研究党支部标准化建设工作，5月完成标准化建设，为打造模范党支部打好基础。5月11日，研究部署三包五带五促工作，细化三包对象，推进党员包片包户包人工作常态长效，党支部班子成员入户不少于2次，向包户包人对象宣传党的政策等。自5月起，党支部每周召开专题会议学习《习近平谈治国理政》（第三卷），采取党员干部轮流诵读的方式，确保学习取得成效。

【党风廉政建设】 2020年1月16日，共青团洛扎县委员会召开专题会议研究部署党风廉政工作。年内，党支部开展廉政警示教育13次，观看廉政教育片4次，节前警示教育6次。7月党风廉政月，共青团洛扎县委员会书记讲授廉政主题党课。7月28日，开展党支部“党风廉政建设，干干净净履职”廉政主题活动，到各单位发放廉政宣传彩页100余份，受教育干部职工150余人。

（操圆圆）

【领导名录】 共青团洛扎县委员会

书　记　贺同涛

副书记　次翁卓玛（女，藏族）

洛扎县妇女联合会

【概况】 2020年，洛扎县妇女联合会核定编制2人，实有3人，其中主席1名，副主席1名，科员1名；实有3人均为本科文化程度，全县有7个乡镇妇联，17个村居妇代会，10个村妇联，妇女之家35个，成立2个合作社妇委会，4个合作社妇女小组。

【抗疫防控】 2020年，洛扎县妇女联合会在疫情防控上巾帼志愿队率先垂范，做良好卫生习惯的先行者和发动者，引导全县妇女群众定时开窗通风，经常洗手消毒、打扫庭院，保护环境卫生，宣传保持安全健康饮食习惯，不购买和食用野味，不吃生肉、不聚会，外出佩戴口围罩等。全县各级妇联组织和巾帼志愿者参与疫情防控工作的宣传引导、人员排查以及健康知识宣传工作，开展宣传活动30余场次，发放各类宣传资料8000余份，受众群众9000余人。县妇女联合会干部参与为疫情隔离人员送饭志愿服务活动，切实发挥妇女干部积极带头作用，累计为20余名人员，送餐100余次。

【“平安家庭”创建活动】 2020年，洛扎县政府“平安家庭”工作经费纳入财政预算，每年拨款“平安家庭”和妇儿工委经费3000元，确保“平安家庭”创建工作有序开展。年内，平安家庭创建率98%，发放“平安家庭”指导手册130余份，《春蕾计划·护蕾行动》发放50余份，平安家庭创建活动内容、《中华人民共和国妇女权益保障法》《中华人民共和国婚姻法》《中华人民共和国继承法》《中华人民共和国反家暴法》等宣传资料4000余份。6月21日，开展美丽乡村活力阿佳启动仪式，以学习“最美家庭”感人事迹为主题，以古桑曲珍的好家风、好家教，感人事迹，营造“家庭最美、家家创平安”的浓厚氛围，促人人讲平安、平安进万家的良好局面。

【法制宣传教育】 2020年，洛扎县妇女联合会组织动员全县妇儿工委各成员单位，以坚持男女平等基本国策，维护妇女、儿童、未成年人合法权益为主题，开展“三八妇女维权周”等系列活动，利用3月、6月、9月综治宣传时机开展《中华人民共和国婚姻法》《中华人民共和国未成年人保护法》《中华人民共和国妇女权益保障

◆ 2020年6月5日，洛扎县妇女联合会工作人员到县政府门口开展妇女权益相关法律宣传活动

法》《中华人民共和国预防青少年犯罪法》等宣传活动，大力宣传各类法律法规知识。发放宣传资料1800余份，有效形成宣传合力，拓展宣传覆盖面，提高广大妇女儿童法制意识和自我保护意识，为构建平安洛扎，法治洛扎提供良好的保障。

【救助和送温暖活动】 2020年，洛扎县妇女联合会联合县人民医院和卫生健康委员会对全县农村妇女进行“两癌”筛查工作，在区、市、县级妇女联合会的层层申报下，县妇女联合会为2名困难“两癌”妇女落实救助金2万元，救助金为中央专项彩票公益金资助项目。“六一”国际儿童节之际，拉萨空军指挥部和儿基会负责人看望慰问拉郊乡和边巴乡蓝天春蕾学校学生，为学生送去学习用品和慰问金3万余元，让儿童在关爱的阳光下茁壮成长。县妇女联合会工作人员利用“春节”“藏历新年”“三八”“六一”等节点，看望慰问孤寡老人、困难儿童、结对帮扶户等，了解实际困难，送去慰问品和慰问金3000余元，表达县妇女联合会的关心关怀和殷切希望。7月20日，县妇女联合会开展“崇尚健康文明生活”为主题的关爱活动，为5名残疾学生发放书包、笔等学习用品，为443名学生发放舒肤佳香皂折合人民币1460元。为进一步提高妇女群众的健康意识，普及健康知识，县妇女联合会开展“美丽女性、幸福家庭”系列活动之宣讲女性健康常识活动，进一步激发妇女群众参与活动的热情，营造妇女群众人人参与健康向上的群众性文化活动的良好氛围，活动中发放宣传资料1000余份，受教育妇女群众200余人。为使少年儿童度过一个健康、安全、温暖、幸福、充满爱的寒假，按照《关于开展“把爱带回家”2021寒假儿童关爱服务“四送”活动的通知》（妇厅字〔2021〕2号）文件精神，县妇女联合会结合实际情况，开展送家风故事、送家教服务、送法治安全、送社会关爱活动7场次，参与“四送”活动志愿者人数15人，结对帮扶困难儿童10人，受益家长和儿童人数119人。

【创先争优强基惠民活动】 2020年，洛扎县妇女联合会在创先争优强基惠民活动中，坚持一年一轮换原则，安排1名干部驻村，年内走访看望和慰问驻村工作队4场次，发放慰问品和慰问金2000余元。

【村庄清洁活动】 2020年，为打好、打赢实施乡村振兴战略的第一场硬仗，进一步提升农村人居环境，营造一个干净、整洁、良好的环境卫生氛围，洛扎县妇女联合会充分发挥妇联组织群团优势，宣传发动妇女姐妹参与村庄清洁行动中，妇女干部群众重点对公路沿线、所辖区域人员密集地等顽固垃圾及所辖山顶陈旧经幡进行集中清理，针对农户房前屋后的脏乱差现象，做到边清理边教育，把环境保护意识落实到实际行动中去。通过村庄清洁行动，使村民培养“讲卫生爱文明”的良好卫生习惯。全县32支巾帼志愿队伍277人，开展活动147次，实际参与活动妇女人数4334人。组建环保巾帼志愿队伍1支，人数7人，开展24次活动，参加活动妇女人数985名。全县范围内清理垃圾260余吨。

【“两规”工作】 2020年，洛扎县妇女联合会撰写《洛扎县妇女和儿童发展规划（2016—2020年）》汇报材料。4月13日，迎接山南市妇女联合会主席徐梅带队的市妇女联合会督导组督导检查工作。4月22日，按照山南市督导组反馈的问题，召开“妇儿工委专题会议”，传达山南市人民政府妇女儿童工作委员会办公室下发《妇女儿童发展规划2016至2020年未完成目标任务交办单的通知》精神，通报洛扎县“两规”目标任务完成情况，同时，县政府与县妇女儿童工作委员会办公室、县直各成员单位签订重点难点目标任务责任书。副县长达娃央金对妇儿工委“两规”目标任务工作进行全面安排部署，并提出具体工作要求。9—10月，开展《洛扎县妇女和儿童发展规划（2016—2020年）》自查工作，撰写并向山南市妇女儿童工作委员会办公室上报两规自查报告。报告中全面梳理《洛扎县国民经济和社会发展第十三个五年规划纲要》“两规”目标完成情况，总结好经验好做法，对未达标部分制定工作台账和工作措施。同时，对《洛扎县国民经济和社会发展第十三个五年规划纲要》“两规”材料进行整理，为区、市迎检和终期验收以及《洛扎县国民经济和社会发展第十四个五年规划和2035年远景目标纲要》“两规”的制定打好基础。

【党建工作和党风廉政建设】 2020年，洛扎县群团党支部（工青妇联合）召开学习会议52次，开展主题党日活动13次，支部班子成员讲党课4次，开展廉政警示教育13次，观看各类教育影片6次。4月30日，支部班子成员研究支部标准化建设工作，5月完成标准化建设，为打造模范支部打下基础。5月11日，研究部署“三包五带五促”工作，细化三包对象，推进党员包片包户包人工作常态长效，支部班子成员入户不少于2次，向包户包人对象宣传党的政策等。自5月起，支部每周召开专题会议学习《习近平谈治国理政》（第三卷），采取党员干部轮流诵读的方式，确保学习取得成效。每周利用支部学习会，学习上级相关文件精神和观看警示教育片。把《中国共产党章程》《中国共产党党内监督条例》《习近平关于党风廉政建设和反腐败斗争论述摘编》《中国共产党廉政准则》等纳入学习重要内容。深入开展理想信念和宗旨教育、党风党纪和廉洁自律教育，全年集中学习10余次，主要领导做专题党课报告1次，组织观看警示教育片4次。

（蒋林连）

【领导名录】 洛扎县妇女联合会

主　席　格桑央吉（女，藏族）

副主席　蒋 林 连（女）

法 治

洛扎年鉴

政法委与综治

【概况】 2020年，洛扎县政法系统包括公检法司，7个乡（镇）分别配有政法委员、综治专干和司法助理员。县委政法委下设综治工作中心、防线办、双联办和扫黑办，其中政法委书记1人、副书记2人，核定编制3人，实有4人。

【组织领导】 2020年，洛扎县委、县政府高度重视政法、综治、双联户服务管理和人民防线工作，定期召开专题会议，对全县综治、平安建设及“双联户”工作进行全面谋划、周密部署。3月27日，召开政法（综治）工作会议全面总结2019年综治、“双联户”服务管理和扫黑除恶专项斗争工作，对年内相关工作进行安排部署。根据人事变动实际，及时调整充实社会治安综合治理工作领导小组、“双联户”服务管理工作领导小组、扫黑除恶打非治乱专项斗争工作领导小组，确保工作有人抓、有人管。

【基层组织】 2020年，洛扎县健全完善27个行政村综治工作站（驻村警务室）和7个乡（镇）综治工作中心建设，及时调整充实县乡两级综治工作中心人员，有效整合综治、信访、维稳、司法、公安等力量，确保矛盾联调、社会治安联防、突出问题联治、社会管理联抓、平安建设联创。严格落实“环洛扎安全工程”，强化边境基础设施建设，加大固边管理力度。

【经费保障】 2020年，洛扎县委、县政府安排县（乡）综治工作经费19万元，平安洛扎建设经费5万余元，群防群治及人民防线建设经费7万元，先进“双联户”表彰奖励资金37.69万元，“双联户”补助奖励资金70万元，县乡“双联户”工作经费及“双联户”奖励资金162.3万元，为顺利开展综治工作提供坚强保障。

【宣传教育】 2020年，洛扎县委政法委把发动群众、宣传群众作为首要任务，充分利用3月综治宣传月、6月综治宣传周、9月平安宣传日等活动有利契机，发动机关干部和“双联户”户长力量，通过动员大会、集中宣传、专题座谈、走村

◆ 2020年3月16日，洛扎县委政法委工作人员开展综治、扫黑宣传活动

入户等形式，及时向群众、寺庙僧尼、干部职工宣传综治、双联各项工作措施，最大限度争取人民群众的理解支持和广泛参与。各乡（镇）普法、综治、团委、妇联和治保、调解等基层组织有关人员深入各村（社区）、村小组和寺庙，运用通俗易懂的语言大力开展法律法规宣传教育工作。

【流动人口服务管理】 2020年，洛扎县委政法委建立健全管理工作制度，在规范工作台账基础上狠抓各类出租房屋的管理，及时摸清出租房和流动人口的底数，做到情况清、底数明，并按照“以房管人、以证管人、以业管人”的原则，做好流动人口服务管理工作。公安部门多次深入辖区，对外来旅游、经商等流动人口进行登记。年内，全县排查登记外来务工人员、经商人员1986人，均办理居住证、暂住证。

【隐患排查整治】 2020年，洛扎县委政法委按照“三不出”“四无”的总体要求，以“双排查”为抓手，紧密结合“先进双联户”创建评选活动，深入开展安全隐患排查整治，强化校园及周边治安综合治理，有效消除各类隐患。特别是在疫情防控、全国“两会”等重大节点期间，认真践行县委打好打赢维稳工作“人民战争”的实践理念，充分发挥“双联户”等各级群防群治队伍在维护社会稳定中的重要作用，组织“双联户”在辖区内开展治安巡逻、隐患排查等工作。截至年底，出动“双联户”720人次，排查各类隐患50余个。

【预防和化解各类矛盾纠纷】 2020年，洛扎县委政法委按照“主动治理，消除隐患，打造信访‘终点站’”的总要求，落实《洛扎县开展矛盾纠纷和信访积案活动实施方案》《县级领导包村化解矛盾纠纷工作方案》和维稳分包机制的要求，通过“排查矛盾纠纷、化解信积案、落实领导包案、推行四级信访接待日”等措施，以县级领导包村排查，各部门按行业领域排查，各乡（镇）按属地进行矛盾纠纷和信访积案排查，切实把问题解决在基层。结合实际，制定印发《洛扎县关于开展疫情防控期间法治宣传教育暨矛盾纠纷排查专项活动实施方案的通知》，明确工作要求，落实工作责任，并要求各乡（镇）、各部门严格按照属地管理原则，认真排查辖区内影响社会稳定的矛盾问题，特别是对涉及疫情矛盾纠纷进行再排查，确保做到底数清、情况明。县委下派县级干部督导各乡（镇）、村（社区）、寺管会疫情防控工作的同时对法治宣传教育及矛盾纠纷排查进行现场督导指导，保证取得实效。加强矛盾纠纷多发领域行业性、专业性调解组织建设，创新和发展“枫桥经验”，做到矛盾纠纷化解在基层、消除在萌芽状态。

【扫黑除恶打非治乱专项斗争】 2020年，洛扎县及时成立相关工作领导小组和工作专班、制定出台《洛扎县关于进一步加强推进“六清”行动的通知》，紧盯清零目标，加大攻坚力度，县委政法委书记亲自安排、亲自督促、亲自把关，严格按照上级部署要求，结合扫黑除恶专项斗争，以“六清”行动为抓手，深入推进对市场乱象的治理，扎扎实实做好各项工作，确保取得成效。针对反馈问题举一反三，适时开展“回头看”，进一步巩固成果。按照5类100条线索摸排指导意见，找准突破口和着力点，集中时间、集中力量，逐村逐户逐人开展摸排，全面掌握情况，分类梳理线索，形成专题报告34份，年内收到举报线索4条，核查4条，实现全县线索核查清零目标。县扫黑办及时联合县公安局刑警大队组织民警到全县范围内开展扫黑除恶专项斗争宣传活动，确保专项活动顺利、有序推进。

【社会治安综合治理】 2020年，洛扎县严格执行重要民生设施等重点部位联勤巡控措施，落实人防、物防、技防各项措施，确保重点部位、重要部门的绝对安全。落实“三包一”“四包一”“五包一”管理措施，落实好“十个一”工作法，切实做好涉稳重点人员教育、管控、转化工作，做到底数清、情况明，确保不失控漏管；强化交通、消防、工矿商贸等领域安全生产工作，层层签订安全生产目标管理责任书，完善制定安全生产监督监察制度。

【疫情防控】 2020年新冠肺炎疫情发生以来，洛扎县各级综治中心充分发挥综治职能作用，以疫情防控为中心，积极参与到疫情防控工作中，全力配合县委、县政府筑牢抗击疫情防控网，增强群众的防疫意识，进一步提升群众的安全感，齐心协力，共同抗疫。

【市县两级“双联户”增收扶持项目】 2020年，洛扎县4个市、县两级联户增收扶持项目实现经济效益70.8万元，其中纯利润23.4万元，累计解决就业人数14人次，其中建档立卡贫困对象就业16人，发放工资8.55万元。

【“先进双联户”创建评选活动】 2020年，洛扎县及时兑现769名联户长通信费、交通费、杂费、误工补贴153.8万元。开展“先进双联户”创建评选活动，经过层层考核与审批，共评选出154个村级“先进双联户”、31个乡（镇）级“先进双联户”、9个县级“先进双联户”、5个县级先进集体。

【综治宣传与业务培训】 2020年，洛扎县委政法委利用3月、6月、9月综治集中宣传活动和乡（镇）物交会以及库拉岗日旅游文化节等有利契机，发动机关干部和“双联户”户长，通过动员大会、集中宣传、召开座谈会、走村入户等形式，及时向群众、寺庙僧尼、干部职工宣传综治、双联户各项工作措施。县委政法委联合组织、人社、司法、农牧等部门先后组织4次规模不等的乡（镇）政法委员、综治专干、“双联户”工作人员、联户长培训活动，参与培训人数781人次，进一步提高基层工作人员的工作水平和履职能力。各乡（镇）、村（社区）结合实际，对辖区内的综治工作人员和“双联户”联户长进行培训，确保全县“双联户”工作平稳推进。

【党风廉政建设】 2020年，洛扎县委政法委把贯彻落实党风廉政建设责任制和反腐败工作作为一项经常性、长期性的重要工作来抓，认真贯彻落实党风廉政建设责任制，坚持标本兼治、综合治理的方针，加强反腐败工作，以加强思想道德建设为基础，以规范和制约权力运行为核心，以保证党的惠农政策落实、维护群众根本利益为重点，扎实推进惩治和预防腐败体系建设，始终把党员领导干部作风建设作为党风廉政建设和反腐败工作的重点，提高工作效率，狠抓作风突出问题集中整治。

【党建工作】 2020年，洛扎县政法国安党支部坚持以习近平新时代中国特色社会主义思想、十九届五中全会、中央第七次西藏工作座谈会精神为指导，全面贯彻党的各项方针政策，进一步夯实支部党建基础，加强党组织建设。全年召开支部委员会会议12次、党员大会4次；召开党内民主生活会1次、组织生活会2次，上党课4次，开展主题党日活动12次。

（黄 强）

【领导名录】 中共洛扎县委政法委员会

县委常委、政法委书记、公安局党委书记、局长、督察长、四级高级警长 谭福强

县委政法委副书记 平措次培（藏族）

黄 强

公 安

【概况】 2020年，洛扎县公安局下设指挥中心、办公室（政工监督室、纪检监察室、督察大队、警务保障室）、国内安全保卫大队（出入境管理大队）、刑事侦查大队（禁毒委员会办公室、经济犯罪侦查大队）、交通警察大队、治安管理大队（爆炸危险物品监管大队、法制

室）、看守所等8个内设机构和1个乡镇派出所（洛扎镇公安派出所），6个便民警务站（协其村便民警务站、经六路便民警务站、经三路便民警务站、经四路便民警务站、大礼堂便民警务站、色乡拉普温泉便民警务站）。

【社会管理】 2020年，洛扎县公安局为做好社会治安管理工作，对辖区娱乐场所、出租房屋、旅馆业、餐馆等人员密集场所排查500余家次，排查商铺70家、出租房109间、居民区254户、周转房723户，共排查经商人员600人次、务工人员1400人次、出租房屋住户342人次、居民区住户926人次、周转房住户776人次，排查人员800余人次，协助县文化局清查娱乐场所13家（朗玛厅6家、KTV6家、网吧1家），对40家旅馆信息系统进行6次摸排更新，辖区所有宾馆公安类信息采集系统全覆盖，辖区宾馆利用公安类信息采集系统采集信息26864条。摸排管制刀具销售商铺70家次，与9家零售商铺签订责任书，收缴管制刀具27把，在全县中小学、幼儿园张贴10份严禁管制刀具进校园海报。对辖区3家民爆作业单位安全检查共30余次。指挥中心充分利用110报警台作用，发挥视频监控优势，每日对全县街道、重点部位进行视频巡防，及时发现存在的维稳隐患。强化对党政机关、要害部位的巡防，强化对学校、医院等部位安全保卫工作，依法督导落实单位安全防范主体责任，最大限度做到全覆盖、无盲区。

【社会治安整治】 2020年，洛扎县公安局坚持以加强队伍建设为基础、维护社会稳定为目标，有案必立，不放过一丝线索，从而侦破案件，保护人民群众的合法利益，全力维护社会稳定，坚决打击和处理各种违法犯罪行为。年内，全县治安案件12起，其中赌博案件1起，扰乱公共秩序案件3起，殴打他人案1起，治安调解7起，行政处罚18人，其中行政拘留并处罚款6人，行政罚款18人，收缴赌资4670元，追缴赌具麻将机2台，行政罚款11700元，赌具全部销毁，赌资及罚款均上交国库；刑事案件11起，电信诈骗案8起，无冤假错案。交警大队以“压事故、保畅通、促稳定”为工作目标，以确保辖区社会局势全面稳定、持续稳定、长期稳定为中心，在路检路查、预防道路交通事故中，特别是219国道通车后，道路交通“点多、面广”问题呈现出来，加重交警大队日常道路执勤工作，为确保人民生命财产安全得到有效的保障，交警大队提高路面见警率和上路执勤密度、力度，坚持全警动员、全员上路，最大限度地将警力投入路面一线。截至年底，查处642起交通违法行为，其中无证驾驶20起、酒后驾驶机动车6起、违反规定载客9起、机动车超员行为7起、货运机动车载货超高行为5起、使用伪造机动车驾驶证2起、其他违法行为593起，全年出动警力9000余人次、警车4000余台次。全年网安大队针对网吧实名制落实情况、网吧系统在线率、节前安全大检查以及是否存在其他网络安全隐患等开展安全检查工作16次。针对毒品违法犯罪日趋严峻的形势，通过开展“全国公安机关‘高原扫毒’专项行动”，有力遏制毒品违法犯罪，全年未发生毒品犯罪。为推动扫黑除恶专项行动工作顺利开展，扫黑办及时成立扫黑线索摸排专班和“三个专业队”（扫黑除恶专业队、专业化办案团队、法律指导专业队）。年内，宣传30次，设立20个举报箱，发放宣传资料10200余份，张贴通告60余份，张贴海报100余张，应知应会内部资料200余份，悬挂横幅35条。组织专项清查21次，经过大量的线索摸排工作，未发现存在涉黑涉恶现象。

【人口管理】 2020年，洛扎县公安局户政科在原有工作基础上通过各种渠道继续对“公职人员、一人两户、死亡注销”等应销未销户口加大清理力度。全年户政科办理身份证1118张，其中统一办理应届初三毕业生身份证并送证进校215张，办理异地身份证16张，更换户口本509本，户籍非主项变更2450人次，户籍主项变更5人，其中民族变更2人、姓名变更3人，迁入45人，迁出72人，清理整治256户，查处国家公职人员未迁户117人，清理整治117人，查处重复户口5人，清理整治重复户口5人。

【重点工程建设管理】 2020年，洛扎县公安局针对全县的道路交通管理、消防安全管理、建设工地等场所集中开展安全检查工作。严查落实加油站“实名制”登记制度，坚决打击地下油气黑窝点，严防单位内部车辆、油气流失和倒卖，坚持源头管控，坚决防止各类事件的发生。

【治安防控体系建设】 2020年，洛扎县公安局辖区现有视频监控系统一套，全县监控点位49个，覆盖县城内全部路口及重点部位，实现视频监控及边境管理、打击犯罪等工作提供高效辅助，视频监控系统投入使用以来，有40家旅馆安装信息采集系统，其中手机版信息采集系统25家，电脑信息采集系统15家。年内，共受理居住证信息220条，出证220个，出证率100%。全年出动警力19983人次、开展车巡2939次，步巡2663次。

【党建工作】 2020年，洛扎县公安局党委下设1个党支部，党委班子成员4名，全局党员57名。自“不忘初心、牢记使命”主题教育活动以来，紧紧围绕主题教育的总体要求、目标任务、重点措施，紧密结合公安工作实际，精心组织实施，开展形式多样的主题教育活动，坚持以习近平新时代中国特色社会主义思想为指导，把开展主题教育作为一项重大政治任务，把能否达到党中央目标要求作为做到“两个维护”的重要检验，班子成员以上率下、身体力行，切实推动主题教育有序开展，抓实学习教育，确保主题主线落实落地，努力做到学在深处、干在实处、走在前列，实现理论学习有收获、思想政治受洗礼、干事创业有担当、为民服务解难题、廉洁自律做表率的具体目标，始终坚持高度重视、不等不靠，积极跟进学习和掌握主题教育的背景意义、目标要求，紧密跟进、互衔接、超前谋划、扎实推进，以推动工作为要务、以群众利益为导向、以党的建设为根本，聚焦突出问题，先后多次深入边境乡镇找问题、查原因、摸实情，保证主题教育扎实有效开展。

◆ 2020年4月，洛扎县公安局党支部组织全体民辅警开展主题党日活动

【党风廉政建设】 2020年，洛扎县公安局严格遵守各项政治纪律、严格执行《中国共产党纪律处分条例》《党委（党组）落实全面从严治党主体责任规定》《关于党内政治生活的若干准则》《公车管理规定》《公安机关人民警察纪律条令》“三重一大”制度、请销假制度、值班备勤制度、问责追责机制等多方面要求，确保队伍内部“零违纪”。为深入开展“坚持政治建警全面从严治警”教育整顿工作，先后多次学习赵克志在全国公安机关教育整顿部署会上讲话精神，制作坚持政治建警全面从严治警宣传栏和公告。全年召开党委会议6次，局理论中心学习会10次，各警务站组织学习13次，其中领导干部交流发言5次，领导干部讲党课3次，开展研讨交流发言3次，党委班子开展谈心谈话26人，局领导与各部门领导谈话14次，各部门与民辅警谈心谈话66次，撰写政治建警教育整顿心得体会56人次，开展讲廉政党课2次，学习中央八项规定及实施细则精神典型案例通报5次，组织坚持政治建警全面从严治警考试2次，开展教育整顿应知应会知识竞赛1次。组织民辅警开展爱国主义和革命传统教育3次，组织民辅警参加合唱《我的祖国》，学习爱国主义先进事迹，为革命烈士扫墓

活动，参观爱国教育基地2次，观看警示教育片4次，组织参观“走进纪委监委”开放日活动1次，组织收看红色爱国电影2次，开展为民服务活动3次，组织全体民辅警为困难群众收割小麦1次，为敬老院打扫卫生、讲解相关法律知识1次，政治轮训暨公共科目实战练兵开展3批次。

（邓　欢）

【领导名录】　洛扎县公安局

县委常委、政法委书记、公安局党委书记、局长、督察长　谭福强

党委委员、政委　达瓦平措（藏族）

党委委员、副局长兼洛扎镇派出所教导员　扎西旦达（藏族）

党委委员、副局长、边境管理大队教导员　巴桑次仁（藏族）

副局长　唐　成

检　察

【概况】　2020年，洛扎县人民检察院坚持以习近平新时代中国特色社会主义思想为指导，忠实履行宪法法律赋予的职责使命，为扎实推进新时代洛扎长足发展和长治久安贡献检察力量。

【党建工作】　2020年，洛扎县人民检察院进一步筑牢新时代检察工作的政治根基，把思想政治建设与检察业务建设紧密结合，结合“全面加强政治建检、打造过硬检察队伍”专项教育整顿活动，用党的创新理论武装头脑、指导实践。年内，召开党组理论中心组学习会议12次，院党组书记及班子成员讲党课8次。结合党支部实际，贯彻落实机关基层组织工作条例和党支部工作条例，扎实推进“三包五带五促”活动及八星党支部创建工作。全年开展党支部“三会一课”20次，主题党日活动12场次，发展预备党员1名，吸收入党积极分子4名，不断壮大党的基础建设，为抗击新冠肺炎疫情，党员带头捐款7450元。

【党风廉政建设】　2020年，洛扎县人民检察院强化两个责任落实，严格履行一岗双责，加强宣传教育，经常性地开展警示教育正风肃纪，坚持民主集中制，深化作风建设，努力营造风清气正的政治生态氛围。深入开展“八规”纠治工作，对排查出的四大类问题集中整改。贯彻执行防止过问司法办案“三个规定”，杜绝长期出现零报告，锤炼干警忠诚干净担当的政治品格，确保思想统一、步调一致。

【队伍建设】　2020年，洛扎县人民检察院认真学习贯彻十九届二中、三中、四中、五中全会精神和中央第七次西藏工作座谈会精神，坚持以更高政治站位和更长远的眼光推进各项检察工作稳步推进、落实、提升，认真谋划开展“全面开展政治建检，打造过硬检察队伍”专项活动，积极参与上级组织的各类业务线上培训及云课堂80余场次，同时在院内组织业务培训及业务知识讨论学习12场次，促进全院干警的法律知识得到及时更新，专业素质得以不断加强。

【打击刑事犯罪】　2020年，洛扎县人民检察院充分发挥刑事检察工作职能，依法惩治各类严重刑事犯罪，受理公安机关提请批准逮捕案件2件2人，侦监适时介入1件1人（故意杀人案）；受理公安机关移送审查起诉案件4件6人（1件1人交通肇事案，1件2人拒不支付劳动报酬案，1件1人盗窃案，1件2人掩饰、隐瞒犯罪所得收益案），不起诉案件1件1人（职务侵占案）。在办案中加大对犯罪嫌疑人认罪认罚从宽制度的讲解力度，着力提升认罪认罚从宽制度的正确适用率。年内，办理案件中适用认罪认罚3件5人，适用率为83%。

【公益诉讼】　2020年，洛扎县人民检察院始终按照中共中央总书记习近平提出的“检察官为公共利益代表”的重要论断，按照检察长张军“双赢多赢共赢”的检察新理念，积极为大局服务、为人民执法。年内，洛扎县人民检察院以开展食品药品安全“四个最严”专项行动、“公益诉讼

守护美好生活”专项监督活动，积极推进“检察长+河长制”，主动服务疫情防控大局，对生态环境资源保护、水资源保护、学校食品安全、群众药品安全、生鲜肉类食品检验检疫、医疗废弃物处置等线索进行排查。全年发现行政公益诉讼线索19件，立案19件（其中涉及环境资源与保护领域4件，食品药品安全领域2件，国有土地使用权出让领域11件，等外领域2件），发出检察建议13份，采取磋商机制终结6件。

【未成年人检察】 2020年，洛扎县人民检察院坚持“教育、感化、挽救”的方针，用心用情做好未成年人检察工作，深入落实最高检“一号检察建议”，检察长罗布次仁和一名副检察长觉昂曲珍分别担任洛扎县中学和扎日乡完小的法治副校长，开展法治进校园、“同舟共济、检护明天”为主题的检察开放日以及“快乐暑假、未检相伴”为主题的预防校园欺凌、保护未成年人法治宣传活动5场次，累计覆盖未成年人600余人次。

【服务民营经济发展】 2020年，洛扎县人民检察院服务民营经济发展，着力营造公平竞争营商环境，为民营经济发展撑起法治“保护伞”，提供优质检察产品和法律保障，贯彻落实最高人民检察院“三号检察建议”，结合工作实际，开展“服务‘六稳’‘六保’护航民企发展”检察开放日活动，邀请洛扎县民营企业家代表8名，“零距离”了解检察工作，凝聚各方力量，齐心协力护航民营经济发展。

◆ 2020年6月17日，洛扎县人民检察院组织工作人员到湖北广场开展非法集资法治宣传活动

【控告申诉工作】 2020年，洛扎县人民检察院投入2万余元在办公室一楼建成12309检察服务中心，努力打造“一站式”检察服务平台。配合山南市人民检察院完成1件司法救助案件，努力为人民群众提供更为便捷优质的检察服务。

【社会治安综合治理与扫黑除恶专项斗争】 2020年，洛扎县人民检察院把维护稳定作为压倒一切的政治任务，对单位内部及周围开展安全隐患排查、环境消毒杀菌和巡逻检查60余次，在值班备勤、巡逻防控等工作上投入检察力量共计200余人次。以零容忍的态度和敢于亮剑的精神，保持扫黑除恶高压态势，扩大扫黑除恶宣传面，悬挂横幅4条，滚动播放标语4条，向群众发放宣传资料、手册等5000余册。

【强基惠民与脱贫攻坚】 2020年，洛扎县人民检察院充分发挥党员干部的先锋模范作用，推进精准扶贫工作向纵深推进。班子成员及干警到白沙村驻村点，对村委会、驻村工作队和12户对口结对帮扶户进行慰问及政策宣传讲解工作4次，累计投入资金15000元；为白沙村驻村工作队及当地贫困户群众提供宣传材料、办公用品、办公桌椅等累计折合资金9160元；帮助解决扎日乡白沙村贫困户索朗卓玛家的边境小康村建设自筹资金10000元。

【普法宣传】 2020年，洛扎县人民检察院坚持把普法工作融入检察办案全过程全环节，将宪法知识、公益诉讼、非法集资、防范电信诈骗、国家安全月、12309检察服务、民法典知识等作为宣传重点，积极开展形式多样的法治宣传活动，大力促进人民群众学法、懂法、守法、用法的自觉性、主动性。年内，开展各类法治宣传活动19场次，发放各类普法宣传资料及物品7500余份，累计受教育群众6500余人次。

【司法体制改革】 2020年，洛扎县人民检察院以钉钉子的精神紧扣改革目标不放松，持续推动司法体制改革取得新成效，构建公正高效权威的检察制度。整合侦监、公诉办案力量，探索完善“谁批捕谁起诉”的捕诉一体办案模式。健全以随机分案为主、指定分案为辅的案件承办机制，把“谁办案谁负责”落到实处。开展检察官业绩考评2次，完成1名检察官入额和1名检察官退额，探索能上能下、有进有出的检察官动态调整方式。完善入额院领导带头办案机制，入额院领导办理案件占案件总数86%。

【接受监督】 2020年，洛扎县人民检察院坚持开门纳谏，主动接受社会各界群众监督，不断夯实可持续发展根基，推进检察事业行稳致远。积极邀请人大代表、政协委员在检察开放日等时间节点视察检察工作，向人大汇报公益诉讼等重大工作进展，增进代表委员对检察工作的了解。充分发挥微博、微信等新媒体平台的宣传阵地作用，将检察工作全方位向社会公开展示。全年县人民检察院在各类平台上累计发布检察信息485条。

【对口受援】 2020年，洛扎县人民检察院沟通协调对口援藏单位，加强与安徽省宣城市、池州市对口援藏检察机关的沟通联系。9月，县人民检察院检察长罗布次仁带领干警进行回访交流，争取10万元的资金支持。

（张　艳）

【领导名录】 洛扎县人民检察院

党组书记、检察长
罗布次仁（藏族）

党组成员、副检察长
张　艳（女）
觉昂曲珍（女，藏族）

党组成员、民事行政检察科科长
德吉卓嘎（女，藏族）

党组成员　格桑加措（藏族）

刑事执行检察局局长
德吉措姆（女，藏族）

法　院

【概况】 2020年，洛扎县人民法院受理案件41件，其中新受理40件；刑事案件3件，民事案件30件，执行案件7件；审执结37件，结案率97.3%。

【刑事案件】 2020年，洛扎县人民法院受理3件刑事案件，审结3件，结案率100%。突出打击重点领域犯罪，依法严惩侵害生命财产安全犯罪，审结盗窃案件1件1人、交通肇事犯罪案件1件1人、拒不支付劳动报酬案件1件2人。加强人权司法保障，坚持宽严相济刑事政策，对具备从轻情节或认罪认罚的依法从宽，判处缓刑3人。

【民事案件】 2020年，洛扎县人民法院受理31件民事案件，审结28件，结案率90.3%。积极营造更加稳定公平透明、可预期的法治化营商环境，依法审结合同案件13件，审结民间借贷纠纷案件1件。深化家事审判改革，强化调解、弱化对抗，促进家庭关系修复，审结婚姻家庭、继承抚养等案件11件。加大涉民生案件办理力度，审结餐饮纠纷涉民生案件1件，尽心竭力帮群众解难题。

【执行案件】 2020年，洛扎县人民法院受理7件执行案件，审结6件，结案率85.7%。为巩固“基本解决执行难”成果，开展发挥好执行职能、做好“六稳”工作落实、“六保”任务专项执行行动，执结执行案件6件，执行到位标的额43万余元。发布失信名单1例，限制高消费1人，布控到被执行人2人，协助区内法院执行3件。

【立案信访】 2020年，洛扎县人民法院执行立案登记制，当场立案40件，网上立案40件。10月，投入15万余元，改建诉讼服务中心，实现标准化运作，集诉讼引导、立案登记、调解速裁、信访接待等功能于一体，接待群众50人次，“12368”诉讼服务热线提供服务全面接通，调处各类纠纷20件。

【法制宣传】 2020年，洛扎人民法院扛起普法宣传责任。坚持“谁执法谁普法”责任制，树牢“法治宣传也是办案、办案就是法治宣传”理念，结合新旧西藏对比、新旧西藏司法制度对比和社会主义核心价值观教育、“四讲四爱”主题教育等活动，利用藏汉双语，采取公开庭审、网上直播、以案释法的方式，开展法治宣传13场次，受教育群众2000余人次。图片展览3次，接受群众咨询13次，发放宣传资料4500余册。

【强基惠民】 2020年，洛扎县人民法院选派优秀干警驻点到洛扎县海拔三类区的贡祖社区，开展第九批驻村工作任务，开展精准扶贫，小康示范村建设工作，全院干警8次到扶贫联系点开展结对帮扶工作，干警结对认亲13户、帮扶资金0.9万元，院党支部到驻村点贡祖社区开展2次主题党日活动，同时选派1名法官参与县小康示范村建设的中心工作。

【司法改革】 2020年，洛扎县人民法院落实院庭长办案要求，全年结案37件，院庭长结案32件，占86.49%；按照上级法院要求第三批法官入额遴选工作正在推进中，3名干警即将充实到办案一线，为司法审判注入新鲜血液。

【党风廉政建设】 2020年，洛扎人民法院党组听取5次党风廉政建设工作、司法作风建设工作情况汇报，3次专题研究党风廉政建设和反腐败工作，理论中心组学习安排党风廉政建设专题学习8次，召开作风建设安排部署会5次，司法廉洁教育学习6次，开展党章党规党纪专题教育学习3次，认真践行“四个亲自”要求，逢会必讲党风廉政建设，及时解决反腐倡廉建设中的重点、难点问题，始终确保党风廉政建设和反腐败工作任务齐抓共管、系统推进，真正形成合力、落到实处、取得成效。

◆ 2020年3月19日，洛扎县人民法院全院干警开展为疫情捐款活动

【党建工作】 2020年，洛扎县人民法院学习贯彻中央第七次西藏工作座谈会精神特别是中共中央总书记习近平重要讲话精神，并将其作为政治理论学习的首要任务。召开党组理论学习中心组学习会12次、组织党支部学习4次、专题学习2次、组织主题党日活动12次、利用每周二、三、四早上20分钟干警集中学习等60余次，投入近1万元打造“八星党支部”，推进党组织阵地标准化建设，信仰之基进一步筑牢、精神之钙进一步补足、思想之舵进一步把稳。

【基础设施建设】 2020年，洛扎县人民法院投资900万元建设的干警电梯公寓楼投入使用。5月，拉康中心人民法庭配置完家具，进行基本办公使用。在旧法庭的基础上，投资15万元改造的互联网法庭，首次执结1件，实现跨境远程办案。

【信息化建设】 2020年，疫情防控期间，洛扎县人民法院智慧法院“大显身手”，依托移动微法院、跨域立案、集约送达等线上系统，实现诉讼服务“不打烊”，公平正义“不打折”，跨域立案系统协助其他法院办理案件5件。年内，投入28万元，购置一台高速高清扫描仪，缓解档案录入压力，实现档案信息化与数字法院一体推进。

【领导名录】 洛扎县人民法院

院　长　松尖兵（藏族）

副院长　索朗玉珍（女，藏族）

　　　　刘占宇

司法行政

【概况】 2020年，洛扎县司法局编制9人，其中县局编制5人，实有5人；乡镇司法助理员编制4人，实有2人。

【党建工作】 2020年，洛扎县司法局以党组成立为契机，认真组织干部学习中共中央总书记习近平重要讲话精神、《中国共产党章程》、《习近平谈治国理政》（第三卷）等内容，进一步把党员干部的思想凝聚到中共中央的要求和干事创业上来，及时将精神落实到实践工作中，为推动司法行政各项工作提供强大思想支撑。年内，党组书记及班子成员讲党课2次、开展“不忘初心、牢记使命”主题教育集中学习4场次、专题研讨2次、研讨交流发言4人次。结合“不忘初心、牢记使命”主题教育，组织全体党员重温入党誓词，开展廉政教育2次，组织志愿服务活动2次。组织参观烈士陵园，强化革命传统教育，锤炼忠诚干净担当的政治品格。

【党风廉政建设】 2020年，洛扎县司法局始终坚持把廉政建设摆在自身建设的首要位置，认真执行党风廉政建设责任制，逐级签订党风廉政建设责任书，严格落实廉政责任，筑牢思想防线，坚守底线，高度重视党风廉政工作。通过组织生活会和干部职工微信群等载体传达上级有关会议和文件精神，组织学习中央八项规定、《廉洁自律准则》、《纪律处分条例》等党纪党规。年内，县司法局召开党组理论中心组学习会12次，观看警示教育片2次，筑牢党员干部拒腐防变意识。

【普法宣传工作】 2020年是“七五”普法收官之年，为做好普法总结验收工作，洛扎县司法局联合各普法成员单位开展形式多样、内容丰富的宣传活动。为积极应对新型冠状病毒性肺炎疫情防控工作的严峻形势，按照上级工作部署要求，加大法治宣传教育力度，持续进行疫情防控知识和相关法律法规政策宣传。各普法成员单位和各乡镇通过微信群、秘境洛扎向群众宣传《中华人民共和国传染病防治法》以及《突发公共卫生事件应急条例》《公共场所卫生管理条例》等法律法规，引导干部职工依法强化新型冠状病毒性肺炎疫情防控；宣传《疫情防控中的9个法律问题》等法律法规，倡导群众注意甄别网络信息真假，做到不信谣、不传谣、不造谣，坚持舆论引导，未经核实的信息，不在微信、微博、朋友圈等媒体平台发布和转载，做知法、懂法、守法的好公民。同时，加强《中华人民共和国民法典》《中华人民共和国宪法》《中华人民共和国劳动保障法》等20余种与农牧民群众生产生活密切相关的法律法规线上推送力度，在秘境洛扎微信公众号每日推送，进一步扩大普法受众。县普法办以及各普法成员单位充分利用3月全国综治宣传月、“4·15”全民国家安全教育日、“12·4”宪

◆ 2020年4月，洛扎县司法局开展“宪法法律进企业”宣讲活动

法宣传周、防范非法集资宣传月、六月综治宣传活动等时间节点和“9·6”平安宣传周、网络安全宣传日对全县范围内的干部、农牧民群众，发放各类藏、汉文法律法规宣传单，在县委宣传部微信公众号上推送《中华人民共和国民法典》知识等，努力营造全县干部群众“学法、懂法、知法、用法”的好习惯。年内，全县各普法成员单位通过微信群、朋友圈、公众号等新媒体开展宣传50余次，集中宣传30余次，发放各类法治宣传手册4500余份，受教育群众15000余人。以法律进机关、进乡镇、进学校为载体，开展“党的光辉照边疆 边疆人民心向党”法律巡回讲座。截至年底，组织讲座6场次，受教育干部、师生1000余人。

【人民调解】 2020年，洛扎县司法局以“筑牢人民调解第一道防线，助推平安洛扎建设”为总抓手，积极配合扫黑除恶专项斗争，进一步推进落实“枫桥经验”。按照“县不漏乡（镇）、乡（镇）不漏村、村不漏组、组不漏户、户不漏人”的原则，扎实开展矛盾纠纷排查化解工作，把矛盾纠纷化解在基层。

【法律援助】 2020年，洛扎县司法局利用各类普法宣传活动在县城、乡（镇）、村（居）人口相对密集的公共场所开展法律援助宣传，活动采取发放《法律援助便民卡》、设立咨询台、悬挂横幅等形式开展法律援助工作流程及特点宣传，使更多农牧民群众深刻认识到法律援助工作的好处，增强群众依法维权的法治意识，发放宣传资料3000余份，咨询60余人次。年内，建立法律援助工作站2个，法律援助工作群34个，将法律援助工作设在群众身边，实现法律援助村（社区）全覆盖。截至年底，为群众提供法律服务100余人次，办理各类案件12件。

【社区矫正与安置帮教】 2020年，洛扎县司法局对社区矫正对象每月组织开展集中学习和社区劳动服务，社区矫正工作人员通过每月的集中教育和社区公益劳动，综合考察社区矫正人员的悔罪表现、道德观及社会责任感，了解人员心理动态、生活工作状态，最大化预防社区矫正人员脱管、漏管、重新违法犯罪，不断强化社区矫正对象身份意识和服刑意识。在特殊敏感节点期间，对“两类人员”进行上门走访，了解其思想及行为动态，确保听管服教。年内，全县在册社区矫正对象2名，安置帮教对象21名，落实帮扶救助资金3.7万余元，帮扶4名安帮人员。

（旦 支）

【领导名录】 洛扎县司法局

局 长 刘 斌

副局长 朗珠次旺（藏族）

洛桑卓玛（女，藏族）

军 事

洛扎年鉴

人武部

【概况】 2020年，洛扎县人民武装部（以下简称县人武部）狠抓国防动员、维稳执勤、民兵训练与整组、征兵、巡逻驻哨等工作任务。同时，持续抓好自身安全管理、秩序规范、后勤保障等工作，确保安全稳定。

【民兵工作】 2020年，县人武部按照上级下达的民兵训练任务，抓好民兵重组、调整工作，开展国防教育、爱国主义、民兵工作性质等政治教育。在国家法定节假日和“两会”期间，组织民兵应急分队携带防爆器材对重要目标、重要部位进行维稳执勤，确保安全稳定、和谐安宁。完成民兵整组任务。按照分区方案，组织全县民兵执行巡逻驻哨任务，开展边防执勤、警戒防卫、搜捕、押解等训练，提高遂行任务能力素质，确保社会稳定。

【征兵工作】 2020年，县人武部依据山南市2020年夏（秋）季征兵命令，成立县征兵工作领

◆ 2020年6月，洛扎县人民武装部组织全县民兵执行巡逻驻哨任务

导小组，召开征兵工作会议，安排部署征兵工作。积极采用悬挂横幅、发放宣传单、播放征兵广播等方式和走村入户形式，搞好征兵宣传，做好应征青年体检、政审、送兵等工作，圆满完成征兵任务。

【国防教育】 2020年，洛扎县组建以县委书记和县人民武装部政治委员为领导的国防教育领导小组，贯彻执行上级关于全民国防教育工作的方针、政策、法律法规和命令，定期分析国防教育形势，会同有关部门开展“全民国防教育日”活动，到村入户开展爱国主义教育、国防教育、法制宣传、党的政策宣讲等，积极发挥民兵队伍在地方建设中的主力军作用，增强群众爱国、护国观念。

【援建扶贫】 2020年，县人武部配合西藏军区副司令员结对帮扶洛扎县，开展先期检查调研工作，对11户贫困户开展慰问活动，送去大米和清油等慰问物资，为开展结对帮扶工作打下坚实基础。

（郎珠次旦）

退役军人事务管理

【概况】 2020年，洛扎县退役军人事务局（以下简称退役军人事务局）为正科级单位，核定编制3人，实有编制4人，其中正科级干部1人，副科级干部2人，一般干部1人，下设副科级事业单位1个（洛扎县退役军人服务中心，核定编制3人，实有编制3人，1人长期借调县委统战部，其中副科级干部1人）。

【双拥工作】 2020年，退役军人事务局深入贯彻中共中央总书记习近平关于加强军政军民团结的重要论述，进一步做好新时代双拥工作，巩固和发展军政军民团结，推动创建双拥模范县城活动广泛深入持久开展。年内，县委、县政府高度重视双拥工作，及时调整充实双拥工作领导小组，安排4.5万元经费用于开展双拥工作。为彰显退役军人的优良品质，弘扬社会正能量，进一步在全县营造关心关爱退役军人、现役军人家庭、伤残军人、烈士家属、立功受奖现役军人家庭的浓厚氛围，并发放慰问品。隆重举行主题为“军爱民 民拥军 军民同心固边疆，同奋斗 共发展 军政团结筑小康”的庆“八一”军地联谊晚会，热情讴歌军地双方拥军优属、拥政爱民的丰硕成果，赞颂军政军民“同呼吸 共命运 心连心”的鱼水情深。

【慰问活动】 2020年，退役军人事务局召开退（现）役军人座谈会，听取心声，收集意见建设，为退（现）役军人解决实际困难，营造拥军优属、拥政爱民的浓厚氛围。元旦、藏历新年、春节节日期间慰问伤残军人、烈士家属、困难退役军人及立功受奖现役军人家属共计10500元。

【缅怀先烈活动】 2020年，退役军人事务局贯彻落实《烈士褒扬条例》《英雄烈士保护法》，营造缅怀烈士、崇尚烈士、学习烈士、继承遗志的浓厚氛围，在县烈士陵园开展“9·30”烈士纪念日相关活动。

【政策落实】 2020年，退役军人事务局贯彻落实《退役军人事务部 财政部关于调整部分优抚

◆ 2020年6月30日，洛扎县退役军人事务局与邮政银行衔接，开通免费办理退役军人服务卡服务

对象等人员抚恤和生活补助标准的通知》及《优抚对象医疗保障办法》文件精神，全面落实退役军人、伤残军人、烈士家属应享政策，及时兑现各类资金。年内，为优抚对象发放抚恤金，为农村籍60岁以上退役军人发放生活补助，为退役军人兑现自主就业一次性经济补助金和家属优待金，为转制人员兑现家属优待金。

【思想教育】 2020年，退役军人事务局建立洛扎县退役军人党员党组织关系数据库情况台账，将全县退役军人党员纳入服务管理范围，利用电话、微信、QQ等媒体媒介，随时掌握思想动态，经常利用微信朋友圈、秘境洛扎推送退役军人最新相关政策，让其充分感受到党和政府对退役军人的关心、关怀和重视。对全县现役军人、退役军人、烈士家属等家庭进行走访，对优抚安置政策落实情况进行全面检查，加强优抚安置和征兵政策的宣传力度，帮助解决实际问题。

【就业创业】 2020年，退役军人事务局立足服务，多方沟通协调，全力做好退役军人就业创业宣传工作。年内，安排2名退役军人到县消防大队就业。

【党建工作】 2020年，洛扎县民政退役党支部坚持以习近平新时代中国特色社会主义思想为指导，深入贯彻十九大和十九届二中、三中、四中、五中全会精神以及中央第七次西藏工作座谈会精神，增强“四个意识”、坚定“四个自信”、做到“两个维护”，坚持不懈地抓政治理论学习。截至年底，民政退役党支部有正式党员16名，党支部召开党员大会6次、支部委员会12次，支部书记讲党课4次，召开专题组织生活会2次，开展主题党日活动12次。以开展“七一”建党99周年活动“讲党恩、跟党走”系列主题教育活动为契机，大力加强民政退役党支部思想政治建设，充分发挥党支部战斗堡垒作用，为保证党支部各项工作的顺利开展提供坚强有力的政治保证。截至年底，开展结对帮扶4次，发送慰问金和物品折合人民币10000余元。为进一步增强党支部的创造力、凝聚力和战斗力，开展献爱心活动，在“三八”妇女节期间，民政退役党支部组织女干部职工自筹资金到扎日乡慰问2户贫困户。

【党风廉政建设】 2020年，退役军人事务局制订党风廉政工作计划，成立领导小组，层层签订党风廉政建设责任书。在党风廉政建设宣传月活动中制定实施方案，开展“严守纪律规矩，做忠诚干净担当的新时代好干部”的党课，并组织学习上级纪委通报和党政主要领导有关廉政讲话精神。

（拉姆布赤）

【领导名录】 洛扎县退役军人事务局

局　长　向晓花

副局长　罗布次仁（藏族）

　　　　拉姆布赤（藏族）

退役军人服务中心

副主任　张　顺

经济管理

发展与改革

【概况】 2020年，洛扎县发展和改革委员会增强“四个意识”、坚定“四个自信”、做到“两个维护”，坚持“五位一体”总体布局，协调推进“四个全面”战略布局，紧紧围绕稳定、发展、生态、强边四件大事和实现“四个确保”，牢牢把握工作的着眼点、着力点和出发点、落脚点，坚持稳中求进的工作总基调，完成年度各项目标任务。年内，县发展和改革委员会下设经济和信息化局、粮食和物资储备局及小康办。

【经济运行】 2020年，洛扎县完成生产总值7.26亿元，同比增长6.9%，完成年度目标任务的100%；完成全社会固定资产投资15.92亿元，同比下降30.7%，完成年度目标任务的82%；完成招商引资投资7亿元，同比下降30%，完成年度目标任务的100%。

【项目建设】 2020年，洛扎县开复工项目111个，涉及总投资55.77亿元（其中，续建项目74个，总投资48.83亿元；建项目37个，总投资6.94亿元），完成投资15.92亿元；全县在线审批累计录入356个项目，涉及投资37.87亿元，全年全县录入国家重大项目库56个，涉及投资8.74亿元，累计录入国家重大项目库184个项目，涉

◆ 2020年11月13日，洛扎县发展和改革委员会项目办协同相关单位开展县藏医院选址放线工作

及投资22.4亿元。

【项目管理】 2020年，洛扎县发展和改革委员会针对计划新建项目，从设计到建设按照基本建设程序办事。严格按照《中华人民共和国招投标法》《洛扎县基本建设项目管理办法》等有关规定，筛选施工单位，着重抓好工程质量的管理，加强对项目的现场管理、质量监控，强化安全生产和投资监管措施，继续做好审批权限下放等工作。

【小康村建设】 2020年，洛扎县7个乡（镇）27个村（社区）4957户18311人纳入边境小康村建设规划，总投资18亿元。其中，边境一线乡（镇）6个，下辖22个村（社区），农牧民人口3691户13748人；边境二线乡（镇）1个，下辖5

个社区，农牧民人口1266户4563人，项目建设资金累计到位22.63亿元，其中自治区资金14.12亿元、市级资金1.85亿元（含湖北援藏资金2800万元）、县级配套资金1.32亿元、县级整合资金0.71亿元、中央直达资金0.36亿元、中粮集团援藏配套资金0.4亿元、脱贫攻坚整合资金1.32亿元、群众自筹资金2.55亿元。截至年底，全县参建小康村项目有3851户15590人，占规划总人数的85.8%。在建小康村项目42个村（点），涉及2512户10394人，项目平均进度75%，DB搬迁竣工入住111户317人，项目总投资6883.02万元，在建DB搬迁项目5个点，涉及132户485人，项目总投资8945.31万元。

【“十四五”规划】 2020年，洛扎县启动并科学编制“十四五”规划，通过召开“十四五”规划专题会议、征求意见会，听取汇报，提出意见建议，集体研究讨论，推动规划编制工作。同时，紧扣十九届五中全会、中央第七次西藏工作座谈会、西藏自治区强边工作会议精神，衔接西藏自治区、山南市“十四五”规划纲要，进行多次修改完善，形成《洛扎县国民经济和社会发展第十四个五年规划和二〇三五年远景目标纲要（草案）》，储备“十四五”规划项目393个，总投资182亿元。围绕守边固边富边强边，谋划制定《洛扎县高质量发展项目清单（2021年至2035年）》，储备项目414个，总投资1188亿元。

【招商引资】 2020年，洛扎县招商引资项目1个，县发展和改革委员会在加强与区、市发改部门沟通协调的同时，努力推进拉康电站建设工程进度，全年完成固定资产投资入库69960万元。

【党建工作】 2020年7月，洛扎县发展和改革委员会党支部召开支委会选举会议，选举支委会成员，按时开展支部活动；召开支部大会传达学习中央、区党委、市委、县委一系列讲话精神，严格落实“三会一课”、民主评议党员等制度，定期组织党员参加学习，开展主题党日教育、撰写心得体会等活动并做好个人笔记，严格党的组织生活制度，加强支部队伍建设。

【党风廉政建设】 2020年，作为党风廉政教育重点单位，洛扎县发展和改革委员会制定年内党风廉政建设方案、计划，成立党风廉政建设领导小组，签订单位党风廉政建设工作责任书。组织干部职工学习《中华人民共和国监察法》《关于新形势党内政治生活的若干准则》等上级文件精神并及时传达学习中央、区、市、县纪委下发的相关通报文件，积极抓好各大节日节前廉政教育，引导全体干部职工树立正确的世界观、人生观、价值观和政绩观，筑牢干部职工防腐拒变的思想防线。

【价格监测及认定】 2020年，洛扎县发展和改革委员会认真执行山南市委、市政府的各项决策部署，密切监测重要商品市场价格动态，及时分析价格走势，在加强价格监测预警、做好价格信息服务等方面开展大量工作。按照山南市发展和改革委员会的相关工作安排，每周开展一次重要商品价格监测，并将监测报告、表格及时上报，为山南市委、市政府提供决策信息，年内，协助县公安局办理价格认定案件1件，涉及金额1830元。

（次仁群旦、格桑多吉、桂 杨、尼玛仓决）

【领导名录】 洛扎县发展和改革委员会

主 任 洛桑次仁（藏族）

副主任 田 冈

经济与信息化

【概况】 2020年，洛扎县经济和信息化局为洛扎县发展和改革委员会下设机构。

【推进复工复产】 2020年，洛扎县经济和信息化局面对突如其来的疫情和严峻的经济发展形势，在山南市经济和信息化局的关心指导以及县委、县政府的正确领导下，制定《关于工程建设、工业企业领域返藏务工人员疫情防控工作方案》，明确工业企业复工复产条件、隔离措施和解除隔离的条件，为推动疫情防控工作奠定坚实基础。全县辖区内企业用工多为区内人员，疫情对企业造成的影响较小，辖区内所有企业在4月全面复工复产。年内，在疫情影响下，民族手工业总产值1532.5万元，较上年同期下降4%。

【信息化建设】 2020年，洛扎县经济和信息化局根据《西藏自治区财政厅 西藏自治区经济和信息化厅关于自治区电子政务外网运维费支出标准指导意见》（藏财建〔2019〕29号）以及上级部门相关要求，积极向县人民政府申请解决2019年、2020年电子政务外网产生的网络租赁费用489.56万元，并列入预算中，预算费用为每年247万元。

受援工作

【概况】 2020年，洛扎县援藏工作队按照中粮集团统一安排，努力消除疫情影响的同时，克服困难、积极开工复工，全力推进援藏项目建设，顺利完成年度计划，取得良好效果。

【资金到位】 2020年，中粮集团计划拨付援藏资金3300万元，包括1200万元常规援助资金，2100万元洛扎边境小康村专项建设资金。截至年底，所有资金全部到位。

【资金使用】 2020年，洛扎县累计使用援藏资金2884万元。其中，2020年常规援助资金使用884万元，约占74%；洛扎边境小康村专项建设资金使用2000万元，约占50%。常规援助资金中，尚余300多万元没有使用，主要原因是“洛扎县中学多功能教学中心暨中粮产业孵化基地”项目调整为“十四五”规划项目，增加一些功能，改为2021年启动；因受疫情影响，中粮营养健康研究院调研小组赴藏时间推迟，导致项目方案完成时间相应推迟，双方决定自2021年开始执行。由中粮集团负责建设的洛扎县洛扎镇嘎波社区协其村边境小康村项目一期72户住房竣工交付使用。同时，二期26户住房开工建设，完成工程量的20%。中粮洛扎边境小康村专项建设资金4000万元，支出2000万元结算一期工程部分款项，一期工程尾款和二期工程建设款将在2021年予以拨付。2020年援藏资金使用情况统计见下表。

2020年援藏资金使用情况一览表

表1　　单位：万元

资金类别	项目类别	项目名称	建设内容	投入资金	备注
援藏资金1200	产业援藏	藏鸡养殖	硬件建设	192	鸡舍改造、修建办公楼和场区大门、硬化路面
			设备安装	44	监控系统、污水处理
			运营保障	89	购买鸡苗、饲料、工具、保险，报销员工路费，包装设计
			人工工资	32	包括内地汉族员工、当地藏族员工
			小计	357	
		黄粉虫养殖	运营保障	78	购买饲料、工具，缴纳电费

续表1

资金类别	项目类别	项目名称	建设内容	投入资金	备注
援藏资金1200	产业援藏	黄粉虫养殖	人工工资	68	包括内地汉族员工、当地藏族员工
			小计	146	
		蔬菜种植	硬件建设	16	修建灌溉沟渠，维修大棚
			运营保障	4	购买种子，缴纳电费等
			人工工资	60	包括内地汉族员工、当地藏族员工
			小计	80	
			合计	583	
	文旅援藏		拍摄宣传片	30	拍摄《秘境洛扎》宣传片
			写生活动	1	组织内地画家走进洛扎采风
			小计	31	
	民生援藏	环境整治	排污治理	158	县城部分排污管道改造、地面整治（洛扎要求）
	其他	疫情防控	购置物资	71	购买呼吸机、口罩、防护服、药品等（集团要求）
		改善办公	购置设备	10	县直机关购置办公设备
		基层建设	订阅报刊	2	为全县26个村居订阅报刊，传统援藏项目
		援藏费用	办公经费	6	差旅住宿、通信费、交通费、电费、办公用品等
			车辆费用	23	保险、维修、油料、专职驾驶员补助
			小计	29	
	累计使用			884	
	目前结余			300	相关项目转为2021年执行
专项资金4000	边境建设	小康村一期	住房重建	2000	
		小康村二期	住房重建		
	累计使用			2000	
	目前结余			2000	一期工程尾款和二期工程款转为2021年结算
共计				2884	常规援助资金+专项资金

【项目建设】 2020年4月，西藏自治区党委书记吴英杰到洛扎县视察工作，专程调研种养殖循环农业项目。吴书记对中粮产业援藏思路、做法、效果给予肯定和积极评价，希望中粮坚持产业援藏方向，进一步扩大产业项目的规模和影响。为贯彻落实吴英杰指示，山南市将洛扎县藏鸡养殖项目列入“十四五”规划，拟拨付1900万元用于洛扎扩大藏鸡养殖规模。

藏鸡养殖项目　2020年，全年售出藏鸡蛋14万枚、藏鸡8000多只，收入120万元，连续第二年销售过百万。从2014年始建项目至2020年，藏鸡养殖项目逐步减少对援藏资金的依赖，开始自行购买鸡苗和饲料。在社会效益方面，藏鸡养殖项目为43户入股村民和7户建档立卡贫困户发放分红及扶持资金10万元，自2016年至今，藏鸡养殖项目用于分红和扶持建档立卡贫困户的资金已累计发放49万元。在硬件建设方面，场区硬化、鸡舍改造、宣传栏更新、监控、消毒和污水处理设备安装、运输车辆广告装饰等项工作相继完成。在内部管理方面，积极开展绩效考核，完善质检制度，精简员工队伍，梳理薪酬体系，规范多项工作要求，完善产品包装设计。

蔬菜种植项目　2020年，继续开展设施完善改造，继上年开通自备井后，进一步改进大棚门窗以改善通风条件，重砌引水灌溉沟渠；调整种植策略，主要种植饲用胡萝卜，全年收获喂虫喂鸡饲用胡萝卜和各类蔬菜10.5万公斤，有力地支持循环农业项目运转。

黄粉虫项目　2020年，根据需求量，共供应藏鸡养殖项目黄粉虫鲜虫3万公斤。

【边境小康村项目】　2020年，由中粮集团负责建设的洛扎镇嘎波社区协其村边境小康村项目一期工程有72户村民住房，完成竣工交付使用。协其村小康村二期26户村民住房于7月底动工，年内完成工程总量的20%，预计2021年7月建成交付使用。

【防疫抗疫工作】　2020年，新冠肺炎疫情暴发后，按照中粮集团部署和洛扎县需求，援藏工作队积极联络相关部门筹措防疫物资，在集团办公室医务室、应急管理部和党群工作部的大力协助下，为洛扎县筹措到17450只口罩、324套防护服和1080盒连花清瘟胶囊，为县医院购置2台呼吸机，有力支援洛扎县的抗疫工作。另外，援藏干部积极参加捐款活动，每人捐款2000元支持抗疫工作。

【文旅援藏】　项目根据五中全会和中央第七次西藏工作座谈会精神，紧密结合实际，专为衔接洛扎脱贫攻坚与乡村振兴战略而设，是“十四五”期间中粮援藏工作的主线。充分调动起“秘境”洛扎的一切资源，围绕打造水彩写生基地这一聚能平台，将旅游、文化、创作、产品销售、产业发展集零为整、融为一体，以文化带旅游、以旅游促产业、以产业助就业，纲举目张，最终实现洛扎产业抱团发展。自启动以来，相继推出“内地画家走进洛扎”采风活动、“洛扎—西藏题材线上画作”征集活动、“秘境洛扎”专题片等系列举措，在扩大洛扎影响的同时，支持藏鸡蛋的推广和销售，为“十四五”期间启动该项目的关联工作奠定坚实基础。

【“十四五”援藏项目规划编制】　2020年，将中粮集团“十三五”援藏项目规划的执行情况做认真梳理和总结，完成集团“十四五”援藏项目规划编制工作，分别提交集团、山南市和洛扎县审批。在此期间，援藏干部细心研读习近平新时代中国特色社会主义思想，多次下乡开展调研，结合从事产业援藏的思考与实践，认真撰写、反复修改十四五规划内容，立足新发展阶段，贯彻新发展理念，融入新发展格局。

【其他援藏项目建设】　2020年，援藏工作队陆续接待七批赴藏工作组，分别来自蒙牛乳业、现代牧业、中粮营养健康研究院、北京东石北美牧场有限公司和内蒙古冰山设计院，研究推进蒙牛—净土双品牌合作项目、山南森布日牧场项目、洛扎藏鸡高效养殖项目和山南乳制品加工厂项目等。在蒙牛—净土双品牌合作项目中，援藏工作队创造性地提出“反向使用援藏资金、明补内地暗助拉萨、曲线扶持西藏产业”的构想，以援藏产业资金开拓内地市场再反哺西藏产业发展，实现理念上的突破，得到合作各方高度认同；在筹划山南乳制品加工厂项目时，援藏工作队根据山南产业发展实际，提出高起点引入战略合作者、“攀附”式高水平运营管理、“搭船出海”解决产品渠道的三步走方案；在森布日牧场项目推进过程中，援藏工作队主动发挥中粮牵头作用，积极建言献策，协调四方、消除误解、推进合作，主持召开森布日四方建设会议，消除现代牧业、蒙牛乳业合作顾虑，实地踏勘现场、陪同调研，最终终于确定设计方案，使项目在2020年得以顺利开工。另外，援藏工作队还协调中粮可口可乐公司入藏开展企业专场招聘活动，下乡调研洛扎县拉郊乡木耳种植和拉康镇林下产品加工企业，为中粮产业援藏下一阶段任务做好基础性工作。

【赴藏慰问工作】 2020年7月18—22日，由中粮集团副总裁伊力扎提率领的代表团赴藏对洛扎县开展慰问、对中粮产业援藏项目进行调研，对援藏工作提出具体要求。

市场监督管理

【概况】 2020年，洛扎县市场监督管理局编制人数6人，实有10人，其中藏族7人、汉族3人，设有局长1人、副局长3人，大学本科6人、大专2人。

【市场主体情况】 2020年，洛扎县共有市场主体1970户，其中个体工商户1715户（包括普货运输）、企业166家、农牧民专业合作社89家。

◆ 2020年11月19日，洛扎县市场监督管理局开展冷链食品专项检查行动

【商标广告管理】 2020年，洛扎县有效注册商标98件，其中自治区著名商标1件，地理标志商标1件。年内，注册商标16件，提交申请19件。

【党建工作】 2020年，洛扎县市场监督管理局夯实基层基础，不断提高履职能力，加强党组织建设、干部队伍建设和廉政建设，增强“四个意识”、坚定“四个自信”、做到“两维护”。认真学习习近平新时代中国特色社会主义思想，认真开展“不忘初心、牢记使命”主题教育活动。年内，党支部党员人数6人，其中藏族4人、汉族2人；女性2名、男性4名。全年召开党支部会议12次，撰写心得体会18篇，交纳党费972元。

【党风廉政建设】 2020年，洛扎县市场监督管理局党支部认真贯彻落实全面从严治党主体责任，严守政治纪律和政治规矩，强化“两个责任”落实。年内，专题研究党风廉政建设和反腐败工作6次，开展党风廉政建设责任制落实情况自查4次，并迎接九届县委第九轮巡察三组巡察。

【非公经济党建工作】 2020年，洛扎县有非公党支部5个，正式党员66人，预备党员6人，积极分子15人。年内，新成立小个专非公党支部，党员19人，县市场监督管理局党支部负责指导小个专非公党支部党建工作。

【消费维权】 2020年，洛扎县设立“12315”消费维权联络站9个，其中7个乡镇各1个联络站、市场主体2个联络站。

【案件查办】 2020年，洛扎县市场监督管理局查办案件10件，简易案件10件，罚款500元。

【商事登记改革】 2020年，洛扎县市场监督管理局深入推进“放管服”改革，推行“审核合一”登记审查制度，除涉及前置审批事项的市场主体设立、合并、分立、非简易注销、国企改制等登记业务实行“一审一核”外，其他企业登记业务全部实行“审核合一、一人通办”，符合条件的全部推行“审核合一”。企业登记受理、审核、核准等各环节全程实行谁登记谁负责、谁监管，实行“一个窗口、一次受理、最多跑一次”限时办结制，实行“三证合一、五证合一、一照一码”登记制度改革，大幅度降低市场准入门槛，增强大众创业、万众创新的积极性，激发市场活力。切实减少繁杂审批许可备案，减少企业办事环节，进一步压缩企业登记注销审批时间。在企业设立、变更、注销等环节严格按“放管服”改革要求实行限时办结制，将企业设立、变更登记时限从受理后的30个工作日缩短为5个工作日，实行简易注销制。全面实行企业登记网上咨询、受理、审核和办理注册登记，真正实现“一次性”和“零见面”的网上审批办理制，积极推送“双告知”书，实行告知承诺制，逐步实现“互联网+政务服务”和“一照走天下”。企业实行自主申报名称制度，赋予企业名称自主选择权，从开放企业名称库入手，通过推行网上申请、简化申请审核流程，积极探索推行全程电子化和电子营业执照，有效降低大众创业、万众创新的各种成本。

（益西旦增）

【领导名录】 洛扎县市场监督管理局

局　长　益西旦增（藏族）

副局长　拉巴曲吉（女，藏族）

　　　　旺　杰（藏族）

　　　　孙　成

应急管理

【概况】 2020年，洛扎县应急管理局核定编制6人，其中部门领导职数4人，实有8人，其中部门领导4人，科员1人、其他人员2人、政府性购买岗位1人。截至年底，全县发生各类事故32起，其中一般道路交通事故31起，生产安全事故2起，伤亡3人。

【火灾及工矿事故】 2020年，洛扎县未发生火灾事故，无人员伤亡，全年未发生工矿伤亡事故。

【危险化学品监督管理】 2020年，洛扎县应急管理局重点检查监督2家加油站建立、健全安全生产责任制；组织制定站内安全生产规章制度和操作规程；组织制定并实施安全生产教育和培训计划及企业投入安全生产经费实施情况；及时消除生产安全事故隐患；组织制定并对企业的生产安全事故应急救援预案等安全生产工作开展情况进行监督检查。截至年底，检查43次，发现各类安全隐患15处，其中加油站检查35次，发现隐患14处；检查民爆物品8次，发现隐患1处；下发责令限期整改指令书4份，完成整改15处。

【烟花爆竹安全监管】 2020年，洛扎县无烟花爆竹零售经营点。

【非煤矿山安全监管】 2020年，洛扎县应急管理局开展非煤矿山安全检查9次，发现安全隐患15处，对发现的问题和隐患，要求企业立即整改。

【工贸企业安全监管】 2020年，洛扎县应急管理局对洛扎县1家工贸企业进行调查摸底检查，对发现的问题和隐患，要求企业立即整改。全年检查工贸企业3次，排查安全隐患3处，全部整改完毕。

【应急防灾减灾】 2020年，洛扎县应急管理局以防灾减灾工作作为应急管理的重中之重，放在突出位置来抓。为有效应对各类突发灾情救援处置工作，特别是做好应急物资的储备工作，投入38万元资金采购帐篷、折叠床、棉被、雨鞋、火炉、发电机等应急物资作为县级物资储备。积极稳妥做好全县受灾群众冬春救助工作，发放冬春生活救助资金54.62万元，并做到管理规范、程

◆ 2020年4月17日，洛扎县应急管理局联合县治安大队开展复产复工安全生产检查

序严格、拨付及时、发放到位，确保党和政府的惠民政策落到实处。

【安全生产三年专项整治行动】 2020年，洛扎县应急管理局按照《山南市安全生产专项整治三年行动工作方案》（山安委发〔2020〕5号）的通知精神，制定《洛扎县安全生产专项整治三年行动工作方案》，成立县政府主要领导为组长的安全生产专项整治三年行动领导小组，召开三年专项整治动员部署会议，以联合检查与专项检查方式深入各乡（镇）、学校、寺庙，对道路交通、非煤矿山、建筑施工、消防、危险化学品、工贸等17个重点行业领域安全隐患排查整治情况进行监督检查。截至年底，开展执法检查402次，检查659家单位，排查出303处隐患，完成整改214处，下发执法文书36份。

【隐患排查治理】 2020年，洛扎县应急管理局通过召开安全生产工作专题会议，及时部署阶段性安全生产工作。多措并举抓好安全监管工作，不定期召开研判会，强化预警分析，突出抓好日常监管、排查整治、应急值守和督办问责，特别是围绕全国全区“两会”“五一”“国庆节”“库拉岗日文化旅游节”等重要节点及时下发通知3份，组织相关单位重点检查道路交通、危险化品、森林草原及人员密集场所领域，特别是盯紧国道219线及乡村道路存在的安全隐患，全年整治4处容易引发道路交通事故的安全隐患，防止出现群死群伤及较大以上道路交通事故。

【教育宣传】 2020年，洛扎县应急管理局坚持习近平新时代中国特色社会主义思想为指导，深入贯彻落实“坚持统一领导、协调联动；坚持以人为本，生命至上；坚持以防为主，防抗救结合；坚持分级负责，属地为主；坚持快速反应，高效处置”的应急管理工作原则，加强组织学习中共中央总书记习近平对关于安全生产、防汛救灾工作作出的重要指示精神。县安委办以每季度召开全县安全生产工作为契机及时传达学习中共中央总书记习近平关于安全生产作出的重要讲话精神和指示批示精神，全年传达学习4次。局党委组织县安委会各成员单位及部分乡镇负责人，召开全县汛期安全生产工作安排部署暨会商和研判会议。结合正在开展的学习宣传贯彻中共中央总书记习近平安全生产重要论述专题方案，联合县电视台录制学习中共中央总书记习近平关于安全生产的重要论述《生命重于泰山》的宣传片并在会上传达学习。利用全国第19个“全国安全生产月”“综治宣传月”等为契机，深入开展正面典型示范教育、反面典型警示教育、党纪政纪条规教育和岗位廉政教育活动；开展以“消除事故隐患 筑牢安全防线”为主体，深入村（社区）、学校、寺庙、拉康电站、中交一公局等施工领域，开展“三级”安全教育宣传和安全生产“九进”等活动10次，发放各类宣传资料20000余份，切实提高干部群众的法律意识、安全意识和自我防范能力。

【党建工作】 2020年，洛扎县应急管理局党支部全面学习宣传贯彻习近平新时代中国特色社会主义思想、十九大和十九届二中、三中、四中全会精神，结合实际情况，完善工作机制，规范工作运行，提高党员干部的理论水平和政治素养，为平时应急管理工作的顺利开展起到积极的推动作用。积极开展革命传统教育，组织全局干部参观烈士陵园、参加升旗仪式、观看影片《焦裕禄》等警示教育片。年内，党支部组织集中学习21次，受教育党员84人次。其中学习“习近平谈治国理政第三卷”18次，观看“见证初心和使命的十一书”1次，根据《关于召开2020年度民主生活会》要求及九届县委第九轮巡察“回头看”反馈问题，认真开展学习研讨、开展谈心谈话、撰写对照检查材料等各项会前准备工作，并召开2020年巡察“回头看”民主生活会。

【党风廉政建设】 2020年，洛扎县应急管理局坚持围绕安全执法开展党风廉政建设工作。对贯彻执行上级有关安全生产方针政策、法律法规和局领导各项工作部署情况以及落实《中国共产党党内监督条例》《中国共产党纪律处分条例》执行情况进行监督检查，针对有法不依、执法不严、有令不行、有禁不止的行为，促进依法行政，保证政令畅通。深入基层，加强对各（镇）村（社区）专（兼）职安全管理人员监管情况进行监督检查。开展安全生产大执法、大检查、大整治和安全生产专项整治工作，把廉政建设贯穿于安全生产监管工作之中，严厉整治和打击各类违法违规行为。开展经常性的作风检查，采取明察暗访等形式不定期检查，及时进行通报，批评教育后进，宣传先进典型，引导和带动全体人员以高标准、严要求的态度，以求真务实、真抓实干的精神，履职尽责，切实做到为民、务实、清廉。召开党风廉政建设责任制工作会议，制订《2020年党风廉政建设和反腐败工作计划》，按照“谁主管谁负责”的原则，将党风廉政建设和反腐败工作贯穿到全年全局各个工作领域，分解到每一名工作人员。

（仁青多杰）

【领导名录】 洛扎县应急管理局

局　长　次仁旺堆（藏族）

副局长　拉巴次仁（藏族，4月任）

普布卓嘎（女，藏族）

聂　磊（4月任）

统　计

【概况】 2020年，洛扎县统计局学习贯彻习近平总书记关于统计工作重要讲话指示批示精神，制订全县统计调查工作计划，组织领导和协调全县统计工作，督导检查全县统计法规的实施。收集、整理、提供全县基本统计资料，对国民经济、社会发展和科技进步情况进行统计调查、统计分析、统计预测和同级监督，及时向县委、县政府出台决策提供依据，向其他有关部门提供咨询建议。年内，县统计局编制6人，其中部门领导职数3人。

【党建工作】 2020年，洛扎县统计局以“双联户”单位等为基本单元，划分3个党员责任片区，每个责任片区确定1名党员牵头人，确保“三包”工作覆盖所居住小区、“双联户”群众以及单位非党员职工。召开专题会议研究部署“八星党支部”创建工作，制定工作实施方案，明确职责。对机关党支部建设标准进行量化考评，从组织设置星、班子队伍星、党员队伍星等八个方面逐一对照评星标准。充分发挥基层党组织在疫情防控中的战斗堡垒作用，每名党员高度重视疫情防控工作，积极参与“防控疫情、党员行动”活动中，将疫情防控工作作为最重要的工作来抓。设定“设岗定责”，要求党员干部务必做好宣传政策、卫生消毒、教育疏导等工作。严

◆ 2020年1月17日，洛扎县统计局党支部组织党员开展主题党日活动

格遵守工作纪律，积极投身疫情防控工作，带头做好群众工作，带头劝阻造谣传谣，积极发挥党员先锋模范作用。

【党风廉政建设】 2020年，洛扎县统计局贯彻全面从严治党要求，严格遵守中央“八项规定”精神及实施细则，落实党风廉政建设责任，签订责任书。加强履行两个责任，全面加强党的建设，深入推进党风廉政建设，认真落实“三会一课”等制度，全力配合县委巡察工作，认真整改巡察组提出的问题，确保整改时限和目标。

【农牧业统计】 2020年，洛扎县粮食产量10342.9吨、豌豆产量1616.85吨、油菜籽产量770.97吨、蔬菜产量2566.35吨、肉类产量1118.32吨、奶产量3400.32吨、牲畜总数59531头（只、匹）。

【常规统计业务】 2020年，洛扎县国民生产总值完成77153.6万元，同比增长7.7%。其中，第一产业5155.4万元，同比增长1.7%；第二产业42339.9万元，同比增长16.4%；第三产业29658.3万元，同比增长0.1%；固定资产投资完成136548万元，同比下降40.6%；社会消费品零售总额完成20250万元，同比下降7.2%；财政收入完成5125万元，同比增长31.6%；农牧民人均可支配收入15637元，同比增长13%。

【九届县委第九轮巡察三组巡察】 根据洛扎县委统一部署，2020年10月20日—11月25日，县委巡察三组进驻县统计局开展巡察，12月13日，巡察组向县统计局反馈3个方面9项问题。县统计局高度重视，迅速召开巡察整改工作专题会议，及时成立巡察整改工作领导小组，研究制定整改落实方案，明确整改责任及整改时限。

【统计咨询服务】 2020年，洛扎县统计局认真贯彻落实区、市、县有关会议精神，进一步增强主动服务、超前服务和高效服务意识，切实加强统计服务能力建设，全面提升统计服务水平。在开展好国民经济核算、工业、固定资产投资、建筑业、商贸、服务业等专业月报、季报的同时，深入基层开展调研，认真撰写分析和信息，要求在月度分析上求快，预警研判上求准，专题分析上求精，对比分析上求深，真正当好决策参谋。

【第七次全国人口普查】 2020年，洛扎县根据中共中央总书记习近平在参加第七次全国人口普查登记时的重要讲话精神，全面动员部署洛扎县第七次全国人口普查，成立以分管领导为组长，统计局局长为副组长，县公安局、卫健委、人社等20个县直相关单位横向联动，7个乡镇纵向推进的一体化工作格局，明确工作任务，细化工作责任，强有力的推进第七次全国人口普查工作。普查期间，全县7个乡镇、27个村（社区）普查机构组建率100%。

【统计造假专项整治】 2020年，洛扎县统计局按照山南市统计部门和县纪委相关要求，提高思想认识，及时部署相关工作，结合自身工作实际制定《洛扎县统计局统计造假专项整治工作实施方案》，明确工作的方向和目标；同时成立以副县长王小荣为组长，县统计局局长为副组长，各乡镇相关人员为成员的统计造假专项整治工作领导小组，明确各自工作职责和使命担当，为扎实开展统计造假专项整治工作夯实基础。年内，共发放《防范和惩治统计造假弄虚作假重要文件选编》上下册28套。

【领导名录】 洛扎县统计局

局　长　扎西次仁

副局长　边巴卓玛（女，藏族）

　　　　韩碧薇

扶贫·农业开发

【概况】 洛扎县扶贫开发办公室于2019年3月

◆ 2020年6月19日，洛扎县扶贫开发办公室工作人员到县城开展扶贫政策宣传活动

22日举办挂牌仪式，正式成立。2020年，洛扎县扶贫开发办公室编制人员9人，实际工作人员13人（其中，主任1人、副主任3人、工作人员5人、借调3人、“三支一扶”志愿者1人），有党员8人，机构包括扶贫开发工作领导小组办公室、脱贫攻坚指挥部办公室。

【党建工作】 2020年6月7日，成立洛扎县扶贫开发办公室党支部，党支部正式成员8名，支委会成员5名，其中少数民族党员6名，女性党员3名。年内，召开支委会6次，党支部学习会议12次，主题党日学习活动4期。参与政治纪律教育培训3人，实现支部副科级以上干部政治纪律教育全覆盖。组织支部党员捐款5000余元，用于疫情防控。充实完善“三包五带五促”党员帮扶台账，集中组织党员干部深入包片商户实地帮扶2次，深入宣讲十九届五中全会精神和中央第七次西藏工作座谈会精神。开展“不忘初心、牢记使命”主题教育查摆问题整改，查摆问题3条，全面整改完成。

【党风廉政建设】 2020年，洛扎县扶贫开发办公室党支部始终把反腐倡廉建设与脱贫攻坚巩固工作同部署、同落实。组织干部职工学习中共中央总书记习近平脱贫攻坚重要论述、《关于新形势下党内政治生活的若干准则》，区、市、县纪委监委部门关于中央八项规定精神和扶贫领域典型问题（案例）的通报等党纪党规知识，补足精神之“钙”、固牢思想之“元”，确保支部党员不断提高自身道德修养和人格操守，始终保持共产党员的先进性和纯洁性。年内，开展班子成员谈话4人，积极配合纪委提醒谈话1次，主动接受政府主要领导和分管领导的提醒谈话1次，集中组织观看党员违纪典型案例警示纪录片2次。认真抓好违反中央八项规定自查整改，涉及疑似落实值班补助标准把握不到位现象3人，金额9739.27元，全部收缴并上缴国库。

【减贫工作】 2020年，洛扎县扶贫开发办公室通过动态调整、系统清洗和维护，确认全县贫困户为842户2765人。截至年底，贫困户稳定实现“两不愁、三保障”脱贫标准，人均可支配收入16795.69元。7月中旬—8月下旬，全县积极配合国家脱贫攻坚普查组完成7个乡（镇）857户建档立卡贫困户的入户登记工作，为国家分析脱贫攻坚成效、总结脱贫攻坚成果提供真实准确的统计信息。

【资金投入】 2020年，洛扎县整合财政涉农资金6132.02万元，其中中央4727万元、自治区级1154万元、市级1.02万元、县级250万元，统筹用于小型基础设施建设、生态保护、技能培训等。截至年底，支出5683.86万元，支出进度92.69%。

【发展生产】 2020年，洛扎县共实施精准扶贫产业项目16个，截至年底，开工16个，开工率100%，完工项目15个，通过吸纳就业、入股分红等方式，带动857户2792名建档立卡贫困人口，人均年增收1000元以上。加快拉康电站建设进度，以土地补偿费入股方式形成集体股权，享受优先固定收益，年优先分红资金约279万，实现全县所有建档立卡贫困户年人均分红收益800元。产业资金入股投资3.75亿元，已入股1.02亿元，（其中，扶贫产业资金5203万元，小康产业资金4997万元），从年内开始全县收到9.33%比例的固定收益分红，主要用于壮大村集体经济、贫困户分红、县级财源建设和人居环境整治等方面。

【发展教育】 2020年，洛扎县落实学前、义务教育阶段“三包”经费1109.72万元，营养改善资金178.8万元，为624名在读大学生落实大学生资助金665.7万元。严格实施“控辍保学四学制”，全面落实控辍保学责任，年内洛扎县无辍学现象。

【生态补偿】 2020年，洛扎县共有生态岗位2821个，其中护林员1279个，野保员91个，湿地保护员11个，草原监督员840个，水生态保护员106个，农村公路养护员213个，旅游公厕保洁员87个，环保监督员115个，地质灾害群防群测员79个。全年落实态岗位资金987.35万元。加强对生态岗位人员的遴选，定期对人员进行复查核实，真正做到生态补偿岗位“精准到人、一一对接、定岗定责、定员定酬”。层层签订生态岗位人员责任书，研究制定生态岗位管理办法、考核奖惩、考勤等制度，集中定制生态岗位上岗证，对生态岗位人员履职情况进行一季一考核，确保严格管理、发挥作用。

【社保兜底】 2020年，洛扎县将符合政策的农村低保纳入扶贫建档立卡对象，将符合农村低保条件的扶贫建档立卡对象纳入农村低保，做到社会救助与精准扶贫政策有效衔接。年内，全县有农村低保对象97户254人，落实农村低保资金72.2万元。为符合条件的残疾人落实困难残疾人生活补贴和重度残疾人护理补贴，全年共落实“两项”补贴资金319.61万元。成立残疾人就业培训有限公司，开设缝纫店、蔬菜大棚、洗车店、汽修厂、服装店、木雕等业务，集中就业23名残疾人。全县有特困人员165人，对特困人员采取集中供养和分散供养两种方式，实现有意愿的特困人员集中供养率100%，落实特困人员资金241.8万元。

【医疗救助】 2020年，洛扎县城乡居民基本医疗保险参保总人数18596人，参保率100%。实现农牧民群众在区、市、县三级医院“先诊疗、后付费”政策全覆盖，农牧民群众报销实行“周结算制”“一站式”结算制。年内，为271人次落实城乡居民医疗保险资金409.76万元，为145人次落实医疗救助资金41.38万元。实现农牧民群众家庭签约全覆盖，针对精准扶贫对象，采取乡医村医包村模式，即1名乡医带领2名村医负责1个村（社区），针对因病致贫人员实施“精准服务”。

【转移就业】 2020年，洛扎县依托康桑劳务派遣公司，组织农牧区剩余劳动力跨区域、多渠道、多领域实现转移就业。全年全县劳务输出6529人，其中建档立卡户1208人，实现劳务创收7601.01万元，人均创收11658元。开展农牧民技能培训20期，参训人员854人，其中已结业541人，实现就业307人，就业率56.74%；参训建档立卡159人，已结业66人，实现就业36人，就业率54.54%。

【金融扶持】 2020年，洛扎县严格贫困户贷款扶贫利率1.08%的政策，建立规范贷款台账。为74户建档立卡贫困户发放精准扶贫贷款359.1万元，有力助推贫困群众的生产发展。

【结对帮扶】 2020年，洛扎县结合机构改革，对全县帮扶人员进行调整充实，建立县级领导1人包2户、科级干部1人包1户、一般干部2人包1户的帮扶机制，全县1129名干部结对帮扶2741户建档立卡贫困户，结对帮扶实现全覆盖，落实帮扶资金241.48万元。各级帮扶干部严格按照要求，主动深入结对帮扶户，积极宣讲扶贫政策、惠民政策，着力解决帮扶对象的生产生活困难，着力解决影响社会稳定的深层次矛盾，努力改善帮扶对象落后的生活状况，促进帮扶对象实现稳定脱贫，社会帮扶工作得到社会各界的广泛认可。

【巩固提升】 2020年，洛扎县完善《洛扎县脱贫攻坚巩固提升实施方案》，明确目标任务、责任领导、责任单位和责任人，重点补齐“水电路讯网、科教文卫保”等基础设施短板。建立健全脱贫攻坚指挥部防止返贫预警机制，设立返贫救助资金，通过动态监测、分级管理、分类救助等方式确保返贫群众“应纳尽纳、应扶尽扶、应保尽保”确保其稳定脱贫。对已脱贫的857户2792人和低保户、重病户、残疾人户、无劳动能力户等边缘户进行特别关注、常态监测、动态掌握，由乡镇党政主要负责人牵头，组织扶贫专干和村（社区）班子成员每月至少深入群众家中，详细掌握了解生产生活情况，对“两不愁、三保障”和生产生活等情况进行综合调查评估，每月召开乡镇扶贫工作领导小组会议专题分析返贫风险、研究解决问题对策。于“库拉岗日”文化旅游节期间组织全县农牧民群众开展“贫困群众自主脱贫故事”演讲比赛等较大规模的竞赛活动，同时设立活动资金和奖励资金，对竞赛活动中涌现出的先进集体和个人进行表彰奖励，建立正向激励机制，激发贫困群众内生动力，形成你追我赶、“我要脱贫”的良好氛围。

（周海迪）

【领导名录】 洛扎县扶贫开发办公室

主　任　小边巴（藏族）
副主任　扎西白玛（女，藏族）
　　　　德　珍（女，藏族）
　　　　周　爽

自然资源·城乡建设·生态环境

自然资源管理

【概况】 2020年，洛扎县自然资源局核定编制4人，其中部门领导职数3人。内设不动产登记中心，编制3人，共7人。

【土地资源】 2020年，洛扎县行政区域总面积502272.53公顷，其中耕地总面积4419.15公顷、林地总面积148669.47公顷、草地总面积186010.76公顷、园地总面积9.06公顷、城镇村及工矿用地总面积401.8公顷、水域及水利设施用地总面积47752.66公顷、其他土地总面积114611.23公顷。全县农村集体土地登记确权306宗，总面积86.83平方公里。

◆ 2020年6月25日，洛扎县自然资源局组织全体干部开展“6·25”土地宣传日活动

【党建工作】 2020年，洛扎县自然资源局召开党建工作专题会议1次，集中学习4次，召开党支部组织生活会1次，撰写班子对照检查材料1份，党员思想汇报2份，开展民主评议党员1次，发放测评表7份、收回7份，推选优秀党员1名，合格党员8名。

【党风廉政建设】 2020年，洛扎县自然资源局严格按照县委、县政府、县纪委关于落实党风廉政建设的部署和要求，以习近平新时代中国特色社会主义思想为指导，深入学习贯彻十九大和十九届二中、三中、四中、五中全会精神，全面贯彻从严治党要求，立足自然资源局实际，强化措施，狠抓落实，积极主动开展工作，把党风廉政建设和反腐败工作纳入自然资源管理工作重点，根据领导班子成员分工情况，把责任分解到班子成员，落实到具体人员，局长履行好第一责任人责任，并与局全体干部职工签订《2020年度党风廉政建设目标责任书》。组织党员干部学习《中国共产党廉洁自律准则》《中国共产党纪律处分条例》等党纪条规；开展专题学习20余次，学习县纪委下发的典型案例10次，学习先进典型事迹1次，收看警示片2次。

【增减挂钩项目推进】 2020年，洛扎县开展2018年和2019年土地增减挂钩项目设计、评审、立项、施工招标等前期工作，增减挂钩项目根据《国务院关于深化改革严格土地管理的决定》（国发〔2004〕28号）、国土资源部《城乡建设用地增减挂钩试点管理办法》（国土资发〔2008〕138号）、国土资源部办公厅《关于加强城乡建设用地增加挂钩试点在线监管工作的通知》（国土资厅函〔2011〕975号）、《关于进一步严格规范城乡建设用地增减挂钩试点工作的通知》（国土资发〔2011〕51号）、区党委、区政府实施的土地复垦复绿、全面提升土地使用效率的重要政策措施以及《西藏自治区城乡建设用地增减挂钩管理办法（试行）》《西藏自治区城乡建设用地增减挂钩实施规划编制技术指南》等文件要求，与全县小康村建设项目实际相结合，对全县范围进行动员部署、实地调查和取证，先后对三个乡镇、8个社区实施恢复耕地面积344.22亩，恢复林地面积54.5亩，恢复草地面积159.93亩，投入资金1731.31万元。

【摸底调查违规占用耕地建房问题】 2020年，洛扎县深入落实党中央、自治区农村乱占耕地建房整治工作电视电话会议精神，以中共中央总书记习近平重要指示精神为根本遵循，深刻认识耕地保护的极端重要性，切实做好全县清查农村乱占耕地建房工作。10月15日，召开农村乱占耕地建房问题摸排安排部署会议，安排部署全县农村乱占耕地建房问题摸排工作。根据实施方案联合三乡一镇开展2013年以来特别是2020年7月3日以来农村乱占耕地违法建房情况进行摸底调查，投入车辆2台，县自然资源局、农业农村局和第三方技术人员12人以及各乡镇村（社区）相关部门40余人参与摸排工作，逐个地块进行地毯式摸排，完成全县6个乡镇2065个图斑的外业摸排工作，核查出2013年后建房占用图斑宗地数274宗，占用耕地面积661394.74平方米，其中占用一般耕地面积624498.56平方米，占用基本农田面积36896.18平方米。

【国土空间规划】 2020年9月，洛扎县启动国土空间总体规划工作，11月11日完成招投标工作，确定技术单位为湖南省地质调查院，合同总金额499万元，规划成果包括1套县域规划主体成果、5个专题研究、1套数据库。技术单位湖南省地质调查院于12月7日进场开始调研工作，12月8日召开由分管县长、各个乡镇、县直部门负责人以及技术单位参加的洛扎县国土空间总体规划动员会。12月8—18日，技术单位一行9人完成各个乡镇、各个县直部门的资料收集、座谈访问以及现场踏勘。截至年底，国土空间总体规划5个专题研究报告《现行空间类规划实施评估》《生态保护红线和永久基本农田保护研究》《城镇开发边界划定研究》《全域国土综合整治与生态修复研究》《县域村庄布局及分类研究》全部完成并通过技术单位内部审查，国土空间规划大纲完成大部，进行修改完善中。

【征收农用地区片综合地价工作】 2020年，洛扎县自然资源局根据《西藏自治区制定征收农用地区片综合地价工作方案》和《西藏自治区制定征收农用地区片综合地价技术方案》通知精神有序推进征收农用地区片综合地价工作，按照时间节点成立领导小组、确定技术单位并召开县级平衡会征求各乡（镇）及有关部门的意见建议。9月9日，顺利完成市级初审及平衡工作；12月21日，召开洛扎县征收农用地区片综合地价制定项目成果听证会。

【“违法用地、违法建设”排查工作】 2020年4月，洛扎县自然资源局根据县政府工作安排部署、结合扫黑除恶工作，在全县范围内开展“违法用地、违法建设”排查工作，根据乡镇上报情况，县城规划区内有14家违建临时建筑，主要为汽车维修店、家具制作店、洛扎镇协会停车场，属于违法用地建设，建议相关部门根据属地管理和职责，做好违建清理工作，避免违建现象扩大。

【小康村建设占用基本农田补划工作】 2020年，洛扎县小康村建设项目推进过程中存在用地选址难度大、老百姓诉求高、地灾隐患风险大等因素造成无法避让基本农田问题，县自然资源局按照“数量不减、质量不降、布局稳定”的要求立即组织专业队伍（深圳爱华测绘有限公司）进行排查补划工作，通过与县小康办衔接，年内第一次补划方案面积3.01公顷，第二次补划方案面积9.04公顷，共计12.05公顷（180.75亩），上报至自治区自然资源厅审核。

【地质灾害汛前排查工作】 2020年，洛扎县为切实做好地质灾害防治工作，强化汛期地质灾害防范意识和能力，提高地质灾害防治水平，防范和遏制重特大事故的发生，切实保护人民群众生命财产安全，根据上级文件要求，4月12—18日，利用1周的时间，县自然资源局联合四川省地质矿产勘查开发局四〇五地质队技术人员，对全县地质灾害隐患点进行汛前全面排查。重点排查已有隐患点和新增隐患点分布情况、规模等级、危险区范围、威胁对象、稳定性及危害程度等。年内，全县新增地质灾害隐患点23处，其中泥石流21条（其中大型1条、中型5条、小型15条）、滑坡1处（小型）、河岸坍塌1处（小型），威胁302户1275人，威胁财产12540万元。通过地质灾害隐患排查，对每个重要地质灾害隐患点建立群测群防体系，设立警示牌；对各地质灾害隐患点排查中发现的问题，排查人员及时与相关防治责任人和监测责任人进行沟通，提出整改意见和建议，为后期项目立项、申报工作提供科学决策和有效依据。

（索朗曲吉）

【领导名录】 洛扎县自然资源局

局　长　付　　杰（4月任）
副局长　索朗曲吉（女，藏族）
　　　　卓玛玉珍（女，藏族，4月任）

城乡建设与管理

【概况】 2020年，洛扎县住房和城乡建设局核定编制5人，实有工作人员8人，其中局长1人，副局长2人，四级主任科员1人，科员1人，工人2人，借调人员1人。

【保障性住房建设】 2020年，洛扎县住房和城乡建设局完成2019年公租房建设任务，根据洛发改发〔2019〕165号文件精神，2019年公租房建设项目于2019年年底正式开工，项目建周转房78套，建筑面积4201.04平方米以及相应的土方回填、给排水、道路硬化绿化、室外设施、路灯、电气等附属配套设施建设，总投资1382.62万元。县住房和城乡建设局高度重视保障性住房建设工作，积极协调各单位开展各阶段的验收工作，于2020年年底竣工并按照县委、县政府的指示和批示精神制定分配方案后对房屋进行分配。

【维修工程项目】 2020年，洛扎县为进一步提升干部职工的住宿条件和生活环境，对色乡周转房、公租房和赛卡古托寺管会开展一系列维修工作，项目建硬化路面799平方米、绿化514平方米、防水维修267.5平方米及挡土墙、围墙等附属工程，总投资65万元，资金由本级配套解决。年内，项目全部完工，色乡干部职工和赛卡古托寺管会住宿生活条件得到改善。

【环境综合治理项目】 2020年，洛扎县实施职教楼沿街环境综合治理项目，建C25混凝土路面1277平方米，护栏84米，挖方646立方米，挡土墙42.41立方米等配套附属工程。总投资19万元，资金由本级配套解决，项目的实施有效改善县容县貌。

【改扩建与改造项目】 2020年，洛扎县为提升工作环境，实施县会议中心改扩建和住建局办公楼改造项目，县会议中心及住建局办公用房改造面积869平方米，以及给排水、线路等相应配套设备，总投资266万元，所需资金由本级配套解决。年内，项目全部竣工并投入使用。

【垃圾无害化处理设施建设项目】 2020年，洛扎县住房和城乡建设局根据洛发改发〔2017〕196号文件精神，完成生格乡垃圾无害化处理设施的建设任务，项目于2019年下半年正式开工，建生格乡填埋区4.5万立方米，浆砌大坝2520立方米，防渗导排系统7585.5平方米，以及消防系统、回喷系统和填埋区附属工程。色乡压缩转运站284.2平方米，围墙134米，硬化598.37平方米，站内给排水、截洪沟50.87米，以及绿化、车棚、站内电气等相应的附属配套工程。建场前管理区门卫室、机修室125.5平方米，值班室、办公室195.84平方米以及附属工程。作业交通车辆设备、环卫设施、环境监测设备购置及安装总投资1549.95万元。根据相关文件精神，完成拉康镇垃圾无害化处理设施建设任务，项目于2019年年底开工，新建拉康镇填埋区浆砌大坝6577.77立方米，防渗导排系统3400平方米，调节池450立方米，消防水池224立方米。边巴乡压缩转运站284.2平方米，消防系统、回喷回灌系统、设备购置以及相应的道理硬化绿化、给排水、挡土墙、车棚、站内电气等附属配套工程总投资1549.67万元。县住房和城乡建设局高度重视垃圾无害化处理设施建设工作，严格按照建设程序开展，认真落实五方责任制度，协调与开展各阶段的验收工作。年内项目均全部完工，待竣工后按照县委、县政府的指示和批示精神对垃圾处置设施进行交付使用。

【武警中队室内训练场建设项目】 2020年，洛扎县为改善武警中队训练环境，使边防武警官兵的训练质量得到有效提升，建室内训练场352.75平方米及训练设备等相应配套附属工程，总投资63万元，资金由本级配套解决。年内，项目全部完工。

【经六路延伸段建设项目】 2020年，洛扎县实施经六路延伸段建设项目，建道路114.1米及排水、挡土墙等相应的配套附属工程，总投资130万元，资金由县级配套解决。项目的建成为县消防救援大队出警提供便利，使出警效率大大提升，同时美化县城市政环境，推进现代化县城建设。

【安全生产】 2020年，洛扎县住房和城乡建设局对建筑领域开展安全检查29次，重点检查施工现场各项材料完整度、人员在岗在位情况、安全防护措施到位情况、人员培训情况、各施工单位预防坍塌、高处坠落、建筑起重机械设备、施工消防、建筑施工扬尘控制和环境保护以及开展建筑施工安全隐患排查等内容，发现安全隐患问题34条，下发整改通知书16份，确保全县建筑领域安全稳定。

【城市饮用水管理】 2020年，洛扎县住房和城乡建设局严格要求县敦珠市政公司抓好24小时不间断安全供水服务。安排水源点管理人员做到日巡查和不间断巡查的方式对东、西两个水源点进行看护管理，以保证供水正常。管道维修人员24小时坚守岗位，发现水管跑、漏水和爆管等现象，第一时间进行处理。截至年底，共对100余处市政管网及保障性住房的给排水管网进行抢修，确保县城老百姓及干部职工的正常饮水。

【卫生环卫管理】 2020年，洛扎县住房和城乡建设局抓好县城市政道路两侧环卫工作，加强督促国泽环保工程有限责任公司完成好县城保洁工作，做到不留死角、不留盲区，县城环境卫生进一步改善，得到各级领导及群众的一致好评。

【住房公积金管理】 2020年，洛扎县共计1245人缴存住房公积金，缴存4362.04万元，其中申请贷款65人，但根据住房公积金贷款要求，实际办理贷款57人，贷款金额3896万元，全年提取住房公积金人数303人，总计提取住房公积金3337.83万元。

【农牧民危房改造工作】 2020年，洛扎县住房和城乡建设局开展农牧民危房改造，上年申报农村危房改造项目57套民房，房屋结构为石木结构。年内，改造户数57户，总投资62万元，实际改造色乡30户，剩余27户与同期小康村建设项目同步进行。

【党建工作】 2020年，洛扎县住房和城乡建设局召开12次党支部会议，组织12次党课学习和2次党组会议，通过组织活动增加凝聚力和战斗力。自4月开始，配合县巡察工作组开展为期45天的巡察工作与整改工作，在巡察过程中认真听取意见建议，严格查找自身不足，在整改期间针对巡察组提出的整改要求进行整改，及时将整改情况上报到县巡察办公室。巡察工作使不足之处得到整改，清醒认识到单位存在的问题，强化工作中发现的隐患。

【党风廉政建设】 2020年，洛扎县住房和城乡建设局组织党员干部职工通过集中学习、专题会议、微信公众号及手机App自学等形式，认真学习党风廉政相关文件精神。年内，未发生违反作风建设和条例、准则的行为。在日常工作中，强调廉洁自律相关规定，要求各节日、工作期间务必做到时刻保持清醒头脑，处处严格要求自己，自觉做到慎独、慎初、慎微，自觉做到自重、自警、自省、自励。

【规划工作】 2020年，洛扎县住房和城乡建设局根据组织机构改革工作要求，按照相关规定，于6月将“两证一书”工作转交县自然资源局，规划工作将由县自然资源局开展。

（黄志杨）

【领导名录】 洛扎县住房和城乡建设局

局　长　杨松林

副局长　尼玛卓玛（女，藏族）

　　　　索朗白珍（女，藏族）

生态环境

【概况】 2020年，山南市生态环境局洛扎县分局加强生态环境基础建设、宣传教育、监督监管、污染治理等方面各项工作，为全县经济社会高质量发展和长治久安提供良好的生态环境。

【环保督察整改】 2020年，山南市生态环境局洛扎县分局对照中央和自治区环保督察整改要求，加强组织领导，制定整改方案，明确整改任务和时限，举全县之力，采取有效有力措施，逐一抓好整改落实。年内，中央环保督察期间涉及全县的20大项46小项问题，完成整改18大项42小项、正在整改并长期坚持2大项4小项；规定时限内督办4件转办案件，办结率100%。西藏自治区环保督察涉及问题8项，完成整改6项，正在整改2项。积极完善相关佐证资料，全力做好迎接第二轮中央环保督察准备工作。

【环境质量检测】 2020年，山南市生态环境局洛扎县分局针对全县环境质量监测方案要求，邀请第三方监测公司，对全县空气、地表水断面、集中饮用水源地、农村试点环境质量开展监测工作。空气环境监测结果显示可吸入颗粒物、总悬浮颗粒物、二氧化硫、二氧化氮的季平均浓度分别为43微克/立方米、105微克/立方米、4升微克/立方米、5微克立方米，均达到国家空气质量一级标准。县域重点河流、监测断面（点位）水质满足Ⅱ类水质标准；城镇集中饮用水源地水质达到《地下水质量标准》（GB/T14848—2017）Ⅱ类水质标准，水质达标率100%，满足水功能区环境质量要求。年内，开展拉康、门切、杜鲁等3个社区环境试点监测（含土壤环境监测）和县城垃圾填埋场土壤监测，pH、铅、镉、砷汞、总铬、阴离子交换量等土壤环境因子总体良好。监测结果（每季度）通过“秘境洛扎”公众平台及时公开，主动接受社会监督。

【环境污染防治】 2020年，山南市生态环境局洛扎县分局完成水源点保护项目102个（其中年内实施57个点），实施简易保护24个点，并严格按照脱贫攻坚大排查1+8整改工作要求，完成126个农村饮用水源地水质检测任务；制定“一源一档”监管方案，并配备水源管理员，确保“有人管有人护”。对县城7家汽修行业固体废物和县人民医院医疗废物处置情况及县城垃圾填埋场规范处置进行12次监督检查，下达限期整改通知书4份；投入资金18万元，邀请第三方编制全县声环境功能区划定技术报告工作。

【生态创建】 2020年，洛扎县完成7个乡（镇）和27个村（社区）自治区级生态创建工作，按照自治区级生态文明示范区创建相关工作要求，开展7各乡镇、27个村（社区）生态文明示范区提档升级创建工作，相关编制资料报西藏自治区生态环境厅预审，洛扎镇、拉康镇初步通过自治区专家组的现场考核验收。

【美丽西藏建设】 2020年，山南市生态环境局洛扎县分局借助“6·5世界环境日”“库拉岗日”文化旅游节等为契机，深入各乡镇、学校、边境一线搬迁点以及各施工领域等地扎实开展环保宣传教育活动11次。组织全县干部开展环境大扫除活动2次，并投入资金8万元，针对不同领域不同行业制定宣传手册（交通版、学校版、工地版、乡村版）等。发放环保购物袋和环保志愿者服装等宣传用品。接受环保咨询230余人次，悬挂藏汉双语横幅18条，形成人人关乎环境保护、参与生态文明建设、践行低碳绿色生活的浓厚氛围。结合生态环境“六大”专项整治工作，动员全县广大干部群众、寺庙僧尼、学校师生开展千人环境整治活动3次，主要公路沿线拆除临时板房、库房建筑物11处，组织清理卡久景区、白玛林湖周边白色垃圾1.2吨，整治卡久3座旅游厕所“脏乱差”问题。特别是充分利用环保监督员和保洁员等生态岗位作用，对卫生片区内的交通干线、村水渠、饮用水源点、雄曲河、居民房前屋后卫生死角进行集中整治，全面清理白色垃圾、建筑垃圾等各类脏乱杂物，彻底清理公路两边的废汽车、废广告牌等杂物，确保全县生态环境持续良好发展。

◆ 2020年6月18日，洛扎县生态环境分局工作人员到嘎波社区幼儿园开展环保宣传活动

【环保基础设施】 2020年，洛扎县委、县政府每年投入150万元本级配套资金，按每年20元/人的标准为农牧民发放垃圾清运费，配备68名县级环境保洁员、109名环境监督员、2名重点乡镇环保监督员，各乡镇、卡久景区配备垃圾清运车9辆、修建垃圾收集池57个，公共厕所26个。年内，投入资金50万余元，为竣工的边境小康村农户发放推拉式垃圾桶和果皮箱1540个，切实改善环境基础设施条件，提升环卫人员的工作积极性。

【塑料污染治理】 2020年，洛扎县印发《洛扎县“塑料污染”治理攻坚战行动方案》，与县城各商铺签订“禁白”责任书60余分，开展“禁塑”培训2次，开展联合执法7次，没收一次性塑料袋3000余个，下架不合格塑料袋205袋、回收处理废旧农膜0.8吨。开展“禁白”宣传活动5次，发放环保购物袋25000余个、入户宣讲40余家次、发放宣传单2000余份、悬挂横幅30余张，切实做到家喻户晓、人人皆知，营造人人讲环保、时时抓治理、处处保干净的浓厚氛围。

【环境监察执法】 2020年，山南市生态环境局洛扎县分局加强工程建设环境监察执法，加大建设项目竣工“三同时”验收，完成网上环境影响评价登记备案类项目59个，监管扶贫产业项目16个，其中发现洛扎县粉丝厂污水处理厂设备处于关停状态，未按环评要求进行水质监测，存在污水直排现象等问题，县生态环境分局及时下发整改通知书1份、整改督办1份（年内正在整改）。严格按照“边开采边恢复”的原则对色村砂石场、吉堆砂石场、森朵砂石场等3家砂石场和15个临时取料点进行环境监管。严厉打击乱采乱挖、生态恢复不到位和未批先建等违法行为，建立6本环境监管台账，下发整改通知书32份，处罚金额8.19万元。制定《洛扎县突发环境事件应急预案》，加强环境执法大练兵，设立“7373360”环保投诉热线和信访接待室，及时处理各类环境信访案件，完成57个企业排污许可证登记核发工作。同时，及时整改区、市、县三级人大代表提出的“拉康镇白色垃圾乱堆乱放”问题，并将整改情况及时上报县人大办。

【“三线一单”编制】 2020年，山南市生态环境局洛扎县分局积极组织县发改委、住建局、水利局等12个部门负责召开2次洛扎县生态环境评价“三线一单”编制工作意见征求会议、1次洛扎县区域空间生态环境评价“三线一单”对接会议和最终核实会议，认真汇总各部门反馈问题情况，并及时上报山南市政府。

【党建工作】 2020年，山南市生态环境局洛扎县分局始终把学习教育作为加强党建工作的重要举措，把思想政治建设放在首位，采取原原本本学、突出重点学、结合自身实际学等方法，确保学习中提高认识和理论水平。以落实“三会一课”、主题党日等为契机，认真组织全局党员深入学习习近平生态文明思想，学习贯彻十九大及十九届三中、四中、五中全会精神，中央第七次西藏工作座谈会精神，《习近平谈治国理政》（第三卷）等精神内涵。同时开展“党员三包五带五促”和“八星党支部”创建工作，巩固“不忘初心、牢记使命”主题教育成果。履行好“一岗双责”，从严要求每一位党员干部，做到对党忠诚，敢于担当，干净干事，反对分裂，维护祖国统一。全年召开党支部学习会议12次、党员大会5次、党课2次，发表信息简报9次，开展3次宣传“禁白和疫情防控”知识到结对帮扶户家活动。同时严格按照发展党员要求做好培养教育工作，年内1名预备党员转为正式党员，全体党员及时、足额交纳党费，人均学习笔记1万字以上。

【党风廉政建设】 2020年，山南市生态环境局洛扎县分局严格按照全市生态环境系统全面从严治党会议精神，坚持将廉政工作融入业务工作，同部署，同安排。集中学习《中国共产党纪律处分条例》《中国共产党廉政准则》等各级纪委会议精神以及关于中央八项规定精神等。开展对2013年以来违反中央八项规定的问题进行认真自查工作，自查出5项问题14项类型，涉及资金7840元，并及时上交县财政局（国库）。积极开展党风廉政宣传教育各项活动，签订党风廉政承诺书4份；开展全体党员干部重温入党誓词活动，集中观看警示教育片3次，同时，每人撰写观后感。通过“洛扎纪委公众平台”集中参加在线廉政考试，不断提高规矩意识、党纪意识、筑牢防腐红线

（央金卓嘎）

【领导名录】 山南市生态环境局洛扎县分局

局　长　央金卓嘎（女，藏族）

副局长　平措仓旦（藏族）

农牧业·水利·林业·电力

农牧业

【概况】 2020年，洛扎县农业农村局（洛扎县科学技术局、洛扎县乡村产业发展局）为洛扎县人民政府工作部门，正科级，加挂洛扎县科学技术局、洛扎县乡村产业发展局牌子。年内，县农业农村局人员编制5人，部门领导职数4人（其中局长1人，副局长3人）。

【农业发展】 2020年，洛扎县农作物播种面积3.16万亩。其中，冬播作物0.44万亩，春播作物2.68万亩，青稞1.43万亩，豌豆0.4万亩，油菜0.56万亩，蔬菜0.18万亩，青饲料0.36万亩。粮食单产提升行动方面，引进推广优质“喜马拉22”号青稞0.8万亩，落实购种补贴31万元，全县良种覆盖面80%，防治各类病、虫、草害面积1200亩，粮食总产1.0042万吨，其中青稞产量0.65万吨。

【畜牧业生产】 2020年，洛扎县牲畜总头数为6.4万头（只、匹），其中大畜2.8万头（只、匹）、小畜3.5万只、猪756头。重大动物疫病免疫率100%；仔畜成活数16504头（只、匹），成活率91.2%；黄牛改良完成731头，犏牛经济杂交完成17头，牲畜出栏率30%，全县牲畜总头数控制在6.6万头（只、匹）以内。

【科技惠农】 2020年，洛扎县严格按照山南市科技局要求，对科技特派员名单进行调整。截至年底，全县农牧民科技特派员38人，7个乡（镇）27个村居中洛扎镇和拉康镇16名科技特派员从2017年开始取消，剩余5乡19个村（社区）均覆盖2名科技特派员。年内，签订目标管理责任书，县科技局专派工作组深入各乡（镇）开展科技特派员个人总结和乡（镇）、村（居）领导和人大代表评议结合的科技特派员考核工作，增强农牧民科技特派员管理力度，提高农牧民科技特派员服务质量，切实将农牧民科技特派员建成一支基层科技服务队伍。

【草原生态保护利用】 2020年，洛扎县农牧民草原生态补助奖励政策工作涉及7个乡（镇）、27个村（居）委员会、101个村小组、4533户。全县可利用草场面积325.53万亩，草畜平衡载畜量为18.76万个绵羊单位。年内，牲畜存栏13.47万个绵羊单位，出栏3.98万个绵羊单位，未超载户4172户，占总数的92.04%；超载户361户，占总户数的7.96%。根据1.5元/亩的草原生态补助奖励标准，全县可兑现农牧民草原生态补助奖励资金464.5万元。

【惠农政策】 2020年，洛扎县发放各类农机具1007台（套），落实补贴资金524.8万元。对高标准农田实施80元/亩的补贴政策，5000亩，补贴资金40万元。全县良种推广补贴资金19.8万元，主力推广良种喜拉22号，良种覆盖率80%。全县农资保险理赔覆盖率100%。

【防灾减灾工作】 2020年，洛扎县畜牧业防灾减灾方面，争取县级防抗灾应急资金50万元，储备县级防抗灾饲料250吨、饲草10吨。年内，在较大灾情中发放抗灾饲料218吨，饲草20吨，有效抵御各类自然灾害。农作物防灾减灾方面，筹备4.3万吨农家肥、231吨化肥、1.75吨农药、210吨商品有机肥应急。

【农村改革工作】 2020年6月3—4日，为切实做好洛扎县农村集体产权制度改革暨2018年、2019年度农村集体资产清产核资工作，县农业农村局联合第三方（四川省农业科学院遥感应用研究所）技术服务公司举办全县集体产权制度改革暨资产清产核资工作培训会议。各乡（镇）分管农牧工作负责人、会计，县农业农村局分管领导和工作人员等19人参加培训会议。年内，洛扎县高质高效完成2018年、2019年度农村集体清产核资工作及所有数据的系统录入上报。在新冠肺炎疫情防控工作艰巨的情况下，县农业农村局按照上级指示精神，结合全县实际，对2019年10月开工建设的蒙达村1500亩高标准农田建设项目开展复工工作，并全部完成验收。申报的涉及洛扎镇、扎日乡、边巴乡三个乡镇的5000亩高标准农田项目于11月中旬开工建设。

【农村人居环境整治】 2020年12月30日，洛扎县通过西藏自治区《农牧区人居环境整治三年行动方案》目标验收工作，评为良好等级。年内，村庄清洁行动参与农牧民群众人数32500余人次。其中，动员干部职工9000余人次，清理农村生活垃圾979.6吨，清理农村白色垃圾数量210吨，清理村内水塘206个，清理村内沟渠400公里，清理河道188公里，清理村内淤泥288吨，清理村内残垣断壁50处，清理村内废旧机械8辆，清理村内秸秆乱堆乱放93处，村庄农膜回收3吨，清理畜禽养殖粪污等废弃物数量89.6吨。截至年底，完成3734户改厕目标任务。拉康镇拉康社区、拉郊乡拉郊村和洛扎镇次麦社区打造为西藏自治区2020年度美丽宜居村庄示范点。

【党建工作】 2020年，洛扎县农业农村局党支部坚持以习近平新时代中国特色社会主义思想为指导，深入贯彻落实十九大精神，深入学习贯彻中央第七次西藏工作座谈会精神，落实全面从严治党要求，开展党内规定性活动，认真落实“三会一课”制度。以巡察整改工作为主线，围绕年度重点工作，积极推进政治思想、组织建设、作风建设、廉政建设和队伍建设，推动农业气象支部各项工作顺利开展。年内，召开党支部学习会18期，党员大会12期，主题党日活动8次，组织生活会议1次，党员志愿服务4次。疫情防控期间利用农用运输车，在全县范围内流动性宣传疫情防控相关知识，做到人人皆晓疫情防控知识，及时做好防控工作，以多交党费和捐款形式为疫情捐助12150元。以八星党支部创建为契机，对党员活动室标准化进行对照整改，完善各类制度上墙，各类党务工作公开，设置各项专栏，对场所标准化进行完善，完成“八星党支部”创建自评活动，自评得六星，组织部评定为六星。

【党风廉政建设】 2020年，洛扎县农业农村局贯彻落实关于开展党风廉政建设的工作要求，将党风廉政建设工作与日常业务工作相结合，结合工作实际修订和完善《洛扎县农业农村局干部职工考核考勤管理办法》《洛扎县农业农村局领导班子工作职责》《洛扎县农业农村局干部职工奖惩制度》《洛扎县农业农村局请销假制度》《洛扎县农业农村局财务制度》等可操作性强的规章制度，制订《洛扎县农业农村局2020年党风廉政建设工作计划》，按照集体领导与个人分工负责相结合的原则签订《党风廉政建设责任书》，由局长对项目工作人员和财务人员分别进行2次谈话，利用三会一课的时间，采取班子成员授课、观看宣传教育影片3次。

【领导名录】 洛扎县农业农村局

局　长　多吉占堆（藏族）
副局长　曲　　扎（藏族）
　　　　格桑达瓦（藏族）
　　　　王　　源

县农牧综合服务中心

副主任　索朗扎西（藏族）
　　　　卫色卓玛（女，藏族）

水　利

【概况】 2020年，洛扎县水利局有行政编制5人，主要负责全县水资源的合理开发利用；拟定水利战略规划、中长期发展规划；建设项目水资源论证；江河故道、旧堤、原有工程设施等填堵、占用、拆毁审批；生活、生产经营和生态环境用水的统筹兼顾和保障等工作。

【项目建设】 2020年，洛扎县建水利项目4个，总投资3428万元，分别为2020年人饮安全巩固提升第一批项目，总投资613万元；洛扎县季节性缺水人饮维修工程，投资340万元；洛扎县农村饮水“一点一方案”维修工程，投资997万元；吉木共列曲防洪堤工程，总投资1478万元。编制完成“十四五”水利项目规划报告，规划项目总数49个，规划投资94438.73万元。调整完成边境小康村规划报告，涉及项目83个，实施项目20个，规划总投资20167万元。

◆ 2020年6月23日，洛扎县水利局开展防汛演练

【防汛抗旱】 2020年，洛扎县防汛抗旱指挥部各成员单位多次深入7个乡（镇）深入开展防汛、地质灾害、在建项目等方面安全隐患排查活动，做到早发现、早整改，确保安全度汛，并储备防汛抗旱物资铁锹1000把、十字钢800个、铁丝140圈、铅丝笼3.5万平方米、编织袋7.5万条、发电机4个、水泵2个、救生衣100件、雨衣100件、雨靴100双、强光手电10个等。年内，全县发生灾情3次（分别为5月、7月、8月），受灾人口3053人次，造成经济损失275万元。

【水政工作】 2020年，洛扎县水利局多次联合县生态环境局、自然资源局、应急管理局等部门对公路沿线、河湖领域、在建项目无证开采等事项进行检查，切实将“清四乱”生态保护工作做到实处，下发整改通知书6份，责令整改通知书1份。年内，市级河长巡河4次，县级河长巡河18次、巡湖3次，乡级河长巡河25次、巡湖3次，经县政府审核通过，制定下发《洛扎县农村供水工程水费收缴工作方案（试行）》，部分乡镇开始收取水费，全面实现标准化。

【党建工作】 2020年，洛扎县水利局召开党建工作专题会1次，集中学习4次，召开2020年度水利党组民主生活会1次、参会人员4人，撰写对照检查材料4份，开展批评与批评1次。召开党支部组织生活会1次，撰写班子对照检查材料3份，党员思想汇报6份，开展民主评议党员1次，发放测评表7份、收回7份，推选优秀党员1名，合格党员8名。

【党风廉政建设】 2020年，洛扎县水利局召开党支部大会5次，集中学习6次，撰写心得体会5篇，开展廉政谈心谈话活动1次，主要领导与班子成员和工作人员之间层层签订2020年度党风廉政建设责任书3份。

【巡察整改】 2020年，洛扎县水利局为常态抓好巡察整改工作，严格对照巡察反馈问题和整改方案，切实把整改工作纳入日常重要议事日程，进一步厘清思路、找准方向，归纳完善相关整改台账、明确整改目标任务、压实整改责任，抓严、抓实、抓细整改工作，确保持续巩固好整改成效。

【疫情防控】 2020年，洛扎县水利局参与疫情防控工作，响应国家号召，组织党员参加隔离人员送餐、车辆消毒、人员排查等工作，并开展捐款活动，捐款6570元，为全县疫情防控工作贡献绵薄之力。

【脱贫攻坚】 2020年，洛扎县水利局开展大学生慰问工作，为鼓励大学生安心就学，减轻家庭负担，结合驻村工作，在藏历新年前为驻点27名大学生发放慰问金6750元。按照脱贫攻坚“两不愁、三保障”要求，积极协调上级部门，加大农村人饮工程投资力度。截至年底，全县27个村（社区）集中供水率100%。

（白玛曲培）

【领导名录】 洛扎县水利局

局　长　靳　松

副局长　白玛西热（藏族）

　　　　白玛曲培（藏族）

　　　　白玛曲吉（女，藏族）

林　业

【概况】 2020年，洛扎县林业和草原局人员编制5人，其中部门领导职数3人。

【党建工作】 2020年，洛扎县林业和草原局党支部始终把基层党的建设作为首要政治任务，高举中国特色社会主义伟大旗帜，深入学习贯彻十九大精神和西藏第七次座谈会精神，按照全年党建工作总体规划和年度党建工作计划要求，紧密结合林草工作实际，深入开展“基层党建制度落实年”“三包五带五促”“八星党支部”创建工作等专项活动。调整充实单位党建工作领导小组，下发《洛扎县机关林草党支部委员会责任分工通知》，明确年度党建工作目标任务，明确支部各成员职责，形成认识到位、责任到人、任务明晰、履职尽责的主体责任落实体系。通过党支部集中学习、个人自学等方式认真学习习近平新时代中国特色社会主义思想和十九大精神、中央第七次西藏工作座谈会精神以及自治区第九次党代会精神，学习《中国共产党章程》《中国共产党纪律处分条例》《中国共产党党内监督条例》等8次；由党支部书记牵头，落实每月召开1次支委会，每季度召开1次党员大会和上党课。截至年底，召开支委会12次，支部党员大会3次，上党课3次，并开展主题当日活动12次，结合九届县委第七轮巡察四组巡察“回头看”整改工作要求，召开组织生活会1次，扎实有序推进党内制度和党组织生活。以“双联户”为基本单元划分两个责任片区，单位周边商铺一个责任片区，共三个责任片区，每个责任片区确定1名党员牵头人，确保“三包”工作覆盖全体干部职工及租户，根据责任片区建立工作台账，确保党员和所包群众关系清楚、职责明确，把“三包五带五促”工作落到实处。积极参与“三包五带五促”工作，按照一个党员负责一个区域要求，在所认领的区域内就近开展入户调查排查等各项工作。全年全体党员开展“三包五带五促”结合重点工作入户宣传2次，联系帮带群众35人。制作专题宣传栏1个，微信群宣传4次，受宣传的党员干部群众38人。年内，县林业和草原局党支部有党员8人。

【党风廉政建设】 2020年，洛扎县林业和草原局切实把党风廉政反腐倡廉建设摆在突出位置，坚持学习《中国共产党章程》《中国共产党党内监督调理试行》《新形势下党内政治生活若干准则条例》以及各类违法违规的典型案例，并进一步完善反腐体制机制，严明党的各项纪律特别是组织纪律、廉政纪律，加强对党员干部的思想教育和制度管理，引导党员干部正确树立“四观”，筑牢防腐防线。坚决执行党内监督制度，以持之以恒纠正“四风”，以零容忍的态度惩治腐败，把好权力关。以作风建设永远在路上的态度，进一步加强作风建设，切实把乱作为与不作为、慢作为列为作风问题，建立一支敢作为、敢担当、拒腐败的高素质班子队伍。

【国土绿化】 2020年，洛扎县义务植树及国土绿化工作以提质增绿为主，由县政府投资72.03万元，以干部职工义务植树及群众义务植树、乡村生态秀美村庄、寺庙院内及周边绿化、学校院内及周边绿化、企事业单位院内及周边绿化为6大片区开展义务植树与国土绿化工作，因地制宜，优先乡土树种为主，本土及外来引进相结合，主要从本地出圃旱柳、藏川杨、野桃、核桃、金丝柳，外来引进竹柳、玫瑰（月季）、云杉、东青（万年青）、红叶李等7种生态林树苗，种植42395株，稳步提升提质增绿工作。

【重点项目】 2020年，洛扎县林业和草原局按照上级业务部门下达的各项工作目标任务，抓建设进度、抓工程质量，全面推进林草重点生态工程建设。完成2019年度（2020年实施）森林抚育项目，完成0.2万公顷森林抚育工作。完成2018年边境小康村植树造林下达任务320公顷，根据实际情况将2018年边境小康村植树造林项目分2部分实施，第一部分131.3公顷（1967亩），总投资1106.38万元，年内完成总工程的50%；第二部分工程建设面积为188.87公顷（2833.05亩），其中人工造林160.63公顷（2409.5亩，含公路沿线绿化467.2亩），小康村树木栽植8.06公顷（120.8亩），小康村人工种草（花）20.18公顷

◆ 2020年12月21日，洛扎县林业和草原局全面开展“防火码”推广应用工作

（302.7亩），总投资1579.95万元，涉及37个作业区域，年内完成总工程的30%。

【森林防火】 2020年，洛扎县以“预防为先”加强宣传工作，建立以县长为第一责任人的森林防火行政领导责任制，分别与各乡镇、各施工单位签订《森林防火责任书》《林区安全生产工作目标责任书》，把防火责任具体到个人。年内，全县签订《森林防火责任书》10份，《林区安全生产工作目标责任书》3份。切实加强对各乡（镇）有林区的宣传教育活动，下基层宣传教育15次，发放森林防火宣传单、画册等3200余张，受教育群众4300余人。开展森林草原防火安全整治，实地督导检查30余次，排查隐患总数35处。针对森林防火器材保养、使用情况等进行检查，组织各乡镇护林员进行防火应急知识、器具使用及灭火等操作集中培训3次，开展森防应急演练1次，切实提高护林员的应急能力，进一步增强全县林区安全系数，实现全县全年森林“零”火情。

【病虫害防治】 2020年，洛扎县森林资源丰富，人工造林面积多，导致食叶害虫较多，部分乡镇出现小面积春尺蠖5000亩，色乡出现大面积鳞翅目害虫7000亩，县政府及时解决30万元资金用于购买病虫害药物、物资和支付民工工资。县林业和草原局组织人员开展防治工作，采取人防、机防相结合的方式，除治病虫害率85%。

【野生动物保护】 2020年，洛扎县林业和草原局完善生态系统安全，进一步加强野生动物、珍稀树种保护宣传工作，充分发挥各乡（镇）公益林护林员及生态岗位护林员等组织力量，深入开展每日巡山护林工作，进一步强化各管护站对沿路车辆的排查，核实有无非法私藏、私运，非法倒卖野生动物及其器官、珍稀树种及其木制品，严厉打击非法盗猎野生动物、珍稀树种的违法分子，确保全县野生动物及珍稀树种资源得到保护。

【木材采伐】 2020年，洛扎县森林采伐限额计划指标为薪材1000立方米，竹子1万根，全年完成群众薪材指标1000立方米、竹子1万根。在执行过程中，县林业和草原局制定《薪材指标通知书》（藏文版），以通知书作为薪材采伐依据，采伐过程中按照各村居提供地点，安排护林人员跟踪检查，严格执行公益林的抚育更新采伐方式，以重点公益林倒木清理和修剪枝条为主，不得采伐更新时间两年以上林木，不得造成重点公益林的破坏。坚决杜绝剃光头、连片皆伐等乱砍滥伐森林资源的现象，坚决杜绝薪材流入市场。

【虫草采挖】 2020年，洛扎县虫草采集工作于5月23日开始，虫草采挖点14个，冲裁采集人员1878人，发放采集证1878本，虫草采挖数49405根，产量18.9公斤，产值155.14万元。

【原生植物保护】 2020年，洛扎县林业和草原局建立健全工作机制，在全县范围实施《洛扎县整治原生植物行动方案（2020—2022年）》。由县政府解决原生植物资金16万元，用于县乡（镇）宣传保护原生植物。深入各乡（镇）、村居大力开展宣传活动，逐步淡化群众焚烧侧柏、小叶杜鹃等习俗，发放自治区原生植物保护管理通告双语（藏汉）400余份，切实增强全民保护原生植物意识。加大执法力度，组织护林员巡山过程中，加强对原生植物保护力度，依法严厉打击各类违法行为。

【政策资金落实】 2020年，洛扎县林业和草原局严格按照森林生态效益补偿资金管理办法，落实2019年森林生态效益补偿资金，为确保资金落实到位，在兑现资金中严格按照自治区政策补助落实要求，全部通过民生资金卡兑现，兑现资金712.52万元，完成率100%。完成2018年度新一轮退耕还林第一年补助资金落实工作，落实资金68.65万元，切实为群众带来现实政策利益。

【生态扶贫】 2020年，洛扎县林业生态岗位就业人员1381人，其中1353名生态岗位人员，机动岗位28人，兑现林业生态补偿脱贫转移就业岗位资金483.35万元。

【强基惠民】 2020年，洛扎县林业和草原局派驻门切社区工作队本着为民办事、办好事的工作原则，开展各项目标任务，经局务会研究解决1万元慰问资金，助推全面决胜小康社会。

（德吉央宗）

【领导名录】 洛扎县林业和草原局

局　长　肖　振

副局长　洛桑卓玛（藏族）

　　　　扎西达杰（藏族）

电　力

【概况】 国网洛扎县供电有限责任公司前身为洛扎县农电公司，性质为国有独资企业，事业单位企业管理。公司隶属于洛扎县水利局，实行独立核算，自负盈亏。于2015年8月挂牌成立，国网西藏电力有限公司山南供电公司与洛扎县人民政府签订代管协议实施代管。2020年9月30日，根据农电体制改革相关工作要求及各类文件精神，国网西藏电力有限公司与洛扎县人民政府签

◆ 2020年10月15日，国网洛扎县供电有限责任公司正式成立

订洛扎县供电有限责任公司全面实施“直管”的协议。年内，公司管辖110千伏变电站1座，变电容量31.5兆伏安；35千伏变电站6座，总变电容量75.8兆伏安；35千伏输电线路8条，总长178.4公里；小水电站10座，总装机容量3910千瓦，全部与藏中电网并网；10千伏输电线路19条，总长476.07公里；10千伏配电专变223台、公变177台，各类电力8379户，户通电率100%。

【业绩指标】 2020年，国网洛扎县供电有限责任公司完成发电量1512.23万千瓦时，同比增长3.8%；完成售电量2837.63万千瓦时，同比增长38.78%；综合线损率19.6%；电费回收率90.78%。

【同质化管理】 2020年，国网洛扎县供电有限责任公司制定《市、县同质化管理提升“十四五”高质量发展规划》，将同质化管理提升工作分为人资、财务、物资、安全、运检、营销、依法治企、党建企业文化以及信访等九个专业，着重落实各级、各部门的管理责任，全方位、全过程开展诊断分析和综合治理，并且建立管理提升长效机制，推进企业管理水平不断提高。

【安全生产】 2020年，国网洛扎县供电有限责任公司为进一步做好应急管理工作，成立应急管理领导小组，加强对重大突发事件的预测、跟踪和研判，有效抑制和消除各类突发事件。强化应急基干分队建设，提升应急队伍能力，启动公司新一轮21项应急预案修编，完善公司应急处置程序，确保预案可操作性，提升应急响应、处置等方面的协同效率。严格执行《国家电网公司电力安全工作规程》在工作前一天由项目分管领导负责召开全体工作班成员会议，学习“三措一案”、标准化作业指导书，明确工作任务，工作人员分工情况、工作时间，进行安全危险点分析，交代注意事项。执行现场保证安全的组织和技术措施，组织“三区三州”配电网项目复工复产施工单位开展复产入场安全考试，通过考试使每个工人熟知岗位安全职责、履责要求，以便在工作中，提高安全意识，落实安全责任，严肃考核问责，确保工程稳定开展。实施“两票三制”制度，年内开出操作票125张、工作票51张，合格率98%，合格率逐年上升，使操作逐渐规范，提高安全系数，保证现场人身及设备安全。全年公司在各方面均未发生安全事故。为增强员工防汛意识，提高员工对防汛的应急处置能力，提前进行周密安排部署，从前期策划、编写预案，重点从机构的组织、人员的配备、物资的储备、预案的制定完善与演练、小水电防汛制度的修订方面入手，做好日常防汛工作。突出重点，狠抓薄弱环节，确保汛期安全生产的“三防一保”。

【电网服务】 2020年，国网洛扎县供电有限责任公司将边境小康村、易地搬迁点、抵边村、边防部队等用电以及德玛隆小水电建设等作为重点服务对象，按照特色化发展思路，打造符合实际需求的服务理念，提升服务满意率，坚持“始于客户需求、终于客户满意”的服务理念，投入大量资金。4月，成立两家供电所，并及时落地供电所相关制度，为国防优质化服务搭建全新的平台。

【清理转供加价】 2020年，国网洛扎县供电有限责任公司为进一步规范转供电环节收费行为，全面落实国家用电政策，保障电费降价红利惠及终端用户，根据西藏自治区发展和改革委员会、西藏自治区市场监督管理局等下发文件要求，举一反三、以最坚决的态度，结合相关部门及供电所全方位开展摸排，大力度实施治理、大范围组织宣传、彻底治理辖区内存在的任何反政策，加价情况，经过排查，全县无任何转供加价户，清理工作取得实质性成效。

【农电体制改革】 2020年，农电体制改革工作开展以来，国网洛扎县供电有限责任公司严格按照区、市各级党委政府文件、《自治区农电体制改革工作领导小组办公室赴洛扎县农电体制改革工作调研座谈会议》等指示精神及相关工作要求，始终坚持“三个务必”的工作态度，坚持“政府主导、企业实施、无偿划转、试点先行、稳妥推进”原则，专门成立洛扎县农电体制改革工作领导小组，并印发《洛扎县取消农电“代管”，全面实现“直管”的贯彻落实意见》。在推进“直管”工作中，采取“一类问题一个方案，一类问题一名责任领导，一个问题一个措施”的做法，做到组织保障到位、措施精准到位、问题解决到位，在既定时间内完成办理12宗土地不动产权证书，并积极与政府部门沟通衔接，按时完成办理6000多万元国有资产的登记。洛扎县供电公司国有产权整体无偿划转协议的签订，对于持续改善农牧民群众生活质量，有力促进经济社会持续健康发展具有重要意义，不仅意味着山南市农电体制改革工作取得突破性进展，也为洛扎县供电公司全面完成农电体制改革直管工作迈出坚实的基础，进一步为助推洛扎县经济社会发展提供可靠的电力保障。

【营业普查】 2020年，国网洛扎县供电有限责任公司为加强营销基础管理、堵塞营销工作漏洞、提高营销工作质量、维护企业合法权益、规范和提高营销管理水平，相继开展洛扎镇及扎日乡、次麦、仲村等小康搬迁户的档案梳理及营业普查工作，建立一户一档客户2778户，营业普查536户。剩余客户小康搬迁完成后将陆续进行营业普查工作。

【电费回收】 2020年，国网洛扎县供电有限责任公司本着客观公正、实事求是的原则，在日常收费过程中，加大《中华人民共和国电力法》《电力供应与使用条例》和电力行政法规中有关电费缴纳责任条款的宣传，让用户了解按时缴纳电费是一种义务，并对无故拖欠电费、电费缴纳意识淡薄多次催费无果的用电量较大客户采取强制停电措施。经过实施以上措施，电费回收率比上年同比增长6个百分点，90.78%。

【SG186系统运用】 2020年，国网洛扎县供电有限责任公司SG186系统运用方面，按照山南市公司营销部要求，对全县客户系统档案进行维护及新装工作，确保系统档案与现实客户档案全部一致，各项业务与系统全面接轨。截至年底，新装32户，客户基础档案及资产编号更新993户，建立3个采集点（曲措2至4村），其中2个采集点上线，上线客户92户，日冻结数据采集用户74户，采集率82.22%。

【供电营业厅标准化改造】 2020年，国网洛扎县供电有限责任公司为适应现代化营销建设的需求，在公司领导的正确引领下，对营业厅进行全面改造，从25平方米的一间小房到127.14平方米的B级营业厅，设立服务台、咨询台、洽谈区、客户休息区、电子宣传屏，建立健全各项制度和便民服务设施，提高业务办理的便利性和优质服务水平，提高公司在社会中的公众形象。

【党建工作】 2020年，国网洛扎县供电有限责任公司党支部遵循《国网公司党员服务队工作指引》，为提高党员队伍素质，进一步提升党建工作水平，更好地发挥党员先锋模范作用，开展学习文件精神、疫情防控、宣传安全知识、追悼革命英雄、整治清理环境、庆祝党的生日、学习革命先烈“舍身为党、舍身为民、舍身为国”为主题的动感初心故事等丰富多彩、意义深重的主题党日活动。弘扬中共中央总书记习近平“网络发展到哪里，党建工作要覆盖到哪里”的讲话精神，遵照上级党委指示，全体党员统一下载“国网大学”App，自觉在网上学习党的路线、方针、政策，同时在公司党建群里定期反馈学习情况。对于支部会议、集中学习、主题党日活动等重要内容及时拟写工作简报，并通过网络媒体（电网头条、洛扎电力微信公众号、抖音平台）上报山南供电公司党委宣传部等方式大力宣传，得到上级领导及群众的认可。始终坚持正常的组织生活制度，坚持“三会一课”制度，做到会议准备工作充分，主题突出，特色鲜明、记录完整。按时召开党员领导干部民主生活会，认真收集党内外群众意见，会议主题明确、成绩突出，与会人员个人书面准备充分，会上积极发言，认真开展批评与自我批评，会后党支部认真向全体党员报告查找出的主要问题和整改措施，积极主动地接受党员的监督，务求达到理想效果，同时重视理论学习，专门聘请山南市公司党委党建部老师上党课，激发起全体党员干部理论学习的浓厚兴趣。党支部个人建立学习笔记，联系思想实际，写出学习笔记和体会文章，收到良好的学习效果，有效提高全体党员干部的思想政治素质和理论水平。

【党风廉政建设】 2020年，国网洛扎县供电有限责任公司党支部安排党风廉政及反腐败内容的学习7次，支部书记讲课3次、集中学习6次，主要学习党章、总书记讲话精神、十九届四中和五中全会精神、反腐败案例、学思践悟系列文章等内容，并根据学习内容及时进行讨论分析，使教育学习达到预期效果。将党风廉政建设和反腐败工作纳入全年重点工作，统筹安排，全面推进，形成反腐败领导体制和工作机制。在落实责任上做到两个明确，明确公司党政一把手是党风廉政建设第一责任人；明确领导班子其他成员对分管工作范围内的党风廉政建设负直接领导责任人的一岗双责制度。

【领导名录】 **国网洛扎县供电有限责任公司**

总 经 理　尼玛伦朱（藏族）

副总经理　多吉朗杰（藏族）

副总师、综合管理部主任

　　　　普布江增（藏族）

交通·旅游·邮政·通信

洛扎年鉴

交通运输

【概况】 2020年，洛扎县交通运输局（交通运输综合行政执法队）核定编制总数5人，实有人数6人。11月15日，洛扎县交通运输综合行政执法队挂牌成立，按照《关于深化洛扎县交通运输等5大领域综合行政执法改革涉及机构编制调整事宜的通知》（洛机编发〔2020〕2号），实行“局队合一”体制。

【交通现状】 2020年，洛扎县形成以国道219线为主轴，省道206线、省道207线为辅，县道311措洛线、县道313蒙龙线、县道314色温线、县道323仲定线为骨架，乡村公路及专用公路为分支的交通网络格局，与邻县浪卡子县、错那县、措美县互通公路。截至年底，全县公路总里程967.76公里（不含放牧点道路和机耕道），按照行政等级分类，国道里程为147.9公里、省道里程为29.36公里，县道里程为190.94公里，乡道里程为45.55公里，村道及专用公路里程为554.01公里，全县7个乡镇、27个行政村全部实现道路通畅，通畅率100%。年内，全县有6条客运线路（1条县际班线，5条县内班线），实现全县扎日乡、洛扎镇、生格乡、拉康镇、边巴乡、色乡等6个乡（镇）通客车，乡（镇）通客车率85.71%；实现拉隆村、扎日村、蒙达村、白沙村、曲措村、乃村、吉堆社区、嘎波社区、次麦社区、木村、古局村、杜鲁村、拉康社区、美秀村、雪玛村、柏日村、曲西村、桑玉村、色村、曲吉麦村等20个行政村通客车和辐射带动通车，行政村通客车率74.07%。全县具备通客车条件的乡镇6个，建制村25个；不具备通客车的乡镇1个（拉郊乡），建制村2个（杰罗布村、拉郊村）。

【党建工作】 2020年1—7月，洛扎县交通运输局与县水利局为联合党支部，隶属洛扎县水利交通党支部，7月20日，经请示县直属机关工委，成立洛扎县交通运输局党支部，选举产生支部书记、副书记，交通运输局党支部党员有7名，其中2名退休党员、2名农牧民党员、3名正式干部。12月，2名退休党员完成党组织关系转接，交通运输局党支部党员实有5名。年内，县交通运输局党支部组织全体党员干部重点学习《习近平谈治国理政》（第三卷）、中央第七次西藏工作座谈会精神、十九届五中全会精神共集中学习18次，学习《中国共产党章程》《中国共产党历史》以及《中国共产党廉洁自律准则》等党纪条规6次，召开党员大会6次，党课3次，开展主题党日6次，吸收积极分子3名，签署党员个人承诺书7份。按照创建八星党支部工作要求对标对表，制定整改措施，进一步完善和推进党建工作，全年投入6634元经费用于党支部标准化建设。按照《党员三包五带五促》工作要求，结合党支部实际，制定工作方案，成立领导小组，制定个人“包片、包户、包人”活动工作动态台账，积极向“三包”对象宣传习近平新时代中国特色社会主义思想和党的路线方针政策，宣传中央总书记习近平和党中央对西藏各族群众的特殊关怀，宣传西藏和平解放以来特别是十八大以来发生的巨大变化等相关精神，同时开展环境卫生大扫除、民族团结等活动。截至年底，相关政策宣传4次，开展环境卫生活动3次。

【党风廉政建设】 2020年，洛扎县交通运输局贯彻落实区、市、县三级关于党风廉政建设工作的一系列指示精神以及各级纪委文件精神，结合单位实际，制定党风廉政建设工作方案，分管领导与局长签订、局长与干部职工签订党风廉政建设目标责任书，局全体干部职工签订廉洁自律承诺书，推动落实主体责任从“要我做”开始转向“我要做”。积极开展党风廉政宣传教育月活动，开展“主题党日”座谈会，召开以《永葆初心本色 做新时代合格党员》为主题的廉政党课和关于《八项规定和纪律规矩》的廉政党课，召开专题学习会议，重点学习《中国共产党纪律处分条例》《山南市纪委关于两起扶贫领域腐败和作风问题典型案例的通报》（山纪通〔2020〕10号）文件等典型案例通报精神，组织观看山南市违纪违法典型案例警示教育片《说案明纪》第五集《自毁前程的教育局长》；在组织集中学习的基础上，县交通运输局局长阿旺西绕与干部职工进行廉政谈话和充分利用《山南市党员干部廉政知识在线学习考试系统》平台，积极参与在线学习考试，提高全局干部职工党风廉政建设主体责任的认识，明确底线，敲响警钟，为营造风清气正的环境起到良好的推动作用。

【农村客运】 2020年，因受疫情影响，为有效切断疫情通过班线交通运输渠道传播，全力确保人民群众生命安全，经报请洛扎县新型冠状病毒性肺炎联防联控工作领导小组同意，于1月31日—3月18日全面暂停县际、县内农村客运班线车辆运营，3月19日起逐步恢复班线客运车辆运营。为保障全县在突发紧急情况下社会经济的正常运行和流通市场物资的相对稳定，保证人民群众生活必需品的供应，县交通局（交通运输综合行政执法队）结合实际制定《疫情联防联控交通运输应急保障工作方案》及《疫情联防联控交通运输应急保障工作预案》，同时成立县交通运输局运输应急保障领导小组，备足正常运力和储备运力，确保运输需求。年内，县人民政府投入资金75万元，采购2辆19座新车，更新旧车。截至年底，县雄曲公交客运公司有7辆班车，均为近两年购置的新车，分别为县际班车3辆（藏CK3223、藏CK3233、藏CK0080），车辆型号均为宇通ZK6858H5Y，29座，每周实行2班次，途经洛扎县—浪卡子县—贡嘎国际机场—贡嘎县—扎囊县—泽当镇。县内班车4辆，分别为藏CA0051（县城—扎日乡），途经吉堆社区—拉隆村—扎日乡—扎日村—蒙达村—白沙村—曲措村—乃村；藏CA0050（县城—色乡、县城—拉普温泉），途经次麦社区—色村—色乡—曲吉麦村—拉普温泉（辐射带动桑玉村、曲西村）；藏CK1080（县城—卡久景点），途经次麦社区—生格乡—木村—古局村—杜鲁社区—拉康镇—拉康社区—卡久景点；藏CA0059（县城—边巴乡），途经次麦社区—生格乡—木村—古局村—杜鲁社区—拉康镇—拉康社区—美秀村—边巴乡—雪玛村—柏日村。车辆型号均为宇通ZK6609D51，19座，每天实行1班次。截至年底，全县总客运量19593人，日发班次5次，平均日载客量86人次，发车班次316次，旅客周转量约340.5万人公里。

【公路建设及管理】 2020年，业主为洛扎县人民政府的续建交通项目有18条，总投资4341.52万元，批复总里程40.68公里，完成投资2749.02万元，16条公路项目完工，其余2条项目计划2021年7月底完工。开工项目2个，业主为上级交通部门，一个为总投资2亿元的新建公路项目，于6月开工实施；一个为总投资0.41亿元的G219线—拉郊乡公路整治工程，于11月开工实施。

【农村公路养护管理】 2020年，洛扎县列入养护的农村公路里程764.77公里，其中县道190.94公里，乡道43.96公里，村道247.27公里，专用道路282.59公里。年内，结合全县各条农村公路现状，对色温线（色桥—拉普温泉公路）、空漳浦线（拉普温泉—空漳浦公路）、亭拉线（亭村—拉郊乡公路）、蒙龙线（国道219—乃村公路）桑玉公路、开雪拉康公路、仲村二组公路、麦堆公路、扎西根培公路、措玉公路、曲西公路、成村公路等14条公路进行不同程度的维修加固和汛期不间断的道路交通安全保通工作，投入资金150万余元，保障道路交通安全畅通。同时，认真部署农村公路防汛和水毁抢修工作，汛期和日常道路抢险保通安防工程投入近50万元，要求各乡镇狠抓雨季公路的日常养护和预防性养护工作，做到涵洞、边沟等排水设施畅通无阻塞，并坚持每天巡路，及时掌握灾情，发现险情或中断交通及时报告县交通运输局，立即采取有效措施进行抢修，及时做好防范工作。一旦出现险情，要求各乡镇立即组织人员和机械设备集中到位，保障公路抢险工作迅速有序开展。通过实施以上挡墙加固等修复工程，及时消除通往各乡镇的主干道的道路安全隐患，保障道路交通安全通行。

【交通安全】 2020年，按照安全生产专项整治三年行动及年度安全生产目标管理的工作要求，洛扎县交通运输局加大安全监管和隐患排查治理工作，狠抓安全生产工作责任制，认真履行安全生产工作职责和要求，采取各种有效措施，着力抓好安全生产源头管理和各项防范措施的落实。结合实际，成立安全生产专项整治三年行动工作领导小组，全面组织安全生产计划，明确工作重点，确定监管思路，部署安全检查及整改。围绕“综治宣传月”“安全生产月”，结合扫黑除恶等工作，采取张贴宣传标语，悬挂宣传横幅、印发资料等形式，进行广泛宣传，同时，向施工单位、各乡镇下发《洛扎县交通领域关于加强做好道路交通养护工作和隐患排查力度的通知》，以农村公路养护情况、危桥、险路、施工现场安全管理为重点对象，开展定期不定期的安全生产大检查，对于排查出的问题，要求相关单位采取相应措施，及时消除隐患，对一时难以消除隐患的路段要设立好交通警示标志，做好交通维护，确保交通安全。截至年底，开展宣传教育活动8场次，发放宣传资料600余份，先后40余次深入各乡镇开展道路交通安全隐患排查工作，排查出大小安全隐患点120余处，整治维修120处，开展建设领域安全生产专项督查活动15场次。

◆ 2020年12月24日，洛扎县交通运输局开展道路交通安全生产三年专项整治行动之打击“黑车”非法营运行为专项行动

【交通运输综合执法】 2020年，洛扎县交通运输局结合“扫黑除恶”专项治理工作，联合县交警部门、应急管理局开展道路运输秩序整治工作，严厉打击非法营运车辆，积极摸排扫黑除恶线索，对存在部分非法营运行为，邀请山南市交通综合执法局协助在全县范围内开展交通非法运营车辆摸排及执法工作，对涉及人员开展笔录询问、了解是否从事非法运营、从事非法运营的主客观原因等情况，并签订保证书，承诺不会再从事道路交通非法运营活动，全县道路运输市场状况良好。加大对客运站源头管理，定期或不定期对客运站收费行为和客运车辆的性能进行检查监督，及时纠正违章行为，维护正常运转秩序，有效遏制境内车辆超限超载行为发生，确保道路安

全畅通，达到行业管理规范化、法治化。截至年底，开展上路执法4场次，教育非法车辆驾驶员10人次。

（次仁卓嘎）

【领导名录】 洛扎县交通运输局

党组书记、局长　阿旺西绕（藏族）

党组成员、副局长　次仁卓嘎（女，藏族）

白　玛（藏族）

副局长　李圳鹏

旅　游

【概况】 洛扎县旅游发展局于2019年3月22日正式挂牌，为洛扎县人民政府工作部门，负责旅游工作，正科级，无下属机构。2020年，县旅游发展局人员编制共3人，其中部门领导职数2人，实有人数4人。

【党建工作】 2020年，洛扎县旅发外事党支部对积极分子进行谈心谈话1次，教育引导1次。注重党员教育管理，制订《旅发外事党支部2020年下半年理论学习教育计划》，坚持把深入学习贯彻习近平新时代中国特色社会主义思想作为首要政治任务，全年集中学习12次、学习交流2次，为不断提高党员干部思想认识，推动党建各项工作有序发展提供有力的思想保证、精神动力、舆论支持和文化条件。组织观看警示教育片1场次，引导党员干部强化自律意识，时刻警钟长鸣，切实增强拒腐防变的自觉性。将“主题党日”活动作为提高党员干部政治站位、思想意识的台阶，以慰问五保户、观摩民族团结教育基地、扫墓等为主题坚持每月召开1次“主题党日活动”，进一步增强党员干部的初心使命，强化党员为民服务的能力和水平。开展谈心谈话1次，收集谈话记录6份。党支部书记和党员之间、党员和党员之间，敞开心扉、坦诚相见，做到既交流思想、沟通工作生活情况，又相互听取意见、指出对方存在的问题和不足。疫情防控期间，全局自愿捐款4710元，为坚决打赢疫情防控战出力。积极组织党员开展责任片区卫生清扫活动2次，有效发挥党员先锋模范作用，把党建工作的成效体现到凝聚人心、促进和谐上。自7月新党支部成立以来，组织党员集中学习习近平新时代中国特色社会主义思想教育1次、学习中共中央总书记习近平关于民族工作和治边稳藏的重要论述1次，组织党员深入民族团结教育基地观摩学习1次，开展社会主义核心价值观教育1次、观看爱国主义影片1场次、开展新旧西藏对比教育1次。扎实推进“三包五带五促”活动，推进党员包片包户包人工作常态长效工作。截至年底，党员深入帮扶对象贫困户家中开展教育慰问4次，进行思想教育消除帮扶对象的等、靠、要思想。通过宣传党的惠民政策引导帮扶对象感党恩、听党话、跟党走。同时通过消费扶贫的方式帮助帮扶对象增收4290元。

【党风廉政建设】 2020年，洛扎县旅游发展局强化主体责任和监管力度，研究制订《旅发局2020年党风廉政建设工作计划》，成立领导小组，坚持每季度开展1次廉政谈话原则，组织班子成员及财务人员开展廉政谈话4场次，局主要负责人分别与班子成员、财务工作人员签订落实党风廉政建设目标责任书，引导班子成员及财务工作人员做到廉洁自律，严守廉政底线，结合实际研究制定《党风廉政建设制度》《旅发局公车使用管理制度》，提高全局干部廉政风险防范意识。同时，加强对纪委部门下发的典型案例通报文件精神的学习，集中学习领导讲话精神及各类文件精神8次，集中观看警示教育片4次，教育引导全体干部职工以学促用，做到警钟长鸣、对照警醒、举一反三，筑牢拒腐防变的思想底线。开展以“遵守党章党规，提高廉洁自律”为主题的支部书记讲党课活动1次，使党员干部在思想上受到洗礼。

【游客接待】 2020年，洛扎县接待游客5万人次，实现旅游收入833万元，旅游人次同比上年增长2%，旅游收入同比增长20%。

【疫情防控】 2020年，洛扎县旅游发展局坚决防范疫情流入县境，严格按照山南市旅游发展局指示精神，对各景区景点严管严控，时刻关注、了解各景区景点动态，严禁在未接到通知前对外开放，并委托各工作人员委婉劝退游客。景区对外开放前进来游客0人次，各景区景点接待游客0人次，有效防止疫情输入扩散。根据属地管理原则严管全县宾馆（酒店）、家庭旅馆，根据《关于全市所有经济宾馆（酒店）及家庭旅馆暂停对外营业的通知》（山旅发〔2020〕5号）要求，全县所有宾馆（酒店）家庭旅馆暂停对外营业（除陇巴庄园酒店、中粮宾馆、欢聚宾馆3家作为隔离医学观察酒店外），有效切断疫情传播途径。根据县应对新型冠状病毒感染的肺炎疫情工作领导小组要求，开设2家宾馆（雪莲家庭旅馆、尼威旅馆）接待上级督导检查组入住（各单位到县旅游发展局登记工作组详情并由县旅游发展局联系宾馆负责人安排住宿方可入住，严禁闲杂人等入住），避免隔离人员同工作组共住一家宾馆现象，同时坚持每天定期联络宾馆负责人核实上级督导检查组入住、退房等情况。有效加强疫情防控知识教育，要求宾馆（酒店）服务人员做好每日酒店清洁卫生工作，一律戴口罩、勤洗手、注意个人卫生，做好自身防护。

【乡村旅游】 2020年，洛扎县旅游发展局按照《山南市关于消费扶贫活动实施方案》文件要求，搭建旅游帮扶平台，引导扶贫产品进景区，促进旅游服务消费，推进乡村旅游高质量发展、优化乡村旅游结构。本着全力支持乡村旅游，以旅游促进农牧民增收的精神，利用拉康镇旅游资源丰富、观赏游憩价值较高的特点，经请示，由县旅游发展局从产业经费中支出10万元（其余经费由拉康社区承担）用于拉康镇旧卫生院改造为拉康镇旅游产品展销中心项目，年内项目完成竣工验收。

◆ 2020年9月14日，洛扎县旅游发展局工作人员对景区景点内的酒店、宾馆和家庭旅馆开展安全生产检查工作

【旅游安全生产检查】 2020年，洛扎县旅游发展局召开专题会议动员部署旅游市场安全检查工作，进一步提高政治站位和思想认识。完善和落实领导责任，研究制定《旅游发展局2020年安全生产工作方案》《洛扎县旅发局应对旅游业突发事件应急预案》《洛扎县旅发局关于旅游安全专项整治三年行动实施方案》，确保旅游市场安全检查工作有部署，应急处突有方案。全年开展执法检查6次，出动工作人员20余人次，检查主要景区（点）2家，县级宾馆（酒店）及家庭旅馆29家。

【“云瞰西藏一码游”使用】 2020年，按照山南市旅游发展局《关于做好“云瞰西藏一码游”二维码使用工作的通知》的通知要求，为积极推动疫情后旅游景区有序复工复产，把“云瞰西藏”作为疫情防控、保障游客安全、提升管理效能的重要抓手，及时落实并在卡久景区投入使用“云瞰西藏一码游”，实现对感染人员追踪溯源，掌握游客出行轨迹，及时动态掌握游客流量变化，同时有效提升旅游管理能力。

【旅游项目建设】 2020年，洛扎县投资3000万元的3个旅游基础设施建设项目。截至年底，实际完成投资2600万元，完成率87%。总建设进度87%，其中白玛林湖景区建设项目总投资1000万元，年内完成600万元，完成率60%。卡久景区建设项目总投资1000万元，年内完成1000万元，完成率100%。拉郊峡谷生态观光区建设项目总投资1000万元，年内完成1000万元，完成率100%。

【旅游宣传促销】 2020年，洛扎县旅游宣传促销工作通过政府常务会议同意，从产业经费中支出资金与可信赖的文化传媒公司合作，重新启用“洛扎旅游”微信公众号，做到公众号持久稳定更新，积极发布洛扎旅游各大景点信息，确保游客随时互动了解洛扎县特色文化、景区（点）、路线、路况的同时扩大宣传面，将洛扎县旅游文化资源充分对外宣传。

（旦增云登）

【领导名录】 洛扎县旅游发展局

局　长　张　娜

副局长　央宗吉玛（女，藏族）

邮　政

【概况】 2020年，山南市邮政分公司下达经营目标为170万元，洛扎县邮政分公司完成业务总收入238万元，完成计划的140%，比上年同期增长11%。

【业务发展】 2020年，洛扎县邮政分公司完成业务类收入65万元，增长105%，占业务总收入的60%；代理速递物流业务完成收入24万元，增长102%。

◆ 2020年9月15日，洛扎县邮政分公司工作人员在疫情期间对进口邮件进行消毒

【经营举措】 2020年，洛扎县邮政分公司重点发展农村电子商务平台、代理金融业务、代缴交警罚没款、代销航空机票、代理销售分销产品、函件开发等亮点业务，使业务发展和便民服务同步进行。全年发展农村电子商务平台3个，为农产品进城和工业品下乡提供渠道，借助农村电子商务服务平台实现网上代购84笔，销售特色产品5.4万元，为农村客户提供购物便利渠道，提升便民服务业务。

【农村通信】 2020年，洛扎县原有中心乡（镇）邮政所6处，年内增加村邮站14个，有14名乡邮员（其中，6名专职营业员、6名乡邮投递员、2名乡邮驾驶员）。拉康镇、洛扎镇、扎日乡、生格乡、色乡、拉郊乡和边巴乡邮件及党报党刊投递频次为周五班，乡镇至村为周三班，实现各行政村和各寺庙通邮率100%。

【精神文明建设】 2020年，洛扎县邮政分公司围绕邮政经营中心开展工作，狠抓“三个文明”建设，组织参加“进位先争”“五好支局”“争当星级员工”等竞赛活动。积极开展形势任务教育活动，积极参加山南分公司及洛扎县人民政府开展的各项活动。

（扎西曲加）

【领导名录】 洛扎县邮政分公司

总经理　多吉次旦（藏族，8月离）

　　　　索朗多吉（藏族，8月任）

电信局

【概况】 洛扎县电信局是中国电信集团有限公司山南分公司下属县级分支机构，于2001年正式挂牌成立，承担着洛扎县五乡两镇、党政军警、

◆ 2020年7月7日，洛扎县电信局开通拉郊乡德玛隆基站

企事业单位、农牧民群众的通信服务。2020年，洛扎县电信局编制5人，其中领导职数1人、政企经理1人、乡镇经理1人、装维经理1人、营业经理1人，主要经营有线语音业务、宽带业务、移动通信业务、5G业务及信息化项目等。

【经营理念】 2020年，洛扎县电信局以发展为中心，以改革为动力，以创新为先导，进一步解放思想，转变观念，抓住机遇，加快发展，提高企业效益，增强企业自主经营，努力开创电信公司工作的新局面。

【规模发展】 2020年，洛扎县电信局过网用户市场份额到达值51.71，主营业务收入完成1121万元，移动业务发展1455户，宽带业务发展530户，存量收入767.1万元，完成进度93.73%，存增量收入完成245万元，完成进度80.89%。截至年底，全县有56座基站，网络信号覆盖全县所有乡镇98%的行政村及94%的自然村，客户总数7000余户，经营收入连续多年保持增长态势。

【业务份额】 2020年，洛扎县电信局抓好新增市场拓展，加强竞争应对，盘活差号号源，多途径筹集终端资源，拉动新增，实现用户净增份额和增量收入份额均不低于50%的发展底线。发挥大网优势，加快V网组件、拓展家庭、单位、集团短号业务等工作，同时激发网内话务，提升客户话务黏性。重点开展合约捆绑，大力推动核心客户建家工作。提供家庭宽带、短号、亲情网等组合优惠，将建家与核心客户捆绑工作有机结合。加强推广智家业务（全屋Wi-Fi、天翼看家、平安乡村等）、智慧家庭使用。对本有客户做好维系，提升异网精确回流，做好携号转网工作。开展第二号码营销及次新增客户维系，满足在高普及率的市场环境客户对第二号码的需求。加强对入网营销政策即将到期客户的常态化捆绑营销，延长次新增客户的在网周期，降低客户重入网率。

【透明消费】 2020年，洛扎县电信局落实首次订购提醒及扣费提醒服务、资费业务宣传、新入网客户进行的电子账单项目内容理解程度的流程穿越等措施，保证客户消费透明。

【绿色通信构建】 2020年，洛扎县电信局制定严格考核目标，以客户感知为标准，达到全面推进网格质量提升目标。开展网络投诉专项整治活动，针对网络投诉总量及占比较高的问题进行重点整治，搭建客户绿色沟通渠道，实现客户投诉100%解决。规范和完善部分缺失的后台管控及操作流程，落实安全平台和数据防泄密系统的推广、落实对黑白红及特殊客户的管理规定、提升网络信息安全保障水平，加强对骚扰及诈骗电话的防范和监控，切实抓好绿色通信渠道的构建。

【客户投诉】 2020年，洛扎县电信局开展客户服务意见征集活动，采取投诉透明化管理措施，深入分析客户意见，透明投诉事件处理进度，执行投诉客户回访制度，完善服务措施，提升服务能力，确保投诉问题解决。

（次　曲）

【领导名录】 洛扎县电信局

局　长　达瓦索朗（藏族）

移动分公司

【概况】 2020年，洛扎县移动公司有正式员工7人，直销员2人，网络代维人员4人，下设13家渠道合作客户（全县乡镇均设服务网点），主要负责全县客户管理、确保上级公司营销方案的落地执行，规范完善服务设施以及全县网络维护管理工作。年内，县移动公司共有移动用户71034户，家庭宽带用户1700户。

【经营理念】 2020年，洛扎县移动公司以“正德厚生，臻于至善”为企业核心价值观，以“成为卓越品质的创造者”为企业愿景，秉承中国移动通信集团西藏有限公司“创无限通信世界，做信息社会栋梁”的企业使命，坚持“以客户为根，服务为本”的服务宗旨理念，将产品与服务作为企业核心竞争力，全心全意为洛扎县人民服务。

【党建工作】 2020年，洛扎县移动公司在持续做好“不忘初心、牢记使命”主题教育的同时积极响应山南市公司党委号召，积极参加山南市公司举办的“不忘初心，歌唱祖国——庆祝建党99周年和公司成立20周年”演讲比赛以及重温入党誓词、员工篮球赛、文艺汇演、合唱等活动，结合“不忘初心 大干90天”“冲刺四季度 党员我先行”等主题开展宣贯会，党员代表发挥先锋模范作用带领全体员工利用周末时间，深入各小区、村委会等开展家宽进社区活动，将党建统领要求充分融入工作中，号召党员在工作中争创一流，勇当先锋。

【党风廉政建设】 2020年，洛扎县移动公司落实全面从严治党要求，严守政治纪律和政治规矩，强化“两个责任”落实，积极参加自治区公司“2020年党风廉政建设和反腐败工作会议”，组织全体员工开展2020年度反腐倡廉教育月相关活动。多次召开会议学习八项规定相关内容，加强反腐倡廉宣传教育，树立反腐倡廉意识，并根据山南分公司相关要求建立开展违反中央八项规定精神问题自查清理纠治台账，主要从公款吃喝、公款出游、公车私用、违规收送礼品礼金、楼堂馆所建筑违规、违规发放津贴福利、大办婚丧喜庆等问题进行严格自查自纠，经查证，公司不存在以上违反中央八项规定精神的相关问题。

【网络覆盖】 2020年，洛扎县移动公司有基站180个，网络覆盖27个行政村。年内，增拉康镇米久玛边境基站、边巴乡桑布拉边境基站、扎日乡隆拉边境基站等20个移动基站。电普五批项目新建基站12个点位，并对信号质量差的21个点位进行现场勘察，申请21个基站建设。截至年底，县城以及各行政村网络覆盖率100%，桑布拉、米久玛、隆拉等边境地区信号完成覆盖。

【市场运营】 2020年，洛扎县移动公司总结工作经验，吸取经验教训，发扬优良的工作作风，跟随区、市公司的发展思路，在洛扎县委、县政府的领导下，结合实际，在巩固现有资源的基础上，以全面建设农村家庭宽带网络覆盖战略为基础。通过常态化营销、走访、驻点等方式进一步提升公司的市场掌控能力。通过各种培训提升员工的服务意识以及工作效率，利用各种节假日进行团队建设活动提升团队凝聚力，共同完成市公司下达的各项任务。

【网络支撑】 2020年，洛扎县移动公司网络覆盖率96%，故障率降低到0.5%以下。年内，在山南分公司和县政府的大力支持下成功开通拉康镇民久玛、扎日乡隆拉、拉郊乡杰罗布等边境行政村移动基站，解决各边境行政村长期没有信号的问题，并进行为期1个月的边境信号测试优化工作，进一步提升网络质量，提升客户感知度。

【扶贫工作】 2020年，洛扎县移动公司积极响应政府号召，组织党员代表到边巴乡美秀村慰问

◆ 2020年5月27日，洛扎县移动公司开展"总经理接待日"活动

结对帮扶对象，为帮扶对象送去日常生活用品和心意。同时向帮扶对象了解日常生活困难以及移动网络情况，及时解决帮扶对象的困难，将暂时无法解决的问题记录在册，及时向政府反映相关问题并召集公司全体员工讨论解决办法，积极发挥党员先锋模范作用。

【服务水平】 2020年，洛扎县移动公司秉承"以客户为根，服务为本"的服务宗旨，对各营业员进行常态化培训，提高营业员的业务能力、服务意识以及工作效率，将服务模式规范化，做好最基本的服务工作，通过驻点式服务了解客户需求并与客户建立良好的业务关系，通过走访、电访等方式获取客户反馈并及时核实解决问题，进一步提升客户满意度。

（仁增多吉）

【领导名录】 洛扎县移动公司

总经理 洛松江村（藏族）

商 贸

洛扎年鉴

商 务

【概况】 2020年，洛扎县商务局核定编制4人，实有3人，其中局长1名，副局长1名，科员1名。

【党建】 2020年7月，洛扎县第二联合党支部成立，分别由县商务局、信访局、编译局3个部门组成。截至年底，党支部有正式党员5名，预备党员1名，其中少数民族党员4名，女性党员3名；党支部设书记1名、副书记1名。年内，制订《2020年洛扎县第二联合党支部党建工作计划》，先后召开党员大会3次研究党支部党建工作。建立完善各项工作制度，制定《2020年洛扎县第二联合党支部成员工作分工及职责》，支部书记、副书记明确分工，各负其责。截至年底，召开党员大会7次；专题组织生活会1次；开展主题党日活动4次；召开主题党课1次，参与人数4人；开展谈心谈话4人次，征求意见建议1次；开展“三包五带五促”活动，办实事2件，涉及资金3950元；吸收积极分子2名，发展预备党员1名；收缴党费696元。第二联合党支部自成立之日起，深入开展学习《贯彻习近平新时代中国特色社会主义思想》《贯彻习近平总书记治边稳藏重要论述和一系列重要指示批示精神》《习近平谈治国理政》（第三卷）以及中央、区党委、市委、县委决策部署，学习《中国共产党章程》、党规和《党支部工作条例》等党内各项制度及党风廉政和脱贫攻坚等相关材料50余篇。

【党风廉政建设】 2020年，洛扎县商务局组织干部职工每月开展党纪集中学习不少于2次，个人学习笔记累计30篇，集中学习纪检关于典型案例通报10起，重点学习《中国共产党章程》《中国共产党纪律处分条例》《中国共产党领导干部廉洁从政若干准则》《中央八项规定》等规章制度及习近平系列讲话精神，明确政治和纪律底线，牢固树立不敢腐、不能腐意识，加强个人修养，提高思想认识。制订党风廉政建设工作计划，对党风廉政建设工作进行分工，明确责任。同时单位负责人与县政府签订《洛扎县人民政府系统党风廉政建设目标责任书》，与单

◆ 2020年，洛扎县第五届“库拉岗日文化旅游节”参展一角

位各成员签订《党风廉政建设目标责任书》，把党风廉政建设责任落实到个人，确保各项工作有序进行。安排部署党风廉政建设工作2次，分管领导听取汇报1次，继续巩固“不忘初心、牢记使命”主题教育活动，积极参加党支部学习研讨活动，结合工作实际，单位主要领导参与上廉政党课1次，观看党史、警示教育片3场次，对相关违规报销补助人员进行约谈1人次。通过开展系列活动，进一步提高班子成员的党性修养和综合素质。

【社会消费品零售总额完成情况】 2020年，受新冠肺炎疫情影响，全县生活必需品和公用事业品供应充足，供求总体保持平衡，但对整体满费冲击较大。年内，全县社会消费品零售总额计划为13687万元，实际完成20250.1万元，完成年度任务的147.95%。

【边境贸易监测统计】 2020年，洛扎县商务局对全县范围内的4家不丹商品销售店作为监测统计对象，每月月底进行一次统计，统计商品种类有不丹木碗、不丹服装、不丹币、不丹首饰等。截至年底，全县统计边贸数据67万余元。

【生活必需品保供监测】 2020年，洛扎县商务局按照中央、区、市、县部署要求，迅速部署安排疫情防控工作，积极践行商务部门职责，及时制订生活必需品供应实施方式和应急预案，并成立领导小组，发放《做好新型冠状病毒感染肺炎疫情防控工作倡议书》，采取实地走访、统计上报等方式，深入调查和统计每日各乡（镇）和县城区域商店、超市及菜店生活必需品市场供应库存情况和销售情况，监测蔬菜价格情况，做到数据统计及时、真实。按照县纪委2月下发的督查内容，县商务局对号入座，深刻剖析存在隐患问题，进一步提高思想认识，强化责任，加强有关问题整改。截至年底，全县生活必需品物价稳定，市场秩序良好。

【商贸领域安全监管】 2020年，洛扎县商务局始终把安全监管作为经常性工作的重中之重，常抓不懈。结合“3·15消费者权益日”“安全生产月”等安全生产知识宣传活动，发放宣传资料1500余份；加大商贸领域的安全监督检查，联合县市场监督管理局不定期深入乡镇、县城商店、超市、批发市场进行监督检查26场次；加强对2个加油站的安全检查，全年开展安全检查17场次，责令停业整顿1家，并配合县城加油站完成中央环保督察整改（罐区的改造），确保商贸领域安全生产形势持续稳定。

【县委第八轮巡察三组反馈问题整改】 根据洛扎县委的统一部署，2020年4月28日—6月18日，九届县委第八轮巡察三组对县商务局进行巡察，7月7日反馈巡察意见，客观指出在“三个聚焦”方面存在的12类18个问题，县商务局高度重视，针对问题，对号入座，巡察整改期间召开班子会议3次、专题推进会议2次、制定整改方案1个，全部落实并完成整改巡察反馈问题12类18个问题，进一步建立和完善3项工作机制。召开巡察反馈问题专题组织生活会1次，班子检视问题12条，整改12条并长期坚持，清退收缴违规资金3404元，全部上缴国库。

【驻村工作】 2020年，洛扎县商务局投入驻村工作经费1.9万余元，主要用于慰问贫困户、驻村干部和村干部。

【物交会情况】 2020年9月10日至14日，结合2020年雅砻文化节疫情防控参展企业整体工作要求，洛扎县商务局组织一家企业代表参加，参展品种40余种、销售总额43万余元，同比下降87.28%。11月1日至5日，第五届洛扎县“库拉岗日”文化旅游节参展商户518家，其中乡镇特色商户21户、乡镇普通商户56户、外来商户231户（娱乐65户）、固定商户210户，成交额850万元，同比增加3.28%。12月1日至7日，山南市第40届雅砻物交会洛扎县参展商户26个，参展品种

180余种，累计销售总额65.718万元，同比增加26.25%。11月20日至24日，洛扎县举办边巴乡第24届物交会，参展商户80户，交易额55万元，同比下降8%。

【促销费活动】 2020年，洛扎县商务局扎实开展“情系湖北·享购山南”发放消费券促进消费活动，结合山南市关于开展“情系湖北·享购山南”发放消费券促进消费活动实施方案和《关于选报山南市消费券发放活动定点企业的通知》精神，及时与县市监局等部门沟通衔接，通过调查统计、征求意见等方式，及时将有意愿参加并符合条件的174家申报给市局，通过秘境洛扎、微信、抖音平台和张贴海报、发放宣传单等多种举措，宣传山南市发放消费券惠民政策，提高干部群众和商家的参与率和知晓率，促进消费。截至活动活束全县使用消费券80630元，带动消费24.28万元。

（达娃拉宗）

【领导名录】 洛扎县商务局

局　长　杨林林

党组书记、副局长　达娃拉宗（女，藏族）

副局长　慈仁央宗（女，藏族，7月离）

粮食商业

【概况】 2020年，洛扎县粮食和物资储备局将粮食收购、保供给、稳粮价作为粮食宏观调控的首要任务，认真执行国家粮食最低收购价政策，完善和落实“三包学生”口粮供应工作。同时做好区、市、县各级政府的应急物资代储工作，确保应急物资的安全，在突发安全事件发生时能调得出、用得上。

【粮食收购】 2020年，洛扎县粮食和物资储备局收购粮食9.21万公斤，其中青稞7.88万公斤、小麦1.33万公斤。

【粮食采购】 2020年，洛扎县粮食和物资储备局采购粮食20.7万公斤，其中大米15.7万公斤、面粉5万公斤。

【粮食销售】 2020年，洛扎县粮食和物资储备局销售粮食23.04万公斤，其中大米11.21万公斤、面粉5.47万公斤、青稞6.36万公斤。

【“三包学生”口粮供应】 2020年，洛扎县粮食和物资储备局供应“三包学生”口粮16.28万公斤，其中大米11.01万公斤、面粉5.27万公斤。

【储备粮管理】 2020年，洛扎县县级储备粮作为用于调节全县的粮食供求总量，稳定粮食市场，以及应对重大自然灾害或其他突发事件等情况的粮源，作用明显且重要。县粮食和物资储备局贯彻执行《西藏自治区储备粮仓储管理办法》的各项规定，对仓储管理工作人员进行辅导和培训，参与西藏自治区、山南市举办的各项学习培训活动，提高从业人员素质。对储备粮坚持贯彻“安全第一、预防为主”的安全工作方针，制定安全生产管理的各项办法、规章制度，强化制度的落实和安全生产责任的落实，完善安全生产操作规程、提高安全生产管理水平，防范安全生产事故发生。贯彻“以防为主、综合防治”的保粮方针，严格无虫害、无鼠害、无变质、无事故的“四无”粮仓标准。加强仓内、仓外的清洁卫生工作，使清洁卫生工作经常化、制度化，做到“一齐、二净、四无害”的粮仓工作。建立健全储备粮的防火、防盗、防洪等各项安全生产应急预案，并实行“严格制度、严格管理、严格责任”，明确各自的权利和义务，做到有章可循、有章必循。按照西藏自治区粮食局《关于开展粮食库存检查工作的通知》精神，遵循“有仓必到、有粮必查、有账必核、查必彻底”的原则，组织相关业务人员组成工作组，对县级储备粮保障最低库存18万公斤商品粮进行清查，粮油质量各项指标达到国家标准，宜存率100%。经查在储的县级储备粮数量真实、质量良好、储存安全，达到“账账、账实、账卡、账簿”四相符。

【应急物资储备】 2020年，洛扎县粮食和物资储备局根据山南市应急局、民政局、粮食和物资储备局的文件要求，对洛扎县6个乡镇库及县域物资储备库进行清查，确保应急物资数量准确性、质量安全性。并对各类物资及时予以补充和更新，以保证突发公共事件发生时应急物资的供应。年内，洛扎县粮食和物资储备局代储自治区级应急物资16515（件套），山南市级应急物资5109（件套），县级应急物资4864（件套）。

（何威立）

【领导名录】 洛扎县粮食和物资储备局

局　长　洛桑次仁（藏族）

副局长　田　冈

格桑多吉（女，藏族）

财税·金融

财　政

【概况】　2020年，洛扎县财政局（国有资产监督管理委员会）为洛扎县人民政府工作部门，正科级，加挂西藏洛扎县政府国有资产监督管理委员会牌子，核定人员编制7人（领导职数4人），实有人数6人。主要承担财税、国有资产管理发展战略的实施，本级财政收支管理、编制国有资产管理发展战略的实施，拟定社会保险政策，管理全县会计工作，编制本级年度预决算草案和预算编制调整方案，承担财政支持实施乡村振兴战略相关工作等47项工作职能。

【财政收支】　2020年，洛扎县努力克服全国经济下行和减税降费政策等因素带来的影响，积极主动与税务部门建立协调联动机制，坚持当前和长远相结合，积极主动研判税收形势，分析税源点对于异常企业及时跟踪分析，找准原因，采取有效措施，切实做到依法征收、应收尽收，尽最大努力使税收留在洛扎。加大非税收入管理，认真落实国家各项行政事业性收费减免缓政策，严格执行"收支两条线"管理的有关规定，努力做到非税收入应缴尽缴。经全县上下共同努力，2020年完成财政收入175515万元，比2019年增长51621万元。其中，转移支付收入完成170386万元，比2019年增长50396万元；本级财政收入完成5128.65万元，比2019年增长832.78万元，增长率19.38%。2020年财政支出完成177380万元，比2019年增长65472万元，财政收支总体实现平更，财政预算执行情况好于预期。

【资金监管】　2020年，洛扎县共整合财政资金6132.02万元用作扶贫资金，其中570万元用于水源点保护项目建设、952.6万元用于季节性饮水困难改造、3609.4万元用于人居环境综合整治、949万元用于生态岗位补助和技能培训、1.02万元用于银行贴息。形成实际资金支出5683.86万元，支出率92.69%，完成市级规定的支出进度。强化扶贫资金监管，6132.02万元全部纳入扶贫监控系统对扶贫资金绩效目标、绩效完成情况、资金支付等进行全程监督，扶贫监控系统资金分配率、绩效目标录入率、附件上传率均100%。将扶贫资金整合使用方案、资金支付情况在洛扎县人民政府网全部公开，接受全社会监督。邀请第三方对2016年以来扶贫资金进行公开公正全面审计和绩效评价，发现问题全部移交给相关部门予以整改。强化中央直达资金监管，年内，为应对疫情造成的影响，刺激消费，促进经济增长，中央、自治区为洛扎县下达直达资金12264.43万元，完成支出9848.34万元，支出率80.3%。主要用于民生类安排资金8235.15万元，占直达资金总量的67.15%；运转类安排资金2979.28万元，占直达资金总量的24.29%；其他类安排资金1050

万元，占直达资金总量的8.56%。

【财政运行】 2020年，洛扎县共清理历史遗留应收账款3432.1万元，县人民政府高度重视应收账款清缴工作，多次组织专题会议研究推动相关工作，加上相关部门共同努力，实际收回2679.51万元，正在追缴752.59万元。正在追缴的应收账款中因借款年限较长、资料缺失、借款人员无法联系等原因计划第一批坏账处理150万元。年内，山南市审计局到洛扎县开展为期1个月的2019年预算执行及决算和其他财政财务专项审计工作，提出预算编制、预算执行、预算绩效、财政管理4个方面52条具体问题，完成整改47条，正在整改5条，未完成整改原因为年度资金管理混乱，时间跨度较长，账户内资金清理、调整难度较大，需一定时间和精力，财政部门积极努力推动相关工作。认真贯彻落实县人民代表大会及其常委会的各项决议和审议意见，严格落实向县人民代表大会报告预算编制、预算执行、预算调整和国有资产管理情况，经县人民代表大会常委会批复后，财政局在20个工作日内将报告内容在洛扎县人民政府网和财政稳增长系统中进行公开，接受社会监督。年内盘活存量13090万元，其中7131.03万元用于配套小康示范村建设，317.48万元用于小型农田水利建设，265.37万元用于重点区域造林，763.33万元用于解决历史遗留问题，调入2020年预算4612.79万元。为确保财政资金发挥最大效益，通过抽查方式对白玛林湖建设项目、小学事业经费、公安局商品服务支出、城乡居民医疗保险等12个项目开展绩效评价，评价方式重点围绕项目的进展及执行过程中目标、计划调整，绩效总目标和阶段性目标完成，资金使用管理，立项规范性，管理制度健全性，项目前期手续，项目招投标，合同规范性，成本节约机制，档案资料管理，经济效益、社会效益、可持续影响、群众满意度等进行综合评价，12个项目中被评为优秀的项目4个，良好的项目5个，合格项目3个，存在的问题已反馈给各相关单位予以整改。

【“三公经费”支出】 2020年，洛扎县严格贯彻落实党中央、国务院关于政府带头“过紧日子”和坚持厉行节约反对浪费的有关要求，在政府开支上打好“铁算盘”、当好“铁公鸡”，除刚性支出、重点项目支出和解决历史遗留外，尽可能压减各部门一般性支出。“三公”经费中的公务接待费比上年有所降低，因公出国（境）费维持零状态，公务用车购置及运行维护费比上年有所增加，造成公务用车增长的主要原因为因疫情需要和车辆达到或超过报废标准更换车辆以及解决大量历史遗留问题。

【国有资产管理】 2020年，洛扎县财政局充分运用资产管理系统平台，加强资产购置、验收、登记、处置、调拨登记备案，形成资产从入口到出口全程动态监控体系，做到家底清。年内，全县资产总额为173908.67万元，其中货币资产118167.18万元，实物资产557741.49万元。主要分布为：50家行政单位资产为144358.74万元，占资产总量的83.02%；6家事业单位资产为29522.93万元，占资产总量的16.98%。全县经营性房屋出租面积约为9164平方米，年收入为176.58万元；三家沙石料厂年收入为120万元。通过购置、上级调拨向县财政局报备新增固定资产728.89万元，申请报废资产60.35万元。

【党建工作和党风廉政建设】 2020年，洛扎县财政局把加强党建工作和党风廉政建设作为抓好财政工作的基石，将党建工作和党风廉政建设与业务工作同安排、同部署、同落实。充分利用党组理论学习会开展党建、党风廉政建设、党的各项方针政策以及业务知识学习32场次，专题研究部署党建和党风廉政建设工作4次，讲党课4次，学习各类通报文件16份，开展节前提醒6次，观看廉政教育警示片2次，开展主题党日活动12次。通过加强党建工作和党风廉政建设，进一步规范财政行为，提升工作效率和工作质量。

【队伍建设】 2020年，洛扎县财政局为全面提升财政人员和各预算单位财务人员业务技能，组织全局干部职工每周开展一次政策法规学习活动，组织单位业务人员到其他兄弟县学习2次，同时邀请上级业务部门和会计师事务所专业技术人员先后组织全县财务人员开展业务技能培训2次。

（董爱光）

【领导名录】 洛扎县财政局

局　长　董爱光

副局长　次旦曲珍（女，藏族）

　　　　索朗旺堆（藏族）

　　　　白玛曲珍（女，藏族）

税　务

【概况】 2020年，国家税务总局洛扎县税务局完成组织收入6210.91万元（其中税收入6012.02万元，非税收入198.89万元），实现历史性突破。

【党建工作】 2020年，国家税务总局洛扎县税务局按照新时代党的建设总要求，以政治建设为统领，坚持把党的领导贯穿于税收工作的全过程、各方面，自觉增强“四个意识”、坚定“四个自信”、坚决做到“两个维护”，在思想上、政治上、行动上始终同以习近平同志为核心的党中央保持高度一致，认真贯彻落实区、市局党委和县委县政府各项决策部署。围绕“纵合横通强党建”的工作思路，立足机构改革，统筹开展全系统党的政治建设、思想建设、组织建设、作风建设、纪律建设、制度建设等工作，形成领导有力、协同有序、融合增效的党建工作格局。坚持将学懂弄通做实习近平新时代中国特色社会主义思想作为重要政治任务，利用党委理论中心组学习、专题培训、辅导讲座等形式，开展分层次、分专题的学习讨论，召开党委班子专题民主生活会、专题组织生活会学习上级重要会议和文件精神。年内，组织党员集中学习或自学12次、党委理论中心组学习4次、“书记讲党课”4次，做到会上会下讲、线上线下讲。

【党风廉政建设】 2020年，国家税务总局洛扎县税务局贯彻中共中央总书记习近平进一步纠正“四风”、加强作风建设的重要批示精神，紧扣全区税务系统“严纪律、强作风、锤炼高原税务铁军”专项活动工作要求，明确“作风建设年”的年度主题，研究制定实施方案，不断深化作风建设，全面整顿工作作风，全局干部职工“四个意识”进一步增强、工作作风进一步转变，行政效率和服务水平逐步提高，形成推动高质量发展的强大合力。同时，积极配合区、市局党委巡察组完成对市局党委的巡察。贯彻落实中央八项规定及其实施细则精神和区党委“九项要求”“约法十章”，严格执行机构改革期间“四个确保”“五个一”“六项纪律”“六个严禁”和区局相关纪律要求，把监督执纪问责贯穿于机构改革的全过程，确保机构改革期间党员干部遵章守纪，队伍和谐稳定，改革平稳进行。坚持把纪律挺在前面，运用监督执纪“四种形态”，紧盯“关键少数”，管住“最大多数”，加大监督执纪力度，锻造一支忠诚干净担当的高原税务铁军。

【依法治税】 2020年，国家税务总局洛扎县税务局积极推行“内控监督平台”，有效结合“电子底账系统”“防伪税控系统”“大数据平台”等风险防控系统，重点识别日常税收管理风险、数据比对风险、日常执法过错等，集中人力主动开展风险排查应对工作，进一步提高风险防控工作质效，按照风险等级排序，统一推送，将高级别风险的纳税人积极调查、取证，确定查处事实后移交稽查；对中、低风险级别的纳税人，积极做好风险应对，有序开展纳税评估。年内，推送风险应对任务13条，制发异地协查函37条，打击发票违法7户次。

◆ 2020年4月15日，国家税务总局洛扎县税务局组织工作人员开展税收宣传活动

【税收营商环境】 2020年，国家税务总局洛扎县税务局坚持“纳税人所盼，税务人所向”，以纳税人需求为导向，持续深化“放管服”改革。围绕税务行政审批制度改革，积极推进税收政策公开，配套公开政策解读、问题解答，做到政策公开“三同步”。按照区局企业税务注销程序实施方案，优化税务注销即办服务，制作简易注销登记流程并予以公开。持续提升信息管税能力，构建网络信息安全保障体系，加强网络基础资源的应用和硬件软件技术保障，通过“征期内申报率通报提醒”的方式，着力规范全市申报管理，完善风险管理工作机制，大力推进风险应对团队建设，强化涉税信息分析、预警，风险应对成效显著。继续开展“便民办税春风行动”，持续推进“一窗通办”，全面落实“最多跑一次”任务清单，集中开展“问需求、查短板、帮发展”大调研大走访活动，加强“银税互动”，全年开展纳税人学堂4期，开展“问需问计”专题税企座谈会议2次，着力提升纳税人满意度。积极落实“互联网+税务”新举措，引导纳税人网上申报，减轻纳税人负担、降低征纳成本，用改革新成效提升征管效能、提高办税质效。

【推进减税】 2020年，国家税务总局洛扎县税务局坚持以改革统揽全局，全面贯彻落实党中央、国务院关于减税降费工作决策部署，坚持“稳”字当头有序推进减税降费工作，助推企业复工复产，积极落实小微企业优惠政策、企业所得税优惠政策、个人所得税、疫情防控期间税收优惠政策等各项政策。年内，落实优惠政策721户，优惠政策覆盖率100%，全年减免1799.6万元。

（旦增洛珠）

【领导名录】 国家税务总局洛扎县税务局

党委书记、局长　梁 洲 洋

党委成员、副局长、纪检组组长

旦增洛珠（藏族）

中国农业银行股份有限公司洛扎县支行

【概况】 2020年，中国农业银行股份有限公司洛扎县支行（以下简称农行洛扎县支行）在编员工37人，在职党员13人。内设行长办、客户（“三农”）部、综合管理部、安全保卫部。下辖营业网点6个，营业室1个、营业所5个、金融综合服务站1个，自助网点7个，“三农”金融服务点28个。

【党建工作】 2020年，农行洛扎县支行加强学习、锤炼党性。推动开展“两学一做”学习教育常态化制度化，持续巩固“不忘初心、牢记使命”主题教育成果。开展理论学习中心组集中学习15次，支委书记讲党课、讲合规各1次；组织开展爱国主义及反分裂斗争教育活动，观看

◆ 2020年，中国农业银行股份有限公司洛扎县支行开展建军节节前慰问活动

爱国主义影片1部，收集观影体会35份；开展爱国主义大讨论活动，收集成果报告11份。发挥引领作用，组建党员先锋队、突击队，为党建与业务经营有机结合发挥“领头雁”作用。特别是在疫情面前，先锋队积极投身防疫抗疫，先后开展关爱隔离员工、助力复工复产、爱心捐款等活动，为全行树立鲜明的导向，发挥典型的示范引领作用。开展“七一”主题党日活动，并积极组织全行干部参与聆听宁波慈溪分行纪委书记阮结文讲授“党建是什么、党建做什么、党建为什么”专题党课；积极安排党员参与分行微党课竞赛活动和分行举办的“农行青年说，我心向党勇担当”主题演讲比赛，2项比赛均取得名次；在分行开展的赴阿里分行交流体验活动中认真学习、认真体会、认真感悟，并与阿里日土县党总支建立党建结对共建关系。

【队伍建设】 2020年，农行洛扎县支行切实强化队伍建设和基础管理。年内，新进员工2人，员工队伍结构持续优化。高度重视优秀年轻干部培养，全面培养员工综合业务能力，有效提升员工工作积极性和团队凝聚力、战斗力。狠抓各项业务指标，以绩效考核为导向，充分发挥基层行的业务落地作用，全行员工积极进取、努力拼搏，在绩效考核及各项竞赛活动中取得成效。发扬缺氧不缺精神、艰苦不怕吃苦的优良传统，践行社会主义核心价值观、“老西藏精神”、“两路精神”，干部员工精神面貌焕然一新。加强人文关怀，采购防疫物资，开展防疫教育，关注困难员工，把保护员工身体健康、生命安全放在重要位置，开展支行业务技能比赛，弘扬工匠精神，引导员工在业务技能方面“比、学、赶、超”。

【存款情况】 2020年，农行洛扎县支行各项存款为124719万元，较上年增加4176万元，其中储蓄存款余额为51866万元，较上年增加1917万元，占总存款41.59%；对公存款余额72853万元，较上年减少2372元，占各项存款58.41%。

【贷款情况】 2020年，农行洛扎县支行各项贷款余额为60137万元，较上年增加5731万元，完成年计划的102.39%。其中，个人贷款为48485万元，较上年增加5588元，占各项贷款的80.62%；对公贷款11652万，占各项贷款的19.38%。截至年底，全县有602个“钻石卡”户，3161个“金、银、铜卡”户，148个“精准扶贫卡”户，贷款证发证面97.00%，使用率88.40%，四卡贷款余额为3.69亿元。累计发放精准扶贫到户贷款339万元，年底余额675万元。

【疫情防控】 2020年疫情防控期间，农行洛扎县支行重点推出“医护e贷”、线上咨询等服务助力抗疫，累计发放“医护e贷”968万元、线上接受咨询400人次，体现担当和社会责任，同时持续做好金融戍边及脱贫攻坚工作，年内累计发放贷款17518万元，统筹推动“六稳六保”工作。

【脱贫攻坚】 2020年，农行洛扎县支行紧紧围绕党和国家、总分行出台的一系列金融扶贫政策，将脱贫攻坚作为重中之重，进一步周密部署，加大行动力度，创新方式方法，深入调查研究，坚决对症下药。通过“3+2”流动服务，克服山高路远，把农业银行的金融服务送到农牧民家庭，助力脱贫攻坚，切实履行农行金融戍边、服务“三农”的政治责任，并取得较好的经营业绩。借助农行“掌上银行”扶贫商城，依托洛扎县本地产业，为雪山冰泉厂打通消费扶贫电商渠道，倡导消费扶贫新思路，深度提升本地特色农产品销量及品牌知名度。同时，信贷人员走村入户进行调研，摸清贫困户脱贫原因及信贷资金需求，加大小额贷款（四卡和精准）投放力度，全面提高贫困户获贷率，充分发挥信贷资金的扶持作用，真正让金融扶贫政策落地生根见效，为取得脱贫攻坚的胜利做出应有贡献。

【转型与服务】 2020年，农行洛扎县支行通过放大“三农”主力银行、高原普惠银行、戍边领军银行的优势，全面推动农村信用体系建设、支付环境建设，积极配合县委、县政府加强宣传普惠金融政策。按照总分行网点转型“三减两增一改”（减面积、减成本、减人员，增营销能力、增风控能力，改制度流程）总体要求，顺应新常态，调整发展思路、转变经营模式、进一步打造数字化转型。坚持将网点作为营销主渠道的功能和定位，坚持服务“三农”和实体经济的责任使命，坚持“拓扑化、轻型化、智能化”的网点转型方向。全面加强软转（队伍建设）工作，持续加大外拓营销，积极引导客户使用掌上银行、聚合码、智能POS机等移动金融工具，有效衔接线上线下金融服务，降低网点单一业务及客户人次，全面提升网点服务质量。年内，全行上下联动，积极协调，在县支行营业大厅进行硬件设施全面转型，营业大厅焕然一新。通过便携式超柜、综合超柜、ATM机、POS机等终端设备，大大缩短客户排队等候时间，有效提升网点业务吞吐量及智能化水平。

【网络金融】 2020年，农行洛扎县支行高度重视农牧区网络金融事业发展，响应上级行的要求，快速推动“掌上银行村”的建设和普及，通过流动服务送去农行数字化及网络金融带来的快捷金融服务。逐步向农牧区开办惠农e付、惠农e商、惠农e贷、聚合码等业务，使农牧民足不出户就能享受到查询、转账、缴费、理财、借款、收款等综合性金融服务。移动互联网金融的进一步落地，为打通“三农”金融服务“最后一公里”迈出扎实一步。

（古桑曲旦）

【领导名录】 中国农业银行股份有限公司洛扎县支行

行　长　旺单扎西（藏族，6月离）
　　　　群英多吉（藏族，7月任）
副行长　胡　启　鹏（11月任）
　　　　尼玛扎西（藏族，12月离）
　　　　索朗旺久（藏族）

卫生与健康

卫生医疗

【概况】 2020年，洛扎县有医疗卫生机构9所，其中县级有县卫生服务中心（含县人民医院、县疾控中心、县妇幼保健站）、县藏医院；乡（镇）级有卫生院7所；村级有村卫生室27所。全县从事医疗卫生工作人员241人，其中正式工131人，公益性岗位25人，临时工57人；卫生行政机构6人，县卫生服务中心92人（含疾病控制中心6人，妇幼保健站2人）、乡镇卫生院65人、村医54人。195名从业人员中，研究生学历2人，本科学历55人，大专学历64人、中专及高中学历37人、初级及以下学历37人。全县医疗卫生机构开放病床数85张（其中，县人民医院50张，7所乡镇卫生院35张）。

【卫生行政】 2020年，洛扎县卫生健康委员会完成国家基本公共卫生、卫生年报、妇幼年报、优生优育年报、疾控中心年报、公立医院年报和医疗卫生财务年报工作。根据县、乡、村医疗卫生一体化管理要求，组织配齐7个乡（镇）卫生院院长（副科）。县卫生健康委员会、县医疗集团根据党委政府组织配备情况，深入7个乡（镇）卫生院开展业务交接、人员部署等对接工作和任务落实、责任落实。根据县、乡、村医疗卫生一体化管理现场会议要求，及时部署、现场管理县、乡、村医务人员，投入7万余元规范乡镇卫生院、村卫生室的小型设备和各项制度。及时督促县直医疗单位和各乡镇卫生院兑现2019年基本公共卫生绩效。组织7个乡（镇）卫生院完善西藏自治区基层卫生管理系统，建立居民电子健康，实施乡镇卫生院电子处方。根据县民政局移交健康老人工作情况，进行自查，及时整改完成洛扎籍70岁以上老年人（881人）健康档案更新及落实补助51.24万元，为脱贫攻坚验收奠定基础。修理县卫生健康委员会公共厕所，并建应急车库。部署居民健康体检工作，继续完善家庭医生签约工作。珍惜党委政府为疫情解决的20万元资金，节约使用资金，采购疫情物资使用结算71150元。

【党建工作】 2020年，按照洛扎县委部署，及时选举成立医疗卫生党支部（医保局、卫生健康委员会）。将在疫情中表现突出的8名人员培养为入党积极分子。利用党委政府解决的党费经费慰问一线医务人员。结合3·8妇女节推进党建带妇建工作，组织妇女捐款1970元，到拉隆敬老院开展关爱老人送医活动，送去价值1400元药品。年内慰问高龄老年人4人，并送去慰问金400元；对参加抗战疫情的高龄村医开展慰问活动，送去慰问金4000元。发挥党建带团、党建带妇联、党建带工建，组织医务人员对奋战一线的警务人员开展送医送健康服务。充分发挥党支部先锋模范作用，组织党员干部为武汉捐款2.04万元。县疫情物质保障局和县人民医院协调，争取到自治区第三人民医院4万余元物资捐助。在“两大”节日之际，组织干部职工开展扶贫户结对帮扶慰问工作。

【党风廉政建设】 2020年，洛扎县卫生健康委员会作为行业监督主管单位，先后召开党风廉政会议4次，传达学习党风廉政相关典型案例和安全、维稳会议，以案促改会议精神，监督督促党风廉政建设工作。

【政务服务大厅工作】 2020年，洛扎县卫生健康委员会根据政务大厅工作需要，指定1人到政务大厅服务。年内，办理流动人口婚育证1个；餐饮、住宿、美容美发等服务场所工作人员办理公共卫生许可证8个、医疗卫生许可证9个、健康证419个。

【妇幼保健工作】 2020年，洛扎县卫生健康委员会根据国家优生优育家庭管理采集申报通知要求，深入7个乡（镇）27个村（社区）开展优生优育家庭补助政策采集申报工作。年内，申报优生优育奖励扶助472人，资金45.31万元；优生优育特殊家庭扶助87人，资金45.42万元。截至年底，全县住院分娩192人，住院分娩率100%，落实住院分娩补助166人，兑现资金42.52万元。为孕期群众、干部、流动人口提供孕早期三病筛查、孕期出生缺陷干预、免费体检153人，孕前优生优育免费体检28人。办理“出生医学证明”150人。为做好新生儿早期先天疾病干预，完成新生儿足底采取34份，送山南市妇幼保健院监测。

【疾控工作】 2020年，洛扎县卫生健康委员会完成全县慢性病随访工作。其中，65周岁以上老年1262人，随访率100%；高血压1633人，随访率100%；2型糖尿病4人，随访率100%；严重精神障碍16人，随访率100%，服药治愈良好，降低（4级降到3级）风险等级2名。认真做好一、二类疫苗接种工作，其中一类疫苗接种率100%。制作和发放宣传单3万余份，对15名包虫病患者进行免费发放药物和随访，并对生格乡和扎日乡开展保护性灭獭。

【疫情防控】 2020年，自新型冠状病毒性肺炎疫情发生以来，在洛扎县委、县政府的正确领导下，在县疫情指挥中心周密部署下，先后召开县委常委会、县委国安委会、边境工作专题会等，听取相关部门工作开展情况的汇报，认真分析研判形势，就防控工作特别是防范应对境外疫情输入进行安排部署。及时成立以县委书记赵天武任指挥长，县委副书记、县长白玛多吉任常务副指挥长，分管领导任副指挥长，相关职能部门为成员的防范应对境外疫情输入工作领导小组，为切实打赢打好防范境外疫情输入阻击战提供坚强的组织保障。结合实际制定下发《洛扎县防范应对境外疫情输入应急预案》，进一步细化和完善各项防控措施用以应对突发情况，严明责任纪律，确保边境疫情防控工作部署及时、落实有序、措施有力。按照“外防输入、内防疏忽”的总要求，全面加强边境管理力量，落实边境管理、防疫各项措施，坚决切断非法出入境通道和境外疫情输入通道，坚决打好打赢边境防控的人民战争和防范境外疫情输入的阻击战。派遣医务人员与军、警、民联防联控边境疫情防控，派驻医务人员110人次；县城区域的4个卡点，派驻医务人209人次。统筹调配医疗物资，优先保障边境一线执勤人员，配发医用口罩、84消毒液、防护服、体温枪、连花清瘟胶囊等6000余件。县人民医院（疾控中心）开展疫情防控应急演练2次、组织医务人员学习疫情防控技能知识23次，有效提升应急处突能力。按照医疗机构开展病原检测必须具备生物安全二级以上实验室资质要求，利用疫情防控直通资金297万元购买核酸实验室设备、改建核酸实验室、购买负压救护车、建“三区两通道”发热门诊。截至年底，培养核酸实验室专业人员3人，并取得结业证，同时以“带帮传”方式培养“鼻咽拭子采样”人员20人次。县卫生健康委员会根据区、市、县财政部门及时落实疫情防控直通资金要求，及时兑现疫情防控补助和边境疫情防控医务人员补助49.09万元。从疫情防控直通资金改善医院防控能力资金中使用27万元购买疫情防控物资，使用村卫生室运行经费9.18万元购买村卫生室疫情防控物资。积极向本级党委政府申请和多次与县财政局沟通，完成疾控中心业务用车（共35万元）采购。年内，完成第一批免费新冠肺炎疫苗接种49人，第二批自愿接种上报4911人。为县、乡、村下发院感100个问题39本，定制乡健康码800份、疫情防控宣传海报500份。

【健康扶贫】 2020年，洛扎县卫生健康委员会认真与各乡镇扶贫专干核对建档立卡户信息，做好数据信息统计。投资2.5万元统一全县家庭签约海报，并及时组织乡村医生一一入户上墙，并向群众讲解家庭医生签约服务制度，户签约率100%。投入2.5万元统一全县家庭医生签约台账和签约制度，并下发各乡镇卫生院、村卫生室和家庭。积极组织县、乡、村医务人员开展居民精准健康体检、巡诊服务、“两癌”筛查、精神病筛查等工作，为19116人提供健康体检服务，并对检查中发现的疾病进行书面反馈和分级诊疗引导。积极利用健康体检平台，组织7个乡镇27个行政村101个自然村的群众开展健康教育、召开健康体检反馈会议、开展家庭医生签约制度，提高群众的健康素养，让群众养成“早发现、早治疗、早干预”的健康意识。同时7个乡镇27个村委会，对在健康体检中发现的常见病及时通过开展义诊服务，提供救治和救治指导工作。年内，开展学生营养和碘缺乏宣传活动2次；开展“世界无烟日”宣传活动1次；在4月国家爱国卫生运动月开展“爱国卫生运动”宣传2次，发放海报50份；在8月健康周开展宣传活动2次。利用国家基本公共卫生管理要求，对慢性病开展管理，重点为65周岁以上老人、0~6周岁儿童、孕产妇、高血压、糖尿病、重型精神病患者提供慢性病服务管理、随访教育管理。同时免费群众提供孕前健康体检、孕产妇三病筛查、包虫病免费救治等。县人民医院精神卫生科专家旦增尼玛医生深入7个乡镇27个村居委会开展精神病筛查和药物干预摸底工作，并根据摸底工作采购药品，在精神病患者监护人自愿的前提下，提供药物干预服务。开展水源点监测工作，县疾控中心与县水利局、环境保护局协调沟通先后4次采样送检完成全县129个水源点监测，均全部合格。

【项目建设与采购】 2020年，洛扎县藏医院新建项目投资850万元，年内完成前期资金落地，待开工；县疾控中心新建项目，资金来源国债350万元，年内前期工作开展中；利用国家下转“三区三州”乡村远程培训经费100万元，推进县、乡、村医疗卫生远程培训。利用国家下转县、乡能力提升经费178.96元购买县、乡急需医疗设备物资，改善县乡医疗单位服务能力。

【领导名录】 洛扎县卫生健康委员会

主　任　罗布卓玛（女，藏族）

党组书记、副主任　刘　京　花（女）

医保工作

【概况】 2020年，洛扎县医疗保障局为洛扎县人民政府工作部门，正科级单位，行政编制4人，其中部门领导职数3人，科员1人，实有干部5人，公益性岗位人员1人。

【医保基金】 2020年，洛扎县医疗保障局实施医疗保险基金专户统一管理，做到专款专用，专人专管，层层审批，统一结算，医保基金未出现透支赤字现象，无医保基金挪用和挤占等问题。年内，落实城乡居民医疗补偿409.76万元，271人次（其中，建档立卡人员医疗费用76.89万元，102人次）。落实医疗救助资金41.38万元，

145人次，落实城镇居民医疗保险和生育保险资金121.91万元。

【干部职工体检】 2020年，洛扎县医疗保障局落实城镇职工体检费115.83万元。

【城乡居民参保】 2020年，洛扎县城乡居民基本医疗保险参保总人数18596人，除当年新生儿外参保率100%。

【医保扶贫】 2020年，洛扎县医疗保障局加大政策保障力度，做到摘帽不摘责任，脱贫不脱政策。按照《西藏自治区医疗保障扶贫工作方案（2019—2020）》，层层传导压力，建立落实台账，压实脱贫责任，推动医疗保障各项相关政策措施落地生根，做到摘帽不摘责任，脱贫不脱政策，严格按照“两不愁、三保障”的脱贫标准，保障贫困人口基本医疗需求，确保大病和慢性病得到有效救治和保障，防止因病致贫和因病返贫。既不擅自把高标准、吊高胃口，也不降低标准，影响脱贫质量，真正达到“两不愁、三保障”目标，做到真脱贫、脱真贫。

【医保工作】 2020年，洛扎县医疗保障局实现“一站式”结算制，农牧民群众在政务中心医保窗口办理医保结算所有业务。农牧民群众在区、市、县三级医院“先住院、后结算”实现全覆盖。农牧民群众承担自费部分，其余医疗费用由县医疗保障局按季度向医院结算，减轻农牧民就医垫资压力。城乡居民医保费用报销实行“周结算制”，不存在拖延等现象。

◆ 2020年8月15日，洛扎县医疗保障局组织乡镇卫生院、药店和县人民医院各科室临床医生召开关于在医药机构中开展医保政策宣讲培训会

【医保政策宣传】 2020年，洛扎县城乡居民个人缴费根据自身情况自愿选择90元、150元、280元三个档次进行缴费。参保人女性满60周岁、男性满65周岁个人不再缴纳，个人缴费280元由自治区、地（市）两级财政代为缴纳。重度残疾人员、特困供养人员、孤儿、最低生活保障对象等特殊困难人群参保个人不缴费，个人缴费280元全部由医疗救助资金代为缴纳。建档立卡贫困人员参保缴费给予150元定额补助，贫困人员有多重困难参保身份的，缴费补贴按照就高不就低的原则确定。山南市城乡居民基本医疗保险统筹基金在一个自然年度内的最高支付限额为6万元。超过6万元的，统筹基金不再支付。城乡居民大病保险政策实行自治区级统筹。经基本医疗保险报销后，对符合大病保险赔付规定的医疗费用，按保险合同进行赔付，年度最高赔付限额为14万元。

【党建工作】 2020年，洛扎县医疗保障局深入学习贯彻习近平新时代中国特色社会主义思想，学习贯彻十九届五中全会精神，学习贯彻中共中央总书记习近平关于西藏工作的重要论述和新时代党的治藏方略，学习贯彻中央第七次西藏工作座谈会精神，围绕县委决策部署，顺应新时期党建工作新要求，巩固“不忘初心、牢记使命”主题教育成果。年内，党支部书记讲党课5次，专题组织生活会1次，重温入党誓词2次，志愿服务活动2次，开展传达学习交流会13次（其中廉政警示教育3次），党建知识测试活动2次，班子成员开展调研7次，梳理问题15条，对照党章党规专题会议3次，共同查找问题8条，整改8条。

【党风廉政建设】 2020年，洛扎县医疗保障局认真贯彻落实党要管党、从严治党的要求，进一步增强党员干部廉洁自律意识，牢固树立党章党规党纪意识，做到守纪律、讲规矩、知敬畏、存戒惧，打造自觉在廉洁自律上追求高标准、在严守党纪上远离违纪红线的队伍。年内，召开党风廉政工作会议2次，签订党风廉政建设责任书5份，开展廉政警示教育3次，集体廉政谈话3次和个别党员干部廉政谈话5次，谈心谈话10次，班子成员及财务等高风险岗位廉政提醒谈话4次。

（其米益西）

【领导名录】 洛扎县医疗保障局

局　长　其米益西（藏族）

副局长　贾 焱 丽（女）

　　　　普 片 多（女，藏族）

洛扎县人民医院

【概况】 洛扎县人民医院是全县唯一一所设备完善、技术一流，集医疗、预防、保健、康复、教学为一体的综合性医院，有职工94人，内设医务科、院感科、护理部、财务室、药械科、病案室、行政办等7个职能科室，内科、外科、妇产科、藏医院临床部等24个一线科室。

【主题教育】 2020年，洛扎县第三联合党支部召开党支部“不忘初心、牢记使命”主题教育总结会议，全面总结主题教育经验成效，并对巩固拓展主题教育成果进行安排部署。

【党建工作】 2020年，洛扎县人民医院按照公立医院党建工作要求，落实党领导下的院长负责制，党支部把认真学习贯彻习近平新时代中国特色社会主义思想作为主线，认真学习十九届四中、五中全会精神，中央第七次西藏工作座谈会精神，并将学习内容始终贯穿于卫生健康工作实际。严格落实“三会一课”制度和“主题党日”活动，进一步规范党内政治生活，将“两学一做”主题教育活动实现常态化、制度化。在疫情防控工作中，党员带头各级医务人员充分发挥肩负的使命与担当，全身心投入疫情防控工作中，不畏艰险、奋勇前行，自愿报名到最艰苦的隔离点、分流点和德玛隆等一线岗位参与疫情防控，为战胜疫情贡献自己一份力量。将在疫情防控工作中表现优异的1名预备党员转为正式党员，吸收5名医务人员为入党积极分子，进一步壮大党员队伍建设。以各种节日为载体开展内容丰富的主题党日活动，进一步加强党建与业务工作的融合度，充分发挥党建工作的引领作用。结合自身岗位深入开展“三包五带五促”“八星党支部”创建等各项活动，先后投入4万元建党员活动室，专人负责从事党建工作，对党建工作开展奠定坚实基础。年内，组织党员集中学习22次、书记讲党课3次、开展组织生活会2次，学习参观1次，开展与人社党支部交流会1次，组织集体劳动5次。通过采取灵活学习方式，做到学以致用，达到提升学习效果的目的，让全体党员和职工时刻接受思想政治洗礼，凝聚服务力量，提高工作本领，对加强县级公立医院党建工作起到夯实基础、筑牢根基的作用。党员带头职工为疫情防控捐款2.4万元，为困难职工捐款3.4万元。围绕党员教育和管理、班子和人才队伍建设、医院文化建设、维护社会稳定、驻村结对帮扶工作等方面加强工作落实。

【巡察工作】 2020年，洛扎县人民医院根据九届洛扎县委第八轮巡察工作安排部署，积极动员全体干部职工，主动接受监督，密切配合巡察工作，确保巡察工作顺利开展、取得实效。巡察组开展巡察工作以来，先后下发2次立行立改整改意见，县人民医院按照要求迅速进行整改。九届县委第八轮巡察一组反馈党组织软弱涣散、组织力欠缺等16条整改问题意见，医院领导第一时间主动认领问题清单，召开3次整改专题会，层层压实责任、层层抓整改落实。经过4个月的努力，整改顺利通过巡察组验收。通过巡察工作开展，极大增强领导和干部职工的政治站位、政治意识、政治规矩，持续净化政治生态和思想洗礼方面从被动转变为主动，不断提升党建、人事、行政、财务工作规范化水平。

【党风廉政建设】 2020年，洛扎县人民医院以党风廉政教育宣传月、“不忘初心、牢记使命”主题教育活动为契机，在全院范围内开展集中学习7次、集中观看廉政警示教育片2次，举办廉政教育知识测试1次，进一步强化党员干部的学习意识和纪律意识。通过学习，持续增强党员干部的法律、纪律意识和历史责任感，使党员干部做到坚持理想信念，守住纪律底线。激励党员干部自觉培养高尚道德情操，争当讲政治、守纪律、敢担当、坚定坚决落实总目标的时代先锋。

【医疗服务】 2020年，洛扎县人民医院全年门（急）诊看病15044人次，出院病人736人次，住院手术68台。危急重症病人抢救13次，住院患者抗菌药物使用率35.24%，病床使用率37.9%，会诊36人次，企事业单位体检250人，并如期保质保量完成2800例“两癌”筛查和163对夫妇三病筛查项目，完成19250名城乡居民健康体检工作任务。

【疫情防控】 2020年，洛扎县人民医院积极开展大众健康教育，组织医务人员深入基层，多渠道、多维度、多手段提高农牧民群众防病意识。院领导3次组织医务、院感等专家多次深入乡镇卫生院进行常态化督导检查，解决常规防护用品，坚持执行一线工作做法。组织医务人员集中学习国家卫健委《新冠肺炎的诊疗方案》1~8版内容，邀请市疾控中心、市人民医院专家进行核酸检测采集、院内感染控制和职业暴露、传染病防治法等内容培训，提升医务人员疫情防控基本功。选派检验科3名医生到区疾控中心学习核酸检测技能，并取得检测资格证书。以打造过硬的疫情防控队伍为目标，反复修改演练脚本，联动组织县、乡、疾控部门50余名医务人员进行新冠肺炎的处置应急演练2次，通过开展应急演练提升全方位组织联动的实战能力。加强疫情防控阵地建设，在业务用房紧张的前提下，投入16万元建标准化预检和发热门诊，投入207万元建核酸检测实验室，并验收投入使用。在中粮援藏工作队的支持下，购买价值59万元2台有创呼吸机，从直达资金中采购负压救护车、肺功能检测仪等疫情防控急需医疗设备，衔接区三医院和弘图公司分别捐赠价值3.4万元、2.3万元的疫情防控物资。为加强边境一线疫情防控工作，自6月开始持续派出50余名医务人员在拉郊乡德玛隆、欧若拉山等地开展疫情防控工作。针对新冠肺炎疫情防控工作，通过提升防控设备平台建设、优化疫情防控流程、强化人员实战技能、宣传疫情防控知识、加强督导与检查、落实人员责任等各种手段，为提高疫情应对能力，做到“外防输入、内防疏忽”零感染目标奠定坚实基础。

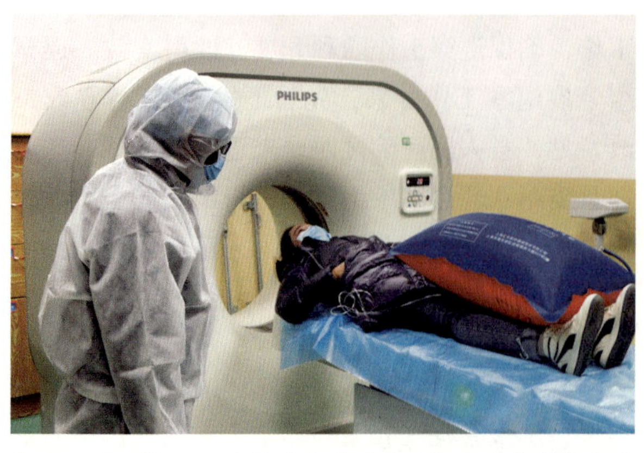

◆ 2020年2月8日，洛扎县人民医院开展新冠肺炎应急演练活动

【队伍建设】 2020年，洛扎县人民医院根据县委安排，对县医院班子进行全面调整，实行党领导下院长负责制，明确班子人员主责主业和工作分工，推进各项工作呈现新的良好发展态势。结合县人民医院实际情况，进一步调整充实14名科室主任（负责人），并明确职责分工，全面加强责任落实。根据县人民医院学科发展实际情况，从乡镇卫生院调整5名外科、儿科、超声、检验等急需短缺人才，同时引进信息专业3名大学生，进一步解决外科等人才梯队断层问题，填补县人民医院无信息技术员的空白。年内，全院中级职称以上19人，领导班子、中层管理人员、专

业人才梯队、专业职称结构等得到显著优化，夯实医院高质量发展的人力资源基础。

【乡村一体化管理】 2020年，洛扎县人民医院根据乡镇卫生院人员专业结构不合理问题作为问题导向，广泛听取各方面意见建议将乡镇卫生院6名医务人员进行乡镇之间交流，使各乡镇卫生院的专业结构进一步得到优化，专业人才供需矛盾得到平衡，同时加强检验、超声等技术人员的跟班培训。由副县长带队组织县乡两级院长到墨竹工卡县医院等地进行取经学习，重点学习考察如何推进县乡一体化工作和县级公立医院改革经验，及时召开取经人员现场交流会，总结分享兄弟县的先进工作模式和管理经验，并结合自身实际提出扎实推进县乡一体化等方面的意见建议。以开展优质服务基层行活动为契机，洛扎镇、生格乡卫生院达到优质服务基层行创建标准，县人民医院指导乡镇能力评价指标各项工作，为其他5个乡镇卫生院能力评价工作开展奠定基础。

【智慧医院建设】 2020年，洛扎县卫生健康委员会投入100万元实施县乡远程会诊平台系统，实施山南市卫生健康委员会信息化项目PCAS和云LIS系统等，总投资186万元，实施医务护理管理、急诊电子病历、危急值报告、处方点评、预约挂号、报告查询、合理输液用药审查、检验报告自主打印系统等。全面完成新医保信息系统对接工作，重点对医院智慧服务功能进行升级改造，整合县乡信息资源共享，提高服务质量安全，减少患者等候时间。

【巩固二甲创建成果】 2020年，洛扎县人民医院持续加强科室质量安全考核工作，由医务科、护理部、院感科、药械科等职能科室紧紧围绕质量考核标准，每月下到一线科室开展质量考核，现场提出整改意见，进一步持续强化质量安全考核工作，为迎接二级甲等医院复审奠定良好基础。广泛征求意见、经过反复讨论，明确科室绩效分配考核与服务收入挂钩办法，彻底取消与检查收入挂钩等措施，明确绩效分配的问题导向。在全院范围内全面推行6S管理模式，对职工的工作理念和做法，科室规范化方面取得较好成效。召集组织院领导和科室管理人员，由院长负责解读学习绩效考核指标和《关于加强二级公立医院绩效考核工作的通知》，结合开展绩效考核指标方面存在的问题，提出完善指标体系的几点思考，提高医院管理层对国家绩效考核指标的理解与把握，找准考核短板，为持续改进考核指标奠定基础。为进一步增强医务人员的法律法规意识，特别邀请县人民法院法律专业人员对医务人员开展“医疗责任与纠纷”主题法律讲座。为规范医院的处方和学术管理，并结合医院具体工作实际，由医务科牵头进一步规范处方权和手术分级授权制度。为宣传新型医保政策，开展政策集中学习6次，结合医院工作实际制定基本医保门诊慢特病病种待遇认定办法，成立两病审核领导小组，各项新医保政策有序衔接。

【对口帮扶】 2020年，安徽黄山市卫生健康委员会持续选派儿科和影像援藏专家借助5G技术开展“皖藏相连、跨越巅峰”线上癫痫学术活动，以师带徒等方式通过“一对一、一对多”进行传帮带教，巩固提升影像和儿科技术水平，重点培养4名徒弟。西藏军区总医院下派眼科等专家驻点开展对口帮扶工作，并捐赠一台价值2万元的电脑验光仪一台，在专家的指导下，眼科医生单独成功开展白内障人工晶体植入术，陆军军医大学第二附属医院专家考核评估组高度评价西藏军区总医院对口帮扶洛扎县人民医院健康扶贫工作成效。医联体山南市人民医院应邀解决开展疑难手术两次，下派急救、院感、外科、检验等多方面的专家指导帮扶，不断提升医联体工作内涵建设。

【“两癌”筛查】 2020年，洛扎县人民医院为认真实施国家免费农村妇女“两癌”筛查项目，乳腺癌和宫颈癌做到“早发现、早诊治”目标，经院部安排，由妇产科继续实施两癌筛查工作。其中，HPV阳性153人（6—12月复查）；TCT阳性（需做阴道镜检查）23人，实查19人；宫颈活检5人（其中宫颈黏膜息肉3人，慢性宫颈炎2人）；宫颈癌确诊2人，并安排接受治疗；乳腺癌1人。

【重型精神病筛查】 2020年，洛扎县人民医院按照脱贫攻坚决战决胜工作要求和人人享有均等化公共卫生服务工作目标，2016年、2018年安徽援藏精神病专家在全县筛查工作基础上组成联合筛查组利用6天时间，对全县范围内疑似严重精神障碍病人进行初步筛查，筛查组在乡村医生的带领下进行入户筛查，方便病人和家属，收集到有关病情的第一手资料，切实感受到党和政府雪中送炭的温暖，增强战胜疾病的信心。经筛查初步符合严重精神障碍病人24名，主要以精神分裂症、癫痫所致精神障碍、智力发育迟滞所致精神障碍为主，并一一进行系统管理登记、建立病历档案，为下一步提出治疗意见和跟踪管理服务奠定扎实工作基础。

（高盛年）

【领导名录】 洛扎县人民医院

党支部书记　旦增尼玛（藏族，9月任）
院　　　长　旦　　增（藏族，9月任）
副　院　长　李 有 邦（土族，9月任）
　　　　　　张 文 昶（9月离）

洛扎县藏医院

【概况】 2020年，洛扎县藏医院核定编制床位26张，实有床位9张，编制人员15人，实有卫生专业技术人员15人，其中中级专业技术人员7人、初级专业技术人员6人、未评级2人；藏医临床专业8人、藏药专业3人、护理专业3人、针灸推拿专业1人；攻读在职研究学习2人、参加住院医师规范化培训2人、本科学历11人、大专学历3人、中专学历1人。洛扎县藏医人才优势较好，有很大的发展潜力，县藏医院所有职工齐心协力，每人负责一个专科主攻方向。

【主题教育】 2020年，洛扎县藏医院积极配合第三联合支部扎实开展“不忘初心、牢记使命”主题教育工作，并按时召开主题教育工作总结，全面总结主题教育经验成效，并对巩固拓展主题教育成果进行安排部署。

【党建工作】 2020年，洛扎县藏医院以深入学习贯彻落实十九大精神为主线，认真学习贯彻习近平新时代中国特色社会主义思想，习近平总书记在全国民族团结进步表彰大会上的讲话精神以及给隆子县玉麦乡群众的回信精神。按照中央、区、市、县各级关于开展第二批“不忘初心、牢记使命”主题教育的指导意见，全体职工积极配合县卫健委、县人民医院以及第三联合支部的安排部署，坚持把学习教育贯穿始终，真学真信真懂，做到入脑入心、知行合一。领导班子带头主持教育学习，带头深入学习《习近平新时代中国特色社会主义思想学习纲要》《习近平关于“不忘初心、牢记使命”重要论述选编》以及县委主题教育办编印的系列读本，扎实有效开展主题教育活动。认真学习好党的基本理论、方针政策、法律法规知识，掌握好其实质和精髓，并用于指导实践基层农牧区医疗卫生事业发展，从全局高度，做到思想上统一，行动上一致，密切结合全县医疗卫生工作实际，从解决农牧民群众最基本、最迫切的健康问题入手，充分发挥医疗卫生工作对改善民生和联系群众的纽带作用，切实提高技术水平和服务质量工作，全心全意为广大农牧民群众的健康服务。

【巡察工作】 2020年，根据九届洛扎县委第八轮巡察工作安排部署，县藏医院积极配合县人民医院，主动接受监督，密切配合巡察工作，确保巡察工作顺利开展、取得实效。开展巡察工作是对各项工作的一次全面的政治体检，对医院健康持续发展意义十分重大。

【党风廉政建设】 2020年，洛扎县藏医院以党风廉政教育宣传月、“不忘初心、牢记使命”主题教育活动为契机，以县人民医院党支部为龙头，扎实开展党风廉政建设工作，在全院范围内开展集中学习7次、集中观看廉政警示教育片2次，举办廉政教育知识测试1次，进一步强化党员干部的学习意识和纪律意识。通过学习，持续增强党员干部的法律、纪律意识和历史责任感，使党员干部真正做到坚持理想信念，守信纪律底线。激励党员干部自觉培养高尚道德情操，争当讲政治、守纪律、敢担当，坚定坚决落实总目标的时代先锋。

【医疗服务】 2020年，洛扎县藏医院完成门诊诊疗总人次5365人，住院人次145人，康复理疗7584人次，藏医适宜技术3500人次、藏药浴56人次，科内三基三严考试4次，院内三基三严考试1次。在药材枝繁叶茂时期，组织全体藏医技术人员进行户外认药知识竞赛2次、自制药物25种。

【硬件建设】 2020年，洛扎县藏医院由于业务办公楼未建成，有床位数9张，通过积极衔接县发改委，藏医院建设项目开复工建设，为全县农牧民群众藏医需求提供强力支持。同时严格执行藏西药房工作制度和藏西药处方的调配流程，确保临床用药安全。对药物使用和剂量应用遇有疑问及时与上级药师或处方医生联系确认后，方才进行调剂，避免发生差错。对强效药品等毒麻药品进行专人、专柜、专锁管理。

【科研攻关】 2020年，洛扎县藏医院全体职工坚持“以人民健康为中心”，狠抓藏医药特色服务，不断提升医疗服务质量。在上级卫生部门的大力支持下，拿到自治区藏医药管理局局级科研项目《基于藏药传统炮制法中矿物药成灰标准的判定原则对“钦契加杰”煅灰时限标准的初步判定》，在上年成功实施科研项目的基础上，继续深入推进科研项目，在藏医院全体技术人员的共同努力下，继续对剩余四种金属进行煅灰实验，并成功拿到标本，委托到探擎（上海）技术服务有限公司检验并取得检验技术报告。科研项目的顺利进行为洛扎县藏医药科研项目发展打开局面，为申请更多的科研项目打下坚实的基础，为藏医药全体人员提供更加广阔的展示平台。整个实施过程多部门协同工作，上下联动，相互团结协作、相互弥补、协同发展，为藏医药临床运用提供更加准确的数据。

【对口帮扶】 2020年，安徽中医药大学第一附属医院向洛扎县藏医院捐赠价值3.6万元的常用药品，接受2名医务人员跟班培训，并委派外科、康复方面的两位专家驻院开展医疗帮扶工作。两位专家在洛扎期间，积极发扬“缺氧不缺精神、艰苦不怕吃苦、海拔高境界更高”的精神，克服种种困难，围绕中心，服务大局，始终保持昂扬向上的精神面貌，用工作热情完成着援藏使命，在当好一名医生的同时更当好一名好老师，用一对一、一对多方式进行带教，用满腔热血完成对藏医院医务人员的技术传授，践行着对藏族农牧民群众特殊的关爱。在短短半年时间里，利用自身特长，全力帮扶开展新技术、新项目，通过专家半年的带教，使外科、康复科两个学科能力不断提升，在工作之余组织全县藏医技术人员举办讲座，先后讲课23课次，门诊看病156人次，疑难病例讨论4次，教学查房5次，利用周末、节假日等闲暇时间参与巡回义诊等工作任务，同时凭借利用大型医院先进的前沿医学理念及实践经验，开展冬病夏治（三伏贴）新技术项目，在农牧民群众中得到一致好评。在两位专家的传帮带教下，县藏医院医务人员素质能力大幅提升，对口帮扶医疗成效显著，为洛扎县藏医医疗卫生事业发展做出巨大贡献。

【科室建设】 2020年，随着洛扎县藏医院制剂室的建成，全院充分利用现有技术人员合理分工，各司其职、各负其责，大力加强软硬件建设，并迎来西藏自治区藏药审评认证中心专家实地考察验收，顺利通过复审，取得制剂许可，意味着洛扎县藏医药发展事业迈上一个新的台阶。县藏医院制剂室获得制剂许可能够更好地发挥藏医院专科能力建设，通过专病专药解决和提升疾病治疗效果，收益广大患者；进一步带动医药科研发展，起到相互促进作用，提升藏医药科研工作水平；利用县域丰富的野生药材资源，对药材深加工，提高县域经济成本效益，进一步带动药材特色产业效益和增加农牧民群众就业机会。

【疫情防控】 2020年，随着新冠肺炎疫情暴发，县藏医院全体医务人员增强大局意识，全面听从县卫健委、县人民医院集中调配，不讲条件，积极参与全县疫情防控工作。认真服从预检分诊、发热门诊、隔离点、接送医生等重要岗位值班，积极传承藏医传统特色，自制“九味防疫丸”，缓解当地农牧民群众买药难、难买药的问题，并向援藏专家寄送，带去藏区的一份情感寄托。积极参与卫健委、县人民医院组织的大型应急演练、培训等活动，进一步增强县藏医院人员实战能力。按照“一方有难、八方支援”的倡议，县藏医院全体医务人员自觉自愿、量力而行，主动奉献自己爱心和力量，力所能及向武汉疫区捐款，用实际行动向武汉表达浓浓深厚情谊与感情寄托。

【人才培养】 2020年，为进一步深化医疗卫生体制改革，着力健全基层医疗卫生服务体系，提高乡村医生队伍的整体业务素质，突出藏医药服务能力提升，普及藏医药适宜技术和诊疗规范，洛扎县藏医院举办村医藏医药服务能力提升培训班。培训采取学历教育与岗位培训结合的方式，以藏医药适宜技术和诊疗规范为重点，以基础知识、基本理论、基本技术为侧重点，以胜任岗位工作为基本目标，结合国家卫健委制定的《乡村医生在岗培训要求》，进一步强化藏医药适宜技术和诊疗规范的培训力度，提高其防治常见疾病和解决常见健康问题的专业素质和综合服务能力。年内，选派两名技术人员参加住院医师规范化培训，选派3名技术人员到山南市藏医院参加骨干医师培训。在卫健委的安排部署下，举办1期县乡村藏医服务能力提升培训班，主要授课内容为藏医方剂学和藏医特色适宜技术等相关科目，并为受培学员赠送书本，有50余名医务人员受训，进一步提升基层藏医服务能力。

【乡镇藏医馆建设】 2020年，按照西藏自治区卫生健康委员会安排部署，洛扎县拉郊乡、洛扎镇、边巴乡、色乡卫生院完成基层卫生藏医药诊疗（藏医馆）服务能力建设。年内，7个乡镇卫生院藏医馆开设藏医诊疗室、藏医治疗室、藏药浴室、特色理疗室并开展藏医适宜技术等，受到当地农牧民群众的一致好评，深得群众信赖和认可。

【藏药种植基地】 2020年，随着洛扎县藏医院藏药制剂室的建成，对藏药材原材料的需求量日益增大，县藏医院临床部全体人员经过多次论证，探讨适宜县域内种植的藏药材品种。为进一步探索适合县域种植的药材，把藏医药临床特色诊疗技术与藏药制剂科研、药材以及药材产业有效结合，发挥特色优势，达到既保护又开发种植利用为目的，在县城周边田地及海拔相对较低的绝对不受污染的地方，开发建设藏药材种植基地。年内，县藏医院临床部在县域麻木村承包2亩农田，进行藏药材初步试种，主要种植木香、

◆ 2020年9月11日，洛扎县藏医院开展地方藏药普查工作

草红花、芫荽、黄葵子等四种药材，全部试种成功，为藏医院制剂室运行奠定基础，提高藏医服务能力，把藏民族优秀传统藏医药文化发扬光大，既可以达到保护天然药材资源目的，又能合理种植开发利用，促使藏医药成为全县一个新的经济增长点，进一步提高全县藏医藏药整体发展水平，进而带动周边广大农牧民群众扩大就业范围，实现早日脱贫。

（高盛年）

【领导名录】 洛扎县藏医院

副院长　阿旺旦增（藏族，4月任）

教育体育·气象

教育体育

【概况】 2020年，洛扎县有学校34所，其中初级中学1所，乡镇小学6所，村级教学点1所，幼儿园26所，全县教职工231人，在校生2292人，其中初中在校生716人，小学在校生1576人，初中净入学率100%，初中适龄少年毛入学率100%，小学适龄儿童入学率100%，小学适龄儿童毛入学率100%，学前教育三年毛入学率90.17%。

【学前教育】 2020年，洛扎县学前教育场所有26所，比上学年增加1所，在园幼儿797人，比上学年增加159人，教职工52人，其中专任教师49人，代课教师41人，学前三年教育毛入学率90.17%，全县学前教育普及程度逐年提高。全县幼儿园占地面积28867.75平方米，比上年增加861.75平方米，生均占地面积36.2平方米，校舍面积12706.74平方米，比上年增加628.47平方米，增加4.95%。

【小学教育】 2020年，洛扎县小学7所，其中乡镇小学6所，村级教学点1所，在校生1576人，其中一年级302人，二年级263人，三年级250人，四年级249人，五年级242人，六年级270人，比上学年增加58人。教职工125人，比上年增加16人，本科65人，专科55人，高中阶段5人。小学阶段适龄儿童入学率100%。全县小学总占地面积66265平方米，生均占地面积42.7平方米，校舍面积16466.3平方米，比上年增加1868.3平方米。

【中学教育】 2020年，洛扎县有初级中学1所，在校生716人，比上年增加1人，其中七年级230人，八年级219人，九年级267人，初中阶段毛入学100%。中学教职工有54人，专任教师53人，本科45人，专科7人，专任教师专科及以上学历100%，初中本科以上学历85%。初中占地总面积36635.08平方米，比上年增加1032.08平方米，生均占地面积51.1平方米，校舍面积16466.3平方米，比上年增加1868.3平方米。

【党建工作】 2020年，按照洛扎县委和机关工委的总体部署要求，县教育（体育）局党总支不断增强党组织的凝聚力和战斗力，不断加强党员队伍和教师队伍建设，组织师生开展“学习中共中央总书记习近平在给首钢医学院实习的西藏大学医学院学生的回信精神”“中共中央总书记习近平在六一儿童节对广大青少年寄语精神”“党员干部抗疫情捐款仪式”“党员干部烈士陵园参观扫墓”“创建民族团结进步演讲比赛”以及《厉行节约、反对浪费、从我先行签字仪式》等主题党日活动，同时组织党员佩戴党员徽章和袖章、在校园内开展春季秋季校园卫生大扫除和消杀消毒、送教上门等活动，把主题党日活动与疫情防控有机结合。截至年底，组织党员宣誓7次，开展8次主题党日活动，参加党员158人次。183名党员干部参加抗疫情捐款活动，捐款48671元。另外，严格执行《中国共产党党组条例》，严格落实党建工作责任制，牢固树立党组书记切实履行党建工作第一责任人职责，带头贯彻党的基本路线和各项方针政策，带头贯彻执行民主集中制，带头密切联系群众，不断提高党建工作水平。严格落实党内组织生活，党员干部严格遵守“三会一课”、组织生活会、民主评议党员和民主生活会等基本制度。切实做到各党支部每季度召开一次党员大会，支委会每月召开一次，原则上每季度上一次党课。严格抓好发展党员工作，严格按照“成熟一个、发展一个”的原则，着重从骨干教师和优秀教师中培养发展年轻党员干部，切实增强党员队伍活力。全年教育党总支转预备党员3名，吸收积极分子7名。

【党风廉政建设】 2020年，洛扎县教育（体育）局党总支书记切实履行好教育系统“第一责任人”职责，班子成员自觉履行“一岗双责”，积极构建“教育领导亲自负责、牵头股室具体落实、协办单位配合开展”的三级责任分解。健全预防腐败工作机制。结合实际，制订党风廉政建设和反腐败工作计划，通过与各学校签订党风廉政建设责任书、下发文件等形式将责任、任务落实到班子成员、科室、各中小学，构建完整的责任制落实网络。切实加强廉政宣传教育作为党风廉政建设的重要举措，创新载体、丰富内容，进一步打牢党员干部的思想基础，通过召开党员大会、干部职工会等方式，深入开展学习中央八项规定、《中国共产党廉洁自律准则》及区、市、县纪委相关专题会议精神以及观看警示教育片等多种方式对干部职工开展教育，进一步提高干部职工廉洁自律意识。全年开展廉政学习12场次，参会人员有60人次，观看警示教育片2场次，参会人员有46人次。

◆ 2020年11月，洛扎县扎日乡小学教学及辅助用房竣工并投入使用

【办学条件】 2020年，为扎实推进教育基建项目健康持续发展，进一步改善办学条件，实现标准化学校建设，洛扎县投资1365万元，建色乡风雨操场、扎日乡小学教学及辅助用房、生格乡小学学生宿舍、白沙幼儿园建设项目。截至年底，4个项目全部竣工并投入使用。

【惠教政策】 2020年，洛扎县中小学营养改善落实资金178.8万元（每生每年800元标准）。按照中小学阶段每人每年3820元标准，学前教育阶段每人每年3320元标准，全县“三包”经费落实资金1109.72万元。按照农牧民子女大学生区外本科每生每年10000元，区外专科每生每年8000元，区内本科每生每年8000元，区内专科每生每年6000元；免补专业每生每年5000元；残疾学生、孤儿、因公殉职家庭子女本科每生每年10000元，专科每生每年8000元；应届生毕业就读硕士研究生每生每年15000元，就读博士研究生每生每年20000元资助标准，全县大学生624人，落实大学生资助金465.7万元。

【体育工作】 2020年，为扎实推动洛扎县体育事业发展，提高干部群众精神文明建设，洛扎县组织15名干部职工参加山南市第九届体彩杯足球赛，获得道德风尚奖。第五届库拉岗日文化旅游节期间，由教育局（体育局）牵头，利用11天时间组织干部职工和群众代表开展集体拔河、男子篮球、搬运沙袋、大象拔河等比赛项目，按照比赛项目分类，设置集体项目第一名3000元，第二名2000元，第三名1000元；个人项目第一名500元，第二名300元，第三名200元奖金，发放奖金16000元。

（卓玛央宗）

【领导名录】 洛扎县教育（体育）局

局　长　巴桑罗布（藏族，4月任）
副局长　王　丹（女，藏族）
　　　　拉　珍（女，藏族，4月任）

气　象

【概况】 2020年，洛扎县气象局属科技型、基础性社会公益事业单位、占地面积11.43亩，在职干部职工7人（10月调配4人）、其中工程师2人、助理工程师5人（驻村2人）。内设机构有行政综合办公室、气象台、业务科、防灾减灾办（含防雷和人影业务）等。

【气候概述】 2020年，洛扎县降水偏少，光照充足，辐射强烈，昼夜温差较大，冬春季多大风，夏季雨水集中，多夜雨。全县平均气温5.3℃，县城平均气温为5.9℃（与2019年5.8℃相比正常略高），年最高气温出现在生格乡28.1℃，最低气温出现在扎日乡-20.3℃，年最大风速出现在扎日乡，风速为23.5米／秒，年平均累计降水量235.2毫米（4月30日—10月1日），县城累计降水量175.3毫米（与2019年160.4毫米相比偏多14.9毫米）。

【疫情防控】 2020年，洛扎县气象局为科学、规范、有序地开展新型冠状病毒疫情的预防控制工作，及时采取积极有效控制措施，制定《洛扎县气象局防治新型冠状病毒感染疫情的应急预案》，健全24小时带班值班制度，落实带值班人员，严密把控出入人员，严格落实向县防疫办和山南市气象局防疫办公室报平安制度，在市气象局和市委网信办的要求下，通过微信公众平台、LED显示屏以及短信发布平台，滚动发送藏汉双语“疫情防控标语”，着力在新型冠状病毒感染疫情防控舆论宣传引导上下功夫。

【党建工作】 2020年，农业农村党支部按时召开党内规定性活动，认真讨论党建及业务的各项工作，保障支委工作的正常开展。年内，党支部召开学习会40期，党员大会6期，主题党日活动11次，组织生活会议1次，党员志愿服务2次。为全力做好新型冠状病毒感染的肺炎疫情防控工作，在疫情防控阻击战中充分发挥党员先锋模范作用。党支部4名党员积极参加县疫情防控党员志愿者服务，为集中和居家隔离的人员，按时送餐服务；前后多次以交党费和捐款形式为疫情捐助12150元。

【党风廉政建设】 2020年，洛扎县气象局认真贯彻落实关于开展党风廉政建设的工作要求，将党风廉政建设工作与日常业务工作相结合，以完善制度为抓手，以强化监督为保证，明确反腐倡廉责任，推进廉政建设，为各项工作顺利进行提供有力保障。按照实际情况，签订《党风廉政建设责任书》，制定《洛扎县气象局领导干部廉洁自律制度》，一级抓一级，层层抓落实，责任到人，加大力度预防和惩治公款大吃大喝、贪图享乐、铺张浪费等歪风邪气。为规范使用公务用车行，与干部职工签订《禁止领导干部和职工公车私驾责任书》。充分利用中央纪委国家监委网站、雪域清风、西藏先锋、清廉山南、法治西藏微信公众号平台发布的典型案例通报。

【气象服务】 2020年，洛扎县气象局严密监测天气变化，及时制作发布气象服务产品，年内，发布各类气象服务产品493期，其中每日预报365条、气象预警信息2期、天气消息7期、降水实况汇报81条、专题预报5期，旬预报33期等、短信接收人次15万余人，通过短信、微信等，将气象信息和防御措施送入千家万户、各行各业。

◆ 2020年8月13日，洛扎县气象局与山南市气象局业发科联合开展汛期自动站巡检工作

积极开展重大活动气象服务，为“春运”“藏历新年”“物交会”等提供优质保障。利用3·23世界气象日、防灾减灾宣传日等节点，通过悬挂横幅、发放宣传材料等活动，向社会公众宣传气象，普及气象知识。对三家易燃易爆场所进行重点宣传教育，进一步提高社会各界防范和应对极端天气的能力。成立汛期气象服务工作领导小组，拟定工作预案；严格执行值守班制度，随时准备应对突发情况；出席县汛期工作会议，并就当前天气趋势向县领导做汇报；加强与相关部门联系，联合开展灾情实地调查，地质灾害排查等活动。按照西藏自治区、山南市气象局《易燃易爆场所防雷安全专项治理行动方案》，成立防雷安全检查小组，明确检查范围、重点、要求，联合县应急管理局对三个易燃易爆场所进行防雷安全检查，检查各类项目防雷阻值是否达标，要求三家单位严格落实防雷安全责任制度、防雷安全学习制度和防雷装置维护制度，做好学习、维护和整改登记。装配由西藏自治区人影中心统一配发的人影移动作业保障车和WR—1D型车载火箭发射架，参加由山南市局举办的火箭发射架安全操作技能培训，并开展二次培训，为人影工作打开新的篇章。

【乡镇自动气象监测站维护及积雪站点建设】 2020年，洛扎县气象局对各乡镇自动站大小维护10余次，主要进行雨量筒校准、数据采集、防雷检测、观测场除草、个别站故障检修以及远程电源控制模块升级；陪同业务发展科开展各乡镇自动站验收评估工作，并落实乡镇自动站看护员看护费，其中拉康站的西藏气象灾害实况监测与安防系统建设项目于11月完成；为有效提升气象灾害防御能力，构建乡镇全覆盖的气象灾害监测网，基于整体气象工作需求，开展乡镇积雪站点建设工作，并在山南市灾害防御中心人员帮助下完成全县6个积雪监测站的建设和调试工作，年内各站点投入试运行阶段。

【领导名录】 洛扎县气象局

副局长　索朗次仁（主持工作）

文化·文物

文化事业

【概况】 2020年，洛扎县文化局（洛扎县文物局、洛扎县文化市场综合行政执法队）为洛扎县人民政府工作部门，正科级，加挂洛扎县文物局和洛扎县文化市场综合行政执法队牌子。年内，县文化局人员编制5人，部门领导职数3人，实有副科级2人，一级科员1人。

【党建工作】 2020年，洛扎县文化局认真组织学习中共中央总书记习近平重要讲话精神，树牢“四个意识”，坚定“四个自信”，坚决做到两个维护，认真贯彻落实县委的决策部署，进一步推动全体党员不忘初心、牢记使命，更好地联系服务群众，在推进全县长足发展和长治久安中发挥先锋模范作用，深入开展“三包五带五促”活动，推进党员包片包户包人工作常态长效。围绕基层党组织标准化建设的各项要求，以创建星级党支部为抓手，全面推进党支部标准化、规范化建设。推行“三会一课”、主题党日全程纪实报备制度，全年开展主题党日活动12次、上党课5次、谈心谈话6次，召开支委会13次、党员大会5次。严格按照《中国共产党发展党员工作细则》等有关规定，接受预备党员2人，年内党支部有10名党员，其中预备党员2名，交纳党费1104元，不存在流入、流出党员的情况。按照从严治党要求，严格执行中央八项规定，全面落实九届洛扎县委九届第九轮巡察二组反馈需立行立改问题整改工作。

【党风廉政建设】 2020年，洛扎县文化局坚持将党风廉政建设和反腐败工作纳入中心工作和重要议事日程，切实履行“一岗双责”，实现党风廉政建设与中心重点工作同部署、同落实，形成齐抓共管的良好工作格局；通过召开干部会议、党支部会议等方式，深入开展中央八项规定、《中国共产党章程》、《中华人民共和国监察法》、《中国共产党廉洁自律准则》及各级纪委会议公报的学习教育，督促单位党员干部学习党纪党规，进一步打牢党员干部的思想基础。积极组织在家全体干部观看县纪委组织的警示教育片《叩问初心》，并发表观后感；在春节、藏历新年、清明节等重点节假日之前，进行党员干部和国家工作人员违规收送红包礼金提醒教育，紧盯关键时间节点、关键部位，让廉政建设、作风建设一刻不停歇。加强内控制度建设，筑牢“不能腐”的防线。机构改革后，县文化局对“三重一大”决策制度、财经管理制度、公务接待制度、采购管理制度、固定资产管理制度、工作人员廉洁自律规定等内控制度进行修改和完善，进一步提高内部管理水平，规范内部控制，着重抓好贯彻落实，进一步形成以制度管人、管事的工作格局；严格落实中央八项规定，对县文化局办公用房、公务接待、收受红包礼金等情况进行严格自查。组织所有党员干部认真学习洛扎县第九届纪律检查委员会第五次会议精神，全面提高干部职工政治站位，深化思想认识，坚定不移贯彻落实全面从严治党方针和要求。

【文化市场疫情防控】 2020年，洛扎县文化局按照西藏自治区文化厅《关于做好新型冠状病毒感染肺炎疫情防控工作暂停全区文化活动的通知》文件精神，及时安排部署相关工作，从1月27日起暂停县域内3家KTV、2家朗玛厅和1家互联网上网服务经营场所的对外经营活动，对全县各级文化活动中心（站）暂行关闭，暂停文艺下乡演出和广场舞等聚集性活动，同时深入各乡（镇）文化站和文物保护单位，检查疫情防控工作开展情况。联合县公安局、文化综合执法大队等部门加大执法力度，设立举报电话，接受群众监督，检查13次，出动监督执法人员42人次，5月15日前未发现违规对外开放经营情况。积极组织动员县峡谷乐队、县艺术团文艺骨干，开展抗击疫情主题文艺创作活动，创作《众志成城抗疫情》《疫情防控 加把油》《我们一起加油》等文艺作品4部，在秘境洛扎微信公众号、抖音平台陆续公布，在县城主干道各单位LED屏上展播，助力抗疫防控。开展文化系统新冠肺炎疫情捐赠活动，捐款3500元。稳步推进文化领域复工复产，在严格落实疫情精准防控措施下，积极贯彻落实好中共中央总书记习近平关于全面做好复工复产重要指示精神，县文化局积极协调各级相关部门，稳步有序的推动文化市场、文化产业等领域的企事业单位复工复产，采取有效措施促进文化事业平稳健康发展，统筹推进全县文化市场经营场所复工营业工作。根据区、市有关推进文化市场经营场所复工营业工作的文件精神，县文化局主动作为，于5月15日召开全县娱乐场所恢复营业工作安排部署及疫情防控相关知识培训会，明确复工条件、方法步骤、注意事项等，增强经营单位疫情防控意识。5月18日，全县恢复营业性演出审批活动和歌舞娱乐场所、互联网上网服务营业场所对外经营活动。县文化局立足岗位实际，切实履行主管部门的监管责任，对已复工复产的文化经营单位实地指导复工复产工作，督促各经营单位强化经营现场管理，严格落实消毒、测体温、戴口罩、实名登记、通风等防疫措施。在做好疫情防控的同时开展安全隐患排查治理，组织全县文化市场联合单位对县城歌舞娱乐场所、网吧、KTV等文化娱乐场所经营单位开展安全隐患排查行动，排查各经营场所用火用电、消防设施设备、疏散通道、违禁歌曲演出等17次，有效确保文化市场安全稳定。

【公共文化服务】 2020年，洛扎县民间艺术团开展文艺下乡演出63场次，观众人数累计3.1万余人次。以脱贫攻坚和小康村建设等主题创作《团结欢悦》《40年的变化》《四讲四爱富脑袋》《巨变》《感恩》《浪费人生》《我们欢聚一堂》《喜迎55周年》等12首文艺精品。深入全县27个行政村收集民间果谐、民谣等传统歌曲舞蹈18部。年内，组建行政村文艺演出队，组建27支行政村文艺演出队，497名演员，县文化局采取分散培训方式，从县艺术团选派文艺骨干对27支文艺演出队开展形体训练、舞蹈基本功、集体舞蹈等内容培训，27支行政村文艺演出队全年演出185场次。县委组织部、县强基办、县文化局（洛扎县文物局、洛扎县文化市场综合行政执法队）落实行政村文艺演出队组建经费135万元，落实行政村文艺演出扶持资金108万元，并协助各演出队购买服装及音响设备和进行辅导培训，改善27支行政村文艺演出队的基础设施。7月14日，西藏自治区歌舞团到洛扎县开展“决战脱贫攻坚、百乡千村汇民演出”活动，演出4场。县民间艺术团到浪卡子县达隆、锁甲村和曲果村、扎囊县开展文艺交流活动4次。在疫情逐渐控制下，全县8个文化综合服务中心（站）全面开放，持续做好疫情防控常态化工作。组织县文艺骨干针对全县不同年龄段的广场舞爱好者开展广场舞培训辅导活动，平均每天参与人数50余人。面向全县中小学开展“书声朗读”为主题的藏汉双语线上朗读比赛、图书进校园、“你教我科技知识，我教你藏语”为主题的干群学习日、“4·23日世界读书日”师生朗读比赛等活动14次，向干部群众、乡镇小学赠送书籍1600本和价值4100元的朗读奖励，服务人数500余人。投入16万元购买“通借通还”书籍及常用书籍4000余册，全部分类上架。投入5.3万元开展县冬季乐器培训班，为期20天，参训人数30余人。新时代文明实践中心和县文化活动中心立足岗位，建设新时代文明实践中心展厅、新旧对比展厅等，积极开展庆祝西藏自治区成立55周年暨“加强民族团结，建设美丽洛扎”主题文艺演出、趣味文体活动、红色电影展演等开展20余次。县文化活动中心在丰富服务项目上加大力度，组建峡谷乐队（老年艺术团），年内峡谷乐队创作广场舞及抗击疫情歌曲共14个文艺作品，通过媒体手段进行展示推广，得到很好的社会效应，组织峡谷乐队成员下乡下村指导文艺20余次，开展广场舞培训、乐器培训、行政村文艺指导等10余次，文艺演出活动15场次，落实三区人才培训经费24.69万元。从免费开放经费中投入25.61万元修建录影棚，更新书架、乐器、健身器材及音响设备等相关设施设备，制作出版洛扎果谐光盘1000册。从文化产业资金中投入6万元改善曲西村和杜鲁社区文化活动室设施设备。投入46.74万元协助7个乡镇文化站和27个农家书屋更新图书12304册，其中为7个乡镇文化站更新4690册，27个村居更新7614册。

【文化建设项目】 2020年，洛扎县总投资433万元的拉隆寺安全防范系统工程项目竣工验收；总投资692万元的拉隆寺消防改造工程项目竣工验收；投入30万元的曲措藏戏传习场所建设项目竣工并投入使用。年内，洛扎县文化局（洛扎县文物局、洛扎县文化市场综合行政执法队）积极向上级业务部门争取县图书馆、博物馆、文化馆和抵边搬迁5个点村级文化室建设项目。

【文化产业发展】 2020年，西藏旦达荞麦产品开发有限公司和洛扎门日民族产品加工销售专业合作社申报市级文化产业示范基地。依托“文化和自然遗产日”“库拉岗日文化旅游节”“扎日乡油菜花节”“雅砻文化节”及区、市组织的各类文化旅游展会节庆活动，设立传统工艺产品展销专区，为传统工艺搭建更多展示交易平台，不断提升传统工艺的知名度和影响力。年内，参加各种展示展销活动10余场，发放宣传单1000余册，在县城主干道LED屏上播放《洛扎果谐》《去洛扎》非遗宣传片等宣传视频40余小时，设立网络销售平台的1家（洛珠民族手工业合作社）。

◆ 2020年6月12日，洛扎县开展以“非遗传承 健康生活”为主题的第四个文化和自然遗产日活动

文物保护

【安全检查工作】 2020年，洛扎县文化局（洛扎县文物局、洛扎县文化市场综合行政执法队）按照上级下发的文件精神和工作要求，严防各类安全事故尤其是火灾发生，通过成立县文物安全大检查大排查工作领导小组，详细制定工作方案，通过单独行动和联合县委统战部（民宗局）、县消防救援大队、应急管理局、公安局、电力公司等部门深入全县24处寺庙和拉康等文物保护单位开展文物保护安全责任落实情况、安防、消防设施设备管理情况、危险源管控措施落实情况、文物保护单位安全保护措施情况等大检查大排查行动11次，有效推动全县文物保护工作力度，切实落实文物安全专项整治三年行动。

【野外文物保护工作】 2020年，洛扎县文化局到各乡（镇）对辖区内野外文物看管资金使用管理和保护工作开展情况进行全面了解与掌握，签订《2020年度洛扎县野外文物保护工作目标责任书》。按照“安全第一、预防为主”和“保护为主、抢救第一、合理利用、加强管理”的工作方针，进一步完善《野外文物看管工作目标责任书》，制定《野外文物考核办法》，建立县文物局、乡（镇）人民政府、村（居）负责人员和野外文物看管人员组成的工作交流群，促使野外文物看管人员队伍的建设和管理，加大对野外文物保护单位的看管保护力度，有效预防和遏制文物安全事故发生，为扎实推进野外文物保护工作奠定坚实基础。

【文物保护经费】 2020年，洛扎县文化局落实2020年度野外文物看管经费73.92万元，同时按照山南市文物局下发的《关于下达2019年度市本级上年财政收入3%的文物保护经费的通知》（山文物字〔2019〕6号）文件要求，对雄帮阿拉康电气线路进行改造，投入资金2万元。从文化产业资金和物质文化遗产保护资金中投入15.45万元用于制作文物保护单位石碑、赛卡古托寺电线线路改造、购买消防器材、曲西村碉楼群维护及卓瓦寺和提吉寺消防水池维修等。

【消防演练活动】 2020年，洛扎县文化局组织扎日乡人民政府、县消防救援大队、拉隆寺寺管会负责人及工作人员、寺庙僧人在拉隆寺开展消防实战模拟演练，进一步加强消防安全宣传，增强安全意识，提高寺庙领域消防应急能力，掌握消防技术。

【宣传活动】 2020年，洛扎县文化局通过综治宣传月和“三下乡”等活动大力宣传《中华人民共和国文物保护法》《西藏自治区文物保护条例》及全县文物工作取得的成果，使干部群众更形象、更深刻地了解文物保护过程以及文物保护的重要性、紧迫性。

【非遗传承和保护】 2020年，洛扎县文化局开展抢救和恢复县级非遗项目曲西萨卓舞，完成曲西萨卓舞历史材料收集、培训、传习等活动，落实群众补贴误工、交通费等2.49万元。自治区级贡祖腰带编织技艺保护项目完成第五期非物质文化遗产“腰带编织”保护与开发技能培训及修缮传习场所等工作，投入18.02万元。成功举办以“非遗传承 健康生活”为主题的洛扎县第四个文化和自然遗产日活动，宣传法律法规相关政策知识，落实群众误工补贴0.88万元。曲措鲁古拉姆藏戏队积极争取到中央专项补助9万元，开展曲措藏戏复排《卓娃桑姆》和《曲杰诺桑》两个剧目，提升藏戏队的整体水平，更新部分服装道具，并完成拍摄录制工作，投入7.87万元。投入30万元的国家级非遗项目加羌姆保护工作完成服装购置、培训、新招演员等工作。开展戏剧进养老院送温暖、进村进社区惠民演出7场次，落实民间业余藏戏队补助7万元，向27个行政村文艺演出队落实戏曲进乡村资金21万元。鲁古拉姆藏戏队争取到自治区保护经费10万元，用于鲁古拉姆藏戏服装更新和传习活动。自治区级非遗项目色乡若浪霞布卓成功申报第三批自治区级非遗项目传习基地。洛扎县门日民族产品加工销售专业合作社列入山南市第二批市级非遗工坊，西藏旦达荞麦产品开发有限公司列入县第一批县级非遗工坊。2020年10月，生格荞麦饮食烹调技艺、吉堆皮鼓制作技艺、门当央谐成功列入山南市第二批市级非物质文化遗产代表性名录。对19名各级非物质文化遗产项目代表性传承人开展年度考核评估工作，其中优秀2名，合格17名，落实国家级传承人、自治区级传承人补助资金8万元。积极开展非物质文化遗产普查工作，深入挖掘卡久寺酥油花制作技艺、藏药茅膏菜（卡久茅膏菜滋补丸配制技艺）、生格乡木雕制作技艺3个具有历史、文化和科学价值的非物质文化遗产项目。

（洛桑珍玛）

【领导名录】 洛扎县文化局

副局长 次仁卓玛（女，藏族）

尼玛卓嘎（女，藏族）

民政·人力资源和社会保障

民 政

【概况】 2020年，洛扎县民政局有干部9人、行政工人1人、公益性岗位3人、山南市民政局分配社会救助工作人员2人；县特困人员集中供养服务中心有院长1人，专技人员1人；工作人员20人（包括管理人员5人、护理员9人、工作人员2人、公益性岗位4人）。

【宣传工作】 2020年，洛扎县民政局利用综治宣传月、妇女节、重阳节、爱耳日、全国助残日、国际残疾人日等时间节点积极开展宣讲宣传活动，通过走村入户、发放宣传资料、开展主题教育等方式，广泛宣传爱老护幼、助残救急、扶危救困等政策，引导干部群众树立正确价值观、树立爱心帮扶、爱心救助导向，积极努力营造和谐社会氛围。

【城乡低保】 2020年，洛扎县有城市低保对象25户29人、农村低保对象97户254人。县民政局组织专班深入基层摸底调查各项民生工作，坚持城乡低保听证评议和“三榜”公示制度，全面打造“阳光低保”，做到动态管理下的应保尽保。根据上级民政部门“城市低保保障金按月发放、农村低保保障金按季度发放”要求，发放第一、二、三、四季度农村最低生活保障金72.22万元，逐月发放城市最低生活保障金14.68万元。

【临时救助】 2020年，洛扎县民政局对有特殊困难或突发性、临时性困难的建档立卡贫困对象，通过临时救助、慈善帮扶、结对互助等措施帮助渡过难关，全年发放临时救助资金45.04万元。

【特困供养】 2020年，洛扎县民政局对特困人员供养采取分散和集中供养两种方式，全县有特困人员165名（其中集中92名、分散73名），实现有意愿的特困人员集中供养率100%，落实保障资金238.99万元。

【孤儿、事实无人抚养儿童收养】 2020年，洛扎县有孤儿15名，按照山南市“双集中”标准化建设要求，全部由山南市福利院集中收养，收养率100%。3月，增2名事实无人抚养儿童，落实资金14985.5元。

【残疾人福利】 2020年，洛扎县有持证残疾人950名，其中一级94名、二级163名、三级209名、四级484名，向符合条件的持证残疾人落实残疾人“两项补贴”资金319.61万元。8—10月开展残疾人信息动态更新，对950名残疾人的婚姻状况、经济住房、教育、就业扶贫、社会保障、基本医疗与康复、无障碍改造等情况进行摸底调查并录入系统，对信息发生变更或户口注销的及时进行系统更新。为积极改善残疾人生产生活，对123名中重度残疾人发放辅助器具。

【残疾人证发放】 2020年，洛扎县持证残疾人按残疾类别分类有视力232人、听力145人、言语44人、肢体383人、智力28人、精神32人、多重86人。按照《中华人民共和国残疾人证管理办法》规定程序进行办证公示，全年全县共办新证17人，残存换新3人，等级变更6人，注销11人。

【残疾人就业】 2020年，洛扎县专门成立残疾人就业培训有限公司，开设缝纫店、蔬菜大棚，洗车店、汽修厂、服装店、木雕等业务，集中就业23名残疾人。在生格乡古局村委会成立助残合作社，就近就业10名残疾人。积极宣传残疾人自主创业工作，接纳就业23名残疾人，为2家残疾人创业较好、影响较大、具有代表性的个体工商户发放2020年度残疾人自主创业扶持资金3.5万元。全县108名残疾人安排生态岗位，按比例就业8人，有劳力的残疾人得到就近就地就业。

【残疾人教育】 2020年，洛扎县对在校残疾学生、未入学和退学的残疾儿童进行摸底调查。年内，全县在校残疾学生30人，其中幼教1人、小学7人、初中8人、高中6人、大学4人，特殊学校4人。

【婚姻登记管理】 2020年，洛扎县结婚登记89对，离婚登记39对、补发婚姻登记117对、补发离婚登记1对。县民政局积极宣传《中华人民共和国民法典》中离婚冷静期等法律法规，按照山南市民政局要求对结婚证、离婚证进行换新。积极对接民政部“金民工程”信息管理系统，顺利完成婚姻登记信息管理系统的新旧系统切换。

【项目建设】 2020年，洛扎县开工建设县特困人员集中供养服务中心改扩建项目，项目于8月

◆ 2020年2月3日，洛扎县民政退役党支部召开党员干部大会，传达学习上级转发的新型冠状病毒防控相关文件精神

网上公开招投标，总投资3562万元（西藏自治区民政厅下拨资金2880万元，洛扎县人民政府解决资金682万元）。

【党建工作】 2020年，洛扎县民政局属于民政退役党支部。年内，以标准化建设为主要目标，完善党支部党内生活各项工作制度，坚持以正面教育为主，通过以加强学习十九大和十九届二中、三中、四中、五中全会精神为重点，积极开展实践活动和主题教育，在教育引导和管理约束中督促党员增强党性观念，提高遵守党纪意识。

【党风廉政建设】 2020年，洛扎县民政局在党风廉政建设中坚持“一把手”负总责，分管领导各负其责的原则。与局干部职工签订《2020年党风廉政建设目标责任书》，在全局形成一级抓一级，层层抓落实工作管理体系。先后召开7次党风廉政建设专题会议，研究部署下一步工作，制订《2020年度党风廉政建设和反腐败工作计划》，做到党风廉政建设有计划、有措施。注重抓好廉政学习教育，提高干部职工廉洁意识；健全完善管理制度、反腐倡廉制度体系，实现工作职责上墙、政务公开，接受群众监督，不断提高民政部门清正廉洁形象。

【领导名录】 洛扎县民政局

局　长　罗　　杰

副局长　它 尔 庆

　　　　周 红 玉（女）

县残疾人联合会主席　次仁白姆（女，藏族）

人力资源和社会保障

【概况】　2020年，洛扎县人力资源和社会保障局（洛扎县劳动保障监察大队）为洛扎县人民政府工作部门，正科级，加挂洛扎县劳动保障监察大队牌子。年内，县人力资源和社会保障局干部职工8人，公益性岗位4人，三支一扶4人。

【党建工作】　2020年7月，洛扎县人力资源和社会保障局完成党支部改选工作，结合工作实际，及时调整党支部工作领导小组，做到党建工作年初有计划、年末有总结，确保各项工作顺利开展，取得实效。全年开展集体学习32次，主题党日6次，支部书记讲党课2次。新冠肺炎疫情防控期间，组织干部职工为疫情一线捐款9900元（其中党员8名，累计捐款8800元），充分发挥党员先锋模范作用。

【党风廉政建设】　2020年，洛扎县人力资源和社会保障局及时制订党风廉政建设工作计划与学习计划，召开安排部署会1次，年中总结下半年部署会1次，年终总结会1次，组织干部职工集中学习各类通报、典型案例分析等文件15次，开展以“坚定信仰、廉洁从政”为主题的廉政党课1次，层层签订党风廉政建设目标责任书13份，党员领导干部廉政承诺书8份，节前廉政提醒10次。

【队伍建设】　2020年，洛扎县专业技术人才283人，其中专业技术人才236人，工勤人员47人。

【社会保险】　2020年，洛扎县人力资源和社会保障局联合中国农业银行洛扎县支行激活发放社

◆ 2020年4月30日—5月9日，洛扎县人力资源和社会保障局工作人员下乡入村开展“五进一送”高校毕业生就业创业政策宣讲活动

保卡1213张，对新增信息采集和补换卡人员即时制卡38张，采集社保卡信息及修改信息27人次。第一季度支付城乡居民保险待遇120.74万元，覆盖农牧民群众5881人次；第二季度支付城乡居民保险待遇127.32万元，覆盖农牧民群众5961人次，其中追回待遇8人，追回资金1.13万元，落实先进僧尼养老金44人，资金3475元；第三季度支付城乡居民保险待遇131.51万元，覆盖农牧民群众6051人次。机关养老保险参保人数1054人，征缴资金2331.89万元；企业养老保险参保人数256人，征缴资金224.74万元；失业保险参保人数813人，征缴资金59.44万元；工伤保险参保人数1311人，征缴资金10.64万元。

【就业服务】　2020年，洛扎县城镇新增就业289人，城镇登记失业率控制在2.1%，城镇调查失业率控制在3.5%，全部控制在年度目标任务以内。

【高校毕业生就业创业】　2020年，洛扎县应届高校毕业生184人，就业184人，就业率为100%，其中建档立卡贫困户学生实现100%就业。县人力资源和社会保障局成立高校毕业生就业创业宣讲小组，扎实开展“政策面对面”“五进一送”等就业创业政策宣传活动，开展集中宣传4场次，宣传活动受益学生及家长303人，教育引导高校毕业生及学生家长转变就业观念，加强自主就业创业意识。通过入户调查、电话了解对

全县应届高校毕业生信息进行核对，建立完善学生电子档案；建立健全“一对一、多对一”结对帮扶机制，完善结对帮扶台账，完成142名干部与184名应届高校毕业生结对帮扶匹配，确保每名高校毕业生均有结对干部，帮扶率100%。开展高校毕业生就业创业提升能力、创业培训两期75人，其中建档立卡贫困户6人，完成开发岗位218个。

【农牧民职业技术培训】 2020年，洛扎县开展农牧民职业技能培训21期，参训人员854人，实现就业307人，就业率56.74%，其中建档立卡159人，实现就业36人，就业率54.54%。其中，建档立卡贫困户培训1期62人。

【转移就业】 2020年，洛扎县劳务输出10810人次，其中县内务工6696人次，县外务工3477人次，实现劳动力转移就业7027人，其中建档立卡户1229人，完成年度目标任务105.8%，劳务创收8517.2万元，人均增收12120.7元。

【劳动监察】 2020年，洛扎县人力资源和社会保障局共受理投诉举报案件6起，结案6起，帮助145名农民工追讨工资217.4万元，结案率100%；设立150万元欠薪应急周转金，保函农民工工资保证金3912.23万元，退还保证金263.8万元，下达劳动监察限期改正指令书6起，涉及农民工人数145人，涉及农民工工资217.4万元。年内，检查建筑行业21家、服务行业11处，补签劳动合同584份，发放《中华人民共和国劳动法》《中华人民共和国劳动合同法》宣传资料200余份，有效维护农民工合法权益，切实保障重大项目建设，促进经济社会和谐发展。

（益西卓嘎）

【领导名录】 洛扎县人力资源和社会保障局

局　长　次旦央吉（女，藏族）

副局长　次仁仲嘎（女，藏族）

吴清建

久米多吉（藏族）

乡（镇）概况

洛扎镇

【概况】　洛扎镇位于洛扎县西北部，是全县政治经济文化中心，平均海拔3800米，东临措美县，西接扎日乡，北靠浪卡子县，南与生格乡、色乡相接。洛扎镇地处于高原温带半干旱季风气候区，少雨多风，年均气温7℃~8℃，年均降水量为5~800毫米，雨水集中，日照时间充足。全镇辖5个社区居民委员会，25个居民小组，72个自然村，1270户4700人。设有1个镇级党委，3个社区党委，1个社区党总支，1个社区党支部。镇党委下辖28个党支部（镇机关党支部、顿尼林党支部以及社区党支部23个、非公党支部3个），党员540名。全镇耕地面积6257.86亩，林地面积20.5万亩，草场面积82.01万亩，是一个典型的农业大镇。

◆ 2020年3月5日，洛扎镇组织全体干部职工入户开展学雷锋活动

【党建工作】　2020年，洛扎镇党委围绕创建“服务型基层党组织”为抓手，落实全面从严治党要求，强化党员教育管理、基层党组织建设、基层党组织阵地建设等专项工作，进一步规范党员日常监督管理、“三会一课”制度，严肃党内政治生活。严格履行党建第一责任人责任，严格落实党委班子“一岗双责”职责，贯彻落实十九大精神，认真学习贯彻习近平新时代中国特色社会主义思想，紧紧围绕县委中心工作，创新“次麦模式”党建引领新格局。扎实开展“两学一做”“四讲四爱”群众教育专项活动，发挥和激发各级党组织战斗堡垒作用。全年召开党委理论中心组学习16次，支部专题学习58场次，政策宣讲46场次，发放宣传册5000余份，召开党建推进会6次，党建研究部署会7次，全镇党建工作进一步规范。层层落实党建责任，组建3个“两新”党组织（其中单建2个，联建1个），扎实推进全镇党组织全覆盖。组织党员干部观看爱国影片，接受爱国主义教育和党性教育。进一步规范党委议事制度和“三重一大”决策制度，将党的领导贯穿到全镇各项事业中。进一步优化居务监督委员会职能，让党的各项工作接受群众的监督。建立健全党委委员联系社区党建指导员制度，促进基层党建规范化。镇党委严格落实市委第三巡察组提出的整改任务，建立整改台账，逐

项进行销号。

【党风廉政建设】 2020年，洛扎镇借助学习例会、干部职工微信交流群、宣传栏等载体，传达学习上级有关会议和文件精神，并组织学习中央八项规定、区党委《约法十章》、市委《十项规则》、《中国共产党廉洁自律准则》中国共产党纪律处分条例》、《中国共产党问责条例》、《关于新形势下党内政治生活的若干准则》和《党内监督条例》等党内规章制度。按照全面落实管党治党，各级党组织书记履行党风廉政建设第一责任人职责的要求，镇党委书记与党委班子成员签订《洛扎镇2020年党风廉政建设和反腐败工作目标责任书》，压实党风廉政建设主体责任。严格整改党风廉政建设存在的10个问题并取得良好效果。以党风廉政建设宣传月为契机，集中开展廉政警示教育活动和政治纪律教育活动，年内，召开党风廉政建设专题会议5次，廉政学习会议7次，观看警示教育影片6场次，撰写心得体会33篇，筑牢党员干部拒腐防变意识，营造干事创业、风清气正的良好政治生态。

【经济发展】 2020年，洛扎镇在县委、县政府的正确领导下，全镇经济社会健康快速发展。全镇经济以第一产业为主，粮食作物主要有小麦、青稞等；经济作物主要有土豆、油菜、豌豆等；经济林木主要有桃、苹果、花椒等；特色产品有贡祖藏式腰带、次麦鸡蛋等。年内，全镇农村经济总收入为12646.18万元，农牧民人均收入17489.4元，人均现金收入12891元。

【小康村建设】 2020年，洛扎镇小康示范村建设分为吉堆、嘎波、次麦、门当、贡祖5个社区小康示范村建设。截至年底，787户3252人参与小康示范村建设，其中100户368人完成入住，2021年预计692户2943人完成入住。

【旅游业】 洛扎镇历史悠久，文化气息浓厚，有顿尼林寺、次麦彩虹沟、门当摩崖石刻、吉堆古墓、扎西根培寺和朵宗遗址等旅游资源。

【农牧业】 2020年，洛扎镇农田水利设施齐全，95%以上耕地得到灌溉。农机具广泛应用，机耕、机播、机收率93%。通过大力开展粮食增产行动和“万千百十”工程，粮食播种面积6257.86亩（其中青稞2739.14亩、冬小麦335.14亩、春小麦88.06亩、油菜853.36亩、豌豆1054.64亩），粮油产量1857.47吨。牲畜总头数为168567头（只、匹），其中大畜888头（只、匹）、山羊1624只、绵羊10620只。春季动物疫苗注射免疫率100%，落实草畜平衡补助资金164.03万元，粮食补贴2.69万元，公益林岗位补助资金107.78万元，农牧民补助奖励机制资金164.03万元，2019年野生动物肇事资金84586元，2019年政策性理赔资金18.63万元。3月，农机深松整地项目争取到3个点，面积599.9亩；5月，申报牦牛网围栏19座、牛网围栏8座、绵羊山羊网围栏44座，以及绵羊、山羊驱虫池13座。

【教育事业】 2020年，洛扎镇教育事业蓬勃发展，办学条件不断改善，辖区内有5所幼儿园、2个教学点和1所完全小学。全镇适龄儿童入学率、在校生巩固率、初中适龄少年入学率、在校生巩固率均为100%。落实资助农牧民子女上学政策，及时发放助学资金123.6万元，建档立卡户大学生补差资金9100元，无挤占、挪用资金情况。全镇着力推进义务教育均衡发展，通过县教育局项目资金支持，强化师资力量配备，有效促进完小、幼儿园教学水平持续提升，教师学历合格率100%。年内，镇中心幼儿园、完全小学大力开展感党恩教育、新旧西藏图片展、“3·28”百万农奴纪念日文艺汇演、庆祝“六一”儿童节文艺演出等活动，丰富学生精神生活，培养学生感党恩、听党话、跟党走的信心和决心。

【医疗卫生】 2020年，洛扎镇扎实开展农村合作医疗工作，镇卫生院配备专业医务人员10人，

5个村居卫生所配备村医11人，实现基础医疗全覆盖。年内，全镇住院分娩率100%。镇卫生院及各居委会卫生所接诊14272人次，出急诊82人次，住院治疗11人次。农牧民参加合作医疗4778人，参合率100%，家庭医生签约覆盖率100%，居民健康体检人数3824人，参检率68.5%。完成337名65岁以上老年人的建档工作，并定期进行科学预防疾病的饮食起居宣传教育服务，服务率100%。完成487名高血压患者建档工作，并为2名糖尿病患者、6名精神病患者提供全方位的健康服务。医务人员入村普及健康知识组织健康宣讲活动12次，提供健康教育资料6种2100余份，接受健康咨询及提供个性化健康教育1481人。健康知识“低盐低脂饮食”等健康教育信息家喻户晓、深入人心。全年未发生重大医疗事故和重大疫情。

【文化事业】 2020年，洛扎镇电视及广播覆盖率100%，全镇有乡镇综合文化服务中心1处、综合文化服务中心示范点1处、文化活动室4处、农家书屋5处、寺庙书屋4处。镇文化站设有多功能厅、健身房、展厅、电子阅览室、图书阅览室、培训室等4室2厅1房，配套设施设备有1台跑步机、2台桌台球、1桌乒乓球、1台仰卧起坐器、吉他、六弦琴、笛子等；有藏书14大类2200余册。村级“文化书屋”书籍种类繁多，长期向农牧民群众开放，文化事业辐射周边群众，极大丰富农牧民群众精神生活。年内，建立5支行政村文艺演出队（演出队员90人），演出队在春节、藏历新年、“3・28”百万农奴解放纪念日、建党节、国庆节、望果节、库拉岗日文化旅游节等重点节日以自编、自导、自演的形式开展文艺会演50余场，文体活动25场次。成立新时代文明实践所、志愿者队伍7支，志愿者298人，组建宣讲组深入各小组、联户单位、群众家中、田间地头，围绕新冠疫情、扶贫政策、边境小康村建设等政策宣讲50余次，受众人数2117人。开展“四讲四爱”群众教育实践活动、中央第七次西藏工作座谈会、十九届五中全会等宣讲330余场，受众9300人次。开展实践活动125场，受众人数6150人次，悬挂横幅385条，张贴和喷绘宣传标语230余条，发放宣传单1000余张，更新更换国旗2700余面，在全镇营造浓厚的学习氛围。

【社会保障】 2020年，洛扎镇新型农村合作医疗参保人数4778人，养老保险实际参保人数2324人，清退养老保险死亡人员15人，参保率100%。落实城镇和农村低保资金12.41万元，“三老”人员补贴资金13.62万元，残疾人两项补贴资金52.64万元；落实193人“一孩双女”资金27.84万元。

【生态保护】 2020年，洛扎镇调整充实镇农村环境综合整治领导小组，制订环境整治计划和方案，层层签订责任书，确保环保工作有安排、有人抓。以“两大节日”、“6・5”世界环境日等活动为契机，组织辖区群众对主要干支道、社区及垃圾死角进行清扫，开展环境卫生大排查大整治活动5次，发放宣传资料100多份，悬挂宣传标语横幅9条，督导检查3次，动员2860多名干部群参与，环境整改率98%，

【扶贫工作】 2020年，洛扎镇扎实推进精准扶贫工作，动态调整后全镇有188户623人建档立卡户，建档立卡人均收入17184元。全镇干部、驻村单位和社会组织与188户贫困户结成帮扶对子，落实帮扶各类资金12.88元。年内，全镇安排生态岗位577人，落实岗位工资202.74万元；救助21户76人，落实临时救助资金16.9万元；开展羊毛染色、氆氇编织、藏式家具制作等技能培训7期，参训人员182人，结业5期，进一步提高农村劳动力就业技能；为17户建档立卡贫困户发放精准扶贫贷款77.5万元，有力助推贫困群众的生产发展。

【维护稳定】 2020年，洛扎镇建立健全5个社区综治站、治保会和调委会等组织机构，强化组织领导，明确各基层党组织书记为综治及维稳工

作第一责任人，及时调整充实维稳工作领导小组，完善各类应急预案，明确分工职责，做到组织保障有力，层层落实责任。调整充实村级治安联防队，维稳“三支队伍”、四护队等维稳力量，加大辖区重点区域、公路沿线的治安巡防，促进全镇及各社区各类安全措施到位、人员到位、发现到位、处理到位。深入村居摸排扫黑除恶线索6次，随机线索摸排10户，矛盾纠纷排查10次，入户排查1207户，年内发生5起婚姻纠纷，1起草场纠纷，均得到调解。在全镇范围内开展“先进双联户”相关优惠政策、扫黑除恶知识、枫桥经验、精准扶贫、《中华人民共和国婚姻法》、《中华人民共和国宪法》等相关法律法规宣传活动3次，发放宣传资料1164份。开展联户长业务培训工作，参与人数460人次，宣传活动10场次，参与率98%。积极开展先进双联户创建评选工作，评选村级先进双联户56个联户单位，镇级先进双联户11个，县级先进双联户3个，门当社区被评为镇级“先进集体”。

【特色产业】 2020年，洛扎镇次麦藏鸡养殖基地项目总投资225万元，养殖2万余只藏鸡，以藏鸡蛋销售为主，年内销售到区内外藏鸡蛋20余万枚，解决就业6人，其中建档立卡贫困户4人，结对帮扶（入股分红）14户33人，落实帮扶资金10.4万元。

【领导名录】 洛扎镇

镇党委书记 罗 利

镇党委副书记、镇人大主席 巴桑曲扎（藏族）

镇党委副书记、镇长 达娃次仁（藏族）

镇党委副书记 巴 桑（藏族）

镇纪委书记 扎西达瓦（藏族）

镇党委组织委员 李子龙

镇党委宣传委员 尼 玛（女，藏族）

镇党委统战委员 旺 杰（藏族）

镇党委政法委员 尼玛顿珠（藏族）

镇党委委员、副镇长 李东来

仓 决（女，藏族）

副镇长 杨 洋

拉康镇

【概况】 拉康镇位于洛扎县东南部，北纬28° 06′ 45″、东经91° 07′ 16″，在洛扎沟下部偏东，平均海拔3240米，地形复杂多样，全境高峰林立，属于高原气候兼温带河谷气候，光照充足，气候温和，年平均气温10.2℃，年日照2316.3小时，年均降水550.32毫米。拉康镇距离县城80公里，东靠边巴乡，西接生格乡，北临措美县。全镇下辖4个行政村（其中新组建民久玛社区），14个居民小组，58个自然村，总户数为516户2003人，劳动力980人。全镇有1个镇级党委、2个社区党委、1个社区党总支、1个社区党支部，党委下辖17个党支部（13个农村党支部、1个完小党支部、1个寺管会党支部、1个机关党支部、1个“两新”联合党支部），共有党员351人（含预备党员11名），其中农牧民党员293人。全镇经济以第一产业为主，粮食作物有小麦、青稞、豌豆、荞麦，经济作物有油菜，经济林木有核桃树、桃树、苹果树、花椒树等；药用植物有虫草、红景天、贝母等。全镇主要旅游景点有卡久寺、列让沟瀑布、拉康峡谷等。特色产品有冬虫夏草、苹果、藏药、贝母等。2020年，拉康镇生产总值5353.28万元，同比增长10.1%，人均收入17372.1元，同比增长

◆ 2020年2月21日，拉康镇组织干部职工开展助力武汉战“疫”，自愿捐款活动

10.2%。第一产业收入1146.43万元、第二产业收入1634.90万元、第三产业收入2571.95万元，同比增长9.5%、6.7%、12.6%。移动电话用户483户，使用率100%。

【新冠肺炎疫情防控工作】 2020年，面对突如其来的新冠肺炎疫情，拉康镇坚决贯彻落实中共中央总书记习近平关于疫情防控的重要指示以及上级党委关于新冠肺炎疫情防控部署要求，坚持把人民生命安全和身体健康放在第一位，形成全镇“一盘棋”、上下“一条心”协同大作战的局面，统筹抓好疫情防控和复工复产，落实最严的疫情防控责任，严格落实“三包”要求，严格执行科级干部包社区、社区干部包联户、联户长包户制度，全镇干部下沉到各社区开展疫情防控工作，动员和汇聚各方智慧与力量宣传疫情防控知识，开展信息摸排工作，实现疫情零输入、零感染。在疫情防控中，积极组织各党组织党员和群众爱心捐款20.35万元，其中拉康社区致富带头人桑珠自愿捐款10.1万元。

【党建工作】 2020年，拉康镇党委始终把基层党建工作摆在履职的首要位置，结合全镇基层党组织实际情况，创新载体，力促基层党建工作取得成效。坚持抓班子队伍建设作为党建工作的重要基础，召开3次党委会专题研究部署党建工作，进一步强化管党治党责任。成立党建工作领导小组，明确班子内部党建工作分工，明确各支部书记抓党建工作职责，全年召开5次党建工作领导小组会议专题部署党建工作。始终把思想政治建设摆在首位，开展党员教育培训2期，受教育党员105人次，累计组织集中学习36次，受教育党员792人次，教育引导党员干部时刻牢记党员身份，增强“四个意识”，坚定“四个自信”，做到“两个维护”，自觉在思想上、政治上、行动上同以习近平同志为核心的党中央保持高度一致。以标准化“八星党支部”创建工作为抓手，推进基层党组织标准化、规范化建设。扎实开展非公经济组织摸底排查工作，排查出僵尸组织4个，影子组织2个，空壳组织7个，成立中国共产党拉康镇非公经济组织联合党支部。扎实开展“三包五带五促”活动，全镇343名党员包18个片区，包526户2143人。坚持正确选人用人导向，推荐索朗拉姆提拔为上一级事业领导职务，拉巴次仁等3名人员职级晋升。扎实推进职务与职级并行制度，推荐出谈佳等5名优秀干部。镇干部职工结对帮扶41户，主动深入结对帮扶户家中，积极宣讲扶贫政策、惠民政策。按照“控制总量、优化结构、提高质量、发挥作用”的总要求，培养入党积极分子10名、发展对象6名、预备党员转正11名。

【党风廉政建设】 2020年，拉康镇全面落实中央“八项规定”精神及其实施细则和区党委“约法十章”、市委“十项规则”，认真开展十八大以来违反中央八项规定自查清理纠治工作。扎实开展廉政教育，利用镇党委（扩大）会议、镇党委理论中心组学习会议等组织干部职工集中学习《中国共产党廉洁自律准则》《中国共产党纪律处分条例》《中国共产党党内监督条例》《政务处分法》等法律法规及党内规章制度，全年组织廉政学习18次。开展干部作风整治工作，由镇党委牵头、纪委配合对党员干部疫情防控措施落实情况、上下班情况、驻村驻寺情况、维稳值班情况进行监督检查28次，批评教育2人次，驰而不息正风肃纪。专题听取纪委工作汇报2次，全力支持纪委履行职责，与班子成员廉政谈话2次，不敢腐、不能腐、不想腐的堤坝越筑越牢。

【维护稳定】 2020年，拉康镇党委牢固树立稳定压倒一切的思想，充分发挥驻村工作队、寺管会、“双联户”、联防队员等作用。加强对成品油的管控，镇政府与群众签订实名制加油登记管理责任书及承诺书，加强对拉康镇成兴加油站的管理。坚持预防为先，对全镇范围内易发事故领域排查安全隐患，全年开展检查工作22次，另外，及时对存在道路安全隐患处进行排查，对存在安全隐患的路段及时增设交通标志。

【强基惠民】 2020年，拉康镇各驻村工作队深入贯彻学习习近平新时代中国特色社会主义思想，认真贯彻落实十九大和十九届二中、三中、四中、五中全会精神，贯彻落实中央第七次西藏工作座谈会精神，认真履行职责，求真务实、真抓实干。各驻村工作队大力宣讲习近平新时代中国特色社会主义思想和十九大、十九届五中全会精神以及中央第七次西藏工作座谈会精神126场次，宣传党中央为西藏制定的一系列特殊优惠政策100余场次、宣传中共中央总书记习近平治边稳藏重要论述72场次。邀请老党员讲述新旧西藏对比，教育引导群众破除封建迷信。指导村级党组织认真落实“三会一课”“四议两公开”，村居干部坐班等制度，全面加强村级组织基本队伍、基本活动、基本阵地、基本制度、基本保障建设。为村居干部授课40多场次、完善规章制度18条、开展党内活动100余场次。开展讲文明、树新风、除陋习活动100余场次，在重要节庆日开展文化活动22场次。

【“四讲四爱”群众教育实践活动】 2020年，拉康镇紧紧围绕深入学习宣传贯彻习近平新时代中国特色社会主义思想和党的十九大、十九届五中全会精神以及中央第七次西藏工作座谈会精神这个首要任务，以讲党恩爱核心、讲团结爱祖国、讲贡献爱家园、讲文明爱生活为基本内容，按照各节点、各阶段和《宣讲提纲》（2020版）内容，按步骤有序开展活动，制定《拉康镇“四讲四爱”群众教育实践活动宣讲方案》并及时下发全镇各社区、各单位，开展宣传教育实践活动，各社区、各单位充分利用宣传栏、文化墙、黑板报、LED电子屏等载体，对“四讲四爱”群众教育活动进行广泛宣传，宣讲276场次，受众群众9542人次，参与率95%，知晓率、满意率100%，设立宣传栏42个，悬挂横幅56条，制作印发“四讲四爱”活动宣传手册600余份，使“四讲四爱”群众教育实践活动内容家喻户晓、人人皆知。

【脱贫攻坚】 2020年，拉康镇建档立卡贫困户有116户376人，一般贫困户89户305人，低保贫困户22户66人，五保户5户5人。年内，落实152名“老护林员”工资154万元；落实101名70岁以上老人补助资金5.87万元；落实12名妇女住院分娩补助资金4.11万元；落实“十大民心工程”中247名年满60岁以上人员补助资金8.89万元；落实2017—2018年冬春受灾群众自然灾害生活补助资金5.25万元。坚决按照“四个不摘”要求，持续做好产业扶贫、政策激励、就业优先、社保兜底各项工作，并把脱贫攻坚与乡村振兴、人居环境整治、边境小康村建设结合起来，不断巩固提升脱贫攻坚成果，群众实现持续稳定脱贫，确保与全国一起全面建成小康社会。

【小康示范村建设】 2020年，拉康镇建成拉康社区2、3、4组185户708人边境小康村、杜鲁“曲久”23户85人边境小康村、门切“次巴鼎”27户82人边境小康村、“民久玛”15户30人抵边搬迁小康村，群众全部搬迁入住。拉康社区厅村、门切社区2、4、5组和杜鲁社区1、3组，152户655人正在开展小康村二期建设，年内完成总工程量的75%。杜鲁社区2组、门切社区1、3组70户264人正在实施小康村三期建设，年内完成总工程量的60%。“民久玛”抵边二期、三期工程分别涉及34户142人和10户32人，年内项目建设中，分别完成总工程量的70%和40%。

【教育事业】 2020年，拉康镇进一步加大对教育的投入，不断改善办学条件，加大保障措施开展集中办学工作，努力提高教育科学化水平，促进教育均衡发展。为镇完小8名代课教师、厨师等临时工提高津贴（其中1人500元/月，其余7人每人300元/月），提高教职工工作积极性。全镇适龄儿童入学率100%；落实建档立卡户4名区外大学生补助1.94万元；落实87名在校大学生补助65万元；全镇适龄儿童入学率100%。

【医疗卫生】 2020年，拉康镇配齐配强镇卫生院和村级卫生室医务人员，镇卫生所配备专业医务人员8人，3个社区卫生室配备专业医务人员6人，实现基础医疗覆盖。新冠肺炎疫情防控期间，坚决落实疫情防控各项措施，宣传普及疫情防控知识50余次，对旅馆、寺庙、社区活动室、会议室等人员集中场所进行全面消杀进一步落实医疗保险政策。解决群众看病难问题，参加合作医疗保险1945名，参保率100%。每季度对65岁以上老年人和35岁以上高血压患者进行随访服务，免费开展体检活动，落实先诊疗后付费按比例报销的政策。

【文化事业】 2020年，拉康镇设立镇级文明实践中心，村级文明实践站，成立行政村文艺演出队，组织文艺队在“3·28”百万农奴解放纪念日、库拉岗日文化旅游节等节假日开展喜闻乐见、形式多样、健康向上、自娱自乐的群众性文化活动。全年先后举办文艺演出、文体活动20次，参与群众980人次。积极开展农村电影放映工程，镇电影放映员深入各社区、村小组、学校、寺庙，加大农牧区电影放映工作力度，采取流动和固定放映相结合的方式，开展巡回放映影片36场（次），观影人数1000余人次。

【社会保障】 2020年，拉康镇参保人数994人，参保率98.5%；完成224人城乡居民基本养老保险资格认证，确保到龄人员按时领取养老金；落实21户63人农村低保9.92万元和4户4人城镇低保2.16万元；落实分散特困人员7人2.48万元；落实临时救助10户49人8.15万元；落实87人享受残疾人两项补贴资金22.76万元；落实严重精神障碍患者监护人监护补贴3人7200元；落实9名去世人员丧葬费2.92万元。

【农牧业】 2020年，拉康镇耕地总面积210.11公顷，草场面积2.36万公顷。粮食总产量1105.85吨，油菜总产量112.80吨，牲畜总头数2714头（只、匹），其中大畜2012头（只、匹），小畜604头（只、匹），猪98头，出栏数2043头（只、匹）。接种动物疫苗的大畜2012头、小畜604头、猪98头、禽类107只，全镇牲畜免疫率100%。

【旅游业】 拉康镇历史悠久，文化气息浓厚，钟灵毓秀，人杰地灵。全镇有卡久寺、枯廷拉康、尼姑庵等景点。卡久寺于2007年被西藏自治区人民政府公布为第四批自治区级文物保护单位，卡久寺风景旅游区于2015年被评定为AA国家级旅游景区。年内，全县游客接待人数8672人次，旅游收入56.36万元。

【生态保护】 2020年，拉康镇动员全镇各方面力量，大力开展爱国卫生运动、小康村建成后拆旧、路域环境整治等工作。开展全镇12个村小组爱国卫生运动，大力整治庭院环境，着力解决“垃圾”围村，农户“脏乱差”症结等环境突出问题。开展219国道、北环线主干、“民久玛”专用通道两侧、河道生态治理和生态恢复工作。建立健全环境治理体制机制，增加县级环境保洁（监督）员7名，生态岗位环境保洁员13名。年内，全镇开展爱国卫生运动8场次，发动540余人次，清理卫生死角30余处，治理脏乱道路5条，清理和转运农村生活垃圾20余吨，组织修建镇临时垃圾填埋场1个。

【特色产业】 2020年，拉康镇林下产品丰富，虫草、松茸远近闻名，且有着丰富的藏药材储备。年内，全镇林下资源加工厂专业合作社经济收入40万元、藏药材种植专业合作社经济收入50万元。

【领导名录】 拉康镇

县人大常委会副主任、镇党委书记　费德光
镇党委副书记、镇人大主席　旦　增（藏族）
镇党委副书记、镇长　益西旦增（藏族）
镇党委副书记　谈　佳
镇纪委书记　马　冬

镇党委组织委员　达娃群宗（女，藏族）
镇党委宣传委员　德庆曲珍（女，藏族）
镇党委统战委员　卓玛次仁（女，藏族）
镇党委政法委员　拉巴次仁（藏族）
镇党委委员、副镇长、司法所所长
　　　　达　瓦（藏族）
副镇长　周　歆

生格乡

【概况】　生格乡位于洛扎县东南部，距离县城40公里，东与拉康镇、措美县乃西乡相邻；南与拉郊乡、不丹接壤；西与色乡毗邻；北接洛扎镇。沿国道219途经木村、古局村，地貌以山地为主，四面环山，平均海拔3800米，全乡耕地面积5077.65亩，草场面积33.56万亩，可利用草场面积267739.8亩，林地面积1.2325万亩，牲畜总头数5924头（只匹）。下设四个行政村，17个村小组，39个自然村（木村16个、古局16个、仲村6个、茶村1个），总户数735户，总人数2911人，全乡劳动力1376人，其中，男劳动力738人（木村249人、古局村231人、仲村168人、茶村90人），女劳动力638人（木村222人、古局村185人、仲村144人、茶村87人）。全乡下设1个村党委、3个村党总支、1个机关党支部，17个村小组党支部，党员376名。年内，全乡油豌种植面积957.15亩；肉奶产量433.65吨（其中，肉产量170.94吨，奶产量262.71吨）；粮食总产量2023.77吨。全乡农村经济总收入6456.25万元，农牧民人均纯收入15025.85元，农牧民人均现金收入9766.80元。

◆ 2020年12月11日，生格乡举办以“党的光辉照边疆，边疆人民心向党”为主题的第二届“茶拉推岗文化节”

【党建工作】　2020年，生格乡党委团结带领全乡各族干部群众，立足新起点，抢抓新机遇，以建强基层党组织为抓手，以巩固脱贫攻坚成果为重点，以推进基层党组织标准化建设和小康村建设为主线，认真研究，精心部署，制定措施，狠抓落实。围绕中央第七次西藏工作座谈会提出的四件大事，全乡社会面保持持续稳定，经济发展环境持续良好，生态保护不断提升，边境安全持续稳固，人民生活水平不断提高，党的建设得到不断加强，全面推进新时代党的建设各项任务。全年召开党建专题研究部署会议6次，召开党建工作推进会3次，党建领导小组办公室会议8次，确保全乡党建工作的有序推进。开展理论学习中心组会议14次、集中学习中央第七次西藏工作座谈会精神5次、学习《习近平谈治国理政》（第三卷）8次、学习市委一届五次全会精神6次，各党组织结合党内“三会一课”“主题党日”等制度，采取集中学习和自学方式，引导全体党员适应新时代、新形势，贯彻新任务、新要求，组织党员集中学习各级文件及会议精神等60余次，参与党员4000余人次，确保政治理论学习往实里走、往深处走。结合“六个基本”建设要求，组织全乡6个党组织开展“八星党支部”创建工作，创建7星党支部1个，6星党支部5个。将生格乡建设成为反分裂斗争的桥头堡、民族团结的工作队、群众致富的带头人，建设成为听党话、跟党走、善团结、会发展、能致富、保稳定、遇事不糊涂关键时刻起作用的坚强战斗堡垒。同时抓好换届工作摸底调研、干部培训、强基础惠民生及党员教育管理等其他工作。

【党风廉政建设】　2020年，生格乡召开党风廉政建设工作推进会3次、专题研究会2次，乡党委班子成员进行述廉述责1次、开展廉政谈话1次，安排开展各级各类巡视巡察反馈整改专题督导4次、组织学习党风廉政内容13次，严格落实班子成员指导检查所联系村居党风廉政建设工作要求。抓实乡纪委党风廉政建设监督责任。紧盯政治纪律遵守、扶贫领域监督、民生资金落实、中央八项规定执行，开展各类检查20余次，张贴悬挂标语横幅30余条，开展走村入户宣讲10余次。通过压实和落实党风廉政建设党委主体责任和纪委监督责任，全乡风清气正的政治生态进一步巩固，党的惠民政策得到全面落实，群众的幸福感、获得感明显提升。加强对权力运行的制约和监督，让人民监督权力，让权力在阳光下运行，全方位扎牢制度笼子，使广大党员领导干部不敢腐，不能腐，不想腐，不断健全制度体系，真正把权力关进制度的笼子里。

【人大工作】 2020年4月16日和10月25日，生格乡顺利召开第十三届人民代表大会第八次、九次会议。乡人大主席团重视会议质量，充分准备，把会议准备得精细化，尤其是对政府工作报告、财务报告、小康村建设、环境保护等重点工作专项报告进行多次讨论审议。代表提出的各项建议及时分类整理，在会上对部分建议意见进行口头答复，得到代表的认同，对暂时不能答复的交由乡政府负责办理，同时时刻跟踪监督代表意见建议办理情况并听取意见建议答复满意度。紧紧围绕基层组织标准化为契机，深入各村摸底调研、听取村委会意见、代表意见，结合各村实际统筹兼顾，制定切实可行的建设方案，在建设过程中多次深入各村进行指导。年内，全乡4个村代表小组活动之家标准化建设工作顺利完成并投入使用。截至年底，先后深入各村开展脱贫攻坚专项调研1次，边境小康村村建设领域专题调研1次，代表小组视察5次，在视察调研过程中发现的问题及时向乡政府反映，共同研究讨论解决对策，为顺利完成小康村建设奠定坚实基础，同时开展道路交通安全隐患和食品安全隐患排查活动，确保人民群众的生命财产安全。

【维护稳定】 2020年，生格乡严格按照区、市、县三级维护稳定工作的一系列部署要求，以“三严防”“三不出”“三稳定”为总目标，坚持“统一部署、统筹指挥、分级负责、属地管理”的原则，切实做好全国“两会”期间维稳安保工作。同时开展三月综治宣传月、六月综治宣传周和“9·16”平安生格宣传日等活动，通过悬挂横幅、发放宣传手册等方式，全乡发放宣传手册289份（册），参加干部群众1027人次。设置集中宣传点5个，召开宣传会5次，发放宣传手册623份（册），参加干部群众901人次，设置分散宣传点5个，发放宣传资料460余份（册），参加干部群众2000余人次。开展内容丰富、形式多样、生动具体的宣传活动，通过宣讲《“双联户”服务管理工作手册》知识，大力宣传“先进双联户”创建评选工作以及在先进双联户中涌现出的先进事迹和典型经验，全面夯实“联户平安、联户增收”的根基。年内，全乡有100个联户单位；5个机关联户单位，其中仲村22个联户单位，古局村22个联户单位，茶村12个联户单位，木村37个联户单位（其中一个是荞麦联户单位）；2个甲聚联户单位。10月17日，召开全乡“先进双联户”创建活动表彰大会，各项工作取得良好成效，达到预期目标。

【“四讲四爱”群众教育实践活动】 2020年，生格乡围绕“四讲四爱”群众教育实践活动，立足实际，创新方式方法，丰富活动内容和载体，成立工作专班，并安排专人负责。乡党委和各村成立以主要领导为组长的工作领导小组，成立6个宣讲小组，加强对宣讲人员的业务培训，实现对22名宣讲骨干的轮训，紧扣十九届五中全会和中央第七次西藏工作座谈会精神，确保宣讲骨干全覆盖。围绕习近平新时代中国特色社会主义思想和中共中央总书记习近平关于西藏工作的重要论述与新时代党的治藏方略、脱贫攻坚政策、党的惠农惠民政策重点进行宣传宣讲，开展宣传宣讲活动912场次，受众人数20000余人次，覆盖率100%。结合新时代文明实践所，全乡共成立

11个志愿服务队（分别为党员领导干部志愿服务队、理论宣讲志愿服务队、青少年护苗志愿服务队、健康卫生志愿服务队、巾帼妇女志愿服务队、大学生志愿服务队、文化文艺志愿服务队、环境美化志愿服务队、古局村大学生志愿服务队、木村党员先锋志愿服务队、茶村红帽志愿服务队），开展各类活动200余次，发放各类宣传册1500份。

【农牧业发展】 2020年，生格乡农作物产量3092.52吨，同比增加11.35%，其中粮食作物产量2023.77吨，同比增长7.98%。落实草奖资金，全乡草补资金29.92万元。其中，木村126户，落实37814.37元；仲村156户，共落实143805.8元；茶村88户，落实106153.31元；元古局52户，落实11464.79元。种粮补贴落实4010亩24473元，其中木村245户，1312亩8007.14元；仲村144户，904.5亩5520.17元；茶村605亩3692.32元；古局村174户，1188.5亩7253.54元。春季重大动物疫病防控，全乡口蹄疫应免数5186头，实免数5105头，免疫率98%。春冬两次播种共分配尿素、二胺全乡1059袋，发放5种农药38箱。

【教育事业】 2020年，生格乡实现义务教育全覆盖，落实高校毕业生学费补偿金20067.08元，2020年在校大学生助学金87.1万元。全乡有5所村级幼儿园（拉郊乡1所）、1所教学点（拉郊乡）和1所乡完小，幼儿园和完小345名学生。适龄学生入学率100%，适龄学前教育入学率100%，控辍保学率100%。全乡着力推进义务教育均衡发展，完善教学基础设施，有效促进乡完小、各村幼儿园教学水平持续提升，教师学历合格率100%。年内，乡完小及村级幼儿园开展“感党恩朗诵比赛”、“军民鱼水一家亲”、“3·28”百万农奴纪念日文艺会演、庆祝“六一”儿童节文艺演出等文艺教育活动，丰富学生精神生活，培养学生感党恩听党话跟党走的信心和决心。

【医疗卫生】 2020年，生格乡完成对2050人进行全面健康体检并建立健康档案，其中65岁以上老年人建档201人，原发性高血压患者建档220人。对全乡35岁以上原发性高血压患者236人进行定期体检和随访管理，随访900余人次；对247人65岁以上老年人进行一次健康体检并建立档案，同时，提供健康指导、发放保健药品等康复措施。组织健康讲座、公众健康咨询、卫生宣讲等活动20场次，提供健康教育资料10种3000多份，接受健康咨询及提供个体化健康教育3500余人次。

【文化事业】 2020年，生格乡广播电视“村村通”“户户通”工程全面实施，全乡广播电视覆盖率100%。为丰富群众的业余生活，各村文化活动室新配备台球桌和乒乓球桌各一台，乡文化站新添置跑步机等健身器材5万元；公共文化设施条件得到改善，图书阅览室藏有24类书籍3500余册；乡综合文化站各功能房每周开放时间不低于56小时，村文化活动室每周开放时间不低于42小时，全面实现对外免费开放，并在文化站显著位置公示免费开放内容和时间。截至年底，全乡成立4个行政村文艺演出队，共80人，开展群众喜闻乐见、形式多样、健康向上、自娱自乐的业余文艺演出活动30余场，观众人数7000余人，并对演出队工作进行安排部署，与各演出队签订目标责任书，做到目标明确、责任分明。

【社会保障】 2020年，生格乡城乡居民医疗保险参保人数2792人，缴费金额20.69万元，参保95.52%；养老保险实际参保人数1616人，参保率100%。全年发放低保户生活补贴22.28万元，残疾人生活补贴58.73万元，五保户生活补贴13.26万元，“三老”人员生活补贴12.34万元。

【生态保护】 2020年，生格乡结合中央第七次西藏工作座谈会精神，始终坚持生态保护第一的原则，动员全乡各方面力量，加大生态保护建设力度，提高绿水青山就是金山银山的理念，促进生态保护同民生改善相结合。通过“6·5”世界环境日等特殊时段，以“美丽生格，我是行动者”为主题，开展宣传宣讲4次，发放宣传册1000余册，环保宣传袋480个，开展环境大清扫60次，参与人次20000余人次。乡政府解决15000元，在辖区内建垃圾处理场，并下村指导检查生态保护4次。

【精准扶贫】 2020年，生格乡开展建档立卡贫困户动态调整，其中去世5户12人，户口迁出4人，户口迁入3人，最终确定脱贫户136户416人（其中，一般贫困户90户317人；低保贫困户为28户80人；五保户为18户19人）。年内，召开扶贫工作专题会议10次，村民大会33次，入户宣传2100余次，悬挂横幅20条，张贴标语78条，制作精准扶贫宣传栏3块，发放宣传资料1300余份。落实生态补偿脱贫贫困户生态奖补资金132.62万元，其中建档立卡户157个岗位；对全乡建档立卡贫困户50人开展厨师、建筑工、挖掘机、汽车驾驶、畜牧兽医、缝纫技术等技能培训，通过技能培训带动就业30人，并为贫困户大学生安排结对帮扶干部，扶持学业并指导就业去向。

【小康村建设】 2020年，生格乡党委、乡政府始终把小康村建设作为一项重点任务来抓，在大力推进乡村振兴的大背景下，真正实现“山这边比山那边更好”的目标，全面提高群众获得感、满意度和幸福指数，让争做“神圣国土的守护者、幸福家园建设者”战略在生格乡落地生根、开花结果。全乡通过多形式、多渠道宣传相关政策，最大限度调动群众的参与性、积极性、支持性，真正把小康村建成为群众满意的民心工程。年内，全乡参与小康村建设646户2726人，参与率90%。截至年底，全乡开工建成470户1927人（剩余176户799人于2021年全部竣工），底边搬迁有3户12人。

【疫情防控】 2020年，生格乡党委、乡政府深入贯彻落实中共中央总书记习近平关于疫情防控工作的重要指示精神和国务院联防联控机制，贯彻落实自治区党委、政府和市委、市政府以及县委、县政府各项部署要求，始终坚持人民至上、生命至上的原则，加强组织领导，层层压实工作责任，细化防控措施，积极动员各级党组织和广大党员领导干部站在疫情防控一线，在疫情防控行动中践行初心、勇担使命。年内，全乡组建疫情防控党员先锋队7个，设立党员责任区18个，开展支援服务队80余次，设立各类卡点5个，确保疫情防控责任落实到位。

【强基惠民】 2020年，生格乡4个驻村工作队12名驻村队员围绕自治区“七项”任务，圆满完成各项驻村工作。全乡各驻村工作队把建强基层党组织作为一项重要任务来抓，完成脱贫攻坚、小康村建设、壮大村集体经济等一系列重大事项，开展“四讲四爱”群众教育实践活动、学习宣传十九届五中全会和中央第七次西藏工作座谈会精神，通过集中宣传宣讲、入户宣讲、演讲比赛、知识竞赛等方式，全年宣讲160场次，受教育群众20000余人次，举办专题讲座40次，发放各类宣传资料2000份，制作各类宣传栏68期，办实事27件。

【特色产业】 2020年，生格乡以小康示范村建设为契机，带动西藏生格建筑有限公司、德庆鼎农牧民施工队、古局建筑工程有限公司等农牧民建筑领域发展市场。实施绿色农特产品加工替身工作，推动茶村牦牛养殖场、洛荣农产品综合加工合作社、古局村龚嘎铃蔬菜种植销售专业合作社、古局扎西岭经济林专业合作社等合作社的科学发展，不断提高农特产品精深加工能力，开发自主商标品牌，延长产业链条，提高农业综合效益。

【领导名录】 生格乡

乡党委书记 张 昭

乡党委副书记、乡人大主席 次仁曲桑（藏族）

乡党委副书记、乡长 仁青贡布（藏族）

乡党委副书记　缪　　斌
乡 纪 委 书 记　罗布拉宗（女，藏族）
乡党委组织委员　魏　　源
乡党委宣传委员　赵　　彬（9月任）
乡党委统战委员、人武部部长
扎　　西（藏族）
乡党委政法委员　白玛罗珍（女，藏族）
副乡长　扎西卓玛（女，藏族）

边巴乡

【概况】　边巴乡位于洛扎县东面，西南与拉康镇相连，北与措美县相邻，东临错那县，南与不丹王国接壤，距县城驻地110公里，距山南市440公里，下辖美秀、雪玛、柏日、桑布拉四个行政村，10个村小组。边巴乡平均海拔3700米。2020年，全乡耕地面积2391.3亩，粮油产量487.99吨，其中粮食产量433.31吨，油菜产量为54.68吨；林地面积76.91万亩；草场总面积33.36万亩，人工种草30亩、人工造林320亩；牲畜总头数6197头（只、匹），其中大牲畜3632头（只、匹），小畜2565头（只、匹）；草原承包到户354户；牛奶产量863.44吨。全乡党员281名，其中预备党员5名，农牧民党员248名，机关党员22名，寺管会党员6名。全乡有410户1433人，其中男性732人，女性701人，劳动力715人。全乡农村经济总收入3963.93万元，其中第一产业生产总值554.70万元，第二产业生产总值2013.36万元，第三产业生产总值1395.87万元；人均纯收入17980.12元，现金收入12164元。全乡有2座寺庙（提吉寺和卓瓦寺），1座拉康（桑珠林拉康）。

【党建工作】　2020年，中共中央总书记习近平在中央第七次西藏工作座谈会上强调，“必须加强党的建设特别是政治建设”。站在新的历史起点上，边巴乡毫不动摇地坚持和完善党的领导，毫不动摇地抓好政治建设这个党的根本性建设，坚持把思想和行动统一到党中央关于西藏工作的战略部署上来，坚持以习近平新时代中国特色社会主义思想为指导，切实增强“四个意识”、坚定“四个自信”、做到“两个维护”，全力以赴抓好各项任务落实。利用党委会、理论中心组、“三会一课”等学习会，采取集中学习、班子成员领学、个人自学相结合的方式，开展集中学习25次，交流发言38人次，深入学习习近平新时代中国特色社会主义思想、《习近平谈治国理政》、十九届五中全会精神、中央第七次西藏工作座谈会精神、区市县重要会议精神。确保党员干部无论处在哪个领域、哪个层级都能做到思想上、政治上、行动上同以习近平同志为核心的党中央保持高度一致。落实第一责任人责任，召开党建工作领导小组会议3次，党委会研究党建工作6次，各村书记、第一书记汇报党建工作3次，乡党委及班子成员多次到各村联系点对党建工作督导检查，以《党的光辉照边疆、边疆人民心向党》为提纲宣讲中央第七次西藏工作座谈会精神9次，形成党建工作通报2份、报告9份，为党建工作不断进步奠定基础，确保各级党组织和广大党员干部成为带领各族群众应对风浪考验、战胜困难挑战、全心全意为人民服务的坚强政治力量。开展“八星党支部”创建工作，确立8星1个，7星3个，对未达标的星级，建立整改销号台账；抓好美秀村软弱涣散整改，按照“六个一”责任人机制，各责任人先后督导19次，确保问题整改到位，顺利通过逐级考核验收；成立换届领导小组，多次开展换届前摸底调研和谈心谈话，全面掌握两委班子运行、后备干部表现等情况，分析换届新矛盾、新特点，掌握换届的有利因素和不利因素，制定换届突发事件应急预案，形成调研报告和各村“两委”初步人选，引导党员群众在换届中选出“清白人”、投出“明白票”；推进党员“三包五带五促”工作，全乡建立13个片区，276名党员，包户400户1206人，实现全覆盖。为各村制作藏语版流程图和活动宣传栏，使全乡党员对自己所包户的非党员、户数情况、责任片区、牵头党员、开展活动一目了然。开展帮助群众收割青稞、搬家具、维修道路、党员带头购买扶贫产品等各类活动22次。疫情防控期间组建党员政策宣讲、巡防排查、卫生清洁“三支队伍”，做到党员带头，群众积极配合的全覆盖防控。积极打造雪玛村党建示范点，以提升政治动力和组织力为引领，以标准化建设为载体，探索出“群众活动日+微党课+合作社”的模式，以示范带全面，促进全乡党建再上台阶。

【党风廉政建设】 2020年，边巴乡制订党风廉政工作计划，明确党风廉政工作任务。认真落实中央、区、市、县廉政会议精神，将重点工作与党风廉政建设工作同谋划、同部署、同推进、同考核，推动全面从严治党各领域各方面各环节全覆盖，有效促进全乡党风廉政建设和反腐败工作顺利开展。及时组织学习《党委（党组）落实全面从严治党主体责任规定》《中国共产党廉洁自律准则》《中国共产党纪律处分条例》等条例准则和上级会议精神，观看《黑洞》、《全面从严治党在西藏》、脱贫攻坚领域警示教育片等经常性、形式多样的警示教育24次，并在会议上进行讨论，交流发言，要求每名干部撰写心得体会。把学习自治区，特别是山南市各县区、村居发生的腐败通报作为廉政教育重点，并把通报转发至各村，组织村“两委”村小组重点学习村居中发生的腐败通报，提醒全乡党员干部举一反三、引以为戒、警钟长鸣，深刻认识违规违纪行为的严重后果，提高纪律规矩意识。定期研究、布置、检查全乡党风廉政建设工作，先后主持召开3次专题会议安排部署党风廉政工作，党委会研究党风廉政工作3次。听取乡各部门、各村党风廉政工作汇报，督促落实好一岗双责责任，切实将领导责任落实到具体行动上。履行一岗双责责任，坚持乡党委书记主体责任“不松手”，班子成员“不甩手”，将党风廉政建设工作任务逐项分解，落实到每一名党委班子成员身上，做到每项工作有责任领导，有具体责任人，形成从严管党治党责任制齐抓共管的工作格局。定期或不定期开展廉洁从政、改进作风等监督检查、分析研判，对发现有苗头性、倾向性的廉政风险较高岗位人员早提醒、早纠正。针对个别人员存在的迟到早退、不参加常态化升旗、打扫卫生等现象，直接进行严肃批评，促进党员干部作风持续好转。在“三大节日”、中秋、国庆、物资文化交流节等重要节点，就贯彻落实中央八项规定及其实施细则精神，党中央、自治区党委和市委关于廉洁自律的各项纪律要求，召开小会短会进行纪律强调提醒11次，切实营造风清气正的节日氛围。开展好党风廉政宣传月活动，认真审核方案和各类活动，确保活动有序开展，乡党委书记向乡机关干部、村两委讲廉政党课2次，组织各村党组织书记以“严守纪律规矩，做忠诚干净担当的新时代基层好干部”为主题，开展“交叉讲廉政党课”活动，村两委、村务监督员、农牧民党员等200余人接受廉政再教育。严格落实《党政机关厉行节约反对浪费条例》，念好“抠”字诀，当好“铁公鸡”，不该花的钱“一毛不拔”，重点加强对三公经费支出的管理，确保“三公经费”在正常范围和较低水平运行，党委会研究制定公车使用管理条例，确保公车最优、最大化使用，严防出现公车私用问题，定期排查物资采购、公车保养、资金落实等方面存在的风险或苗头性问题，认真贯彻中共中央总书记习近平对制止餐饮浪费行为作出的重要指示精神，召开“厉行节约、反对浪费”主题党日，集中观看中央纪委国家监委网站特别策划《跟着李子柒看“水稻的一生”》视频。在乡机关食堂、各村餐馆、村委会等醒目地点张贴海报和“关于制止餐饮浪费”的倡议书60余张，严格执行公务接待制度，办公用纸双面使用，下班之前检查电脑、复印机、空调是否关闭，安排监督组对各办公室是否关闭电源设备、食堂就餐是否使用一次性碗筷和餐饮浪费等方面进行监督，在生活中理性消费，特别是餐饮方面不搞排场，自觉践行“光盘行动”，向搬进小康村的群众宣讲节约用水、用电，让群众形成潜移默化的意识。做好各项惠民资金监督检查，对边境巡逻人员执勤工资和“固边惠民”边民补贴资金落实情况监督检查

14次，督促各村调整生态岗位7人，收回未严格按照上级文件精神落实生态岗位、边境补贴的资金35150元。加强村级、各合作社财务管理，确保各项资金安全有效使用，在乡党委组织下，乡纪委、乡财务工作人员到各村小组、各合作社结合村级财务管理制度，进行全面检查，并根据各村、各合作社财务工作存在的普遍问题，对村小组财务人员、村务监督委员会、全乡各个合作社财务人员进行财务知识培训。

【疫情防控】 2020年，新冠肺炎疫情发生以来，边巴乡按照“疫情就是命令，防控就是责任”的要求，积极贯彻落实中央、区、市、县有关指示精神，坚定信心、科学防治，抓紧抓实常态化防控工作。结合实际，制定乡疫情联防联控工作方案和预案，逐条细化防控举措，强化责任落实，严堵疫情于乡外。成立以乡党委书记和乡党委副书记、乡长为组长的联防联控领导小组，乡村干部、卫生院医务人员、派出所干警以及志愿者成立排查组、防控组、宣传组、治安管控组、市场监管组五个专项工作组，多次召开专题会议，传达上级会议及文件精神，研究部署疫情防控工作。实行干部包村责任制，建立乡班子成员包村、村干部包户的应急处突工作机制，深入群众、宣传群众、联系群众，齐心协力做好全乡疫情防控工作。发挥机关干部战斗堡垒作用和党员先锋模范作用，压实疫情防控责任，通过开展“党员往前站，筑牢防范线”主题党日活动，深入各村播放疫情防控宣传音频，发放宣传单、口罩，宣讲卫生健康及疫情防控知识，确保群众做到不信谣、不传谣。各党组织积极响应上级组织部门的号召，开展党员干部自愿捐款活动，累计参加党员279名，捐款53565元。加大对餐馆、旅馆等外来人员调查力度，并开展食品安全和环境卫生排查工作，严查餐馆、商店、淋浴店等营业环境，确保将风险隐患消灭在萌芽状态。乡党委书记带头，乡包村干部分组深入各村商店，突击检查市场价格情况，防止出现哄抬物价等扰乱市场价格秩序的违法行为。联合乡派出所、乡卫生院，在主道旁建立消毒站，每日安排值班人员，对来往人员、车辆进行体温检测和车辆消毒，严防外来病毒进入。密切关注内地返乡人员，并及时与乡卫生院、村医务室配合，返乡一人，体检一人，做到有返必检，绝不使一人漏检，对返乡人员跟踪管理，每天进行体温检测，防止潜伏期隐患。同时做好检查站、各村每天排查外来人员情况汇总工作，及时统计更新上报外来人员名单，确保数据准确，全面掌握外来人员动态。组织“两新”党员张贴公告、发放宣传单，并利用微信视频对各自联户单位进行疫情防控宣传。做好边境桑布拉疫情防控工作，组织联防队员、党员群众定期开展护边巡逻，全面掌握边境维稳动态，防止疫情输入。开展新型冠状病毒感染的肺炎专业技术培训会4期，乡村两级医务人员参与培训，围绕病毒来源、病发症状、疫情防控知识等方面进行培训，进一步提高医务人员疫情防控知识水平。建立隔离区、留观室、发热门诊，提前做好防治必需的设备、耗材、消毒药品等物资储备工作，按照“早发现、早报告、早隔离、早治疗”的传染病防治原则，进一步提高警惕，防止疫情扩散。讲究宣传的方式方法，避免集中宣讲，采用张贴宣传标语、公告、入户讲解、微信宣传、广播播放等形式，张贴宣传标语、公告等100余张，发放宣传单400余份，宣传讲解疫情防控知识250余场次，受众2500余人次，深入商店、餐馆、村委会等公共场所开展宣传50余次，受众400余人次，切实将共同做好疫情防控工作深入群众心中。做好疫情防控工作的监督，对未执行山南市疫情防控“十个一律”工作机制的人员进行谈话诫勉，要求在党员大会上做检讨，并上交检讨书。

【脱贫攻坚】 2020年，在脱贫攻坚进入全面总攻、冲刺收官的紧要关头，边巴乡党委始终把抓党建促脱贫作为提升基层党组织的“试金石”，在补齐工作短板、夯实基层基础、锻造扶贫尖兵、突出作用发挥上持续用力，着力把脱贫攻坚工作转化为发展优势。结合“两不愁、三保障”

和“五级书记抓扶贫”工作要求，乡党委书记开展遍访贫困户工作，走访过程中秉持“三问五看一清零”的原则，问政策、问收入、问需求、看住房、看饮水、看环境、看档案、看帮扶，坚持每月5次走入贫困户、低收入边缘户、重病大病户、残疾人家中，查看“两不愁、三保障”，并且翔实记录遍访情况，每次走访完毕针对排查出的问题，及时找出解决方案，确保问题清零。乡党委召开脱贫攻坚安排部署会议10次，要求各村第一书记现场汇报脱贫攻坚工作开展情况，总结好的做法供全乡学习，同时针对存在的问题，会上进行研究解决，远离只开会不解决实际问题的形式主义。按照各级对脱贫攻坚的巡视反馈，及时召开会议会诊，年内全部问题整改完毕，资料整理归档，并保持整改更新。组织党员干部学习中共中央总书记习近平关于脱贫攻坚重要讲话、论述，区、市、县脱贫攻坚重要文件、讲话15次。举办脱贫攻坚知识考试、随机问答5次，增强学习贯彻的针对性和时效性。聚焦第一书记、驻村工作队、村“两委”对村情户情不能“一口清”和抓党建促脱贫攻坚问题整改，开展常态化督导检查。宣传委员、知识扶贫专干深入全乡各村召开脱贫攻坚明白人培训会议，向“明白人”讲解脱贫攻坚相关政策知识，推动全乡党员干部提高政治站位，增强抓脱贫攻坚的责任感和使命感。做好小康村建设监督检查，乡党委成立建档立卡户房屋建设进度督导工作领导小组，划分片区，明确片区责任人，乡党委书记、党委委员主动作为，定期下至各自负责的片区积极督促小康村施工进度、质量、协调解决群众提出的施工各类问题，确保建档立卡户群众能及时入住。同时组织村“两委”、群众代表、人大代表、政协委员参与小康村建设阶段性检查验收工作，群众住进宽敞明亮的小康村，更加坚定听党话跟党走的决心。强化脱贫攻坚宣传教育，牢固树立既管“肚子”又管“脑子”的工作方针，创建脱贫攻坚政策知识宣讲+交叉宣讲团+驻村工作队+支部学习的模式。召集骨干宣讲员、老干部、老党员、村两委班子、农牧民群众代表、双联户长组建交叉宣讲团，走村入户、走入田间地头、放牧点、建筑工地、学校、寺庙，采取灵活多样、喜闻乐见的方式交叉开展脱贫攻坚政策知识宣传教育。截至年底，宣讲40场次，受众850人次。动员村小组、双联户利用晚上、农闲时间走村入户召开群众大会、张贴横幅、设立宣传栏大力宣传扶贫相关政策、知识，解答群众疑惑，使群众对扶贫政策入脑入心。结合党支部学习会议，推广区、市、县抓党建促脱贫攻坚工作的好做法、好经验和先进典型，做到典型示范引领，提高党员干部抓脱贫攻坚能力。

【“四讲四爱”群众教育实践活动】 2020年，边巴乡“四讲四爱”群众教育实践活动开展以来，共覆盖3个村委会、10个村（居）、1所学校和1个寺管会。全乡各级宣讲员深入村组、放牧点、田间地头、农牧群众家中、寺庙僧舍、学校、建筑工地等，开展形式多样、主题鲜明的宣讲活动，并且结合中央第七西藏工作座谈会精神、党的十九届五中全会精神、《习近平谈治国理政》（第三卷）、脱贫攻坚工作、边境小康示范村建设工作等开展宣讲。同时建立外出务工人员和大学生学习交流微信群，确保宣讲工作全方位。截至年底，宣讲活动开展300余场次，累计受众人数5000余人次，宣讲覆盖率100%，知晓率100%，群众参与率98%以上。在国道沿线和辖区显要位置张贴以“四讲四爱”群众教育实践活动和“中央第七次西藏工作座谈会精神”、党的十九届五中全会精神为内容的宣传标语15条，悬挂横幅、播放LED、制作黑板报18条次，对“四讲四爱”群众教育活动进行广泛宣传。在活动过程中，各党组织以通俗易懂、喜闻乐见的载体内容，极大提高基层群众对教育实践活动的理解力。以边巴乡第24届边境物资文化交流会为契机，组织各村新时代文明实践站文艺志愿队开展群众性文艺会演活动，开展“党的光辉照边疆 边疆人民心向党”群众知识竞赛。年内，全乡开展20余场次实践活动，发放宣传资料100余份，累计参与人数6000余人次，做到群众想参与、能参与、会参与，在实践活动中不断深化思想教育。

【农牧业发展】 2020年，边巴乡完成农业种植面积3043.35亩，其中高标准农田651.9亩；引进优良种子2.35万公斤；粮油作物总产量692.6吨，蔬菜总产量384.78吨；施播化肥21吨，积造农家肥167吨；发放农药0.2吨。加强科技特派员管理，强化农作物耕作指导，全年耕地因各类自然灾害受损面积35亩，及时进行受灾数据核实上报工作，并完成落实冬春受灾补助资金6.37万元，进一步做到农牧民群众生命财产有保障。严格落实草畜平衡政策，加强草原保护工作，积极推进重大动物疫病防治，完成牲畜、家禽疫苗五号病免疫注射3次，免疫率100%，羊驱虫防治疫苗和小畜包虫病防治疫苗免疫注射完毕，全年无重大动物疫病发生。年内，牲畜出栏6197头（只、匹），出栏率35%。扎实推进抗灾保畜工作，及时从县农牧局调运饲草料25吨。切实加强兽医管理，提升兽医工作效能，兽医全年深入各村群众家中提供患病牲畜治疗上门服务60余次。加大森林防火宣传，提升广大群众森林防火意识，强护林员管理，督促护林员严格履行巡山护林职责，确保全年无森林火灾事故发生，无乱砍滥伐现象。进一步强化全乡范围内国土绿化工作，向各单位共发放绿化树苗200株，全年完成义务植树15亩，完成植树造林80亩。

【小康村建设】 2020年，边巴乡加快小康村建设群众自筹资金收缴工作，乡政府组织专班深入各村，加强政策宣传，动员群众开始缴纳群众自筹资金，群众自筹资金按照小康村建设有关政策收缴，3个村资金收缴任务全部完成，收缴资金2792.4万元。做好25户建档立卡户房屋建设进度督导工作，划分片区，明确片区责任人，通过全乡干部群众的努力，建档立卡群众保质保量按期完成入住小康村新房，切实解决人口住房安全问题。积极推进全乡小康村建设工作，全乡参与小康村建设351户1278人，其中雪玛小康村164户591人，群众陆续入住；柏日小康村140户499人，主体建设完成；美秀小康村47户188人，主体建设完成；桑布拉42户143人。

【教育事业】 2020年，边巴乡有3所幼儿园和1所乡小学，159名学生，适龄学生入学率100%，适龄学前教育入学率100%，全乡着力推进义务教育均衡发展，不断强化师资力量配备，有效促进学校教学水平持续提升，教师学历合格率100%。深入排查各村义务教育阶段辍学儿童，建立健全控辍保学长效机制，采取有效措施保障义务阶段学生入学率100%，协助乡完小规范教育教学管理，继续巩固好素质教育均衡发展成果。做好学生成长教育引导，强化校园安全，组织学校师生开展消防、地震应急演练2次。

【医疗卫生】 2020年，边巴乡切实抓好卫生干部队伍建设和管理，全力推进“两降一升”工作，孕产妇住院分娩率100%。强化医疗政策知识宣讲，开展母子保健、慢性病、传染病防治等卫生知识宣讲教育37次，强化家庭医生签约服务，完善群众健康档案，做好群众健康体检、慢性病治疗等工作，不断为群众的身体健康保驾护航。全年乡卫生院及各村委会医务室门诊看病3737人次，医疗总费用报销21.17万元，新农保参保率100%，农村合作医疗费报销率100%，群众满意率100%，全乡合作医疗家庭账户余额49.16万元。

【文化事业】 2020年，边巴乡切实加强三个行政村文艺演出队伍建设和管理，完善行政村文艺演出相关工作机制，不断激发行政村文艺演出队伍活力。深入开展好春节、藏历新年、物资文化交流节等重要节日期间文艺演出，不断突出全乡文化事业特色，不断繁荣乡村文艺。年内，全乡电视覆盖率100%，广播覆盖率100%，乡文化站配有乒乓球、台球、钢琴、六弦琴、笛子、健身器材等文艺体育器材，藏语和汉语版书有8000余种，彰显对群众生活的热爱和对幸福的追求，满足农牧民群众精神生活。

【社会保障】 2020年，边巴乡切实做好惠民资金拨付工作，按照相关政策及时兑现到户到人，确保不错发、漏发。截至年底，落实民生资金1082.59万元。

【民族团结】 春节、藏历新年期间，边巴乡党委、乡政府以及群众代表前往派出所、开展慰问活动，积极表演文化节目，营造党政军警民一家亲的浓厚节日氛围。6月，乡政府组织人大代表、群众代表、双联户户长、村两委班子、各村妇联主任在全乡范围内开展“民族团结”大宣讲活动，40余人参与；7月1日，乡政府组织全乡党员干部观看“民族团结”影片，参与人数30余人；11月20日，举行第二十四届边巴乡物资文化交流会，安排精彩绝伦的民族歌曲舞蹈节目和丰富趣味的体育竞赛，参与人次4000人次，有力营造边巴乡民族团结奋进、热烈喜庆的良好社会氛围。

【旅游业】 2020年，边巴乡特殊的地理位置造就林立的雪山、幽深的峡谷、交错的江河。全乡有卓瓦寺、提吉寺和杰顿珠宗等旅游景点，全年旅游接待量6110余人次。

【生态保护】 2020年，边巴乡着力推进绿色发展，不断改善生态环境，扎实开展生态环境“六大”专项整治行动。开展乱采乱挖整治行动，及时整治219国道周边沿线料石场，全面清理废弃建筑垃圾、白色垃圾以及场地恢复。清理料石场垃圾及规范物品2处，恢复沥青料场1处，恢复场地后全部补种树苗；恢复沿河周边乱占耕地1处，面积1亩。开展人居环境专项整治行动，整治人居环境“脏乱差”问题3个。开展“白色污染”整治行动，开展清理交通干道、沿河道、村庄周边、旅游景点、交界地区的白色垃圾3次。开展旅游景区景点“脏、乱、差”整治行动，通过“双联户”每季度评分等有力举措，重点对联户单位环境卫生进行评分，有效遏制景区及周边的垃圾、污水，景区内餐馆和宾馆、家庭旅馆等环境卫生“脏、乱、差”现象。加强宣传教育，深入项目建设点、各村、学校等区域开展形式多样、内容丰富的环境保护宣传活动，有力提高群众环境保护意识。

【维护稳定】 2020年，边巴乡始终把维护稳定和加强边境一线管理作为第一位的工作任务，牢固树立“稳定压倒一切”的思想，大力实施做神圣国土守护者、幸福家园建设者，全力推进边境管理由“要我稳定”向“我要稳定”转变。调整充实边境管理工作领导小组，乡党委召开专题会议研究部署全乡边境管理工作，按照“外事无小事”的原则，及时向县委报告，做到不出事、不添乱。乡党委主要领导到边境一线开展调研督导15次，及时了解情况，掌握动态，制定相应对策，形成边境管理工作报告5篇。乡党委认真落实区市县三级维稳工作要求，召开维稳工作安排部署会议3次，对不同时段分别制定维稳工作实施方案和应急预案，严格落实值班带班制度，及时把区、市、县维稳工作会议精神传达到各村委会、驻村工作队。年内，全乡范围内开展巡逻80余次，乡维稳工作督导组到各村、寺管会、乡完小、边防检查站检查40余次。结合正在开展的“五共五固”活动，不断提升边境一线基层党组织稳边固边兴边能力。全面落实意识形态工作责任制，不定期听取和研究意识形态工作，提升党管意识形态工作的积极性、主动性，旗帜鲜明地站在意识形态工作第一线，以“四讲四爱”群众教育实践活动为契机，坚持正确舆论导向，带头管阵地、把导向、强队伍，带头批评错误观点和错误倾向，营造风清气正的干事氛围。

【特色产业】 2020年，边巴乡进一步夯实产业基础，强化产业项目管理监督，加强黑糌粑加工厂、奶渣加工厂和藏鸡养殖产业等规范化、统一化，发挥经济合作组织带动作用，进一步推动

"一村一品"增收格局。年内，柏日村黑糌粑加工厂带动6户建档立卡户每户分红1200元。

【领导名录】 边巴乡

乡党委书记 尼玛平措（藏族）
乡人大主席 旦增次仁（藏族）
乡党委副书记、乡长 周全生
乡党委副书记 李桂超
乡纪委书记 才多（藏族）
乡党委组织委员 格桑曲珍（女，藏族）
乡党委宣传委员 达瓦曲珍（女，藏族）
乡党委统战委员 董鹤龄
乡党委政法委员 王涛
乡党委委员、副乡长 鲁万强
副乡长 益西多吉（藏族）

扎日乡

【概况】 扎日乡，位于洛扎县西北，历史上也叫"扎巴儿"，"扎日"，藏语意为"花岗岩"或"岩石中间"，地势西北高、东南低，山脉纵横，外与不丹王国接壤、内与浪卡子县相连。为洛扎县西北前大门，距拉萨市298公里，距泽当镇334公里，距洛扎县城22公里。全乡相对高差较大，最高海拔7538米，最低海拔4150米，乡所在地海拔4320米，属于高原温带半干旱气候区，少雨多风，气候干燥。全乡辖6个行政村、26个村民小组、57个自然村，有1287户5059人，其中妇女2463人、劳动力3501人。基层党组织37个，其中党委1个，党总支6个，党支部30个，党员554人。全乡有小学1所、幼儿园6个，在校生432人。乡卫生院1个、村卫生室5个，乡卫生技术人员和村医共32人。有1座乡级综合文化站和6个村级文化活动室。境内有国家级文物保护单位1个（拉隆寺），县级文物保护单位3个（吉久拉康、贡苏拉康、乃温日追）；自治区级非物质文化遗产2个（拉隆白林强姆、曲措鲁古拉姆藏戏）。全乡草场面积49452.5公顷，耕地面积680.04公顷。境内水资源、矿产资源、野生动植物资源较为丰富，河流主要有洛扎雄曲河，是雄曲河的发源地和重要流经地；矿产资源主要有磁铁、铅、锌、银、水晶等，其中拉隆普铅锌矿储量及品位达到国家要求的开采标准；野生动植物有雪豹、猞猁、獐子、岩羊、藏原羚、雪鸡、雪猪等，名贵药材有虫草、贝母、当归、雪莲花等；有拉隆寺、吉久拉康、珠普拉康、拉亚古墓群等历史古迹和库拉卡日雪山、蒙达拉雪山、卡日错、窝久错等独特的自然风景。

【党建工作】 2020年，扎日乡调整充实党建工作领导小组，明确乡党委书记牵头抓，其他党委班子成员配合抓的责任体系。同时调整优化乡党委班子成员联系党（总）支部和联系村、学校、寺庙制度，严格落实党建季评和年度考核制度。联系班子成员每月至少深入联系点督促指导1次党建工作。调动党员参与党员"三包五带五促"工作，推进8个基层党支部标准化"八星党支部"创建工作。优化调整"两新"党组织，撤销原有9个非公经济组织党支部，批准成立"中国共产党扎日乡非公经济组织联合党支部"。严格党内政治生活，严格落实民主集中制和"三会一课"制度，开展"做合格党员、当先锋模范"教育活动和重温入党誓词、喷绘党旗国旗、守边巡逻、环境卫生、帮助困难户种农田、收庄稼等特色鲜明的主题党日活动，党组织的战斗堡垒作用和党员先进模范作用发挥显著。严格党员发展关口，全年转正党员14名，接收预备党员15名，吸收入党积极分子16名。坚持把学习贯彻中央、区党委、市委、县委各项决策部署作为重要政治任务，以群众教育实践活动和"不忘初心、牢记使命"主题教育为契机，通过召开乡党委理论中心组学习会、党委专题会议、各党（总）支部"三会一课"等形式，学习习近平新时代中国特色社会主义思想，学习十九大、十九届四中、五中全会精神、西藏第七次座谈会精神和中共中央总书记习近平治边稳藏的战略思想，牢固树立"四个意识"，坚定"四个自信"，做到“两个维护”。牢牢把握意识形态领域领导权、管理权、话语权，召开乡党委会、乡党委理论中心组学习会等会议33次，受教育党员960余人次。

【党风廉政建设】 2020年，扎日乡加强两个责任落实，严格履行一岗双责。严格按照“四个亲自”要求，坚持先知先行，认真学习领会党风廉政建设“两个责任”的精神内涵，深刻理解“主官必须主责，主责必须主抓”的实质要领，自觉担当起负总责、亲自抓的重任。坚持把党风廉政建设和业务工作同谋划、同部署、同落实，做到对党风廉政建设亲自部署、重大问题亲自过问、重点环节亲自协调、重要案件亲自督办。坚持以身作则，勇作廉洁表率。坚持带头遵守廉洁自律各项规定，为全乡各级党员干部做好表率，自觉遵守和执行党风廉政建设的各项规定，严格执行领导干部个人重大事项报告、收入申报等制度和办公用房、公务用车标准，坚持在乡上“廉政灶”用餐。认真落实“三重一大”有关规定，严格控制“三公”经费等支出，外出办事尽可能少花钱、多办事，千方百计节约开支，形成落实制度的强大推动力。带头维护班子团结，虚心与班子成员勤沟通、多谈心，消除误会隔阂，凝聚发展合力，努力形成团结一致干事业、众志成城谋发展的工作氛围。充分相信、依靠班子成员，不揽权、不揽事，对班子成员分管范围内的事，能独立担当的不干涉，充分调动班子成员的积极性。制定《扎日乡2020年反腐败工作任务责任分解通知》、党风廉政考核表，对党风廉政建设和反腐败工作做全面的部署，并与各村签订责任书。深入开展政治纪律教育活动，深入开展警示教育，组织干部观看警示教育影片和集中学习区市县纪委违纪违法反面典型案件通报等共20余场次，通过学习身边的腐败事例，警示全乡干部职工始终敬畏纪律、廉洁自律，筑牢党员干部不能腐、不敢腐、不想腐的思想根基。进一步加强作风建设，与全乡干部签订《禁赌责任书》，对干部职工参与赌博歪风及以赌博或变相赌博等形式收钱敛财进行明察暗访，干部禁赌成效立竿见影，未出现参与赌博情况。进一步规范机关干部上下班制度、下乡出差、公车使用等规章制度，解决党员干部作风漂浮、效率低下、落实不力等问题，真正转变干部工作作风、学习作风、生活作风。结合主题教育等活动，组织干部系统学习《中国共产党章程》和《中国共产党纪律处分条例》《中国共产党廉洁自律准则》，全年学习违纪违法反面典型案件通报20次，集中观看警示教育片3次，转发廉洁提醒12次，召开廉洁过节专题安排部署会议1次，不断增强党员干部的拒腐防变能力。持之以恒抓纪律作风建设，将餐饮浪费行为纳入监督检查工作重点，联合新时代文明实践所，深入干部职工食堂、周边各餐饮场所、各村及拉隆寺管会宣传中共中央总书记习近平关于坚决制止餐饮浪费行为作出的重要指示精神，督促指导检查《中共西藏自治区纪委办公厅关于认真贯彻落实习近平总书记重要批示精神加强监督执纪坚决制止餐饮浪费行为的通知》（藏纪厅〔2020〕69号）文件精神贯彻落实情况。截至年底，共发放宣传单50份、张贴倡议书1张。

【“四讲四爱”群众教育实践活动】 2020年，扎日乡根据区党委、市委、县委统一安排部署，结合实际，及时成立领导小组，并制定《总体方案》《实施方案》《社会面宣传方案》《新闻宣传方案》《宣讲方案》以及《督导方案》，细化相关活动要求，明确各项目标。年内，共开展宣讲活动212场（次），实践活动10次，受教育群众23010人次，制作宣传横幅260余条，标语180余条，宣传栏32个。将开展爱党爱国、固边稳藏、民族团结、无私奉献的宣传教育工作，作为日常工作，重中之重来抓。

【经济建设】 2020年，扎日乡农村经济总收入9892.35万元，比上年增长13.7%；社会固定资产投资完成38220万元，比上年增长209.7%；农牧民人均可支配收入12705元，比上年增长13%。

1600亩的蒙达村高标准农田建成投入使用，新开工拉隆、扎日2个村高标准农田建设项目。年内，购买化肥55.2吨，集造农家肥50.1万袋，亩均施肥120袋。在白沙千亩种子田推广“喜拉22号”种子5万公斤，种子精选率、包衣率分别为93%、75%。认真做好应对和防治霜灾、虫害等极端自然灾害各项工作，全乡粮油总产分别达到2895吨、220.22吨。做好抗灾保畜和接羔育幼工作，筹备饲草63.95万公斤，饲料10.125万公斤，盐巴1.765万公斤；认真做好动物疫情防控，免疫注射18128头（只、匹）、牲畜驱虫22261头（只、匹），为畜牧业健康发展奠定基础。加大支农惠农和农保政策宣传，落实草畜平衡奖励108.94万元。结合“扫黑除恶打非治乱”专项行动，协同县自然资源、环境保护等部门，对边境小康村临时取料点、砖厂等进行登记上报审批，对辖区施工领域开展6次环境卫生及施工安全检查，责令整改问题3条。在做好项目工作的同时，采取组织富余劳力“走出去”和在家劳力就地、就近参加小康村建设等措施，通过劳务输出增加群众现金收入。截至年底，全乡劳务输出及就业2396人，创收1427.26万元。

【脱贫攻坚】 2020年，扎日乡严格落实“四不摘”要求，先后召开6次领导小组和指挥部专题会议，安排部署和贯彻落实各阶段脱贫攻坚工作，及时调整充实建档立卡户结对帮扶责任人，县乡村干部走访结对帮扶户4次以上。围绕“两不愁、三保障”和“十大提升工程”，开展大排查大整改活动。高度重视和加强中央巡视“回头看”、区成效考核和市督战大排查反馈问题整改，大督察反馈问题93件，完成整改93件。结合“四讲四爱”群众教育实践活动，乡理论中心组集中学习32场次，深入学习贯彻习近平新时代中国特色社会主义思想和习近平关于扶贫工作重要论述。全年开展扶贫政策培训3次、政策知识考试2次，参与人员246人次。各村开展各类学习教育和宣讲活动350余场次，参与干部群众1.5万余人次。实施6个村人饮巩固提升项目和水质检测工作，尽最大努力解决群众季节性饮水保障困难的问题，农村饮水协会和水费收缴等相关工作积极推进。在强化管理、提升效益上下功夫，集中做好白沙农场等3个扶贫产业项目问题整改工作。对八大生态岗位、教育扶贫、医疗救助、社保兜底等进行认真全面核实，做到符合政策、精准有效。对682名生态岗位人员，落实岗位工资238.7万元。全乡建档立卡户人均可支配收入提升明显，按照区市县三级统一部署，组织乡村干部入户开展政策宣传和建档立卡户“全家福”照片收集，集中乡村两级专干进行扶贫系统、贫困手册信息数据反复核对、交叉核实和明白卡填写等工作。集中力量推进干部政策明白人培养、农户政策明白人培养等迎普查各项工作。年内，普查顺利通过验收。

【社会事业】 2020年，扎日乡做好惠民政策落实和社会保障工作，为全乡3616名群众落实边民普惠性政策补贴1771.84万元。社会保障能力不断提高，五大参保率100%。及时足额兑现农村、城镇低保金和特殊困难群众生活保障金，做到应保尽保。

【教育事业】 2020年，扎日乡完全小学师生严格贯彻落实校纪校规，严格执行请销假制度，层层负责，落实校园安全“零报告”制度，打造宁静和谐的校园环境。乡小学教室楼、白沙幼儿园建设项目相继开工，小学生、初中生毛入学率和巩固率均100%。抓好校园食品卫生检查和学生离、返校交通安全管理，为校园周边安全提供保障。

【文化事业】 2020年，扎日乡开展“扫黄打非”宣传活动6场次、专项检查2次，检查各类场所和个体商户51家，设立咨询台2座，发放宣传单600余份，进一步净化文化市场。按照自治区的统一部署，组建行政村文艺演出队6个121人，及时完成人员集训和节目排练任务。扎实推进新时代文明实践场所建设，成立乡级文明实

◆ 2020年11月28日，扎日乡举办“党的光辉照边疆、边疆人民心向党”主题文艺大赛

践所1个、村级文明实践站6个，并开展义务政策宣讲、志愿服务群众等系列实践活动，取得良好效益。各村组织当地群众开展各类文体、文艺活动50场次，提高群众参与度，打造农村特色文化品牌。同时，充分发挥基层文化阵地作用，加大免费开放力度，丰富农牧民群众的精神文化生活。

【医疗卫生】 2020年，扎日乡卫生院秉承“医者父母心”的医德，做好农牧民群众及僧人免费健康体检，层层签订食药品安全和“双降一升”目标管理责任书，住院分娩率100%。继续做好家庭医生签约工作，家庭医生签约服务覆盖率100%。继续加强医保经费的管理，定期对医保经费进行检查，保证农牧民群众的利益。

【乡村振兴】 2020年，扎日乡推进以“做神圣国土守护者、幸福家园建设者”为主题的边境小康村建设。强化责任担当，加强教育引导，群众参与小康村建设积极性明显提高。第一期曲措村4个小组和拉隆五组那窝齐；第二期白沙二组小康村建设项目竣工收入使用，蒙达村、乃村、白沙村一三四组、扎日村、拉隆村等小康村建设项目主体完工或完成形象工程90%以上；第三期小康村建设项目扎日村（38户132人）、拉隆村（24户92人）全面动工，年内主体完工。通过努力，全乡参与小康村建设户1082户4438人，不愿建房户（含选址困难的）196户，对不愿建房户，按照上级要求，及时纳入风貌改造和人居环境整治规划，做好前期工作。在推进小康村建设项目的同时，曲措四组农村公路、卡日错冰湖治理等复工项目和白沙幼儿园建设、乃村及白沙小康村绿化工程、拉隆一至四组农村人饮提升工程等新项目陆续开工，进一步改善农牧区基础设施条件。截至年底，开展“爱国卫生运动”6场次，参与人数600人次，清理沿线沿路河道垃圾160余吨，农村环境综合整治取得新突破。

【维稳工作】 2020年，扎日乡贯彻落实中共中央总书记习近平治边稳藏的重要战略思想，牢固树立“稳定压倒一切”的思想，提高政治站位，严明政治纪律，狠抓维稳各项措施落实，实现全乡社会边境局势持续和谐稳定。深入学习、宣传和贯彻落实十九届四中全会精神，积极推进社会治理体系和治理能力现代化建设。落实维稳主体责任，召开维稳专题会、安全生产部署会、信访联席会议等8次，提前谋划、周密部署各阶段维稳安保工作，强化维稳政治责任和工作纪律，完成全国“两会”、“新中国成立70周年大庆”等重要节点的维稳安保任务。严格落实各项措施，推进隆拉抵边小康村建设，发动全乡干部群众特别是边境检查卡点和一线搬迁户作用，打好守土固边的“人民战争”，坚决防止输入型隐患，严禁不法分子“潜入潜出”。深入推进社会治安综合治理和“先进双联户”服务管理工作，加强以道路交通安全为重点的安全生产监管，全力抓好各宗教活动场所消防安全隐患排查整治。采取“组织普法宣传、设立举报箱、强化线索摸排、加强打击整治”等措施，深入推进“扫黑除恶打非治乱”专项行动，未发现“黑恶势力”和充当黑恶势力“保护伞”等情况。深入开展“遵循四条标准、争做先进僧尼”教育实践活动，引导僧尼爱国爱教、遵规守法。集中力量做好拉隆次久节、“亚吉”、“望果节”等民俗活动安保工作，确保全乡局势持续和谐稳定。

【特色亮点】 2020年，扎日乡蒙达村党总支积极响应上级组织部门的号召，把思想和行动统一到中共中央总书记习近平“把人民群众生命安全和身体健康放在第一位，坚决遏制疫情蔓延势头”的重要指示精神上来，切实强化组织领导、迅速行动，成立9名女性组成的蒙达村女子联防队疫情防控工作领导小组。女子联防队通过广播音响等载体深入宣传讲解上级党委、政府关于疫情防控工作政策、“四讲四爱”群众教育实践活动、扫黑除恶等相关知识，积极引导群众参与爱国卫生运动，让群众理性面对、合理应对疫情，排除群众在疫情中的恐慌情绪，做到不信谣、不造谣、不传谣，用身边人、身边故事，教育引导群众永远感党恩、知党恩、报党恩。

（赵 聃）

【领导名录】

扎日乡乡党委书记 王光录

乡党委副书记、乡人大主席 边 巴（藏族）

乡党委副书记、乡长 索 朗（藏族）

乡党委副书记 杨海涛

乡党委委员、纪委书记 旦增曲桑（女，藏族）

乡党委委员、组织委员 郭继武

乡党委委员、宣传委员 格桑德庆（女，藏族）

乡党委委员、统战委员 边巴次仁（藏族）

乡党委委员、政法委员 曹桂林（9月任）

乡党委委员、蒙达村第一书记 多布杰（藏族）

乡党委委员、副乡长 徐善记

副乡长 索朗卓玛（女，藏族）

色 乡

【概况】 色乡（色，为藏语“公子，少爷”的意思）位于洛扎县西南部，北纬28° 09′，东经90° 47′，海拔4000米以上，外与不丹王国接壤，距县城48公里，地势西北高、东南低，地貌复杂多样，属藏南温带干旱高原季风气候区。东南部具有亚热带半湿润、湿润气候特点，降水多，日照少，西北部为高原温带半干旱季风气候，少雨多风，气候干燥，日照充足，年无雪霜100天，年日照时数2800小时，年降水量400毫米，降水不均匀，东南地区多于西北地区。自然灾害主要有地震、冰雹、泥石流、山体滑坡、雪、旱、涝、霜等。全乡拥有国家级文物保护单位2处（塞卡古托寺、曲西村古碉楼群），自治区级文物保护单位3处（桑玉村、色村、曲吉麦村古碉楼群），县级文物保护单位8处（洛·卓窝龙寺、雄班嘎寺、玛尔巴大师诞生地贡觉拜色扎西顶阿遗址、措玉扎嘎宗遗址、程佛塔遗址、于若贡桑寺遗址、隆多宗边贸遗址、尼德寺遗址），非物质文化遗产2个（色乡顶礼舞、隆东集市）。

【党建工作】 2020年，色乡党委全面落实党建工作主体责任，全乡各级党组织开展学习24场次，教育引导基层党组织在发展稳定工作中积极发挥作用。年内，全乡有315名党员进行政治承诺，规范42名党员的档案，理顺借调干部的党组织关系，各基层党组织认真组织党员群众学习中共中央总书记习近平对脱贫攻坚的重要论述，宣传党的政策，发挥生态岗位作用，激发脱贫内生动力，巩固脱贫成效。年内，库拉岗日建筑有限公司党支部被评定为软弱涣散基层党组织，乡党委切实担负起领导责任，主动调查掌握情况，指导制定整顿方案和台账，督促库拉岗日建筑有限公司党支部逐一落实整改措施，确保按期完成整改工作，库拉岗日建筑有限公司党支部于11月完成转化升级工作。

【党风廉政建设】 2020年，色乡纪委新配备1名专干人员，选派2名工作人员到山南市纪委监委进行跟班跟案学习，开展系统内“大学习、大提升”暨“从实战中来、到实战中去”学习活动，与全体班子成员签订2020年党风廉政建设责任书，开展集体会议、监督检查等教育活动20余次，组织观看警示教育学习7次，对党员干部作风建设提出要求30余次，开展节前教育和节假日监督检查20余次，始终保持节假日期间1名工作人员在岗，开展入户走访、监督检查入村入户45次，开展“四风”专项问题监督检查和提醒36次。乡党委定期听取乡纪委工作汇报，及时了解掌握工作开展情况，解决实际困难和问题，为乡纪委严格遵守和执行反分裂斗争纪律，加强民族团结，全面落实好维护稳定的各项工作措施，确保色乡社会局势的持续和谐稳定奠定基础。

【“四讲四爱”群众教育实践活动】 2020年，色乡开展各类形式“四讲四爱”群众教育实践理论宣讲教育活动1207场次，发放宣讲提纲及相关资料2000余份，参与群众41600余人次，受益群众41600余人次。全年开展各类体育活动18场次，参与人数300余人次，受益群众300余人次；征集民意17条，开展志愿服务活动50余场次，发放宣讲提纲及相关资料600余份，参与群众2000余人次，受益群众5000余人次；开展为期5天的新广场舞统一教授和相关培训3次，受训人员90名。通过一系列的活动与教育，切实增进群众的政治认同、思想认同、情感认同。

【新冠肺炎疫情防控】 2020年，新冠肺炎疫情防控期间，色乡选派30名干部职工到各村、各卡点开展防控监督排查和服务工作，安排2名边境派出所民警、2名联防队员、1名医护人员在公漳浦执勤点，建立集中隔离点1个，办实事7项，解决实际问题10个，拨付党费1.5万元，党员干部累计捐款6.84万元，发放慰问金1.15万元。

【农牧业】 2020年，色乡耕地面积3128.63亩，草场面积62.04万亩，林地面积42.05万亩。全乡辖4个村、10个村小组、63个自然村，有农牧民551户2012人，其中劳力928人。全乡农村经济总收入5230.01万元，比上年增长8.48%；农牧民人均纯收入18195.86元，比上年增长15.26%。利用“万千百十”工程，积极推广喜拉22号青稞新品种，实现全乡粮食总产量694.48吨，其中青稞种植面积1178.53亩，总产量325.37吨，油菜种植面积501.4亩，总产量48.81吨；牲畜总头数10293头（只、匹），实现经济效益575.43万元。完成虫草采集工作，发放采集证169本，采集虫草3.65万根，实现收入80.46万元。

【教育事业】 2020年，色乡确保适龄儿童辍学率为零，农牧民群众家庭适龄儿童入学率100%，学前教育普及率70%，全乡不存在因家庭困难完不成义务教育的学生。对县中学27名获奖学生和乡完小49名受表彰的学生进行资助、奖励，发放奖励和资助资金0.75万元，落实高校大学生资助资金60.8万元。高校毕业生32人，高校毕业生就业率95%以上。县教育投资建设色乡完小学校风雨操场工程项目，总投资320万元；完成曲西村幼儿园市级验收评估工作，提升为二类村级等级幼儿园。

【医疗事业】 2020年，色乡医疗救助巩固提升，继续巩固“先诊疗、后结算”和县级公立医院改革成果，农牧民参加合作医疗100%，采取乡医村医包村模式，定期开展常态化预防保健服务和免费健康体检工作，切实减少因病致贫、返贫概率。全乡参加城乡居民医疗保险人数2044人，占全乡总人数的100%，筹资总额20.6万元，筹集资金全部存入国库。

【文化事业】 2020年，色乡开展文化市场监督检查12次，完成4个农家书屋创建工作，全年乡文化站“四室一厅”接待图书借阅181人次、电子阅览234人次、培训室982人次、排练室383人次、多功能厅639人次、非遗展览室240人次、服务场所2659人次。完成行政村文艺演出队组建工作，实现四个行政村文艺演出队全覆盖，各行政村演出队演出16场次，观演观众3000余人次。完成机关演出队文艺服装和多功能厅跑步机、按摩椅、动感单车等基础设施购置工作，投入资金10.15万元。完成辖区内文化市场专项检查及疫情防控知识宣传工作，文化市场专项检查6次。

桑玉村和曲西村参加洛扎县第五届库拉岗日文化旅游节各项文体活动，活动中桑玉村演出队在文艺演出比赛中获得二等奖，曲西村群众在拔河比赛中获得第二名、在大象比赛男组中获得第二名，女组获得第三名，搬沙袋女组获得第三名。

【社会保障】 2020年，色乡累计实现转移就业797人，1771人次，劳务创收784.26万元，其中建档立卡贫困户362人，劳务创收176.9万元。开展农牧民技能培训7次，职业技能培训115人次，农牧民群众实现培训就业率65%。完成猛卡特色产品经销有限公司农牧民转移就业基地建设工作，农牧民转移就业基地吸纳农牧民就业30人，农牧民劳务收入120万元。落实年度生态岗位资金144.2万元。实施各类补助政策巩固提升，落实边民补助等各类政策补助资金900万余元。

【小康示范村建设】 2020年，色乡参与小康村建设453户1801人，全乡边境小康村参建户数86%。加强基层政权建设，完成色村村委会基层政权建设工程。

【旅游业】 2020年，色乡紧扣“一山一湖两寺两泉”资源优势，积极改善水、电、路、讯、网等基础设施，不断提高游客接待能力。年内，全乡有宾馆、家庭旅馆11家，床位787张，餐饮店49家，超市及商店35家，年接待游客突破1.24万人次，实现旅游收入99.64万元。

◆ 2020年6月14日，色乡组织干部职工开展便民志愿服务活动

【生态环保】 2020年，色乡扎实开展“爱国卫生”活动、村庄清洁、生态环境“六大”专项整治和白色污染治理等行动，悬挂横幅12条，环保知识进村宣传20次，张贴标语117张，发放环保宣传资料600份，环境专项督导8次，组织农牧民群众环境卫生整治活动18次，投入人力1640人（次），清理垃圾20余吨。县环保局为曲吉麦一组小康村建设点、公漳浦搬迁点、拉普温泉执勤点及乡政府配发垃圾桶107个，果皮箱8个。完成投资7.5万元的乡政府附近垃圾池修建工作，规范垃圾定点。

【维护稳定】 2020年，色乡开展“固边富民”行动，有效防止可疑人员非法入境。重大节日和重要节点，组织人员值班值勤，开展“防闯关、防暴恐”演练3次。广泛开展“四讲四爱”群众教育实践活动和“遵行四条标准、争做先进僧尼”活动，多次进行消防检查，做好文物登记保护工作。足额发放全民维稳固边补助资金55.4万元，发放双联户长绩效考核资金8.3万元，落实2018年、2019年边境联防队辅警执勤点补助资金8.12万元。全年登记外来务工人员305人，外来经商人员45人。严格成品油管理，加强建设工地用油审核，调整充实“四护队”382人。

【精准扶贫】 2020年，色乡实现建档立卡户105户362人无一人返贫，各族群众民生进一步改善，农牧民群众“获得感”显著增强。进一步调整充实乡扶贫开发工作领导小组和脱贫攻坚指挥部，完善干部包村联系机制，全年召开乡扶贫开发工作领导小组会议8次，脱贫攻坚指挥部专题会议2次，扶贫产业为脱贫巩固增添活力能力显著增强。巩固提升抵边搬迁工作，抵边搬迁第三期35户130人新建房屋年内实现竣工，搬迁点实现“水电路讯网”全面通达。针对山南市审计组反馈的民营企业拖欠入股分红和民工工资问题，年内全部解决，兑现群众自愿入股本金49.6万元、民工工资131.25万元。完成拉普温泉合作社农牧民增收项目设备购置，修建自来水、供电设施工作，投资57.49万元，提升拉普温泉宾馆服务和基础设施。

【特色产业】 2020年，色乡有企业194家（含集体企业曲吉麦农畜产品加工合作社），资产达500万元以上的企业有2家，实现工业收入17.21万元，建筑业收入1273.3万元。

（蔡志勇）

【领导名录】 色乡

县政协副主席、乡党委书记　蔡小东
乡党委副书记、乡人大主席　边巴次仁（藏族）
乡党委副书记、乡长　扎西次仁（藏族）
乡党委副书记　李玉江
乡党委副书记、组织委员　次仁拉姆（女，藏族）
乡纪委书记　扎西（藏族）
乡党委宣传委员　罗正全（彝族）
乡党委统战委员、副乡长　晋美（藏族）
乡党委政法委员　旦增曲扎（藏族）
乡党委委员　贾德勤
乡党委委员、副乡长　白玛仁增（藏族）
乡党委委员、人大专职副主席　袁健媚

拉郊乡

【概况】 拉郊乡为2004年经国务院批准成立的边境特殊乡，位于洛扎县东南部，喜马拉雅山南部、洛扎沟下部，南与不丹王国接壤，距离县城112公里，为全县七个乡（镇）中交通最不便、信息最闭塞的一个偏僻乡。全乡平均海拔3675米，属于亚热带半湿润气候，境内全年雨雪量大，年平均日照时间3个月左右。境内野生动植物种类丰富，有熊、虎、豹、山鸡、黄羊、獐子、猴、野牦牛、三七、天麻、松茸、黄连、羊肚菌、雪莲花等。大型植物主要有红豆杉、云杉、冷杉、桦树、雪松等。下辖两个村委会，分别是拉郊村委员会和杰罗布村委会，有居民72户246人，其中

◆ 2020年4月28日，拉郊乡举办“四讲四爱”群众教育实践活动动员部署会暨宣讲员培训会

拉郊村有62户226人，杰罗布村有10户20人，全乡有10个双联户，其中农牧民双联户9个，乡机关双联户1个。全乡有党员53名，其中农牧民党员32名。全乡认真贯彻落实县经济工作会议精神，始终把经济发展摆在重要位置，农村经济总收入892万元，同比增长11.79%，人均纯收入23569元，同比增长14.99%。其中，落实各项惠民资金196万余元、组织农民群众参与项目施工338万余元、竹木器加工11万余元、虫草和黄连采集193万余元，护林员工资109万元，各项经济指标平稳增长。

【党建工作】 2020年，拉郊乡始终把加强基层党的建设作为最大政绩，做到从严管党、从严治党。建立健全党建责任制度，乡党委始终把基层党建工作摆在首要位置，成立拉郊乡党建工作领导小组，制定《拉郊乡2020年度党建工作要点》，与各党组织书记签订党建工作目标管理责任书，做到基层党建有人抓，有人管。加强思想政治建设，乡党委通过理论学习中心组、“三会一课”、学习强国等方式，对全乡党员干部职工深入开展理想信念教育、党风党纪教育，提高党员干部政治素质，增强“四个意识”，坚定“四个自信”，做到“两个维护”，并加强对农牧民党员的教育管理，结合“四讲四爱”群众教育实践活动，组织签订政治承诺书，使农牧民党员自觉树立“感党恩、听党话、跟党走”的意识，全年开展相关理论知识学习40余次，签订政治承诺

书40余份。加强党员干部队伍建设，按照中共中央总书记习近平提出的“信念坚定、为民服务、勤政务实、敢于担当、清正廉洁”的新时期好干部标准，加强对各村党支部书记、第一书记的管理力度，加大干部队伍教育培训管理力度，年内，培训2次。有序规范党建日常工作，乡党委持续深入推进“两学一做”学习教育常态化制度，严格落实“三会一课”、组织生活会、民主生活会、三重一大、党员活动日等制度，严守党的政治纪律、组织纪律，做到廉洁从政，为民服务，召开2020年度专题民主（组织）生活会，精心组织学习教育，广泛征求意见建议，认真查找查摆问题，深刻剖析问题根源，坚持立足转变作风、服务发展、服务群众，做到边查边改、立查立改，开好一场高水平高质量的专题民主生活会。在发展党员程序方面，严格按照《中国共产党发展党员工作细则》和“控制总量、优化结构、提高质量、发挥作用”的总要求，全年全乡培养积极分子5名、预备党员2名、正式党员2名。在党员组织关系转出转接方面，深入开展党组织关系排查工作，明确转接流程和责任，做好调入调出党员的转出转接工作，健全防止党员失联的长效机制，清查清除“口袋”党员、失联党员。按照“八星党支部”工作方案，乡党委召开部署会议，各党支部按照组织设置星、班子队伍星、党员队伍星、组织生活星、发挥作用星、运行机制星、场所标准星、工作保障星的内容，建立工作台账，逐条逐项进行对照自查，对达标的进一步完善巩固，对未达标的，制订详细计划，列出切实可行的举措开展创建达标工作，全面提升党支部整体工作水平和标准化、规范化进程。截至年底，拉郊乡机关党支部创建为七星党支部、拉郊村党支部创建为八星党支部、杰罗布村党支部创建为六星党支部。结合全乡实际共划分10个片区，制定《“三包五带五促”活动推进党员包片包户包人工作常态长效工作的方案》《三包台账》，同时结合“党员干部进村入户结对认亲”，在职机关党员到群众家中报到服务等活动，确保每名党员都包有群众、每名群众都有党员包，实现全覆盖。通过入户、网上宣传等方式，积极向“三包”对象宣传习近平新时代中国特色社会主义思想和党的路线方针政策，同时结合精准扶贫基本政策“两不愁、三保障”和“四讲四爱”群众教育实践活动等相关内容，用生动鲜活的事例，大力宣传中央总书记习近平和党中央对西藏各族群众的特殊关怀，教育引导群众明白党的恩情在何处，党的恩情又从何来，始终铭记党的关怀，同时勉励既要脱贫，更要立志，提高自主脱贫能力，争取早日走上脱贫致富道路，宣传相关政策40余次。

【党风廉政建设】 2020年，拉郊乡召开党风廉政建设安排部署专题会议，对班子成员和各村明确职责，同时乡党委书记与每名班子成员和各村党支部书记签订党风廉政建设责任书，明确各自职责。积极通过理论中心学习组、微信等方式学习《中国共产党廉洁自律准则》《中国共产党纪律处分条例》和《中华人民共和国公职人员政务处分法》以及上级各项通报等精神，确保让廉洁思想入脑入心，切实增强党员干部拒腐防变、自觉抵制各种腐朽思想和不正之风的侵蚀。

【惠民资金落实】 2020年，拉郊乡党委政府严格落实各项惠民资金，着力改善农牧民群众的生产生活水平，做到权为民所用，利为民所谋，做到保障群众的根本利益。年内，全乡落实惠民资金172.26万元，其中普惠性边民补助73.79万元，固边富民资金75.8万元，草补资金22.67万元。

【基础设施建设】 2020年，洛扎县拉康镇至拉郊乡35千伏抵边村寨输电线路工程总投资约1500万元，建线路24.5公里，铁塔82基，其中23.53公里线路需经过原始森林区，占线路总长度的96%；拉郊乡杰罗布村易地搬迁配电工程总投资约800万元，施工线路29公里，以上两个项目皆由国家电网投资建设，于6月完工。国道219线—拉郊乡公路整治工程总投资3400万余元，起点位于拉康镇国道219交叉口，终点位于拉郊乡，路线全长21.58公里，于10月动工。拉郊乡旅游观光项目于2018年9月开工建设，总投资1000万元，建有接待中心、观光游步道、4个观景台等，于2020年10月完工。德玛隆搬迁点30户边境小康房建设于7月动工，包含村委会、联防执勤点、救灾物资仓库、学校等完成地面基础工程。

【疫情防控】 2020年，拉郊乡在县委、县政府的坚强领导下，在县疫情防控领导小组的精心指导下，疫情防控取得阶段性的胜利。贯彻落实中共中央总书记习近平关于新型冠状病毒感染的肺炎疫情重要指示精神、国务院总理李克强主持召开的国务院常务会议部署的新型冠状病毒感染的肺炎疫情防控工作要求，贯彻落实区市县党委政府关于疫情防控工作决策部署和指示要求。为全力做好全乡新型冠状病毒感染的肺炎疫情防控工作，执行四级包片制度，制定各类方案预案3套。在途经拉郊乡的必经之路设立设卡点，执行对过往人员的检查和记录，并对拉郊乡辖区内6家餐馆、施工单位驻地等场所进行多次消毒，同时加大对在外务工人员、学生等流动人员的登记管理，随时掌握动态。为坚决打赢疫情防控阻击战提供坚强的组织保证，充分发挥党员先锋模范作用，激励广大党员干部勇于担当作为，组织疫情防控工作捐款68345元。从6月开始在德马龙和欧若拉两个点设立设卡点，分别安排一名医务人员，开展疫情防控工作，确保执勤人员的人身安全。加强正面宣传营造良好抗疫氛围，积极召开“双联户”户长会议，用悬挂横幅、张贴宣传单等方式传达上级党委、政府关于新型冠状病毒感染的肺炎疫情联防联控的重要部署及各项防控措施举措，营造良好的抗击疫情的社会氛围。

【生态保护】 2020年，拉郊乡围绕争创自治区级生态文明村和生态文明乡，全力以赴、众志成城，各村主动作为、齐抓共管、迎难而上、克难攻坚。出台农村人居环境整治方案，充分发挥农村党员干部群众主体作用，高频次开展调度；发放宣传材料200余份，制作展示宣传公益广告10余块；严格落实环境卫生“五包”责任，组织双联户清扫40余次，清理生活垃圾5吨、建筑垃圾5处。加大生态环保力度，深入开展“蓝天、碧水、净土”保卫战，开展“散乱污”企业深度治理攻坚行动和采砂制砂治理，防止死灰复燃、异地转移，深入临时砂石厂取料点6次，禁止越界采挖；开展违建房屋专项整治，推动落实“河长制”“烟花爆竹禁燃禁放”等工作，开展河道白色垃圾清理3次；深入督导检查建筑领域8次，发现垃圾乱堆现象6处，全部整改；从根本上整治拉郊峡谷旅游观光项目停车场乱停乱放现象；加大水源地保护，建设拉郊乡水源点围栏，清理绑木错河道及环境卫生；建一座污水处理系统，建旅游公厕3个。

【农牧业】 2020年，拉郊乡主要以林地和草场为主，全乡牲畜总头数366头（只、匹）。乡政府安排专业技术人员对全乡境内牲畜进行冬春动物疫病药物注射，免疫密度和免疫质量100%，年内未发生任何动物疫情。为确保全乡366头牲畜顺利度过冬春两季，全乡储备草料2万公斤、自制饲料（青稞豌豆）1.2万公斤、柴火15万公斤，物资储备充足。

【民生保障】 2020年，拉郊乡建有一个乡卫生院，配有乡医5名、村医3名，累计完成城乡居民基本医疗保险参保243人，参保率100%。扎实开展“两降一升”工作，乡医积极与村委会、村医务室人员进行沟通，初步掌握孕产妇基础资料，在入户走访过程中对已孕妇女及家人宣传住院分娩补助奖励政策和孕产期保健等知识，积极帮助孕产妇转变传统观念，养成主动到县医院、乡卫生院定期检查和住院分娩的意识，全年入院分娩3人，入院分娩100%，城乡居民养老保险参保143人，建成妇女儿童之家1个。

【文化事业】 2020年，拉郊乡整合新时代文明实践所与拉郊村新时代文明实践站，集中打造拉郊村新时代文明实践站。实践站位于拉郊乡拉郊村村委会办公楼内，内设机构包括传习所、爱心志愿站、图书阅览室、文化广场。乡党委书记亲自担任站长，建立健全8支志愿服务队。定期举办锅庄、红歌比赛、文艺会演等活动，组织送电影下乡、进校园，开展“四讲四爱”群众教育等系列活动。

【安全生产】 2020年，拉郊乡以“安全生产月”“五进”活动、安全生产隐患集中排查治理专项行动为抓手，全年举办安全生产类宣讲4次，对各施工建筑点、校园和等重点领域执法检查10余次，排查安全隐患，创新社会治理方式，积极开展巡山护路联防，排查整治各类隐患。强化道路交通、建筑施工、森林草原等领域安全生产监管，排查问题20余处，整改率90%。雨季投入挖机装载机等机械20台次，投入人力50人次，雪季投入护林员300人次清雪，确保道路畅通，保障交通安全。狠抓防灾减灾，健全应急管理体制机制，进行森林防火、道路交通等实地演练，做到未雨绸缪。

【精准扶贫】 2020年，拉郊乡顺利完成国家脱贫攻坚普查，加强整改各类监督检查反馈问题，动态调整确认贫困户23户101人，综合贫困率下降至零，脱贫攻坚取得决定性胜利，建档立卡户实现人均可支配收入41292.87元。扶贫领域作风建设持续开展，重点排查整改“两不愁、三保障”及饮水安全问题1个，完成住房鉴定72户，发放教育资助4.1万元，深入建档立卡户家中扶贫扶智专题宣讲和政策宣讲4次，乡村两级开展集中宣讲10次，针对山南市脱贫攻坚成果大排查中发现的5个问题，召开专题会议6次安排部署，全部整改到位。

【维护稳定】 2020年，拉郊乡党委政府牢固树立稳定压倒一切的思想，充分发挥派出所、驻村工作队、“双联户”、联防队等作用，形成“党政军警民”合力开展维稳工作。深入推进“扫黑除恶”专项斗争、“黄赌毒”专项整治，坚持党政领导开门接访、带案下访，严格落实信访包保责任制，确保中华人民共和国成立70周年等重大活动期间的社会和谐稳定。坚持执行24小时领导带班值班制度，杜绝迟岗、漏岗、误岗、醉岗现象的出现，每日向县维稳办公室“有事报事、无事报平安”，保障全乡和谐稳定。

【领导名录】 拉郊乡

乡党委书记　古桑旦增（藏族）

乡党委副书记、乡人大主席　明久次仁（藏族）

乡党委副书记、乡长　顾世超

乡党委副书记、组织委员　达瓦卓玛（女，藏族）

乡纪委书记、监察室主任　赵敬磊

乡党委宣传委员、政法委员、副乡长　土登曲培（藏族）

乡党委统战委员、人武部部长　王鑫

荣誉录

获市级以上表彰的先进集体

表2

获奖单位	获奖名称	表彰时间	授予单位
洛扎县文化局	全国文明单位	2020年	中共精神文明建设指导委员会
洛扎镇吉堆社区	全区百佳农牧区基层党组织	2020年	中共西藏自治区委员会
山南市生态环境局洛扎县分局	自治区级生态环境保护考核等级良好	2020年	西藏自治区人民政府
中粮集团援藏工作队	民族团结进步模范集体	2020年	中共山南市委员会 山南市人民政府
赛卡古托寺管会	“遵行四条标准 争做先进僧尼”教育实践活动优秀组织单位	2020年	中共山南市委员会 山南市人民政府
卡久寺管会	“遵行四条标准 争做先进僧尼”教育实践活动优秀组织单位	2020年	中共山南市委员会 山南市人民政府
拉隆寺	民族团结进步模范集体	2020年	中共山南市委员会 山南市人民政府
中共洛扎县纪律检查委员会 洛扎县监察委员会	纪检监察宣传工作先进集体	2020年	中共山南市纪律检查委员会 山南市监察委员会
洛扎县人民检察院	集体三等功	2020年	山南市人民检察院
秘境洛扎微信公众号	优秀政务新媒体	2020年	山南市网络安全和信息化委员会办公室
洛扎县统计局	山南市第四次全国经济普查先进集体	2020年	山南市第四次全国经济普查领导小组办公室

获市级以上表彰的先进个人

表3

姓名	性别	民族	工作单位	获奖名称	表彰时间	授予单位
牛　　蕾	女	汉	县委组织部	《久美次旺：国境线上的守边书记》在“奋斗在脱贫攻坚一线的第一书记”征文评选中荣获优秀奖	2020年	中国人事报刊社
多吉朗杰	男	藏	色乡人民政府	自治区事业单位脱贫攻坚专项奖励先进个人	2020年	中共西藏自治区委员会 西藏自治区人民政府
索朗多吉	男	藏	县统计局	自治区第四次全国经济普查先进个人	2020年	西藏自治区第四次全国经济普查领导小组办公室
央　　吉	女	藏	色乡人民政府	自治区事业单位脱贫攻坚专项奖励先进个人	2020年	中共西藏自治区委员会 西藏自治区人民政府
阿旺旦培	男	藏	色乡人民政府	自治区事业单位脱贫攻坚专项奖励先进个人	2020年	中共西藏自治区委员会 西藏自治区人民政府
玉　　珍	女	藏	色乡人民政府	自治区事业单位脱贫攻坚专项奖励先进个人	2020年	中共西藏自治区委员会 西藏自治区人民政府
巴桑多吉	男	藏	色乡人民政府	自治区事业单位脱贫攻坚专项奖励先进个人	2020年	中共西藏自治区委员会 西藏自治区人民政府
边　　巴	男	藏	县委宣传部	宣传思想文化系统先进工作者	2020年	中共西藏自治区党委宣传部
米玛片多	女	藏	扎日乡人民政府	自治区第二次全国污染源普查优秀数据报告	2020年	西藏自治区第二次全国污染源普查领导小组、西藏自治区生态环境厅
米玛片多	女	藏	扎日乡人民政府	自治区第二次全国污染源普查工作突出个人	2020年	西藏自治区第二次全国污染源普查领导小组、西藏自治区生态环境厅
久美次旺	男	藏	拉郊乡杰罗布村第一书记	民族团结进步模范个人	2020年	中共山南市委员会 山南市人民政府
白玛曲吉	女	藏	县工商联	“遵行四条标准 争做先进僧尼”教育实践活动优秀宗教工作者	2020年	中共山南市委员会 山南市人民政府
次仁顿珠	男	藏	赛卡古托寺管会	“遵行四条标准 争做先进僧尼”教育实践活动先进寺管会干部	2020年	中共山南市委员会 山南市人民政府

续表3

姓名	性别	民族	工作单位	获奖名称	表彰时间	授予单位
格桑群培	男	藏	拉隆寺管会	“遵行四条标准 争做先进僧尼”教育实践活动先进寺管会干部	2020年	中共山南市委员会 山南市人民政府
次仁罗布	男	藏	顿尼林寺管会	“遵行四条标准 争做先进僧尼”教育实践活动先进寺管会干部	2020年	中共山南市委员会 山南市人民政府
顿卫安	男	汉	顿尼林寺管会	“遵行四条标准 争做先进僧尼”教育实践活动先进寺管会干部	2020年	中共山南市委员会 山南市人民政府
多吉加布	男	藏	卡久寺管会	“遵行四条标准 争做先进僧尼”教育实践活动先进寺管会干部	2020年	中共山南市委员会 山南市人民政府
嘎玛次仁	男	藏	卡久寺管会	“遵行四条标准 争做先进僧尼”教育实践活动先进寺管会干部	2020年	中共山南市委员会 山南市人民政府
仁增加措	男	藏	卡久寺	“遵行四条标准 争做先进僧尼”教育实践活动优秀僧尼	2020年	中共山南市委员会 山南市人民政府
群培	男	藏	卡久寺	“遵行四条标准 争做先进僧尼”教育实践活动优秀僧尼	2020年	中共山南市委员会 山南市人民政府
次仁罗布	男	藏	卡久寺	“遵行四条标准 争做先进僧尼”教育实践活动优秀僧尼	2020年	中共山南市委员会 山南市人民政府
益西桑布	男	藏	卡久寺	“遵行四条标准 争做先进僧尼”教育实践活动优秀僧尼	2020年	中共山南市委员会 山南市人民政府
强巴次仁	男	藏	卡久寺	“遵行四条标准 争做先进僧尼”教育实践活动优秀僧尼	2020年	中共山南市委员会 山南市人民政府
久美多吉	男	藏	卡久寺	“遵行四条标准 争做先进僧尼”教育实践活动优秀僧尼	2020年	中共山南市委员会 山南市人民政府
益西索朗	男	藏	卡久寺	“遵行四条标准 争做先进僧尼”教育实践活动优秀僧尼	2020年	中共山南市委员会 山南市人民政府
次仁平措	男	藏	卡久寺	“遵行四条标准 争做先进僧尼”教育实践活动优秀僧尼	2020年	中共山南市委员会 山南市人民政府
白玛仁增	男	藏	赛卡古托寺	“遵行四条标准 争做先进僧尼”教育实践活动优秀僧尼	2020年	中共山南市委员会 山南市人民政府

续表3

姓名	性别	民族	工作单位	获奖名称	表彰时间	授予单位
次仁加措	男	藏	赛卡古托寺	“遵行四条标准 争做先进僧尼”教育实践活动优秀僧尼	2020年	中共山南市委员会 山南市人民政府
次旺占堆	男	藏	赛卡古托寺	“遵行四条标准 争做先进僧尼”教育实践活动优秀僧尼	2020年	中共山南市委员会 山南市人民政府
多吉平措	男	藏	赛卡古托寺	“遵行四条标准 争做先进僧尼”教育实践活动优秀僧尼	2020年	中共山南市委员会 山南市人民政府
格桑仁青	男	藏	赛卡古托寺	“遵行四条标准 争做先进僧尼”教育实践活动优秀僧尼	2020年	中共山南市委员会 山南市人民政府
索朗旦达	男	藏	赛卡古托寺	“遵行四条标准 争做先进僧尼”教育实践活动优秀僧尼	2020年	中共山南市委员会 山南市人民政府
普布次仁	男	藏	赛卡古托寺	“遵行四条标准 争做先进僧尼”教育实践活动优秀僧尼	2020年	中共山南市委员会 山南市人民政府
曲　杰	男	藏	赛卡古托寺	“遵行四条标准 争做先进僧尼”教育实践活动优秀僧尼	2020年	中共山南市委员会 山南市人民政府
穷　达	男	藏	赛卡古托寺	“遵行四条标准 争做先进僧尼”教育实践活动优秀僧尼	2020年	中共山南市委员会 山南市人民政府
催成它庆	男	藏	提吉寺	“遵行四条标准 争做先进僧尼”教育实践活动优秀僧尼	2020年	中共山南市委员会 山南市人民政府
尼玛扎西	男	藏	提吉寺	“遵行四条标准 争做先进僧尼”教育实践活动优秀僧尼	2020年	中共山南市委员会 山南市人民政府
边旦扎巴	男	藏	提吉寺	“遵行四条标准 争做先进僧尼”教育实践活动优秀僧尼	2020年	中共山南市委员会 山南市人民政府
达瓦索朗	男	藏	拉隆寺	“遵行四条标准 争做先进僧尼”教育实践活动优秀僧尼	2020年	中共山南市委员会 山南市人民政府
普布次仁	男	藏	拉隆寺	“遵行四条标准 争做先进僧尼”教育实践活动优秀僧尼	2020年	中共山南市委员会 山南市人民政府
伍金次旺	男	藏	拉隆寺	“遵行四条标准 争做先进僧尼”教育实践活动优秀僧尼	2020年	中共山南市委员会 山南市人民政府

续表3

姓名	性别	民族	工作单位	获奖名称	表彰时间	授予单位
索朗巴珠	男	藏	拉隆寺	“遵行四条标准 争做先进僧尼”教育实践活动优秀僧尼	2020年	中共山南市委员会 山南市人民政府
格桑尼玛	男	藏	顿尼林寺	“遵行四条标准 争做先进僧尼”教育实践活动优秀僧尼	2020年	中共山南市委员会 山南市人民政府
次仁平措	男	藏	顿尼林寺	“遵行四条标准 争做先进僧尼”教育实践活动优秀僧尼	2020年	中共山南市委员会 山南市人民政府
嘎玛扎西	男	藏	扎西根培寺	“遵行四条标准 争做先进僧尼”教育实践活动优秀僧尼	2020年	中共山南市委员会 山南市人民政府
古桑仁增	男	藏	扎西根培寺	“遵行四条标准 争做先进僧尼”教育实践活动优秀僧尼	2020年	中共山南市委员会 山南市人民政府
牛　　蕾	女	汉	县委组织部	全市组织系统优秀通讯员	2020年	中共山南市委组织部
牛　　蕾	女	汉	县委组织部	大学生志愿服务西部计划优秀志愿者	2020年	共青团山南市委员会
补 海 春	男	土	县委组织部	大学生志愿服务西部计划优秀志愿者	2020年	共青团山南市委员会
巴桑普尺	女	藏	色乡人民政府	第四次全国经济普查先进个人	2020年	山南市统计局

统计数据（统计局）

农村基本情况及农业生产条件统计表

表4

指标	单位	对比	2019年	2020年	洛扎镇	拉康镇	扎日乡	色乡	生格乡	边巴乡	拉郊乡
一、农村基层组织情况											
乡镇个数	个	0	7	7	1	1	1	1	1	1	1
其中：镇个数	个	0	2	2	1	1					
村委会个数	个	-8	27	19	0	0	6	4	4	3	2
自然村	个	-14	297	283	71	58	26	63	39	24	2
居委会	个	0	8	8	5	3					
二、农村基础设施											
自来水受益村数	个	0	27	27	5	3	6	4	4	3	2
通汽车村数	个	0	27	27	5	3	6	4	4	3	2
通电话村数	个	0	27	27	5	3	6	4	4	3	2

续表4

指标	单位	对比	2019年	2020年	洛扎镇	拉康镇	扎日乡	色乡	生格乡	边巴乡	拉郊乡
通电的村	个	0	27	27	5	3	6	4	4	3	2
通邮的村	个	0	27	27	5	3	6	4	4	3	2
能收看电视的村	个	0	27	27	5	3	6	4	4	3	2
通宽带的村（新增）	个	2	24	26	5	3	6	4	4	2	2
通有线电视的村（不包括锅盖）	个			0							
三、乡村人口与从业人员											
乡村户数	户	2	4839	4841	1270	516	1287	551	735	410	72
农业户	户	75	1433	1508	0	195	1248	65			
半农半牧户	户	–66	3082	3016	1140	246	0	423	735	410	62
牧业户	户	–7	324	317	130	75	39	63			10
乡村人口数	人	32	18332	18364	4700	2003	5059	2012	2911	1433	246
1. 男	人	141	8781	8922	2264	970	2449	995	1400	732	112
2. 女	人	–109	9551	9442	2436	1033	2610	1017	1511	701	134
其中：农业人口	人	142	6099	6241	0	650	5020	411	160		

续表4

指标	单位	对比	2019年	2020年	洛扎镇	拉康镇	扎日乡	色乡	生格乡	边巴乡	拉郊乡
牧业人口	人	–47	1301	1254	820	125	39	255	15		
半农半牧人口	人	–63	10932	10869	3880	1228	0	1346	2736	1433	246
乡村劳动力资源数	人	279	8887	9166	2158	981	2475	1336	1376	715	125
占乡村人口数比重	%		48	50	46	49	49	66	47	50	51
其中：1. 男	人	184	4472	4656	1036	496	1242	761	738	320	63
2. 女	人	95	4415	4510	1122	485	1233	575	638	395	62
其中：劳动年龄内	人	279	8887	9166	2158	981	2475	1336	1376	715	125
乡村从业人员数	人	90	8401	8491	2158	981	2465	928	1119	715	125
其中：劳动年龄内	人	90	8401	8491	2158	981	2465	928	1119	715	125
（一）按性别分											
1. 男	人	–48	4290	4242	1036	496	1232	477	618	320	63
其中从事农业	人	276	1214	1490	373	78	480	189	208	110	52
2. 女	人	138	4111	4249	1122	485	1233	451	501	395	62
其中从事农业	人	133	1822	1955	432	116	597	246	284	219	61

续表4

指标	单位	对比	2019年	2020年	洛扎镇	拉康镇	扎日乡	色乡	生格乡	边巴乡	拉郊乡
（二）按国民经济行业分											
1. 农牧林渔业从业人员	人	409	3036	3445	805	194	1077	435	492	329	113
2. 工业从业人员	人	-48	100	52		34	3	0	15		
3. 建筑业从业	人	-429	4085	3656	1184	518	1041	249	374	290	
4. 交通运输仓储业及邮政业	人	103	401	504	84	57	167	50	109	25	12
5. 信息传输、计算机服务和软件业	人	8	6	14		1	8	1	4		
6. 批发与零售业	人	18	247	265	24	42	80	97	8	14	
7. 住宿和餐饮业	人	29	406	435	61	79	89	96	74	36	
8. 其他行业从业人员	人	0	120	120	0	56	0	0	43	21	
四、农业用地情况											
1. 耕地	公顷	-5.97	2108.15	2102.18	435.04	256.25	646.56	217.43	342.62	203.83	0.45
2. 园地	公顷	-0.54	6.8	6.26	0	6.26		0			
3. 林地	公顷	0.00	173557.65	173557.65	17894	28523	1743	28040	13971	21058	62329.04
4. 草地	公顷	0.00	222165.2	222165.2	55893	23582.3	49452.5	42413.5	18799.3	21712.2	10312.4

续表4

指标	单位	对比	2019年	2020年	洛扎镇	拉康镇	扎日乡	色乡	生格乡	边巴乡	拉郊乡
5. 设施农业用地	公顷	-1.62	16.45	14.83	1.20	13.63		0			
五、农业机械化情况											
（一）农用机械总动力合计	千瓦	4179	50691.62	54870.56	9662.31	4600.37	19537.77	8809.71	9382.14	2878.26	
1. 柴油发动机动力	千瓦	11868	43002.68	54870.56	9662.31	4600.37	19537.77	8809.71	9382.14	2878.26	
2. 汽油发动机动力	千瓦	-7689	7688.94								
3. 电动机动力	千瓦		0	0							
4. 其他机械动力	千瓦		0	0							
（二）主要农业机械与设备											
大中型拖拉机	台	165	1031	1196	305	121	501	62	207		
大中型拖拉机	千瓦	3687	15720.2	19406.94	4483.50	1778.70	7364.70	911.40	4868.64		
小型拖拉机	台	4	865	869	83	113	377	124	0	172	
小型拖拉机	千瓦	2278	8969.22	11247.7	1098.09	1245.83	4987.71	1640.52	0	2275.56	
大中型拖拉机配套农具	台		0	0							
小型拖拉机配套农具	台		0	0							

续表4

指标	单位	对比	2019年	2020年	洛扎镇	拉康镇	扎日乡	色乡	生格乡	边巴乡	拉郊乡
农用排灌电动机	台		0	0							
农用排灌电动机	千瓦		0	0							
农用排灌柴油机	台		0	0							
农用排灌柴油机	千瓦		0	0							
联合收割机	台	4	0	4		4					
联合收割机	千瓦	88.2	0	88.2		88					
自走式机动割晒机	台		0	0							
自走式机动割晒机	千瓦		0	0							
机动脱粒机	台	-40	2218	2178	494	163	807	258	396	60	
农用运输车	台	-54	501	447	80	36	166	43	105	17	
农用运输车	千瓦	-15323	26002.2	10679.55	1176.00	529.20	2440.20	4740.75	1543.50	249.90	
机电井	眼										
节水灌溉机械	套										
农用水泵	台										
六、农业主要能源及物耗											

续表4

指标	单位	对比	2019年	2020年	洛扎镇	拉康镇	扎日乡	色乡	生格乡	边巴乡	拉郊乡
1. 乡、村办水电站	个	0	10	10	2	2	1	1	1	1	2
装机容量	千瓦	0	7077	7077	1950	4000	200	200	200	400	127
发电量	千瓦	46800	2396645	2443445	903657	721931	175997	63875	46800	486800	44385
2. 农村用电量	千瓦	339474	1707358	2046832	577944	208431	509244	240099	304400	177705	29009
每户平均用电量	千瓦	2941		2940.92	455.07	403.94	395.68	435.75	414.15	433.43	402.90
3. 农用化肥施用量（折纯）	吨	83	148	230.55	53.6	43.75	48.45	9.95	52.95	21.85	
其中：氮肥	吨	25	78.22	103	20.7	21.2	15.15	5.45	28.10	12.4	
磷肥	吨	58	69.67	127.55	33	23	33.30	4.50	24.85	9	
钾肥	吨										
复合肥	吨										
4. 农用塑料薄膜使用量	吨										
其中：地膜使用量	吨										
地膜覆盖面积	公顷										
5. 农用柴油使用量	吨	−4.42	347.98	343.56	71.00	40.00	83.00	54.20	15.36	80.00	

续表4

指标	单位	对比	2019年	2020年	洛扎镇	拉康镇	扎日乡	色乡	生格乡	边巴乡	拉郊乡
6. 农药使用量	吨	–6.00	7.8	1.8	0.36	0.36		0.36	0.36	0.36	
七、农田水利建设情况		0.00							0		
有效灌溉面积	公顷	–5.86	2108.04	2102.18	435.04	256.25	646.56	217.43	342.62	203.83	0.45
旱涝保收面积	公顷	–5.86	2108.04	2102.18	435.04	256.25	646.56	217.43	342.62	203.83	0.45
机电排灌面积	公顷										
机耕面积	公顷										
机播面积	公顷										
机械收获面积	公顷										
八、合作组织											
农村专业合作组织	个	–1	50	49	17	7	3	3	14	4	1
经济人	人	–14	63	49	17	7	3	3	14	4	1
其中：签订订单的农业户	户	–28	1199	1171	17	131	406	173	330	67	47
签订订单的牧业户	户	15	2	17	17						
九、自然灾害情况											

续表4

指标	单位	对比	2019年	2020年	洛扎镇	拉康镇	扎日乡	色乡	生格乡	边巴乡	拉郊乡
受害面积合计	公顷	3	2.27	5.48	2.27		3.21				
成灾面积合计	公顷		0	0							
粮食减产面积	公顷		0.41	39.16	17.92		21.24				
减产粮食	吨	−7	6.5	0							
减产油料	吨	−1	0.53	0							
死亡人口	人										
死亡大牲畜	头		0	0							
死亡羊	只										
倒塌民房	间										
损坏民房	间										
成灾人口合计	人										
缺粮人口	人										
十、补充资料：											
牛粪	吨	285	425.18	709.73	52	77.56	63.59	42.95	437	37	

续表4

指标	单位	对比	2019年	2020年	洛扎镇	拉康镇	扎日乡	色乡	生格乡	边巴乡	拉郊乡
薪柴	立方米	2610	1051.2	3660.7		93.7		328.0	3175.0	64.0	23.3
沼气	立方米										
十一、农村人居环境建设和环境综合整治											
有贸易市场的村	个	0	6	6	1	1	1	1	1	1	0
绿化建设的村	个	–3	14	11	2	2	0	0	4	3	0
有农家书屋的村	个	0	27	27	5	3	6	4	4	3	2
有综合文化体育设施	个	0	26	26	5	3	6	4	4	3	1
村及广播站	个	0	26	26	5	3	6	4	4	3	1
观看流动电影村	个	0	26	26	5	3	6	4	4	3	1
有卫生站的村	个	–2	27	25	5	3	5	4	4	3	1
有太阳能公共照明的村	个	0	27	27	5	3	6	4	4	3	2
有硬化道路的村	个	0	27	27	5	3	6	4	4	3	2
有农村垃圾污水治理的村	个	0	0	0	0	0	0	0	0	0	0

主要产品生产情况表（一）

表5

项目	单位	对比	2019年	2020年	洛扎镇	拉康镇	扎日乡	色乡	生格乡	边巴乡	拉郊乡
农作物总播种面积	公顷	-5.97	2108.15	2102.18	437.65	244.47	680.04	226.03	309.71	203.83	0.45
一、粮食作物合计	公顷	-45.58	1650.78	1605.20	307.52	184.79	540.13	167.43	245.18	160.15	
其中：夏收谷物	公顷	0.00									
（一）谷物	公顷	-26.62	1351.42	1324.80	248.84	175.96	392.32	138.26	230.27	139.15	
1. 小麦	公顷	-13.92	373.00	359.08	28.23	82.87		39.95	140.10	67.93	
（1）春小麦	公顷	3.82	10.20	14.02	5.87	0.30		7.85			
（2）冬小麦	公顷	-17.74	362.80	345.06	22.36	82.57		32.10	140.10	67.93	
2. 其他谷物	公顷	-12.70	978.42	965.72	220.61	93.09	392.32	98.31	90.17	71.22	
其中：青稞	公顷	-0.38	950.68	950.30	220.61	90.50	392.32	96.74	85.44	64.69	
荞麦	公顷	-12.32	27.74	15.42	0.00	2.59	0.00	1.57	4.73	6.53	
（二）豆类合计	公顷	-18.96	299.36	280.40	58.68	8.83	147.81	29.17	14.91	21.00	
3. 豌豆	公顷	-18.96	299.36	280.40	58.68	8.83	147.81	29.17	14.91	21.00	
二、油料作物	公顷	4.51	280.56	285.07	59.25	29.24	87.04	34.67	40.29	34.58	
其中：油菜籽	公顷	4.51	280.56	285.07	59.25	29.24	87.04	34.67	40.29	34.58	

续表5

项目	单位	对比	2019年	2020年	洛扎镇	拉康镇	扎日乡	色乡	生格乡	边巴乡	拉郊乡
三、蔬菜（含土豆、萝卜）	公顷	-7.23	104.45	97.22	22.34	24.71	27.23	11.41	5.64	5.89	
四、其他农作物	公顷	42.36	72.33	114.69	48.54	5.73	25.64	12.52	18.60	3.21	0.45
其中：青饲料	公顷	42.36	72.33	114.69	48.54	5.73	25.64	12.52	18.60	3.21	0.45

主要产品生产情况表（二）

表6

项目	单位	对比	2019年	2020年	洛扎镇	拉康镇	扎日乡	色乡	生格乡	边巴乡	拉郊乡
一、粮食作物合计	吨	-277.37	10620.27	10342.9	1934.66	1551.62	2895.00	975.35	2023.77	962.50	0.00
粮食亩产	吨	1.32	857.80	859.1	838.8	1119.6	714.6	776.7	1100.6	801.3	
（一）谷物	吨	-180.99	8907.04	8726.05	1539.31	1457.12	2164.40	788.65	1927.37	849.20	0.00
1. 小麦	吨	-39.21	3228.57	3189.36	180.31	999.83	0.00	266.74	1310.18	432.30	0.00
（1）春小麦	吨	-3.97	80.88	76.91	19.17	2.13		55.61			
春小麦单产	吨	-325.82	1057.25	731.43	435.4	946.7		944.5			
（2）冬小麦	吨	-35.24	3147.69	3112.45	161.14	997.70		211.13	1310.18	432.30	
冬小麦单产	吨	45.86	1156.81	1202.67	960.9	1611.1		877.0	1246.9	848.5	
2. 其他谷物	吨	-141.78	5678.47	5536.69	1359.00	457.29	2164.40	521.91	617.19	416.90	0.00

续表6

项目	单位	对比	2019年	2020年	洛扎镇	拉康镇	扎日乡	色乡	生格乡	边巴乡	拉郊乡
其中：青稞	吨	-159.13	5567.21	5408.08	1359.00	432.00	2164.40	518.78	532.00	401.90	
青稞单产	吨	-22.01	780.80	758.79	821.4	636.5	735.6	715.0	830.2	828.4	
荞麦	吨	17.35	111.26	128.61	0.00	25.29	0.00	3.13	85.19	15.00	
（二）豆类合计	吨	-96.38	1713.23	1616.85	395.35	94.50	730.60	186.70	96.40	113.30	0.00
豌豆亩产	吨	-944.40	1713.23	768.8	898.3	1427.0	659.0	853.4	862.1	719.4	
豌豆	吨	853.79	763.06	1616.85	395.35	94.50	730.60	186.70	96.40	113.30	
二、油料作物	吨	-109.12	880.09	770.97	162.70	112.80	220.22	48.81	113.64	112.80	
其中：油菜籽	吨	-109.12	880.09	770.97	162.70	112.80	220.22	48.81	113.64	112.80	
油菜单产	吨	-57.65	418.25	360.6	366.1	514.4	337.3	187.7	376.1	434.9	
三、蔬菜（含土豆、萝卜）	吨	3.76	2562.59	2566.35	766.89	619.49	425.55	383.04	66.88	304.50	
蔬菜亩产	吨	248.43	3271.22	3519.6	4577.1	3342.7	2083.7	4476.1	1581.1	6893.0	
四、其他农作物	吨	2728.19	1726.61	4454.8	742.15	136.61	454.77	586.52	912.30	1618.30	4.15
其中：青饲料	吨	2728.19	1726.61	4454.8	742.15	136.61	454.77	586.52	912.30	1618.30	4.15
青饲料亩产	吨	1996.11	3182.84	5178.9	2038.6	3178.8	2364.9	6246.2	6539.8	67219.1	1229.6

林业生产情况表

表7

项目	单位	对比	2019年	2020年	洛扎镇	拉康镇	扎日乡	色乡	生格乡	边巴乡	拉郊乡
一、营林情况											
1. 人工造林	公顷	0.01	46.66	46.67							
2. 公有经济造林	公顷	0.01	46.66	46.67							
3. 国有经济造林	公顷	0.01	46.66	46.67							
4. 防护林	公顷	0.01	46.66	46.67							
二、更新造林	公顷	0									
三、低产低效林改造面积	公顷	0									
四、四旁（零星）植树	株	−21168	43868	22700	8412	1500	1800	1500	1680	6817	
五、年末实有封田（沙）育林面积	公顷										
六、幼林抚育作业面积	公顷	0									
七、幼林抚育实际面积	公顷	0									
八、成林抚育面积	公顷	−1000	1000								
其中：中、幼龄林抚育面积	公顷	−1000	1000								

续表7

项目	单位	对比	2019年	2020年	洛扎镇	拉康镇	扎日乡	色乡	生格乡	边巴乡	拉郊乡
九、抚育改造出材量	公顷										
其中：中、幼龄林抚育出材量	公顷										
十、林木种子采集量	公顷										
十一、当年苗木产量	株										
十二、育苗面积	公顷										
其中：本年新增育苗面积	公顷										
十三、年末实有母树林面积	公顷										
十四、年末实有种子园面积	公顷										
十五、主要林产品产量	吨										
1. 野生植物的采集	吨										
2. 其他	吨										
十六、竹木采伐	立方米										
1. 全社会木材采运	立方米										
2. 全社会竹材采运	根										

畜牧业主要产品生产情况表

表8

项目	单位	对比	2019年	2020年	洛扎镇	拉康镇	扎日乡	色乡	生格乡	边巴乡	拉郊乡
牲畜总头数	头	-4909	64440	59531	16856	2702	17236	10264	5924	6197	352
上年头数					17618	3361	17827	11837	6336	7068	393
一、大牲畜	头	276	28773	29049	4596	2000	5271	8100	5098	3632	352
其中：从事农事劳役的	头	-10234	11503	1269	217		307	161	584		0
当年成畜死亡	头	138	300	438	107	12	88	82	84	44	21
当年生仔畜	头	86	5488	5574	880	271	774	1113	1590	868	78
1. 牛	头	504	27485	27989	4344	1902	4964	8062	4851	3515	351
其中：肉牛	头	1217	15166	16383	2411	812	3324	5622	2549	1416	249
奶牛	头	588	2102	2690	487	517	469	305	380	430	102
役用牛	头	-1301	10217	8916	1446	573	1171	2135	1922	1669	0
能繁殖的母畜	头	-1098	15607	14509	2343	1382	3398	2476	2818	2008	84
当年购入的牛	头	266	1696	1962	220	343	93	328	429	511	38
当年生子畜	头	93	5440	5533	875	269	766	1111	1581	853	78
1~2岁	头	-1757	7197	5440	693	270	834	1323	1521	734	65

续表8

项目	单位	对比	2019年	2020年	洛扎镇	拉康镇	扎日乡	色乡	生格乡	边巴乡	拉郊乡
2~3岁	头	3064	4132	7196	1323	261	765	1920	1616	1233	78
当年出售的牛（饲养）	头	–127	1030	903	238	167	24	9	267	106	92
成畜死亡	头	129	254	383	96	8	56	82	77	43	21
年初存栏数	头	457	27028	27485	4497	1935	5079	8220	4374	2988	392
年末出栏数	头	310	5395	5705	914	470	894	1506	1189	688	44
（1）黄牛	头	505	11716	12221	2455	790	4493	1280	2309	879	15
能繁殖的母畜	头	–199	8358	8159	1656	630	3130	580	1630	527	6
当年购入的黄牛	头	99	653	752	96	85	49	52	320	150	0
当年生仔畜	头	427	2421	2848	646	94	712	218	1053	120	5
1~2岁	头	–779	3200	2421	428	120	752	258	699	164	0
2~3岁	头	1312	1887	3199	1007	112	724	335	782	239	0
当年出售黄牛	头	–88	376	288	125	50	0	3	83	27	0
成畜死亡	头	77	128	205	70	4	47	51	24	9	0
年初存栏数（去年年末存栏数）	头	9	11707	11716	2544	890	4560	1337	1610	761	14

续表8

项目	单位	对比	2019年	2020年	洛扎镇	拉康镇	扎日乡	色乡	生格乡	边巴乡	拉郊乡
出栏	头	41	2561	2602	636	225	781	273	567	116	4
（2）牦牛	头	363	12944	13307	1726	797	464	6266	1551	2173	330
能繁殖的母畜	头	-679	5780	5101	540	511	261	1854	764	1095	76
当年购入牦牛	头	209	820	1029	113	129	42	237	109	361	38
当年生仔畜	头	-267	2898	2631	228	168	54	886	506	717	72
1~2岁	头	-518	3416	2898	258	132	82	1030	779	552	65
2~3岁	头	1408	2008	3416	283	123	41	1508	696	687	78
当年出售牦牛	头	69	385	454	80	91	24	3	117	47	92
成畜死亡	头	60	98	158	22	2	9	24	48	32	21
年初存栏数	头	821	12123	12944	1736	722	507	6280	1666	1660	373
出栏	头	271	2414	2685	249	129	106	1110	565	486	40
（3）犏牛	头	-364	2825	2461	163	315	7	516	991	463	6
能繁殖的母畜	头	-220	1469	1249	147	241	7	42	424	386	2
当年购入犏牛	头	-42	223	181	11	129	2	39	0	0	0

续表8

项目	单位	对比	2019年	2020年	洛扎镇	拉康镇	扎日乡	色乡	生格乡	边巴乡	拉郊乡
当年生仔畜	头	-67	121	54	1	7	0	7	22	16	1
1~2岁	头	-460	581	121	7	18	0	35	43	18	0
2~3岁	头	344	237	581	33	26	0	77	138	307	0
当年出售犏牛	头	-108	269	161	33	26	0	3	67	32	0
成畜死亡	头	-8	28	20	4	2	0	7	5	2	0
年初存栏数	头	-373	3198	2825	217	323	12	603	1098	567	5
出栏	头	-2	420	418	29	116	7	123	57	86	0
2. 马	匹	-197	1217	1020	249	90	307	37	220	116	1
能繁殖的母畜	匹	-147	420	273	97	23	108	9	35	0	1
当年购入马	匹	-4	23	19	9		2	8	0	0	0
当年生仔畜	匹	-5	46	41	5	2	8	2	9	15	0
1~2岁	匹	-1	47	46	12	2	13	3	16	0	0
2~3岁	匹	-20	67	47	12	1	21	3	0	10	0
3~4岁	匹	-27	94	67	5	20	25	7	0	10	0

续表8

项目	单位	对比	2019年	2020年	洛扎镇	拉康镇	扎日乡	色乡	生格乡	边巴乡	拉郊乡
当年出售马	匹	18	189	207	45	14	71	3	74	0	0
成畜死亡	匹	9	41	50	11	1	32	0	6	0	0
年初存栏数	匹	–161	1378	1217	291	103	400	30	291	101	1
3. 驴	头	–30	69	39	3	7	0	1	27	1	
当年购入驴	头	0	0	0	0	0			0	0	
当年生仔畜	头	–1	1	0	0	0			0	0	
1~2岁	头	0	0	0	0	0			0	0	
2~3岁	头	0	1	1	0	1			0	0	
当年出售驴	头	4	21	25	0	23			2	0	
成畜死亡	头	0	5	5	0	3			1	1	
年初存栏数	头	–25	94	69	3	33	0	1	30	2	0
4. 骡	头	–1	2	1		1	0	0	0		
当年购入骡	头	0	0	0		0			0		
当年生仔畜	头	–2	2	0		0			0		

续表8

项目	单位	对比	2019年	2020年	洛扎镇	拉康镇	扎日乡	色乡	生格乡	边巴乡	拉郊乡
1~2岁	头	0	0	0		0			0		
2~3岁	头	0	0	0		0			0		
3~4岁	头	0	0	0		0			0		
当年出售骡	头	-1	2	1		1			0		
成畜死亡	头	0	0	0		0			0		
年初存栏数	头	0	2	2	0	2	0	0	0	0	0
二、猪	头	-65	756	691	16	98	39	28	507	3	0
其中：藏香猪	头	57	492	549	0		39		507	3	
能繁殖母猪	头	-19	312	293	10	55	21	16	188	3	
当年购入猪	头	111	42	153	9	76	53	8	7	0	
当年生仔畜	头	11	269	280	12	20	0	0	248	0	
当年出售猪	头	-134	265	131	10	43	13	1	64	0	
成畜死亡	头	-18	36	18	2	2	0	0	14	0	
年初猪存栏数	头	-354	1110	756	12	141	10	42	541	10	0

续表8

项目	单位	对比	2019年	2020年	洛扎镇	拉康镇	扎日乡	色乡	生格乡	边巴乡	拉郊乡
出栏	头	-15	364	349	5	94	11	21	211	7	0
三、羊	只	-5120	34911	29791	12244	604	11926	2136	319	2562	0
能繁殖母畜	只	-2732	18143	15411	5251	244	8148	547	123	1098	0
当年购入羊	只	-1113	1775	662	197	185	240	39	1	0	0
当年生仔畜	只	-917	10286	9369	4171	135	4081	270	69	643	0
当年出售羊	只	-617	1367	750	488	66	0	4	21	171	0
成畜死亡	只	363	728	1091	467	12	430	141	3	38	0
羊的年初数	只	-6794	41705	34911	12815	1147	12338	3544	1100	3967	0
出栏	只	-3450	16760	13310	3984	785	4303	1572	827	1839	0
1. 山羊	只	-2993	10113	7120	1624	464	1407	1791	315	1519	
能繁殖母畜	只	-1700	4755	3055	584	179	1048	475	123	646	
当年购入山羊	只	-403	520	117	50	4	30	33	0	0	
当年生仔畜	只	-1128	2543	1415	170	98	510	227	69	341	
当年出售山羊	只	-219	443	224	38	61	0	2	21	102	

续表8

项目	单位	对比	2019年	2020年	洛扎镇	拉康镇	扎日乡	色乡	生格乡	边巴乡	拉郊乡
成畜死亡	只	122	174	296	85	7	46	131	3	24	
年初存栏数	只	-2785	12898	10113	1880	766	1510	2958	663	2336	0
出栏	只	-1226	5231	4005	353	336	597	1294	393	1032	0
2. 绵羊	只	-2127	24798	22671	10620	140	10519	345	4	1043	
能繁殖母畜	只	-1032	13388	12356	4667	65	7100	72	0	452	
当年购入绵羊	只	-710	1255	545	147	181	210	6	1	0	
当年生仔畜	只	211	7743	7954	4001	37	3571	43	0	302	
当年出售绵羊	只	-398	924	526	450	5	0	2	0	69	
成畜死亡	只	241	554	795	382	5	384	10	0	14	
年初存栏数	只	-4009	28807	24798	10935	381	10828	586	437	1631	0
出栏	只	-2224	11529	9305	3631	449	3706	278	434	807	0
四、家禽	只	640	20835	21475	21000	71	0	29	170	205	
其中：鸡	只	640	20835	21475	21000	71		29	170	205	
其中：肉鸡	只	-131	8247	8116	8000	25		6	34	51	

续表8

项目	单位	对比	2019年	2020年	洛扎镇	拉康镇	扎日乡	色乡	生格乡	边巴乡	拉郊乡
蛋鸡	只	771	12588	13359	13000	46		23	136	154	
五、禽蛋	吨	6.495	60.3	66.80	65	0.23	0	0.115	0.68	0.77	
鸡蛋	吨	6.495	60.3	66.80	65.00	0.23	0.00	0.12	0.68	0.77	
六、当年出售和自宰的肉用猪	头	-15	364	349	5	94	11	21	211	7	0
七、当年出售和自宰的肉用牛	头	310	5395	5705	914	470	894	1506	1189	688	44
八、当年出售和自宰的肉用羊	只	-3450	16760	13310	3984	785	4303	1572	827	1839	0
出栏率	%				0.28	0.40	0.29	0.26	0.35	0.36	0.11
其中：出售和自宰的肉用绵羊	只	-2224	11529	9305	3631	449	3706	278	434	807	0
其中：出售和自宰的肉用山羊	只	-1226	5231	4005	353	336	597	1294	393	1032	0
九、出售和自宰的家禽	只	-96	8223	8127	8000	51			25	51	
其中：鸡	只	-96	8223	8127	8000	51			25	51	
十、当年肉类总产量	吨	-11.2945	1129.61	1118.32	219.07	89.01	209.95	254.46	203.41	135.81	6.60
1. 当年猪牛羊总产量	吨	-14.715	1120.84	1106.13	207.07	88.94	209.95	254.46	203.37	135.73	6.60

续表8

项目	单位	对比	2019年	2020年	洛扎镇	拉康镇	扎日乡	色乡	生格乡	边巴乡	拉郊乡
其中：猪肉	吨	-0.75	18.2	17.45	0.25	4.70	0.55	1.05	10.55	0.35	
牛肉	吨	46.45	809.3	855.75	137.10	70.50	134.10	225.90	178.35	103.20	6.60
羊肉	吨	-60.415	293.34	232.93	69.72	13.74	75.30	27.51	14.47	32.18	0.00
（1）山羊	吨	-21.4525	91.54	70.09	6.18	5.88	10.45	22.65	6.88	18.06	
（2）绵羊	吨	-38.9625	201.8	162.84	63.54	7.86	64.86	4.87	7.60	14.12	
2. 家禽肉产量	吨	3.4205	8.77	12.19	12.00	0.08		0.00	0.04	0.08	
其中：鸡	吨	3.4205	8.77	12.19	12.00	0.08	0.00	0.00	0.04	0.08	
十一、奶类产量	吨	371.3225	3029	3400.32	404.16	594.26	519.76	532.61	486.09	863.44	
其中：牛奶产量	吨	371.27	3029	3400.27	404.16	594.26	519.76	532.56	486.09	863.44	
羊奶产量	吨	0.05	0	0.05				0.05	0.00		
十二、羊毛产量	吨	-12.6353	51.91	39.27	10.19	10.96	13.07	1.44	0.41	3.20	
绵羊毛产量	吨	-11.61625	44.51	32.89	9.38	10.38	11.38	0.44	0.01	1.30	
其中：细羊毛	吨	0	0	0						0.00	
半细羊毛	吨	-11.62	44.51	32.89	9.38	10.38	11.38	0.44	0.01	1.30	

续表8

项目	单位	对比	2019年	2020年	洛扎镇	拉康镇	扎日乡	色乡	生格乡	边巴乡	拉郊乡
山羊毛	吨	-1.02125	7.4	6.38	0.81	0.58	1.69	1.00	0.40	1.90	
其中：山羊粗毛	吨	-4.91	4.91	0							
山羊绒产量	吨	3.89	2.49	6.38	0.81	0.58	1.69	1.00	0.40	1.90	
十三、牛毛产量	吨	7.167	6.14	13.31	1.73	0.80	0.46	6.27	1.55	2.17	0.33
十四、牛绒产量	吨	-0.3	1.01	0.71	0.61		0.00	0.00	0.10		
十五、牛皮产量	张	310	5395	5705	914	470	894	1506	1189	688	44
十六、羊皮产量	张	-3450	16760	13310	3984	785	4303	1572	827	1839	0
其中：绵羊皮产量		-2224	11529	9305	3631	449	3706	278	434	807	0
十七、牛犊皮	张	-804	2519	1715			1065	141	509		
羔皮	张	18	1189	1207			662	36	509		
牛尾	吨	310	5395	5705	457	235	447	753	594.5	344	22

附　录

洛扎年鉴

坚定不移推进纪检监察工作高质量发展为新时代党的治藏方略在洛扎落实落地提供坚强保障

——在中国共产党洛扎县第九届纪律检查委员会第六次全体会议上的工作报告

（2021年2月24日）

县纪委书记、监委主任　旺　庆

一、2020年工作回顾

2020年，在以习近平同志为核心的党中央坚强领导下，县纪委常委会全面贯彻市纪委监委和县委的部署要求，团结带领全县各级纪检监察机关增强“四个意识”、坚定“四个自信”、做到“两个维护”，坚持稳中求进、实事求是、依规依纪依法，充分发挥监督保障执行、促进完善发展作用，扎实有效推进正风反腐各项工作，为洛扎长治久安和高质量发展提供了坚强政治保障。

一年来，我们自觉用习近平新时代中国特色社会主义思想武装头脑，以“两个维护”实际行动推动各项重大决策部署落地见效

坚持学懂弄通做实习近平新时代中国特色社会主义思想。县纪委常委会把学习贯彻习近平新时代中国特色社会主义思想作为主线，坚持集中学习、个人自学与研讨交流结合，充分发挥班子成员领学促学作用，有力推动了全县纪检监察干部学思用贯通、知信行统一。召开12次常委会会议、14次专题学习会，持续跟进学习党的十九届四中、五中全会、中央第七次西藏工作座谈会精神和习近平总书记最新重要讲话、重要指示批示精神，学习十九届中央纪委四次全会精神以及赵乐际、杨晓渡等中央纪委国家监委领导同志讲话要求，学习王卫东同志在山南调研时的讲话和专题党课精神以及市纪委监委和县委各项部署要求，结合职责研究具体落实措施，在担当尽责中巩固深化“不忘初心、牢记使命”主题教育成果，推动了全县纪检监察工作高质量开展。

坚持党对纪检监察工作的领导。制定执行《向县委请示报告工作清单》和《向市纪委监委请示报告工作清单》，严格执行民主集中制和

“两为主一报告”，自觉主动向县委和市纪委监委请示报告重要问题线索、重要案件查办情况20余次，报告本县政治生态、重点工作推进落实情况10余次，切实把双重领导体制落实到具体工作中。坚持履行协助职责和监督责任有机结合，认真分析研判全县党内政治生态，积极为县委推进全面从严治党建言献策，协助县委召开党风廉政建设专题会、“两个责任”推进会、常委班子“述责述廉”会议等不断强化主体责任，确保了纪检监察工作始终在党的领导下开展。

推进政治监督具体化常态化。坚持党中央决策部署到哪里，监督检查就跟进到哪里，紧紧围绕党中央、自治区党委、市委、县委各项重大决策部署落实情况开展监督检查。主动深入疫情防控一线开展监督检查54次，发现督促整改问题135条，督促县委问责疫情防控工作走形式、履责不力问题1起。开展十五项重点工作专项监督检查，发现问题125个，督促相关单位落实整改115个，整改率92%，以监督实效推动了上级决策部署在洛扎不折不扣落地落实。

一年来，我们深化拓展群众身边腐败和作风问题整治，人民群众的获得感幸福感安全感显著提升

深化扶贫领域专项治理。紧扣全县脱贫攻坚巩固提升阶段特征，较真碰硬“督”，凝心聚力“战”，召开扶贫领域专项治理工作推进会议2次，问题线索移送协调会1次，进一步压实了党委主体责任、纪委监督责任和行业监管责任。以中央脱贫攻坚专项巡视及“回头看”、市纪委监委监督检查反馈问题整改为抓手，紧盯政策落地、项目推进、资金使用、责任落实和工作作风等方面，常态化开展监督检查、明察暗访，督促纠治“四不摘”落实不到位、脱贫摘帽后松气懈怠等突出问题，推动相关部门落实整改任务96个，受理扶贫领域问题线索5件，立案查处1件，给予党纪政务处分1人，组织处理5人，公开通报曝光1件1人，为打赢脱贫攻坚战提供了坚强纪法保障。

深化扫黑除恶监督执纪问责。对照中央扫黑除恶督导组反馈的问题，举一反三，自查整改。深入开展行业乱象整治，成立工作专班，制定《关于开展重点行业领域突出问题专项整治监督执纪问责工作方案》，督促行业部门围绕22个重点领域开展专项整治，推动相关职能部门调解道路交通工程建设领域双拖欠问题9起，办理公安机关移交党员、公职人员饮酒驾驶问题2件，巩固了扫黑除恶打非治乱专项斗争成效。

切实保障人民群众切身利益。紧盯小康村建设、生态环保等重点领域，主动深入全县44个边境小康村建设点，对项目建设进度、部门责任落实、贫困户安置入住等情况进行实地督导，确保了89户建档立卡贫困群众如期搬入新家。深入开展生态环保领域监督执纪问责，发现7个边境小康村18个临时取料点采挖不规范、手续不齐全等问题，督促职能部门限时整改。

一年来，我们驰而不息坚决纠治“四风”，推动洛扎党风政风持续向好

全力巩固作风建设成果。强化对各级各部门贯彻执行中央八项规定及其实施细则精神情况监督检查，坚持节前喊话不松劲，充分利用“洛扎风纪”微信公众平台、微信工作群发布廉洁提醒和公告80余次。坚持日常监督和专项监督相结合，深挖细查不收手不知止、隐形变异问题，持续整治公车私用、公款吃喝、违规收受礼品礼金、违规发放津贴补贴等突出问题，办理涉及违反八规问题线索4件，立案审查调查1件，给予党纪处分1人，收到3名领导干部主动上缴价值1.2万元的礼品礼金，持续释放越往后执纪越严的强烈信号。

深入开展各类专项整治工作。开展制止餐饮浪费专项整治，主动深入机关食堂、各乡镇、学校开展监督检查10余次，对发现的餐饮浪费行为当场反馈、限时整改，督促职能部门发挥宣传引导职责，在全县范围内营造了“厉行节约、反对浪费”良好氛围。开展公车“二维码”专项清查工作，督促68辆“二维码”不规范公车整改更换到位。开展违规出借财政资金问题专项整治，清查收缴资金2841.34万元。深入开展形式主义、

官僚主义问题专项整治，对3名不作为慢作为、履职不到位的负责人进行了严肃问责。

深入开展八规自查清理纠治工作。协助县委认真开展违反中央八项规定精神问题自查清理工作，指导7个乡（镇）和42家县直单位自查清理纠治党的十八大以来违反中央八项规定精神问题5类262条，收缴资金29.72万元，促使42名同志在2020年度民主（组织）生活会上深刻剖析说明自身问题，推动相关部门进一步完善公务接待、津贴补贴发放、财务审批报销等制度规定，构建起纠治“四风”长效机制。

一年来，我们充分发挥巡察利剑作用，坚持巡改并重，实现政治巡察全覆盖

以上率下层层落实责任。县委坚持把巡察工作作为落实全面从严治党主体责任的重要抓手，及时学习巡视巡察相关重要内容，召开县委常委会5次、书记专题会2次、领导小组会议8次，听取巡察情况汇报、研究部署年度工作计划和每轮巡察工作任务。县委巡察办积极协助巡察工作领导小组做好具体工作的推动落实，较好发挥了参谋助手作用。

高质量推动巡察全覆盖。紧扣“三个聚焦”，细化监督重点，组织开展2轮巡察，对县委统战部等22家党组织（单位）开展常规巡察，对拉康镇党委等5家党组织（单位）开展巡察“回头看”，实现九届县委任期内巡察全覆盖。2020年还首次对拉康社区等5个村（社区）党组织开展直接巡村，延伸监督触角，打通全面从严治党“最后一公里”。全年共发现并反馈突出问题461个，立行立改问题35个，移交问题线索2件。

做实巡察整改“后半篇”文章。深化标本兼治，扩大巡察成果运用，每轮巡察结束后，向分管领导和行业部门通报巡察情况，做到以下看上，从源头认清问题和推进解决问题；总结提炼巡察发现的行业性问题通报给行业部门，推动解决行业监管漏洞。形成了以纪检监察和组织部门为主体的日常监督机制，开展2次巡察整改专项督查，及时下发督查情况通报，对2家巡察整改不力的单位在全县范围内点名通报批评，以有力问责推动巡察反馈问题真改实改，全面整改。

一年来，我们率先试点县乡纪检监察力量整合，补短板、强弱项，提高反腐败治理效能

稳步推动科室资源融合。推动审理室与综合室职能融合、信息中心与综合室部门融合、业务科室和综合科室的人员融合，打破委机关科室壁垒，统筹人员力量，全面履行监督执纪问责和监督调查处置职责。一年来，调配综合部门人员参与监督检查40余次，参与执纪审查16次，切实改变了监督检查、审查调查力量薄弱、科室衔接不够顺畅的状况，形成了科室间既独立分工又联动配合的工作格局。

探索构建片区协作工作模式。重新规划整合乡镇纪检监察力量，将辖区内7个乡镇划分为2个片区，每个片区覆盖9~11名乡镇纪检监察干部，由2名县纪委副书记担任片区负责人，完善问题线索“一周一研判”、交叉监督检查等制度，变“单兵作战”为“集中会战”。自片区协作模式试行以来，开展片区协作办案10件，形成了“县纪委牵头、乡镇纪委配合、统一调度、协作联动”的工作格局，开创了洛扎纪检监察工作新局面。

一年来，我们深化标本兼治，一体推进不敢腐、不能腐、不想腐，维护洛扎风清气正政治生态

强化不敢腐的震慑。全县各级纪检监察机关共处置问题线索22件，立案审查调查6件，给予党纪政务处分6人，收缴违纪资金14.84万元，实现问题线索存量清零。全年运用“第一种形态”19人次，运用“第二种形态”6人次，达到了教育大多数，惩戒极少数的目的。对2017年以来受到党纪政务处分的18名党员干部进行了回访教育，帮助教育放下思想包袱，重拾信心、勇担责任。

扎牢不能腐的笼子。坚持聚焦“关键少数”，抓实近距离常态化监督。选派纪委班子成员参加各级党组织民主（组织）生活会54人次，严肃党内政治生活；紧盯重点领域、重要部门、关键环节，印发纪检监察建议书5份，推动相关

部门整改问题21个，完善机制体制5个；严格执行《党风廉政意见回复工作办法》，对6名党员干部提出暂缓使用意见，严防“带病提拔”。在卫生系统开展以案促改警示教育会1次，督促各级医疗卫生机构从典型案件中查找薄弱环节，堵塞制度漏洞。

增强不想腐的自觉。开展好第六个党风廉政建设宣传教育月活动，给新任职干部讲廉政党课2次，推动全县各级党组织负责同志与班子成员廉政谈话50余次。注重常态化日常宣传教育，全年开展各类宣传教育活动24场次，发放廉政宣传资料760本，组织观看警示教育片700余人次，转发各类典型案例通报36期，推送警示教育视频20部，组织廉政知识测试1069人次。

一年来，我们创新方式方法，下大力气把队伍建强、让干部过硬，助力全县纪检监察干部素质再提升、本领再突破、作风再优化

坚持业务学习不放松。在全县纪检监察系统内开展“大学习、大提升”暨“从实战中来，到实战中去”专题活动，按照“缺啥补啥”的原则，围绕党章党规党纪、宪法法律法规、纪检监察业务知识等方面开展业务培训13次，集中学习中纪委培训课程和讲义17场次，印发各类业务资料216份，切实提高了全县纪检监察干部的知识储备。

加大干部培养不停步。熟练运用跟班跟案学习等形式，选派12名县乡纪检监察干部到区纪委、市纪委锻炼，抽调8名乡镇纪检干部到县纪委跟班跟案学习，围绕“公文处理、信访接待、线索摸排、审查调查、案件审查”等中心业务进行实操，不断提升基层纪检监察干部纪法贯通能力和实战能力。

加强作风建设不松劲。以学习领会王卫东书记《建设作风优良的政治机关》专题党课精神为契机，组织专题研讨会，围绕卫东书记提出的“五个方面”问题，采取自我剖析、单位主要领导点评的方式，让纪检监察巡察干部不断“红脸、出汗”，撰写心得体会17篇，检视整改问题36个，着力解决干部队伍在政治思想、纪律作风、能力素质等方面存在的突出问题，全面加强纪检监察干部作风建设。

过去一年，全县纪检监察工作在高质量发展中取得了令人鼓舞的成绩。这些成绩的取得，主要得益于县委的坚强领导和市纪委监委的有力指导；得益于我们始终坚持真学、真懂、真信、真用习近平新时代中国特色社会主义思想，保持正确政治方向；得益于我们始终坚持党章和宪法赋予的职责定位，充分发挥监督保障执行和促进完善发展作用；得益于我们始终坚持以人民为中心的政治立场，用监督执纪问责实效不断增强人民群众对党的信心、信任和信赖；得益于我们始终坚持稳中求进工作总基调，以永远在路上的执着和定力正风肃纪反腐；得益于我们始终从严从实加强纪检监察干部队伍建设，充分发扬斗争精神，增强斗争本领，锤炼忠诚干净担当的政治品格。

成绩来之不易，问题不容忽视。在看到成绩的同时，我们也要清醒地认识到，我县反腐败斗争形势依然严峻复杂，全面从严治党任重道远，一些重点行业和重点领域违纪违法问题易发多发，群众身边的微腐败时有发生；少数党组织对党风廉政建设不够重视、主体责任落实不到位；部分纪检监察干部学习主动性不强，能力眼界与高质量发展要求仍有差距；村务监督委员会作用发挥不明显，监督“最后一公里”尚未完全打通，等等。对此，我们必须高度重视，认真加以解决。

二、2021年主要工作

2021年是中国共产党成立100周年和西藏和平解放70周年，也是实施“十四五”规划、开启全面建设社会主义现代化国家新征程的第一年，做好纪检监察工作意义重大。年内工作的总体要求是：坚持以习近平新时代中国特色社会主义思想为指导，认真贯彻落实党的十九大和十九届二中、三中、四中、五中全会和中央第七次西藏工作座谈会精神，按照十九届中央纪委五次全会、自治区纪委九届六次全会、一届市纪委六次全会和九届县委五次、六次、七次全会部署要求，增

强“四个意识”、坚定“四个自信”、做到“两个维护”，忠实履行协助职责和监督责任，坚持稳中求进，坚持“三不”一体推进，找准服务保障现代化建设的结合点着力点，更加突出政治监督，更加突出高质量发展，更加突出整治群众身边腐败和作风问题，更加突出发挥监督治理效能，更加突出严管厚爱结合、激励约束并重，持续加强纪检监察工作规范化法治化建设和干部队伍建设，推动全面从严治党向纵深发展，确保新时代党的治藏方略落实落地，以优异成绩庆祝中国共产党成立100周年和西藏和平解放70周年。

（一）深入学习贯彻习近平新时代中国特色社会主义思想，把准反腐败斗争正确政治方向

强化思想政治建设。不断巩固深化“不忘初心、牢记使命”主题教育成果，贯通学习《习近平谈治国理政》一二三卷，坚持深入系统学、持续跟进学、联系实际学，全面掌握习近平新时代中国特色社会主义思想的基本观点、理论体系，切实把这一科学理论落实到正风肃纪反腐实践中去，经常对标对表，及时校准偏差，一刻不停推进党风廉政建设和反腐败斗争，确保纪检监察工作始终沿着正确政治方向前进。

坚决践行“两个维护”。紧紧围绕贯彻落实中央第七次西藏工作座谈会精神，自觉把纪检监察和巡察工作放在全局中去思考和谋划，紧扣政治任务，加强对新时代党的治藏方略落实落地情况的监督检查，加强对“十四五”规划实施、贯彻新发展理念、构建新发展格局、推动高质量发展等决策部署落实情况的监督检查，加强对各部门履职情况的监督检查，督促推动各级党组织特别是党委（党组）主要负责人落实全面从严治党政治责任，推动党中央决策部署和习近平总书记重要指示批示精神落地生效。

严明党的政治纪律和政治规矩。严格执行党的民族宗教政策，持续深化政治纪律监督检查，对参与分裂破坏活动的严查严处。督促各级党组织严肃党内政治生活，坚决同危害党中央权威和集中统一领导的行为作斗争。

（二）践行为民服务宗旨，持续整治群众身边的不正之风和腐败问题

持续整治漠视侵害群众利益问题。坚决查处落实党和国家强农惠农政策和民生项目不到位的问题；坚决查处以权谋私、不给好处不办事、给了好处乱办事的问题；坚决查处对群众反映的事情推诿扯皮、敷衍塞责、久拖不办的问题；坚决查处教育医疗、就业创业、养老社保、生态环保、安全生产、食品药品、执法司法等领域漠视和侵害群众利益的问题；坚决查处乡镇村（社区）“三资”管理制度执行不严，财务混乱、虚开发票、坐收坐支、公款私存等问题；坚决查处重点行业违纪违法问题，真正解决群众“急难愁盼”问题，让群众在反腐“拍蝇”中增强获得感。

推动脱贫攻坚与乡村振兴战略有效衔接。各级纪检监察机关要主动融入乡村振兴战略，充分发挥监督保障执行、促进完善发展作用，督促各级党委政府和职能部门落实“四个不摘”要求，保持主要帮扶政策总体稳定。紧盯扶贫产业、扶贫项目、扶贫资金各个环节，加大各项惠民富民政策措施落实情况的监督检查，为接续推进巩固拓展脱贫攻坚成果同乡村振兴有效衔接、持续推进减贫工作提供坚强保障。

打通基层监督最后一公里。完善基层监督体系，优化乡镇纪委（派出监察室）职能职责，发挥村务监督委员会作用，探索试行基层“微权力”清单运行监督，督促基层组织细化权责清单，实行上栏公示，详细公开权力运行流程及环节，让群众看得见、看得全、看得懂，促使基层权力阳光运行。坚决惩处涉黑涉恶“保护伞”，持续整治软弱涣散基层党组织，提升基层党员干部党纪法规意识，发挥基层党组织战斗堡垒作用。

（三）持续深化纪检监察体制改革，推动监督体系进一步完善

完善党内监督体系。推动党委（党组）主体责任、书记第一责任人责任和纪委监委监督责任贯通联动、一体落实。加强对同级党委和下级党

组织的监督，加强对领导班子特别是“一把手”的监督。落实上级纪委同下级党委班子成员集体谈话、上一级纪委书记定期与下一级党委书记谈话、下一级党委书记在上一级纪委全会述责述廉并接受评议等工作机制，着力破解对“一把手”监督和同级监督的难题。

完善双重领导体制。加强上级纪委监委对下级纪委监委的领导，完善下级纪委书记、派出监察室主任向上级纪委、监委述职等制度，紧紧围绕线索管理处置、监督检查、审查调查、案件审理等关键环节，排查梳理贯彻执行“两为主一报告”的不足和短板，推进双重领导体制具体化、程序化、制度化。加强重要问题线索、重要案件查办、重点工作推进落实情况的请示汇报，强化县委对纪检监察工作的领导，确保反腐败斗争的主动权牢牢掌握在党的手中。

提升治理能力水平。及时跟进学习贯彻中国共产党纪律检查委员会工作条例，细化完善工作流程。进一步探索发挥片区协作工作模式作用，加强纪委监委班子联系指导作用，通过统筹谋划、片区负责、上下贯通等方式，把片区纪检监察力量充分调动起来，确保片区工作始终围绕县纪委全会的部署要求开展；围绕信息沟通、交叉监督、线索移交、协作办案等关键环节，理顺机关科室、协作片区、各乡镇纪委的职责定位和工作关系，确保攥指成拳，形成合力。

（四）促进各类监督贯通融会，切实发挥监督治理效能

抓好日常监督教育。要牢牢把握“监督的再监督”职责定位，紧盯“一把手”、行业部门主要负责人、班子成员等“关键少数”强化日常监督，综合运用信访受理、线索处置、约谈提醒、走访调研、参加会议等方式，深入干部群众之中发现问题、掌握情况。精准运用“四种形态”，规范用好问责利器，常态化做好被问责和受处分干部的跟踪回访、心理疏导和激励关怀。执行《党员权利保障条例》，严格执行“三个区分开来”，落实“容错纠错、受处分人员回访、重新启用、受诬告陷害人员澄清正名”四项机制，打造激励党员干部担当作为的制度“后墙”。

抓好换届纪律监督。加强党员干部勤政廉政情况综合分析研判，做好党风廉政意见回复，严把选人用人政治关、品行关、作风关、廉洁关、形象关，严防“带病提名”“带病当选”。严厉查处拉票贿选、买官卖官、跑官要官、说情打招呼等行为；严厉查处诬告、造谣、中伤他人或编造传播小道消息扰乱换届选举工作的行为；严厉查处煽动、串联他人缠访闹访干扰换届选举工作的行为；严厉查处借换届之机突击花钱、私分公物、滥发补贴，在换届结束后不交印章、账本、档案、资产等行为，坚决确保换届风清气正。

抓好监督质效提升。强化纪委监委的协助引导推动功能，以党内监督为主导，不断完善权力监督制度和执纪执法体系，推动各类监督同纪律监督、监察监督、巡察监督协同发力、有机衔接，形成长效监督合力。充分发挥县乡纪委监委接信、接访作用，深化“制度、平台、队伍”三项建设，优化提升检举举报平台功能，强化在线网络信访举报办理，拓展干部群众信访举报渠道。规范信访举报处理程序，定期研判分析本级信访举报总体情况及变化趋势，为高质量监督提供参考。

（五）持之以恒落实中央八项规定及其实施细则精神，巩固拓展作风建设成效

驰而不息纠治“四风”。坚决贯彻中央八项规定及其实施细则精神，保持定力，寸步不让，防止老问题复燃、新问题萌发、小问题做大。紧盯研判“四风”问题易发、频发的关键环节、关键领域、关键岗位，督促有关职能部门认真检视制度制定、执行方面的漏洞和问题，不断健全配套制度规定，从治理高度不断完善纠治“四风”工作机制。坚持纠“四风”和树新风并举，督促各级党组织深入开展党的优良传统和优良作风教育，引导各级领导干部自觉反对特权思想和特权作风，从严管理教育家属子女，以上率下，形成“头雁”效应。

持续整治形式主义、官僚主义。各级党委（党组）要严肃整治“白头文件”满天飞、以会

议落实会议等形式主义、官僚主义问题；严肃整治工作中动辄成立领导小组，弄虚作假应付检查、相互抄袭各类材料、务虚不务实等不担当、不作为、乱作为、假作为问题；严肃整治表态多调门高、行动少落实差等回避矛盾、慵懒无为问题。对顶风违纪、明知故犯，阻碍党中央大政方针和区党委、市委、县委决策部署贯彻落实、人民群众反映强烈、造成严重后果的，要毫不妥协，寸步不让，靶向纠治、形成震慑，推动基层减负常态化。

深入开展突出问题专项整治。全面整治违规占用周转房问题，协同政府相关部门成立工作专班，对我县干部职工违规占用周转房、一人多房、转租公房等乱象进行整治，对干部职工不听劝、不退房等乱占公家资源的行为严肃追责；深入整治"公车私用""私车公养"等突出问题，围绕九方面整治重点，加强对各级党委（党组）自查工作的监督检查，协助县委科学分类提出处置意见，对专项整治工作中不履行责任、工作推动不力、整改措施不实、隐瞒不报等失职失责问题，严肃追责问责，确保整治工作取得实效。持续推动违规出借财政资金问题专项整治，督促县财政和相关部门，加大对违规出借财政资金的收缴力度，最大程度防止国家财政资金流失。

（六）持续深化政治巡察，在继承创新中提质增效、强化震慑

强化巡察政治站位。以"四个意识"为政治标杆，以党章党规党纪为尺子，以习近平总书记重要讲话精神特别是治边稳藏重要论述和党的新时代治藏方略为指引，把维护党中央权威和集中统一领导作为根本政治任务，督促被巡察党组织自觉把"四个意识"体现在思想和行动上。坚定政治方向，坚持问题导向，盯住党委（党组），突出"关键少数"，着力发现党的领导弱化、党的建设缺失、全面从严治党不力等问题，严明党的纪律，净化党内政治生态。

提升巡察政治效果。咬定巡察目标任务不动摇，保持政治力度和节奏，强化中期指导、试行组办会商，深入查找问题背后领导班子、领导干部的责任担当，找准主要矛盾和矛盾的主要方面，提升政治巡察综合效果。推进巡察与纪律、监察、组织等监督统筹衔接，与宣传、政法、信访等协作配合，形成系统集成、协作高效的监督工作机制。做实巡察"后半篇文章"，深化"一反、两压、三抄、四管"整改机制，对整改责任不落实、敷衍整改，甚至边改边犯的严肃问责。

做好巡察总结谋划。对照习近平关于巡视工作重要论述，对照党中央、区党委、市委有关巡视巡察工作新部署新要求，总结九届县委巡察工作经验、做法和成果，进一步完善巡察制度机制，规范巡察工作流程，使巡察方式更加多样、方法更加灵活、成效更加明显。科学谋划下一届县委五年巡察规划，在任务安排上不留"缺口"，时间把控上留有"余地"，坚持巡察工作标准不降、尺度不松、力度不减，确保县委巡察工作取得良好的政治效果、纪法效果和社会效果。

（七）构建一体推进不敢腐、不能腐、不想腐体制机制，进一步巩固和发展反腐败斗争压倒性胜利

保持惩治腐败高压态势。通过信访举报筛选、田间地头摸排、关注舆情搜集、监督检查寻找、部门协作移送、审查调查深挖等方式，拓宽问题线索来源渠道；突出审查调查重点，从严查处党的十八大以来不收敛不收手，严重阻碍党的理论和路线方针政策贯彻执行、严重损害党的执政根基的腐败问题；聚焦"十四五"规划中政策支持力度大、项目资金多的重点领域和关键环节，严肃查处基础设施建设、项目审批、政府采购中的腐败问题，坚决破除权钱交易关系网，把"严"的主基调长期坚持下去；充分发挥反腐败协调小组作用，持续形成反腐败斗争强大合力。

做实审查调查"后半篇文章"。督促各级党组织真正把自己摆进去、把思想摆进去、把工作摆进去、把职责摆进去，深刻反思在管党治党方面存在的薄弱问题，深刻剖析违纪违法行为产生

的问题根源，从中吸取教训、举一反三、健全机制、堵塞漏洞。构建一体推进不敢腐、不能腐、不想腐的体制机制，实现查处一案、警示一片、治理一域的综合效应，营造党内政治生态的“绿水青山”。

加强党风廉政宣传教育。督促各级党委（党组）深入学习习近平总书记关于全面从严治党重要论述，自觉同党中央要求对标对表。分行业、分领域、分层级精准开展党风廉政警示教育，用身边事、教育身边人。深入推进党风廉政宣传教育月活动，加强思想道德和党纪国法教育，推进廉洁文化建设，注重家风建设，引导党员干部修身律己、廉洁齐家，加大对典型违纪违法案例点名道姓通报曝光力度，切实做到警钟长鸣、震慑常在。

（八）加强纪检监察队伍建设，锻造政治过硬、本领高强的反腐铁军

完善自我监督机制。认真贯彻《关于加强新时代纪检监察干部监督工作的意见》，严格执行监督执纪工作规则和监督执法工作规定，完善自身权力运行机制和管理监督制约体系，牢固树立法治意识、程序意识、证据意识，不断提升规范化法治化水平。坚决纠正个别同志“慵懒散”问题，严处打听案情、说情干预、违规过问等知纪违纪、知法违法行为，坚决清除政治不纯、品行不端者，以铁一般的纪律作风锻造过硬干部队伍。

加强思想政治建设。坚持把学习贯彻习近平新时代中国特色社会主义思想摆在首位，自觉加强常委会自身建设，突出抓好党的政治建设这个根本，推进机关党建工作与业务工作深度融合，严肃党内政治生活，带头开展党史教育和“政治标准要更高，党性要求要更严，组织纪律性要更强”专题教育，在增强“四个意识”、坚定“四个自信”、做到“两个维护”中走在前、作表率。

提高履职尽责能力。优化干部队伍结构，推动定期轮岗、平职交流，深化全员政治和业务培训，强化以案带训和跟班学习，在实训实战中提高政策把握能力和纪法运用能力。持续深化“三转”，坚决退出不应当纪委监委参与的议事协调机构。强化调查调研，做好总结提炼，努力破解影响高质量发展的重点难点问题。

洛扎县人民法院工作报告

——在洛扎县第十三届人民代表大会第六次会议上的报告

（2021年1月16日）

县人民法院院长　松尖兵

2020年主要工作

过去一年，在县委坚强领导、人大及其常委会有力监督、山南市中级人民法院正确指导和政府、政协及社会各界关心支持下，我院坚持以习近平新时代中国特色社会主义思想和习近平法治思想为指导，认真学习贯彻党的十九大和十九届二中、三中、四中、五中全会和中央政法工作会议、中央第七次西藏工作座谈会精神、中央全面依法治国工作会议，深入贯彻落实习近平总书记关于西藏工作重要论述和新时代党的治藏方略，坚持服务大局、司法为民、公正司法，积极应对新收案件持续大幅增长态势，忠实履行宪法法律赋予的职责，今年共受理案件41件（旧存1件）、审执结37件，同比分别上升70.1%、60.9%，结案率97.3%。

一、以学习贯彻中央第七次西藏工作座谈会精神为统领，确保人民法院正确政治方向

第一时间组织学习中央第七次西藏工作座谈会精神，坚持不懈用习近平新时代中国特色社会主义思想武装头脑。将学习贯彻中央第七次西藏工作座谈会精神特别是习近平总书记重要讲话精神作为政治理论学习的首要任务，召开党组理论学习中心组学习会12次，组织支部学习4次，专题学习2次，组织主题党日活动12次，利用每周二、三、四早上20分钟干警集中学习等60余次，信仰之基进一步筑牢、精神之钙进一步补足、思想之舵进一步把稳。毫不动摇坚持党对司法工作的绝对领导，坚定不移走中国特色社会主义法治道路。始终牢记法院姓党是永远不变的根和魂，教育引导广大干警增强“四个意识”、坚定“四个自信”、做到“两个维护”；严格执行《中国共产党政法工作条例》，主动向县委、政法委请示，报告重要工作、重大事项、重要案件等，确保党中央、区党委、市委、县委各项决策部署在人民法院得到不折不扣执行。

二、以贯彻总体国家安全观为着眼点，着力维护社会大局持续全面稳定

突出打击重点领域的犯罪。依法严惩侵害生命财产安全犯罪，审结盗窃1件1人、交通肇事犯罪案件1件1人、拒不支付劳动报酬罪1件2人。加强人权司法保障。坚持宽严相济刑事政策，对具备从轻情节或认罪认罚的依法从宽，判处缓刑3人。扛起普法宣传责任。坚持“谁执法谁普法”责任制，树牢“法治宣传也是办案、办案就是法治宣传”理念，结合新旧西藏对比、新旧西藏司法制度对比和社会主义核心价值观教育、“四讲四爱”等活动，利用藏汉双语，采取公开庭审、网上直播、以案释法的方式，开展法治宣传13余场次，受教育群众2000余人次。

三、以保障和改善民生为出发点，着力为经济社会高质量发展提供司法服务保障

服务保障营商环境建设。着力在更新思想理念、强化审判职能、延伸司法服务举措上下

功夫，积极营造更加稳定公平透明、可预期的法治化营商环境；依法审结合同案件13件，审结民间借贷纠纷案件1件。全力兑现胜诉权益。巩固“基本解决执行难”成果，开展发挥执行职能、做好“六稳”工作落实“六保”任务专项执行行动，执结执行案件6件，执行到位标的额43万余元；发布失信名单1例，限制高消费1人，布控到被执行人2人，协助区内法院执行3件。

四、以践行司法为民宗旨为落脚点，着力提升人民群众的司法获得感

加强民生权益司法保护。加大涉民生案件办理力度，审结餐饮纠纷涉民生案件1件，尽心竭力帮群众解难题、为群众增福祉、让群众享公平；深化家事审判改革，强化调解、弱化对抗，积极推行离婚冷静期等制度，促进家庭关系修复，审结婚姻家庭、继承抚养等案件11件；提供有温度的诉讼服务。紧紧依靠县委领导，推进“点线面”相结合、全覆盖司法服务网络提档升级，将司法、综治、信访、妇联、双联户、人民调解等外部解纷力量纳入矛盾纠纷多元化解体系，坚持引进来，促进矛盾纠纷实质化解，把最好场所、最优服务提供给群众，利用车载流动法庭，进村调解10次；2020年10月初我院投入15万余元，改建了诉讼服务中心，实现标准化运作，集诉讼引导、立案登记、调解速裁、信访接待等功能于一体，共接待群众50人次，12368诉讼服务热线提供服务已接通，调处各类纠纷20件。主动服务疫情防控大局。我院干警坚决响应党中央号召，坚决贯彻上级部门决策部署，发扬“一方有难、八方支援”优良传统，为湖北疫区捐款1.38万元。积极助力脱贫攻坚战役。以“两不愁、三保障”为重点，落实落细脱贫攻坚领域司法需求，积极宣传党的惠民政策和法律法规，选派1名干警入驻村，全院干警8次到扶贫联系点开展结对帮扶工作，干警结对认亲13户、帮扶资金0.9万元，我院党支部到驻村点贡祖社区开展了2次主题党日活动，同时选派1名法官参与我县小康示范村建设的中心工作。

五、以深化司法改革和智慧法院建设为抓手，着力增强改革发展新动能

完善新型审判监督管理机制。优化文书前置检索、全覆盖案件质量评查制度，强化审判委员会的作用，推行类案检索报告制度，促进类案裁判标准统一、适用法律统一；落实院庭长办案要求，2020年度共结案37件，院庭长结案32件，占86.49%；按照上级法院要求我院第三批法官入额遴选工作圆满完成，3名干警即将充实到办案一线，为司法审判注入新鲜血液。深化司法体制综合配套改革。推进以审判为中心的刑事诉讼制度改革，有序推进认罪认罚从宽制度改革，审结认罪认罚案件2件，占一审审结刑事案件的66.67%。深化智慧法院建设。疫情防控期间，智慧法院“大显身手”，依托移动微法院、跨域立案、集约送达等线上系统，我首次运用互联网法庭跨境远程成功审结1起当事人在湖南的刑事附带民事案件的民事部分、跨域立案中协助其他法院办理案件5件，实现诉讼服务“不打烊”，公平正义“不打折”；持续深化阳光司法，网上公开裁判文书12份、直播庭审7件、点击量达7748人次。

六、以推进全面从严治党为牵引，着力锻造让党放心让人民满意过硬法院队伍

切实提升党建品质。落实新时代党的建设总要求，始终把党的政治建设摆在首位，明确党组书记、班子成员和支部书记责任，形成权责明晰的责任体系；认真组织实施党支部标准化、规范化建设和组织力提升工程，发展预备党员、吸收积极分子8人，为推动党的建设高质量发展积蓄人才。切实增强司法能力。突出实战实用实效，加强岗位练兵，参加政治理论教育、审判业务、藏汉双语骨干法官等培训12人次，“一站式”诉讼服务建设培训2人次，赴湖南法官学院接受培训1次，不断提升硬核能力。

2021年工作要点

2021年，我院将紧紧围绕“努力让人民群众在每一个司法案件中都感受到公平正义”的工作目标，聚焦审判主业，落实主体责任，依托建设“两个一站式”、执行攻坚、扫黑除恶专项斗争、政治建警等各项工作载体，抓好审判执行、党建、廉建、队建等各项工作，全面优质完成全年工作任务。

一、进一步加强队伍建设，夯实执政基础

进一步坚定政治立场和政治方向，提高政治站位，牢固树立“四个意识”，深入学习贯彻落实党的十九大、十九届二中、三中、四中、五中全会精神及中央第七次西藏座谈会精神，科学制订学习计划，合理安排学习时间和学习内容，有针对性开展党员教育培训，强化对日常学习的督促指导，做到学习入脑入心，引导党员干部发挥作用，确保队伍政治素养和业务能力水平进一步提升。

二、进一步履行审判职能，维护社会稳定

落实司法责任制、院庭长办案制、院庭长监督指导办案制度，按要求完成立案登记、刑事审判、民商事审判、执行等各项工作；推动以审判为中心的诉讼制度改革，推进司法体制配套制度改革，提升审判执行质效，有效化解各种纠纷；有效发挥人民法庭作用，深入基层化解矛盾定纷止争，利用法庭触角探头作用摸排涉黑涉恶线索及矛盾纠纷排查，维护一方稳定；加大司法公开力度，主动公开与接受监督相结合，利用中国裁判文书网等公开平台，加大法院办案公开透明力度，增强司法公信力；加大信息化建设，发挥执行查控系统、数字法院系统的作用，加大信息化在司法为民、公正司法、司法审判管理、人事管理等方面的应用，达到“审判流程网络化、庭审活动数字化、卷宗管理信息化、司法信息公开化”的目标。

三、进一步加强作风建设，筑牢廉政防线

深刻认识党要管党、从严治党的重要性、必要性，以增强党性、提升素养为目标，把政治纪律和政治规矩挺在前面，严格落实党内监督制度，认真执行党内法规，认真落实“一岗双责”，强化廉政建设，认真贯彻落实中央八项规定及其实施细则精神，严守党的纪律，执行党的决议，维护党的权威，实现法院作风进一步优化，干警廉政意识不断增强，政治生态更加清明。

洛扎县人民检察院工作报告

——在洛扎县第十三届人民代表大会第六次会议上的报告

（2021年1月17日）

县人民检察院检察长　罗布次仁

2020年检察工作开展情况

2020年，在以习近平同志为核心的党中央坚强领导下，在县委和上级检察机关的正确领导下，在县人大及其常委会的依法监督下，在县政府、县政协及社会各界的关心帮助支持下，洛扎县人民检察院坚持以习近平新时代中国特色社会主义思想为指导，深入贯彻党的十九大和十九届二中、三中、四中、五中全会精神以及中央第七次西藏工作座谈会精神，全面贯彻习近平总书记关于西藏工作的重要论述和新时代党的治藏方略，把增强“四个意识”、坚定“四个自信”、做到“两个维护”体现在履职尽责上，依法履行宪法赋予的法律监督职责使命，各项检察工作取得了新进展。

一、提高政治站位、强化理论武装

2020年，我院紧密结合“全面加强政治建检、打造过硬检察队伍”专项教育整顿活动，用党的创新理论武装头脑、指导实践。一是全面加强党的理论学习。把认真学习《习近平谈治国理政》第三卷作为重要政治任务。坚持原原本本学、结合检察实际学，真正做到学深悟透、入脑入心。切实把思想和行动统一到以习近平同志为核心的党中央的各项决策部署上来。今年以来，我院共计召开党组理论中心组学习会议12次，支部“三会一课”20次，主题党日活动12次，院党组书记及班子成员讲党课8次，发放《习近平谈治国理政》第三卷12册；二是坚持党的领导、加强党的建设。全年认真学习贯彻党的十九届二中、三中、四中、五中全会精神和中央第七次西藏工作座谈会精神以及《中国共产党政法工作条例》，始终坚持党对检察工作的绝对领导，贯彻落实机关基层组织工作条例和党支部工作条例，扎实推进三包五带五促活动及八星党支部创建工作；三是切实加强纪律作风建设。强化全面从严治党“两个责任”落实，制定党建工作责任清单，落实党风廉政建设责任制，深入落实中央八项规定精神实施细则，及时对自身发现的问题进行整改。贯彻执行防止过问司法办案“三个规定”，杜绝长期出现零报告，努力锤炼全院干警忠诚干净担当的政治品格，确保思想统一，步调一致；四是加强素能培训。为进一步加强检察队伍建设，提高干警综合素质，我院积极参与上级院组织的民行、侦监、公诉、案管等业务的线上培训及云课堂80余场次，同时在院内组织业余培训及业务知识讨论学习12场次，促进全院干警的法律知识得到及时更新，业务技能得到全面提高、专业素质得以不断加强。

二、聚焦民生、改善民生、主力打赢脱贫攻坚战

牢记民生是最大的政治，把坚持以人民为中心的发展思想和司法为民的根本宗旨作为一切检察工作的出发点和落脚点。全年围绕洛扎县委中心工作，充分发挥党员干部的先锋模范

作用，推进精准扶贫工作向纵深推进。一是年内，我院班子成员及干警深入白沙村驻村点、居委会、驻村工作队和10户结对帮扶对象家中进行慰问及政策宣传讲解工作4次，累计投入资金15000元；二是为白沙村驻村工作队及当地贫困户群众提供宣传材料，办公用品等，累计投入资金9160元；三是我院帮助解决扎日乡白沙村边缘贫困户索朗卓玛家的边境小康村建设自筹资金10000元。

三、坚持自身防疫与依法履行两手抓，坚决抗击疫情

新冠肺炎疫情发生以来，我院主动服务疫情防控大局，坚持自身防疫和依法履职两手抓，在战疫中守初心，担使命，坚决打赢疫情防控阻击战。在疫情防控期间确保所有检察人员及家属“零感染”，确保检察工作不停歇。同时联合市场监督管理局围绕生鲜肉类食品检验检疫、医疗废弃物处置等疫情防控重点开展监督。此外，我院全体干警踊跃参加捐款活动，累计捐款7450元为湖北新冠肺炎疫情防控工作献上绵薄之力。

四、牢记职责使命，服务全县大局，让人民群众有更多的安全感、获得感、幸福感

（一）严厉打击刑事犯罪活动，确保社会和谐稳定。紧紧围绕检察机关是国家法律监督机关这一宪法定位，狠抓执法办案、强化法律监督，服务保障洛扎社会局势和谐稳定。年内，受理公安机关审查逮捕案件2件2人，批准逮捕案件2件2人，侦监适时介入1件1人（1件1人故意杀人案）；我院公诉部门共计受理公安机关移送审查起诉案件5件7人（其中提起公诉案件4件6人，1件1人交通肇事案，1件2人拒不支付劳动报酬案，1件1人盗窃案，1件2人掩饰、隐瞒犯罪所得收益案），不起诉案件1件1人（1件1人职务侵占案）。在办案中依法积极适用认罪认罚从宽制度，加大对当事人认罪认罚从宽制度的讲解力度，着力提升认罪认罚从宽制度的正确适用率，贯彻良法善治理念。今年我院办理案件中，适用认罪认罚3件5人，适用率为60%。其余案件中1件1人因疫情原因未能适用认罪认罚，1件1人因作出存疑不诉，不能适用认罪认罚。除1件2人掩饰、隐瞒犯罪所得收益案已向法院提起公诉外，另外3件4人法院均已作出有罪判决。

（二）积极参与社会治安综合治理，深入开展扫黑除恶专项斗争。把维护稳定作为压倒一切的政治任务，在今年上半年疫情防控、国内外形势日渐严峻的局势下，我院对单位内部及周围开展安全隐患排查和巡逻检查各30余次，在值班备勤、巡逻防控等工作上投入检察力量200余人次。以零容忍的态度和敢于亮剑的精神，保持扫黑除恶高压态势，扩大扫黑除恶宣传面，悬挂横幅4条，滚动播放标语4条，向群众发放宣传资料、手册等5000余册。

（三）精心呵护未成年人健康成长。坚持“教育、感化、挽救”的方针，用心用情做好未成年人检察工作，组建未成年人刑事办案组。深入落实最高检“一号检察建议”，检察长罗布次仁和1名副检察长觉昂曲珍分别任洛扎县中学和扎日乡完小的法治副校长，开展法治进校园、“同舟共济、检护明天”为主题的检察开放日活动以及“快乐暑假、未检相伴”为主题的法治宣传活动共5场次，分别以校园欺凌、未成年人保护等为主题进行法制宣传工作，累计覆盖未成年人600余人次。

（四）巩固拓展普法宣传工作成效。严格落实“谁执法谁普法”责任机制，坚持把普法工作融入检察办案全过程全环节。将宪法知识、公益诉讼、未成年人维权、扫黑除恶、非法集资、防范电信诈骗、国家安全月、12309检察服务、民法典知识等作为宣传重点，积极开展形式多样的法治宣传活动，提升法治宣传的影响力和渗透力，大力促进人民群众学法、懂法、守法、用法的自觉性、主动性。年内，开展各类法治宣传活动19场次，发放各类普法宣传资料及物品7500余份，累计受教育群众达6500余人次。

（五）着力推进民营经济健康发展。为了能够更好地服务民营经济发展，提供优质检察产品和法律保障，贯彻落实最高人民检察院“三号

检察建议”我院结合工作实际，开展“服务‘六稳’‘六保’护航民企发展”检察开放日活动，邀请洛扎县民营企业家代表8名，“零距离”了解检察工作，凝聚各方力量，齐心协力护航民营经济发展。

五、积极做好公益诉讼检察工作，保护高原生态，建设美丽洛扎

时刻牢记总书记“保护好青藏高原生态就是对中华民族生存发展的最大贡献”重要指示，树牢“绿水青山就是金山银山、冰天雪地也是金山银山”的理念，我院以开展食品药品安全“四个最严”专项行动、“公益诉讼守护美好生活”专项监督活动、积极推进“检察长”+“河长制”，对生态环境资源保护、水资源保护、学校食品安全、群众药品安全等线索进行排查。2020年，我院发现行政公益诉讼线索19件，立案19件，其中涉及环境资源与保护领域4件，食品药品安全领域2件，国有土地使用权出让领域11件，另外2件等外领域已经批准立案。检察机关与政府部门虽分工不同，但服务人民，追求法治的目标一致，我院坚持把诉前实现维护公益目的作为最佳司法状态，19件行政公益诉讼案件中，发出检察建议12份，各有关部门正在积极整改中。所有公益诉讼案件中，采取磋商机制终结6件。

六、主动接受监督，加强沟通协调，更好为人民群众提供优质的检察服务

坚持开门纳谏，主动接受社会各界群众监督，不断夯实可持续发展根基，推进洛扎检察事业行稳致远。一是主动接受人大监督。向人大汇报公益诉讼等重大工作进展，积极邀请人大代表、政协委员在检察开放日等时间节点视察检察工作，增进代表委员对检察工作的了解。二是自觉接受社会各界监督。充分发挥微博、微信等新媒体平台的宣传阵地作用，将检察工作全方位向社会公开展示。截至目前，我院在各类平台上累计发布检察信息485条。三是检察长罗布次仁带领干警进行回访交流，加强与安徽省宣城市、池州市对口援藏检察机关的沟通联系，争取人才智力和资金设备上的支持。四是投入2万余元在办公室一楼建成12309检察服务中心，努力打造“一站式”检察服务平台，为人民群众提供更为便捷的检察服务。

七、当前存在的问题及改进方向

在看到成绩的同时，我们也清醒地认识到，当前工作中还存在很多需要解决的问题：一是刑事、民事、行政、公益诉讼四大检察之间发展仍不均衡，公益诉讼办案质效与人民群众日益增长的法治需求相比，还存在着很大的差距，民事监督工作还需要进一步加强；二是抓党建促进检察业务工作上，研究探讨不够，导致党建与业务工作之间的结合点抓得不够精准；三是检察队伍整体能力素质有待提升，应对疑难案件能力不足。对于这些问题，我院将在今后积极采取有力措施，逐步加以解决。

2021年是建党100周年和西藏和平解放70周年，是实施“十四五”规划和实现2035年远景目标的开局之年，我院将以习近平新时代中国特色社会主义思想为指导，深入学习贯彻党的十九届五中全会、中央第七次西藏工作座谈会、中央政法工作会议、全国、全区、全市检察长会议精神，紧紧围绕全县改革发展稳定大局，充分履行检察职能，持之以恒固本强基，推进现代化检察工作高质量发展，以高水平的监督办案服务保障经济社会高质量发展。重点做好以下“三个方面”工作：

（一）严格推进党的政治建设。坚持抓党建、带队伍、强业务，严肃开展党内政治生活，严格落实“三会一课”、组织生活会、主题党日等制度，使政治生活成为提升干部政治能力的好课堂，强化自我净化、自我完善、自我革新、自我提升的能力，始终坚持在党的绝对领导下开展各项检察工作。

（二）推进“四大检察”均衡发展。积极适应检察工作转型发展的新格局，回归法律监督主责主业。做优刑事检察，实行捕诉一体，认真落实认罪认罚从宽制度，推进司法资源优化配置。做强民事检察，加强民事案件监督力度，实现双

赢多赢共赢。做实行政检察，弥补行政检察短板和弱项。做好公益诉讼检察，拓展公益诉讼线索来源，探索办理等外领域案件，增强公益保护的力度和范围，同时提高办案质量和效率。

（三）有序推进检察队伍建设。把提高司法办案能力作为加强检察队伍建设的核心抓好抓实，不断提高培训针对性和实用性。助力培养一批政治过硬、经验丰富的检察业务骨干。以刀刃向内的勇气和以高度的政治自觉、政治担当，全面从严治检，为新时代洛扎检察工作健康发展提供强有力的保障。

洛扎县2020年国民经济和社会发展计划执行情况与2021年国民经济和社会发展计划草案报告

——在洛扎县第十三届人民代表大会第六次会议上的报告

（2021年1月16）

县发展和改革委员会主任 洛桑次仁

一、2020年国民经济和社会发展计划执行情况

2020年是我县发展进程中极不平凡、极其重要的一年。一年来，在县委的正确领导和县人大、政协的有效监督支持下，在中粮集团的无私支援下，县政府坚持以习近平新时代中国特色社会主义思想为指导，深入学习贯彻党的十九大及十九届二中、三中、四中、五中全会精神，全面贯彻落实中央第六次、七次西藏工作座谈会和习近平总书记关于西藏工作的重要论述和新时代党的治藏方略，贯彻落实中央经济工作会议精神，贯彻落实区党委、市委经济工作会议精神，增强“四个意识”、坚定“四个自信”、做到“两个维护”，坚持“五位一体”总体布局，协调推进“四个全面”战略布局，紧紧围绕稳定发展生态强边四件大事和实现“四个确保”，牢牢把握工作的着眼点着力点和出发点落脚点，坚持稳中求进工作总基调，解决了许多长期想解决而没有解决的难题，办成了许多过去想办而没有办成的大事，各项事业取得全方位进步、历史性成就，较好地完成了年度各项目标任务。特别是新冠肺炎疫情暴发以来，我们始终坚持人民至上、生命至上，认真落实“外防输入、内防疏忽”防控策略，扎实做好“六稳”工作、全面落实“六保”任务，全县未出现确诊或疑似病例，统筹推进疫情防控和复工复产。

（一）经济增长稳中求进。2020年，预计完成全县生产总值7.26亿元，同比增长6.9%，完成年度目标任务的100%；预计完成全社会固定资产投资15.92亿元，同比下降30.7%，完成年度目标任务的82%；预计完成一般公共预算收入5128万元，同比增长31.68%，完成年度预算目标任务的125%；预计完成招商引资投资7亿元，同比下降30%，完成年度目标任务的100%；预计完成农牧民人均可支配收入15700元，同比增长13.4%，完成年度目标任务的100%；预计完成社会消费品零售总额13711万元，同比增长3%，完成年度目标任务的100%；预计完成税收总收入6012万元，同比增长2%，完成年度目标任务的100%。

（二）产业结构优化改进。一产上：全县农作物播种面积为3.16万亩，其中青稞播种1.43万亩，全县农作物良种覆盖面积80%以上；粮食总产达到1万吨以上，其中青稞产量0.65万吨；全县牲畜总头数6.4万头，重大动物疫病免疫率100%，仔畜成活率91.2%，牲畜出栏率30%以上。5000亩高标准农田开工建设，121.7亩新增耕地正在客土。二产上：工业增加值预计完成1386万元，同比增长10%；建筑业产值预计完成3.33亿元，同比下降21%；“南·卡日”雪山冰泉水通过国家级绿色食品认证，赛卡古托牌豌

豆粉丝获得绿色食品标志使用权，洛扎雄曲流域开发5+2梯级电站建设规划顺利通过专家审查会。拉康水电站大坝土建进度92%、隧洞开挖进度87%、厂房土建开挖进度85%，全年完成投资7亿元。三产上：积极参加自治区民族特色精品展示展销、雅砻文化节、雅砻物交会活动，成功举办第五届“库拉岗日”文化旅游节；全县共接待游客5万人次，实现旅游收入833万元，旅游人数基本持平，旅游收入同比增长20.2%。洛扎县拉郊峡谷生态观光区项目通过竣工验收，洛扎县白玛林湖景区和卡久景区建设项目通过初验，洛扎县朵宗旅游基础设施建设项目完成前期工作。

（三）项目支撑持续增强。2020年，全年全县开复工项目111个，涉及总投资55.77亿元（其中，续建项目74个，总投资48.83亿元；新开工项目37个，总投资6.94亿元），完成投资15.92亿元；全县在线审批累计录入356个项目，涉及投资37.87亿元，累计录入国家重大项目库184个项目，涉及投资22.4亿元，全年全县录入国家重大项目库56个，涉及投资8.74亿元。

（四）认真谋划“十四五”规划。启动并科学编制洛扎县“十四五”规划，通过召开“十四五”规划专题会议、征求意见会，听取汇报，提出意见建议，集体研究讨论，推动规划编制工作。同时，紧扣十九届五中全会、中央第七次西藏工作座谈会、自治区强边工作会议精神，对衔接自治区、山南市“十四五”规划纲要，对规划纲要进行多次修改完善，形成了《洛扎县国民经济和社会发展第十四个五年规划和二〇三五年远景目标纲要（草案）》，储备“十四五”规划项目356个，总投资182亿元；围绕守边固边富边强边，谋划制定《洛扎县高质量发展项目清单（2021年至2035年）》，储备项目414个，总投资1188亿元。

（五）基础设施日趋完善。实施边防公路新建项目、国道219线等一大批交通项目，公路总里程967.76公里，乡镇村居通畅率100%。推动人饮安全巩固提升、藏医院等一批民生重大项目落地实施。农田水利灌溉保障率、自然村供水保障率均100%，安全饮用水使用率100%，国网通电率100%，行政村通信网络覆盖率100%。争取了中粮援藏资金3300万元，计划外援建了协其边境小康村；编制“十四五”援藏规划项目7个，规划总投资6000万元。

（六）脱贫成效巩固提升。完成国家脱贫攻坚普查，加强整改各类监督检查反馈问题，通过动态调整确认贫困户842户2765人，实现建档立卡贫困户全部脱贫、26个村（居）整村退出，综合贫困发生率下降至0，脱贫攻坚取得决定性胜利。整合涉农资金6132万余元，支出进度92.69%。进一步健全完善产业项目利益联结机制，带动2697名建档立卡贫困户增收1000元以上。入股拉康水电站产业资金1.32亿元，收到固定收益分红279万元。实施57个水源点保护工程和季节性饮水困难改造提升项目。成立2家扶贫电商超市，销售扶贫产品85.4万元。集中就业残疾人23名，人均年增收9000元。兑现生态岗位人员工资949万余元。劳务输出7081人，创收约8716万元。边境小康村和抵边搬迁吸纳就业2.08万人次，发放报酬417.7万元。

（七）乡村振兴开局良好。全县7个乡（镇）27个村（社区）4957户18311人纳入边境小康村建设规划，截至年底，竣工入住和在建有3851户15590人，占规划人数的85%，其中已竣工入住22个村（点）涉及1339户5196人，项目总投资7.64亿元；在建42个村（点）涉及2512户10394人，项目总投资12.72亿元，工程平均进度75%，预计2021年6月份之前全面完成建设并入住。基本完成杰罗布等5个抵边搬迁点203户680人工程，水电路讯网全面通达。同时，今年对口援藏中粮集团投入资金2000万元用于建设我县边境小康村。

（八）社会事业显著提升。科技事业方面：推广“喜拉22”号青稞0.8万亩，良种覆盖面80%以上。完成1500头娟珊牛改良和21头犏牛经济杂交任务。教育事业方面：全县在园幼儿797人，学前教育三年入学率90.17%，超前完成了全市年初对我县下达的85%的目标任务；义务教育阶段学生有2292人，入学率为100%；先后完成了部分乡镇学校的教学楼、学生食堂、教职工之家及供暖供养工程，持续改善了各学校办学条件。卫生事业方面：申报计划生育奖励扶助472人，扶助资金45.312万元；计划生育特殊家庭扶助87人，扶助资金45.42万元；全年住院分娩192人，分娩率100%，落实住院分娩补助166人，兑现资金42.515万元；利用疫情防控直通资金297万元购买核酸实验室设备、改建核酸实验室；完成第一批免费新冠疫苗接种49人。文化事业方面：组建27支行政村文艺演出队，落实行政村文艺演出队组建经费135万元，落实行政村文艺演出扶持资金108万元。若浪霞布卓设立为第三批自治区非遗项目传习基地，门日合作社设立为市级非遗扶贫就业工坊，门当央谐等3个项目列入市级非物质文化遗产代表性目录。库拉岗日文化旅游节总成交额850万余元。《洛扎县志（2001—2010）》已通过终审。社会保障事业方面：2020年全县劳务输出10173人次，劳务输出6520人，完成年度目标任务97.31%，实现劳务总创收7601.01万元，人均创收11658元，开展农牧民技能培训20期，参训人员854人，其中已结业541，实现就业307人，就业率56.74%。全县高校毕业生就业185人，就业率为100%。城镇登记失业率控制在2.3%以内。

（九）深化改革成效显著。继续推进“证照分离”“多证合一”，增市场主体186家，完成总年报率100%。深化“放管服”改革，县级政务大厅受理办件1.1万余件，办结率100%；推进“减证便民”专项行动，取消证明事项58项；电子证照签发、服务承诺时间压缩等五项指标均达到国务院考核要求。签订国有产权整体无偿划转协议，挂牌成立国网洛扎县供电公司。完成735户外业和226户内业农村宅基地房地一体确权登记测量工作，发放不动产证书24本。第七次全国人口普查入户登记工作顺利完成。第七次全国人口普查入户登记工作顺利完成。

（十）城乡建设有序开展。通过各种途径争取县城主体工程提升项目、县城风貌改造项目、县城供水二期改扩建等7个项目，涉及资金1.72亿元；建公租房78套，总建筑面积4200平方米；推进乡镇垃圾无害化处理设施建设任务，除拉郊乡外，其余乡镇均已建成或在建垃圾处理设施，乡镇垃圾填埋场（转运站）覆盖率85%。

（十一）生态文明建设持续优化。开展义务植树及国土绿化工作，植树4.67万株；完成小康村植树造林700亩；完成3万亩森林抚育项目初步设计及招标工作；加大环保项目争取和本级资金投入力度，水源点保护项目102个（其中2020年实施57个），实施简易保护24个点，完成126个农村饮用水源地水质检测任务；各乡镇和卡久寺景区共配备了9辆垃圾清运车、修建了57个垃圾收集池、26座公共厕所、为已竣工的小康村农户发放推拉式垃圾桶和果皮箱1540个，村容村貌焕然一新；实施了人饮安全巩固提升第一批项目、洛扎县季节性缺水人饮维修工程、农村饮水“一点一方案”维修工程，着力完善水利设施建设；加快推进小康村配套基础设施建设及乡村公路村村通工程，惠及家家户户，村容村貌焕然一新。

（十二）统筹推进疫情防控和复工复产。坚持把人民群众生命安全和身体健康放在第一位，全力以赴抓好各项防控措施落实。投入85万元医疗物资筹备资金和70万元粮食储备资金，有序发放口罩、消毒液等医疗物资和调运米面12万余公斤，为全面打赢疫情防控阻击战提供物资保障。积极做好复工复产指导帮扶工作，建立24小时重点企业用工调度保障机制，有序组织农牧民就近就便转移就业；落实支持企业复工复产保持企业经济平稳运行的优惠政策，为9家个体工商户减免增值税、减税降费约17.72万元，为企业减免房租约80万元；发放93.06万元消费券用于消费扶贫，引导干部职工购买扶贫产品，支持本地扶贫产业。

过去的一年，我县经济社会发展取得的成绩来之不易，是县委、县政府统揽全局、科学决策、坚强领导的结果，是县人大、政协有效监督和中粮集团无私援助的结果；是全县各族干部群众解放思想、同心协力、扎实苦干的结果。同时，我们也清醒地认识到我县在经济社会发展中存在的薄弱环节和突出问题：

一是经济发展环境较差、水平较低。我县自然灾害频发，防抗灾体系建设相对滞后，加之现有县城市政设施建设整体功能无法满足当前发展需求，急需对现有市政做整体改扩建规划建设；项目投资拉动经济受资金、政策、人才等因素制约，优势产业规模小，支撑经济发展作用不强。二是基础设施仍然滞后。个别行政村道路技术等级低，抗御自然风险的能力差，干部群众出行存在道路交通安全隐患较大；农田灌溉设施有待完善，中低产田比重大，改造任务重；旅游、防灾减灾等基础设施建设滞后。三是招商引资缺融资。大项目资源少，融资难度大，成本高，项目前期审批周期长，程序烦琐，项目前期论证不充分，基础设施急需完善。四是争资立项缺支撑。财政收入总量小，本级财政投资难度大，争取的建设项目投资小，缺乏大项目的投资平台。五是公共服务缺均衡。旅游产业链条短、细，旅游和文化还没能更好地融合在一起，旅游产业附加值不能得到很好的提升。缺乏高新技术及大品牌企业作支撑及先进制造业和与现代服务业的融合，还未走向规模化、品牌化的产业园区建设的发展道路。六是维稳控边任务繁重。我县边境线长，对外通道多，但维稳硬件设施建设滞后，稳控力量不足，反分裂、反蚕食、反渗透任务仍然十分艰巨；抵边搬迁点位于高海拔地区，资源较匮乏，群众长期生产生活条件差，难以实施产业项目帮助群众增收，实现群众真正搬得出、稳得住、留得住的目标任务艰巨。

对于以上问题，我们将高度重视，采取有效措施，认真加以解决。

二、2021年经济社会发展的总体要求和主要任务

2021年我县经济社会发展总体要求是：2021年是我国现代化建设进程中具有特殊重要性的一年，既是建党100周年和西藏和平解放70周年，也是“十四五”规划的开局之年，做好经济工作意义重大。必须坚持以习近平新时代中国特色社会主义思想为指导，全面贯彻落实党的十九大和十九届二中、三中、四中、五中全会以及中央第七次西藏工作座谈会精神，贯彻落实习近平总书记关于西藏工作的重要论述和新时代党的治藏方略，贯彻落实中央、区党委、市委经济工作会议精神，从讲政治的高度做好经济工作，坚持稳中求进工作总基调，落实“三个赋予一个有利于”工作要求，立足新发展阶段，贯彻新发展理念，融入新发展格局，以推动高质量发展为主题，以深化供给侧结构性改革为主线，以改革创新为根本动力，以满足人民日益增长的美好生活需要为根本目的，坚持系统观念，正确处理好“十三对关系”，按照“夯实基础、民生优先、产业富民、固边兴边”工作思路，扎实做好“六稳”工作、全面落实“六保”任务，统筹发展和安全，加强边境地区建设，切实抓好稳定发展生态强边四件大事，确保国家安全和长治久安，确保人民生活水平不断提高，确保生态良好，确保边防巩固和边境安全，以优异成绩庆祝建党100周年和西藏和平解放70周年。

我县2021年国民经济和社会发展的主要预期指标是：

——全县生产总值同比增长8.5%；

——全社会固定资产投资同比增长21%；

——农牧民人均可支配收入同比增长13%；

——社会消费品零售总额同比增长10%；

——财政收入同比增长2%。

——城镇登记失业率控制在2.3%以内。

实现2021年经济社会发展的各项预期目标和任务，保持国民经济平稳健康发展，要着力抓好以下工作：

（一）突出抓好转型升级稳增长。

促进产业提质增效。抓好提质增效，深入推进供给侧结构性改革等政策措施的贯彻落实。重点打造洛扎粉丝、清油、糌粑、荞麦、藏药等优质产品；全力做好全域旅游专项规划，加快发展文化旅游，丰富旅游路线，力争接待游客人数和

旅游收入实现双增长。因地制宜推进边境一线特色种养殖、加工、旅游等优势产业发展，带动边境一线群众增收致富。

提升农业现代化水平。加大中低产田和高标准基本农田改造，大力实施洛扎镇、扎日乡、边巴乡三个乡镇的5000亩高标准农田建设，保证粮食产量稳中有增，确保粮食安全；着力提升农业综合生产能力，加快完善水利基础设施建设，加大项目建设和后期运营管理力度，实现项目长期发挥效益。

加快服务业提档升级。加快推进国家级电子商务示范县项目，依托2家扶贫电商超市，鼓励干部职工“以购代捐”“以买代帮”助力消费扶贫。借助“扶贫832”平台、中粮我买网、雅砻文化旅游节、物资交流会和库拉岗日文化旅游节，进一步展销洛扎特色农畜产品。加快发展文化旅游，坚持旅游与文化相结合，推动旅游产业与文化产业互促、互补、互兴，逐步推进卡久景区、白玛林湖景区、拉普温泉、朵宗遗址等旅游景区综合开发，丰富旅游精品路线；积极申报环库拉岗日游步道等旅游发展类项目，以边境小康村建设为依托，切实解决好旅游发展瓶颈；依法规范旅游市场，扶持群众开办家庭旅馆、农家乐等旅游服务业；鼓励支持“鲁古拉姆藏戏”“拉康俗人羌姆”等民间歌舞进入旅游景点景区，促进文化旅游融合发展；借助网络、电视等宣传手段，推广洛扎文化旅游。

（二）突出抓好项目攻坚保投资。

创新思维谋划项目。进一步完善充实“十四五”规划项目盘子，科学合理储备项目。巩固拓展脱贫攻坚与乡村振兴有效衔接，结合小康村基础设施建设，精心谋划储备重大项目；积极争取国家、区、市等各级部门的支持，争取援藏援助资金和国家资金，谋划大项目好项目，促进全县投资和经济持续稳定增长。

千方百计争引项目。规划实施一批对转型升级有重大影响、支撑作用明显的大项目好项目；要拿出过硬举措推进招商引资和项目建设，实行精准招商，大力优化环境服务，着力打造更加实惠的政策环境、更加高效的政务环境、更加公平的市场环境和更加稳定的社会环境，以更好的服务态度推进招商引资项目的引进和建设工作。

全力以赴推进项目。扎实抓好已开工项目的续建工作，加快推进全县在建小康村项目建设力度，确保在2021年6月份实现全面竣工入住；加大县城供水二期、县城主体功能提升、县城风貌改造、朵宗旅游基础设施等新建项目的推进力度，确保既定的重点项目，顺利完成年度计划投资。

（三）推动乡村振兴促城乡协调发展。

巩固拓展脱贫攻坚成果。站在已经脱贫摘帽的新起点上，严格按照“摘帽不摘责任、摘帽不摘政策、摘帽不摘帮扶、摘帽不摘监管”的要求，紧盯人民群众最关心最直接最现实的利益问题；持续激发群众自主脱贫内生动力，主动对接市场，突出产业特色，继续加大涉农资金整合力度，在延长扶贫产业链、完善带贫减贫机制上下功夫，巩固拓展脱贫攻坚成果与乡村振兴有效衔接。

全力推进小康村建设。深刻把握形势、紧抓发展机遇，顺势而动、乘势而上，深入贯彻区、市、县小康村建设的一系列重要决策部署，坚定不移推进小康村建设工程。严格按照“八到村”“村九有”“十到户”要求，统筹推进小康村基础设施建设，实施好“水电路讯网、科教文卫保”十项提升工程，着力建设一个适度超前、设施完善、生态良好、美丽独特的小康村。

稳慎推进抵边搬迁建设。大力实施“神圣国土守护者、幸福家园建设者”战略，坚持屯兵与安民并举、固边与兴边并重，以边境前沿搬迁为重点，全力做好全县及县外群众的抵边搬迁工作，稳慎推进抵边基础设施和产业项目，着力建设边境长廊和巩固国土安全。

（四）突出打造宜居适度的生活空间。

抓实人居环境整治行动。深入开展以“清生活垃圾、清河道垃圾、清白色垃圾”为主要内容的村庄清洁行动，加大资金投入力度和农牧区生活垃圾治理力度；完成边境小康村农村污水处理设施设备配套和污水治理工作，确保农村生活污水达标排放；深入推进“清四边、除三杂、治五乱”行动和违法占地、乱堆乱排乱放等不良行为的整治力度；加快推进农村厕改步伐，2021年全面完成农村无害化卫生厕所改造。

优化国土空间布局。推进区域协调发展和新型城镇化，结合我县自然环境、经济社会发展基础和既有空间布局，不断贯彻新的发展理念，全方位施策，加强国土空间规划，提升土地资源利用效率，助推自然资源的高质量发展。

（五）突出抓好就业创业新动能。

精心搭建就业创业平台。继续加大技能培训工作，制订有针对性的培训计划，重点要突出岗位技能、法律知识和就业指导培训，使参训人员学有所得、学有所用；要开展形式多样的培训活动，适应市场需要，加强与用工单位协作，重点开展定向、订单培训。要通过技能培训，组织引导建档立卡户贫困群众积极参与产业项目建设，实现农牧民困难群众就近就地就业。

努力营造就业创业良好环境。坚持把促进就业放在各项的工作优先位置，当成一项重要的政治任务，统筹做好城乡新增劳动力、高校毕业生、城镇就业困难人员、农村富余劳动力等群体的就业工作；着力帮助零就业家庭、就业困难人员和高校毕业生就业，进一步加大对就业困难群体的援助帮扶力度；建立完善人力资源服务市场机制，引导、扶持、促进人力资源服务业发展，规范人力资源服务业行为，优化创业环境。

（六）突出抓好改革创新强内力。

改革强内力，创新添活力，把实施扩大内需同全面深化供给侧结构性改革有机结合起来，全面推进创新体系建设，着力培育发展新优势，为转型发展注入新动能；充分发挥机构改革融合力，深化行政审批制度改革，完善政府权力清单、责任清单；加快农业农村综合改革，激发农村发展活力；持续深化教育、文化、医疗、科技等领域综合改革，提升公共服务均等化水平。以创新驱动、高质量供给引领和创造新需求，全面促进消费，拓展投资空间。

（七）突出抓好民生短板促和谐。

竭力办好民生实事。大力实施民生改善行动，认真抓好“十项提升工程”，改善交通、供电、饮水、通信等基础设施；巩固完善县级公立医院管理改革成果，让广大干部群众得到最好的医疗服务；持续加大社会保障工作力度，扩大社会保险覆盖面，推进社会保险“制度全覆盖”到“人员全覆盖”转变，力争应保尽保，确保参保率和基金征缴率稳步增长；推进县城供暖供养项目建设和保障性住房建设力度，逐步扩大公租房覆盖范围。

稳步发展社会事业。着力增加教育供给，加强教育基础能力建设，努力提升教育设施现代化水平；巩固创建国家公共文化服务体系成果，积极推进公共文化机构法人治理结构改革工作，不断提高公共文化管理服务水平；加快藏医院和疾控中心新建项目推进力度，推进县乡村医疗卫生远程培训，改善县乡医疗服务水平和能力。

优化城乡生态环境。继续加大对全县农村饮用水水源地清查工作，力争逐步实施完成24个农村饮用水水源地保护工程，全面完成投资370万元的洛扎镇次麦社区彩虹沟重点区生态保护工程项目，对重点区内的生态环境全面加以改善；大力推进河长制和农村人居环境整治“三年行动”，打好蓝天保卫战，加快实施小康村植树造林建设项目，努力凸显洛扎生态美、环境优。

构建和谐社会环境。深入开展群众工作，扎实开展“双清”工作，着力营造良好的社会治安环境；抓好危化品、建筑行业、烟花爆竹等重要领域安全监督检查，坚决遏制重特大安全事故；完善公共安全应急预案，加大应急管理、自救互救知识宣传力度，提升全民防灾自救能力；加大食品药品安全监管力度，维护社会公共安全。

关于洛扎县2020年财政预算执行和2021年财政预算草案编制情况的报告

——在洛扎县第十三届人民代表大会第六次会议上的报告

（2021年1月16日）

县财政局局长　董爱光

一、2020年预算执行情况

2020年，在县委、县政府的坚强领导下，在县人大和县政协的监督支持下，县财政局始终坚持以习近平新时代中国特色社会主义思想为指导，全面结合《习近平谈治国理政》学习活动，深入学习贯彻习近平总书记系列讲话、党的十九大和十九届五中全会以及中央第七次西藏工作座谈会精神等，牢固树立新发展理念，紧紧围绕社会经济发展、维护社会稳定、加强建设边境、生态保护等重点工作为主线，坚持稳中求进工作总基调，按照党中央“六稳、六保”工作的总体要求，认真落实稳增长、调结构、促改革、惠民生、保稳定、防风险一系列政策措施，优化财政资源配置，狠抓财政增收节支和固定资产管理等各项工作，通过全县上下共同努力，各项财政工作目标任务基本完成。

（一）2020年度财政收支情况。

1. 财政收入完成情况：2020年财政总收入为175514.88万元（不含存量调入资金5212.79万元），比上一年度增长51219.01万元，增长率为41.2%。其中转移性收入170386.23万元，比上一年度增长50386.23万元，增长率41.98%。本级财政收入完成5128.65万元，比上一年度增长832.78万元，增长率19.38%。（税收收入完成2981.4万元，比去年降低0.03%，非税收入完成2147.25万元，比上一年度增长846.31万元，增长率为65.05%）

2. 2020年度财政资金支出情况：2020年完成财政支出180301.79万元，比上一年度增长60.6%。其中一般公共服务支出完成22071.6万元，比上一年度降低49.57%；教育支出8537.26万元，比上一年度增长10.05%；文化旅游体育与传媒支出3543.48万元，比上一年度增长37.65%；社会保障和就业支出6566.12万元，比上一年度增长20.25%万元；卫生健康支出6066.89万元，比上一年度增长8%；节能环保支出3516.1万元，比上一年度增长7.72%；城乡社区支出15760.5万元，比上一年度增长140.7%；农林水支出84713.63万元，比上一年度增长242.04%；交通运输支出778.63万元，比上一年度增长694.52%；资源勘探工业信息支出15万元，比上一年度降低88.64%；商业服务业等支出3.86万元，比上一年度增长100%；金融支出14.34万元，比上一年度增长100%；自然资源海洋气象等支出779.66万元，比上一年度增长145.08%；住房保障支出2111.06万元，比上一年度降低9.42%；粮油储备支出22.47万元，比上一年度降低79%；灾害防治和应急管理支出1614.64万元，比上一年度增长321.57%；其他支出23220.46万元，比上一年度增长477.32%。

（二）2020年度重点工作完成情况。

1. 强化税收和非税收入征管监管，确保收入增长。一是加大税收征管力度。努力克服全国经济下行和减税降费政策等因素带来的影响，积极主动与税务部门建立协调联动机制，坚持当前和长远相结合，积极主动研判税收形势，分析税源点对于异常企业及时跟踪分析，找准原因，采取有效措施，切实做到依法征收、应收尽收，尽最大努力使税收留在洛扎。二是加大非税收入管理，认真落实国家各项行政事业性收费减免缓政策，严格执行“收支两条线”管理的有关规定，努力做到非税收入应缴尽缴。经全县上下共同努力，2020年本级财政收入完成5128.65万元，比2019年增长832.78万元，增长率19.38%。

2. 强化重点资金支出进度跟踪，确保尽早发挥效益。一是加强扶贫资金监管。2020年度共整合财政资金6132.02万元，主要安排为570万元用于水源点保护项目建设、952.6万元季节性饮水困难改造、3609.4万元人居环境综合整治、949万元生态岗位补助、技能培训，1.02万元用于银行贴息。已形成实际资金支出5683.86万元，支出率92.69%，圆满完成了市级规定的支出进度。强化扶贫资金监管，6132.02万元全部纳入扶贫监控系统对扶贫资金绩效目标、绩效完成情况、资金支付等进行全程监督，扶贫监控系统资金分配率、绩效目标录入率、附件上传率均100%。将扶贫资金整合使用方案、资金支付情况在洛扎县人民政府网全部公开，接受全社会监督。邀请第三方对2016年以来扶贫资金进行公开公正全面审计和绩效评价，发现问题全部移交给相关部门予以整改。二是强化中央直达资金监管。2020年为应对疫情造成的影响，刺激消费，促进经济增长，中央、自治区为我县下达直达资金12264.43万元，已支出9848.34万元，支出率80.3%。主要安排用于民生类安排资金8235.15万元，占直达资金总量的67.15%；运转类安排资金2979.28万元，占直达资金总量的24.29%；其他类安排资金1050万元，占直达资金总量的8.56%。

3. 强化财政管理，规范财政运行。一是开展应收账款清缴工作。2020年共清理历史遗留应收账款3432.1万元，县人民政府高度重视应收账款清缴工作，多次组织专题会议研究推动相关工作，加上相关部门共同努力，已收回2679.51万元，正在追缴752.59万元。正在追缴的应收账款中因借款年限较长、资料缺失、借款人员无法联系等原因计划第一批坏账处理150万元。二是高度重视审计反馈问题整改工作。2020年山南市审计局在我县开展了为期一个月的2019年预算执行及决算和其他财政财务专项审计工作，提出了预算编制、预算执行、预算绩效、财政管理4个方面52条具体问题，已完成整改47条，正在整改5条，未完成整改原因为以前年度资金管理混乱，时间跨度较长，账户内资金清理、调整难度较大，需要一定的时间和精力，目前财政部门正在积极努力推动相关工作。三是依法接受人大监督。认真贯彻落实县人大及其常委会的各项决议和审议意见，严格落实向县人大报告预算编制、预算执行、预算调整和国有资产管理情况，经人大常委会批复后，财政局在20个工作日内将报告内容在洛扎县人民政府网和财政稳增长系统中进行了公开，接受社会监督。四是积极盘活存量。2020年共盘活存量13090万元，其中7131.03万元用于配套小康示范村建设，317.48万元用于小型农田水利建设，265.37万元用于重点区域造林，763.33万元用于解决历史遗留问题，调入2020年预算4612.79万元。五是开展财政资金绩效评价工作。为确保财政资金发挥最大效益，通过抽查方式对白玛林湖建设项目、小学事业经费、公安局商品服务支出、城乡居民医疗保险等12个项目开展绩效评价，评价方式重点围绕项目的进展及执行过程中目标、计划调整，绩效总目标和阶段性目标完成，资金使用管理，立项规范性，管理制度健全性，项目前期手续，项目招投标，合同规范性，成本节约机制，档案资料管理，经济效益、社会效益、可持续影响、群众满意度等进行综合评价，12个项目中被评为优秀的项目4个，良好的项目5个，合格项目3个，存在的问题已反馈给各相关单位予以整改。六是开展财政财务技能提升工程。年初以来，为全面提升财政人员和各预算单位财务人员业务技能，财政部门带头组织全局干部职工集中三个月每周开展一次政策法规学习活动，组织单位业务人员到其他兄弟县学习2次，同时邀请上级业务部门和会计师事务所专业技术人员先后组织全县财务人员开展业务技能培训2次。

4. 推动财政改革，严控“三公经费”等一般性支出。严格贯彻落实党中央、国务院关于政府带头“过紧日子”和坚持厉行节约反对浪费的有关要求，在政府开支上打好“铁算盘”、当好“铁公鸡”，除刚性支出、重点项目支出和解决历史遗留外，尽可能压减各部门一般性支出。“三公经费”中的公务接待费比去年降低61.12万元，因公出国（境）费维持零状态，公务用车购置及运行维护费比2019年增加377.68万元，主要原因为因疫情需要和车辆达到或超过报废标准更换车辆以及年解决了大量的历史遗留问题。

（三）国有资产管理情况。充分运用资产管理系统平台，加强资产购置、验收、登记、处置、调拨登记备案，形成资产从入口到出口全程动态监控体系，做到家底清。1.资产总量及分布情况。2020年底，全县资产总额为173908.67万元，其中货币资产118167.18万元，实物资产557741.49万元。主要分布为50家行政单位资产为144358.74万元，占资产总量的83.02%，6家事业单位资产为29522.93万元，占资产总量的16.98%。2.资产运行及变动情况。全县经营性房屋出租面积约为9164平方米，年收入为176.58万元，三家沙石料厂年收入为120万元。2020年通过购置、上级调拨已向我局报备新增固定资产728.89万元，已向我局申请报废资产60.35万元。

过去一年我县预算执行情况总体良好，取得了一定成绩。但我们也清醒地看到在经济发展过程中，面临较大困难和挑战，主要表现在：一是受经济下行压力、减税降费政策以及疫情的多重影响，财政增收难度较大，刚性支出增加，收支平衡难度加大，收支矛盾更加突出。二是预算绩效激励约束作用还不够强，财政资源配置效率和资金使用效益有待进一步提高。三是国有资产管理还不够到位，各单位各部门固定资产管理意识还不够强，未严格按照国有资产管理办法强化固定资产管理、登记、报备。

二、2021年度本级预算草案总体安排

（一）2021年度本级预算草案编制的指导思想。2021年我局将坚持习近平新时代中国特色社会主义思想为指导，全面贯彻落实党的十九大、十九届四中、五中全会以及中央第七次西藏工作座谈会精神，认真落实县委、县人民政府各项决策部署，坚持稳中求进的工作总基调，坚持以供给侧结构改革为主线，加大提效，实施积极财政政策，调整优化支出结构，多措并举应对预算平衡压力，统筹做好“六稳六保”工作，全力支持我县经济社会高质量发展再上新台阶。

（二）一般公共预算收入情况。根据县委、县人民政府确定的2021年我县经济社会发展预期目标，由于上级2021年财力还未完全下达，目前我县2021年一般公共预算收入为48683.33万元。其中，返还性收入815万元；一般性转移支付收入37745.628万元；专项转移支付补助收入4694.052万元，调入预算稳定调节基金1828.65万元，调入政府基金收入401.5万元，本级财政预算收入安排3600万元。

（三）一般预算支出安排情况。根据市审计反馈的问题，我局对各单位商品服务支出进行了梳理分析，总体看各单位接待费、取暖费结余结转量较大，在预算中对接待费、取暖费人均标准进行了调整，分别下调50%，接待费调减至公共用车运行维护费，取暖费调减至办公经费。同时，干部职工伙食费由原每人300元，调整为每人600元。

1. 从支出经济分类科目分类：2021年初步预算安排行政单位工资福利支出29264.59万元、商品服务支出1269.33万元，事业单位工资福利支出9183.6万元、商品服务支出152.08万元，行政事业性项目支出19096.71万元，其他支出420.35万元。

2. 从支出功能科目分类：初步安排一般公共

服务支出16377.09万元；教育支出6670.81万元；科学技术支出22.8万元；文化旅游体育与传媒支出945.27万元；社会保障和就业支出4233.86万元；卫生健康支出3251.11万元；节能环保支出607.62万元；城乡社区支出428.11万元；农林水支出3509.83万元；交通运输支出136.99万元；资源勘探信息等支出15万元；自然资源海洋气象支出862.64万元；住房保障支出1579.67万元；粮油储备支出13.17万元；灾害防治及应急管理支出237.1万元；预备费300万元；其他支出9463.41万元。

需要说明的是目前上级财力还未完全下达，待上级财力全部下达后，再次对预算进行调整报县人大常委会审批。

（四）2021年度财政重点工作。

1. 持续深化财政预算管理改革，提升财政管理水平，促进财政可持续发展。一是持续密切关注财政财源，加强财政收入征管。在全面贯彻落实减税降费政策的同时，积极推动税务和相关部门协作，依法依规加大综合治税、治费力度，确保税、费应收尽收；加大项目储备和实施力度，带动税收增长；加大清理盘活存量资金，提升财政资金效益。二是持续强化财政资金绩效管理。将绩效管理理念和方法深度融入预算编制、执行、公开和分析全过程。建立绩效目标和绩效评价结果与预算安排、政策调整挂钩机制，对绩效好的政策和项目原则上优先保障，对低效无效资金一律削减或取消。三是持续全面落实重点保障要求，全过程兜住“三保”支出。坚持“三保”支出优先保障、优先安排，按照“有保有压、尽力而为、量力而行”的原则，强化“三保”支出保障底线，特别是涉及老、小、孤、残等困难弱势群体和人民群众利益相关的教育、医疗、就业等基本公共服务项目全面予以保障。凡可能影响“三保”落实、超出本级财力实际的其他支出或地方出台的政策一律压减。全过程做实“三保”支出，在预算编制环节，对“三保”支出全额纳入预算，不留缺口，在执行环节，加强库款和财政资金调度管理，千方百计保障财政负担的基本民生、工资、社保、运转资金足额拨付。四是持续强化财政资金和国有资产监管。围绕贯彻执行中央八项规定、乡村振兴、小康示范村建设、国有资产管理等重点领域和热点问题，加大财政资金和国有资产监督检查力度，确保财政资金安全，更好发挥资金使用效益，确保国有资产配置更加科学，国有资产管理更加规范。五是盘活存量、防范隐性债务风险。对一般商品服务支出类，在一个预算年度结束后未形成实际支出的将按照存量资金进行收缴，其他资金2年以上未形成支出的进行收缴由县人民政府统筹安排使用，严格执行《中华人民共和国预算法》，坚持先有预算后有支出，打破惯性思维，量力而行、精算平衡，维护财政预算的严肃性、权威性，严堵无预算支出的“后门”，今后在无预算、无资金批复的前提下，谁提前实施、提前动工，谁负责解决资金，本级政府、财政不再解决相关资金。

2. 坚持党的领导加强党的建设，更好发挥财政支持全县经济社会发展中的作用。坚持财政党组学习制度，认真学习习近平新时代中国特色社会主义思想、《习近平谈治国理政》以及中央第七次西藏工作座谈会精神等，推动“两学一做”教育常态化，深化党的思想、组织、作风、和反腐倡廉建设，打造忠诚干净担当的财政干部队伍，着力提升党建工作制度化、规范化、科学化水平。围绕财政中心工作，以理论学习和业务实践为抓手，筑牢全体财政干部思想根基，提升全局干部职工业务能力，为推动财政事业健康发展提供坚强的思想保障。

索 引

说 明

一、本索引采用主题分析法编制。索引范围包括类目、分目、条目等。

二、本索引按主题词首字汉语拼音音序（同音按音调）排列，若首字拼音相同则按第二字音序排列，以此类推。

三、索引款目后的数字表示内容所在的页码，数字后的拉丁字母（a、b）表示栏别（版面的1、2栏）。

四、类目、分目用黑体字。

A

B

C

D

E

F

G

H

J

K

L

M

N

P

Q

T

W

X

Z

中共洛扎县委员会

2020年7月27日，洛扎县委书记赵天武（左一）到基层检查指导边境小康村建设工作

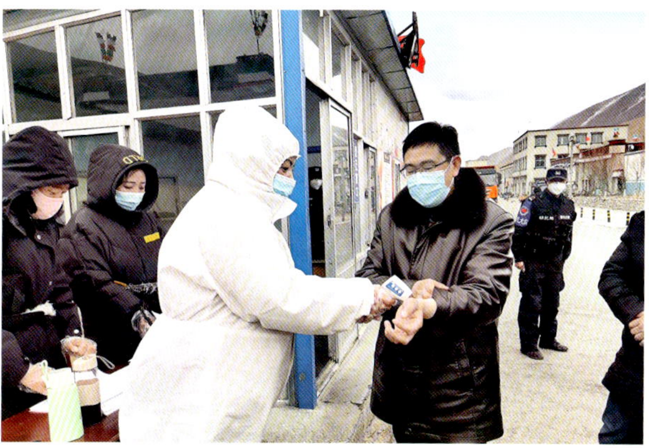

2020年3月14日，洛扎县委书记赵天武（右一）到扎日乡公安边防检查站督导检查疫情防控工作

2020年3月28日，洛扎县委书记赵天武（右一）看望慰问结对帮扶户并宣讲脱贫攻坚相关政策

2020年1月31日，洛扎县委召开应对新冠肺炎疫情工作领导小组第一次全体会议

2020年6月12日，洛扎县召开“四讲四爱”群众教育实践活动第一节点总结暨第二节点安排部署会议

2020年1月15日，洛扎县召开“不忘初心、牢记使命”主题教育总结大会

洛扎县人民代表大会常务委员会

2020年11月16—17日，西藏自治区人大常委会党组成员、副主任王峻（右三）到洛扎县检查自治区十一届人大三次会议代表建议办理情况

2020年2月5日，山南市人大常委会党组成员、副主任贡觉多吉（右二）到洛扎县督导疫情防控工作

2020年9月9—15日，洛扎县人大常委会组织县乡人大代表到阿里地区考察学习

2020年8月28日，洛扎县人大常委会组织举办知识竞赛活动

2020年10月15日，洛扎县人大法制委到边巴乡宣讲中央第七次西藏工作座谈会精神

2020年7月16日，洛扎县人大常委会组织机关和乡（镇）人大主席集中观看警示教育片

洛扎县 人民政府

2020年10月12日，洛扎县委副书记、县长白玛多吉（右二）带领县委统战部和县小康办负责人到生格乡、色乡检查指导边境小康村建设和民族宗教等工作

2020年5月21日，洛扎县委副书记、县长白玛多吉（右二）到扎日乡拉隆村、洛扎镇门当社区检查指导脱贫攻坚和边境小康村建设相关工作

2020年4月1日，洛扎县委副书记、县长白玛多吉（左一）检查指导县、乡、村便民服务大厅运行工作

2020年1月16日，洛扎县人大常委会、政府、政协党组召开“不忘初心、牢记使命”主题教育总结会议

2020年11月30日，洛扎县政府党组召开述责述廉会

2020年3月6日，洛扎县召开脱贫攻坚指挥部第2次专题会议

中国人民政治协商会议洛扎县委员会

2020年6月11—12日，西藏自治区政协常委、提案委员会主任胡宾一行到洛扎县专题调研消除绝对贫困后构建相对贫困治理长效机制情况

2020年11月28—29日，洛扎县政协邀请西藏自治区政协机关党组成员、副秘书长布嘎和山南市委党校学员管理科双语高级讲师、中央党校社会学研究生次仁多布杰围绕“中央第七次西藏工作座谈会精神、政协性质定位和如何撰写高质量提案”三个方面对基层委员开展培训授课

2020年2月22日，洛扎县政协党组书记、主席洛桑次仁（左一）看望慰问困难委员家属

2020年8月7日，洛扎县政协机关干部到乃东区学习交流党建和业务工作

2020年10月10日，洛扎县召开县委政协工作会议

2020年9月6—15日，洛扎县政协组织各界别委员到林芝市考察学习基层党建、乡村振兴和脱贫摘帽后持续促进农牧民增收的成功经验与做法

中共洛扎县纪律检查委员会、洛扎县监察委员会

2020年10月3日，中共洛扎县纪律检查委员会、洛扎县监察委员会工作人员开展“四风”问题监督检查

2020年9月23日，洛扎县召开新任职干部任前集体谈话会

2020年4月2日，洛扎县召开纪检监察系统业务安排部署会暨2020年度扶贫领域监督执纪问题第一次工作例会

2020年8月25日，中共洛扎县纪律检查委员会、洛扎县监察委员会开展学习《习近平谈治国理政》（第三卷）每日领读活动

2020年4月3日，中共洛扎县纪律检查委员会、洛扎县监察委员会组织开展接受红色精神洗礼，重温入党誓词活动

2020年7月10日，中共洛扎县纪律检查委员会、洛扎县监察委员会组织工作人员观看《叩问初心》警示教育片

中共洛扎县委办公室（洛扎县委保密委员会办公室、洛扎县委机要局、洛扎县国家保密局、洛扎县密码管理局、洛扎县档案局）

2020年12月24日，洛扎县委办组织新党员宣誓

2020年10月13日，洛扎县委办召开办公室工作会议

2020年11月28日，洛扎县委办工作人员开展“三包五带五促”活动

2020年9月30日，洛扎县委办组织工作人员到县烈士陵园开展扫墓活动

2020年3月12日，洛扎县委办组织开展义务植树活动

洛扎县 人民代表大会常务委员会办公室

2020年9月16日，洛扎县人大办宣传人员为各单位发放市人大新出台的法规条文

2020年9月3日，洛扎县人大办举办9月人大制度宣传月“民族团结从我做起”演讲比赛

2020年9月4日，洛扎县人大常委会举办2020年9月“人大制度宣传月”知识竞赛活动

2020年11月9日，洛扎县人大办工作人员开展法制宣传活动

洛扎县人民武装部

2020年10月18日，西藏军区领导到洛扎县检查指导工作

2020年6月，洛扎县召开征兵工作会议

2020年9月，洛扎县人民武装部组织民兵巡逻

2020年1月，洛扎县人民武装部组织民兵开展防爆训练

2020年7月，洛扎县人民武装部开展征兵宣传工作

洛扎县人民法院

2020年12月14日，山南市中级人民法院代理院长卓玛央宗（左一）到县诉讼服务中心检查工作

2020年12月14日，山南市中级人民法院代理院长卓玛央宗（左一）到拉康中心人民法庭检查指导工作

2020年11月26日，洛扎县人民法院邀请县人大代表和政协委员参观执行平台

2020年12月28日，洛扎县人民法院干警参加全县卫生大扫除活动

洛扎县人民检察院

2020年8月5日，洛扎县人民检察院召开认罪认罚专题学习会

2020年5月31日，洛扎县人民检察院开展以“同舟共济、检护明天”为主题的检察开放日活动（联席会）

2020年7月1日，洛扎县检司党支部组织党员开展重温入党誓词活动

2020年8月7日，洛扎县人民检察院开展以“快乐暑假、未检相伴”为主题的预防校园欺凌、保护未成年人法治宣传活动

2020年5月26日，洛扎县人民检察院到县中学开展送法进校园活动

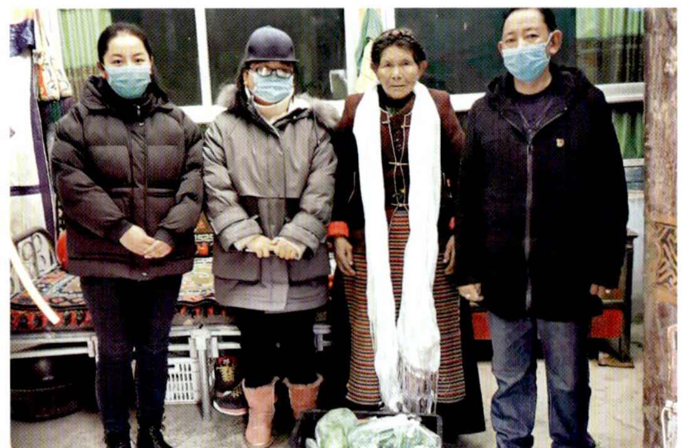

2020年2月21日，洛扎县人民检察院工作人员开展“三节”慰问贫困户活动

中共洛扎县委组织部（编办）

2020年5月4日，洛扎县召开党建工作部署暨抓党建促决战决胜脱贫攻坚工作会议

2020年1月6日，洛扎县召开县委机构编制委员会第一次会议

2020年6月4日，洛扎县举办党员政治纪律教育培训班

2020年9月22日，洛扎县召开新任职干部任前集体谈话会

2020年10月28日，洛扎县欢送短期援藏工作人员离藏

2020年11月10日，洛扎县委老干部局组织退休干部到福建省疗养

中共洛扎县委宣传部

2020年12月20日，洛扎县委常委、宣传部部长边巴（右二）到拉郊乡拉郊村检查指导新时代文明实践中心工作开展情况

2020年6月22日，洛扎县委常委、宣传部部长边巴（右一）带队到门当社区检查“四讲四爱”群众教育实践活动开展和爱国卫生运动等工作

2020年4月30日，洛扎县召开宣传思想文化工作会议

2020年4月27日，洛扎县召开“四讲四爱”群众教育实践活动骨干宣讲员培训会

2020年6月3日，洛扎县开展“四讲四爱”暨脱贫攻坚政策巡回宣讲活动

2020年7月15日，洛扎县在蒙达村开展文化科技卫生法律和爱国爱教“五下乡”宣传服务活动

中共洛扎县委统战部

2021年1月25日，洛扎县委书记赵天武（主席台左四）主持召开2020年度洛扎县深入开展“遵循四条标准 争做先进僧尼”教育实践活动表彰大会

2020年4月29日，洛扎县委副书记、县长白玛多吉（中间排左四）主持召开洛扎县民族团结进步创建工作推进会议

2020年3月28日，洛扎县委常委、统战部部长次仁罗布（左一）为民族团结进步教育基地揭牌仪式致辞

2020年9月16日，洛扎县举办庆祝自治区第30个民族团结进步月和山南市首个民族团结进步日文艺会演

2020年4月9日，洛扎县统战民族开展“大手牵小手、健康伴我行”主题民族团结教育实践活动

中共洛扎县委政法委员会

2020年11月30日，洛扎县召开“先进双联户”创建评选活动表彰大会

2020年3月28日，洛扎县召开政法工作会议

2020年5月8日，洛扎县政法系统集中学习《中国共产党政法工作条例》

2020年9月16日，洛扎县政法委工作人员开展系列法律宣传活动

2020年6月15日，中共洛扎县委政法委员会工作人员开展系列政法宣传活动

洛扎县委国家安全委员会办公室

2020年7月7日，洛扎县委国家安全委员会办公室召开巡察整改工作动员部署会

2020年5月15日，洛扎县召开全县维护国家安全会议

2020年4月15日，洛扎县委国家安全委员会办公室工作人员向群众宣传《中华人民共和国国家安全法》及《边境管理条例》

2020年10月19日，洛扎县委国家安全委员会办公室工作人员到驻村点走村入户宣传《中华人民共和国国家安全法》

中共洛扎县委巡察办公室

2020年6月30日，洛扎县委书记赵天武（中）主持召开县委第八次巡察工作书记专题会并听取审议第八次巡察工作情况汇报

2020年11月26日，洛扎县委常委、纪委书记监委主任、县巡察工作领导小组组长旺庆（第二排左二）主持召开县委巡察工作领导小组第26次会议并审议第九轮巡察工作情况报告

2020年3月12日，中共洛扎县委巡察办公室主任参加县公安局巡察整改专题组织生活会

2020年4月25日，洛扎县召开县委巡察工作第八轮动员部署会

2020年4月26日，洛扎县委巡察工作领导小组成员、巡察办公室主任阿旺伦珠围绕巡察工作重点任务对巡察组成员进行授课

洛扎县发展和改革委员会

2020年4月28日，山南市人大常委会副主任贡觉顿珠（右三）到洛扎县发展和改革委员会检查扶贫工作开展情况

2002年7月31日，洛扎县副县长王小荣（右三）主持召开农电体制改革意见交办会

2020年5月12日，洛扎县发展和改革委员会主任洛桑次仁（左二）带领县项目办相关工作人员检查指导卡久景区在建项目工程

2020年8月16日，洛扎县发展和改革委员会副主任格桑多吉（左一）带领县项目办工作人员验收边巴乡卫生院

2020年10月25日，洛扎县发展和改革委员会副主任田冈（右一）带队验收拉郊峡谷观光区项目

2020年7月31日，西藏自治区农电改办到洛扎县召开农电体制改革工作调研座谈会

洛扎县受援工作

2020年10月28日，中粮集团援建的协其边境小康村一期交房现场

2020年8月20日，中粮集团党组成员、副总裁伊力扎提（左六）慰问协其村建档立卡贫困户

2020年8月20日，中粮集团党组成员、副总裁伊力扎提（右一）视察次麦藏鸡养殖专业合作社

2020年9月14日，中粮集团在泽当召开面向山南籍高校毕业生专场招聘会

2020年5月18日，中粮集团援藏工作队领队、洛扎县委副书记李国伟实地考察协其边境小康村建设情况

中粮集团技术援助的森布日现代牧场

洛扎县教育（体育）局

2020年9月24日，西藏自治区体育局副局长朱安乐（左一）到洛扎县检查体育工作

2020年9月19日，山南市教育（体育）局局长赤列边巴（左二）到洛扎县检查指导教育项目建设工作

2020年3月20日，山南市教育（体育）局领导到洛扎县各学校检查开学工作和疫情防控工作

2020年11月25日，洛扎县在县中学召开素质教育交叉评估验收反馈会

2020年11月14日，洛扎县举办第五届“库拉岗日”旅游文化节篮球比赛

洛扎县公安局

2020年9月，洛扎县公安局局长谭福强（右一）到边境一线检查工作

2020年6月，洛扎县公安局治安大队民警到各乡镇开展治安大清查

2020年8月，洛扎县公安局组织民辅警开展物交会巡逻

2020年5月16日，洛扎县公安局组织民警开展法制宣传活动

2020年7月1日，洛扎县公安局党支部组织民辅警帮助困难群众收割小麦

2020年8月1日，洛扎县公安局民警参加“库拉岗日”旅游文化节文艺活动

洛扎县民政局

2020年，洛扎县民政局为残疾人配备辅助器具

2020年，洛扎县民政局工作人员到基层为群众讲解民政相关政策

2020年，洛扎县民政局工作人员开展疫情宣传活动

2020年，洛扎县民政局工作人员检查洛措之间界桩亏损情况

2020年，洛扎县民政局为自主创业残疾人发放自主创业扶持资金

2020年，洛扎县民政局开展向灾区捐款活动

洛扎县司法局

2020年8月21日，洛扎县司法局参加西藏自治区人民调解视频培训会

2020年6月29日，洛扎县普法办组织全县成员单位负责人参加自治区普法办举办的“民法典”专题讲座视频会议

2020年12月11日，洛扎县司法局工作人员到色乡开展以“党的光辉照边疆 边疆人民心向党”为主题的法律边疆巡回宣讲活动

2020年12月，洛扎县普法办组织县普法成员单位开展“12·4”全国宪法日宣传活动

2020年4月15日，洛扎县司法局开展“4·15”全民国家安全教育日宣传活动

洛扎县财政局（国有资产监督管理委员会）

2020年7月29日，山南市审计局关于洛扎县人民政府审计报告征求意见会议召开

2020年11月24日，洛扎县召开直达资金审计问题整改工作推进会

2020年11月4日，洛扎县召开审计整改暨应收账款工作推进会

2020年11月4日，洛扎县财政局开展非税业务培训活动

2020年7月27日，洛扎县财政局工作人员宣讲房租减免政策

洛扎县人力资源和社会保障局（洛扎县劳动保障监察大队）

2020年4月15日，山南市在洛扎县召开人社下基层重点工作安排部署会议

2020年4月2日，洛扎县召开“双业工程”领导小组2020年缝纫技术培训项目评审会

2020年11月1日，“洛扎县全民创新创业大赛”举办

2020年5月13日，洛扎县开展“山南市高校毕业生就业创业‘政策面对面’主题宣讲活动”

2020年11月27日，洛扎县人力资源和社会保障局（洛扎县劳动保障监察大队）党支部联合县人民医院党支部开展“业务交流，共促提升”主题党日活动

2020年12月28日，洛扎县人力资源和社会保障局（洛扎县劳动保障监察大队）党支部开展“民族团结”知识竞赛主题党日活动

洛扎县自然资源局

2020年5月21日，西藏自治区自然资源厅空间管制处处长王秀茹（右五）一行到洛扎县实地踏勘调研小康村占用基本农田问题

2020年9月24日，山南市自然资源局党组书记中次仁（左二）到洛扎县调研小康村建设工作及增减挂钩工作推进情况

2020年8月20日，洛扎县自然资源局工作人员到曲措村协调增减挂钩拆旧复垦工作

2020年12月8日，洛扎县召开国土空间规划工作动员部署会议

2020年12月8日，洛扎县自然资源局召开临时取料点工作推进会

洛扎县住房和城乡建设局

2020年3月1日，洛扎县住房和城乡建设局工作人员到拉康电站检查工作

2020年6月1日，洛扎县住房和城乡建设局对建筑领域开展安全检查工作

2020年5月9日，洛扎县住房和城乡建设局城管大队开展检查执法工作

2020年4月1日，洛扎县住房和城乡建设局对色乡周转房、公租房等展开维修工作

2020年5月1日，洛扎县住房和城乡建设局开展拉康镇垃圾无害处理选址工作

洛扎县交通运输局（交通运输综合行政执法队）

2020年11月15日，洛扎县交通运输综合行政执法队挂牌成立

2020年1月6日，洛扎县交通运输局组织人员开展道路交通保通工作

2020年4月1日，洛扎县交通运输局组织人员开展路域环境整治行动

2020年8月20日，洛扎县交通运输局组织人员对水毁路段进行抢通

2020年3月，洛扎县交通运输局工作人员对客运班车进行消毒消杀

2020年6月19日，洛扎县交通运输局参与开展“安全生产月”“综治宣传周”宣传活动

洛扎县水利局

2020年9月16日，山南市副市长索朗曲巴（左四）到洛扎县检查小康村农村饮水井工程

2020年4月21日，山南市水利局党组书记邓建军（左二）到洛扎县现场检查搬迁点农村饮水工程

2020年8月24日，安徽省芜湖市水务局代表团到洛扎县开展业务交流并召开座谈会

2020年5月14日，洛扎县水利局党支部召开党建促业务工作推进会

2020年7月1日，洛扎县水利局工作人员开展水利普法宣传活动

洛扎县农业农村局（洛扎县科学技术局、洛扎县乡村产业发展局）

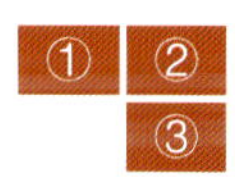

① 2020年5月31日，西藏自治区科技厅厅长赤列旺杰（左二）到洛扎县调研藏药种植工作

② 2020年8月26日，洛扎县农业农村局工作人员开展"科技活动周"集中宣传活动

③ 2020年9月8日，洛扎县农业农村局发放农机购置补贴机具

2020年7月12日，洛扎县农业农村局工作人员到养殖基地开展生猪常规治疗及践行新时代科普使命活动

2020年7月16日，洛扎县农业农村局专技人员到扎日乡开展动物疫病监测工作及践行新时代科普使命活动

洛扎县商务局

2020年9月24日，洛扎县商务局党组召开巡察整改专题组织生活会

2020年9月24日，洛扎县商务局工作人员到商店、超市、餐饮店开展疫情防控工作落实情况检查

2020年9月30，洛扎县商务局工作人员到县域内2个加油站开展安全生产监督检查活动

2020年6月24日，洛扎县商务局联合县应急管理局开展安全生产应急演练活动

2020年8月14日，洛扎县商务局开展发放消费券活动

2020年9月10—15日，洛扎县参展山南市2020年雅砻文化节

洛扎县文化局（洛扎县文物局、洛扎县文化市场综合行政执法队）

2020年8月3日，由西藏自治区文物局和山南市文物局联合组成的工作组到洛扎县验收拉隆寺安全防范系统工程建设项目

2020年9月12—14日，区市两级工作组到洛扎县督导检查寺庙领域文物安全专项整治三年行动工作落实情况

2020年6月10日，洛扎县召开2020年文化（文物）工作会议

2020年4月27日，洛扎县在扎日乡举行行政村文艺演出队辅导培训开班典礼

2020年12月12—30日，洛扎县举办冬季乐器培训班

2020年9月8日，洛扎县举办以“维护社会稳定、促进民族团结”为主题的庆祝西藏自治区成立55周年文艺活动

洛扎县 市场监督管理局

2020年11月，洛扎县市场监督管理局召开第二次明厨亮灶工程动员部署会议

2020年12月31日，洛扎县市场监督管理局召开疫苗安全监管首次联席电视电话会议

2020年11月，洛扎县市场监督管理局开展物交会市场专项检查活动

2020年6月11日，洛扎县市场监督管理局工作人员开展药店专项审查行动

2020年6月，洛扎县市场监督管理局党支部开展庆祝建党99周年主题党日活动

2020年4月，洛扎县市场监督管理局工作人员开展下乡宣讲活动

洛扎县统计局

2020年9月27日，洛扎县统计局局长扎西次仁（左一）和副局长边巴卓玛（右二）到扎日村委会调查人均收入情况

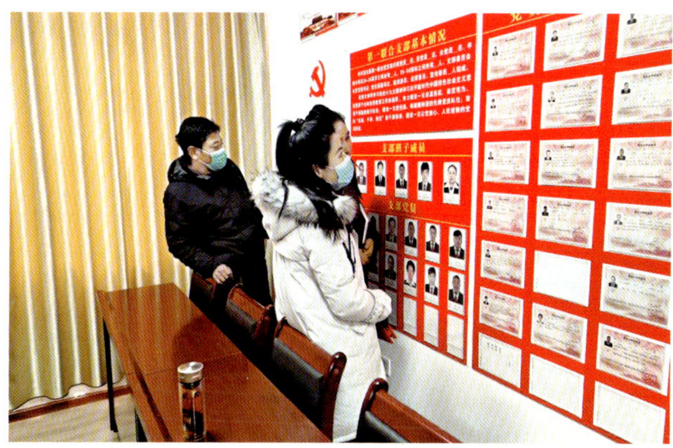

2020年12月，洛扎县统计局组织工作人员到县纪检部门参观学习党建工作

2020年11月5日，洛扎县召开2020年度统计年报部署暨培训会议

2020年9月23日，洛扎县召开第七次全国人口普查动员暨培训会

2020年10月14日，洛扎县统计局工作人员到扎日乡检查指导第七次全国人口普查登记工作

洛扎县医疗保障局

2020年9月30日，洛扎县医疗保障局局长其米益西（右一）到色乡色村慰问贫困户

2020年10月21日，山南市医疗保障局领导到洛扎县生格乡木村调研医保扶贫工作

2020年12月4日，洛扎县医疗保障局工作人员到洛扎镇宣讲医保政策

2020年11月14日，洛扎县医疗保障局组织全体干部召开每周学习会

2020年11月9日，洛扎县医疗保障局组织各乡镇医保专干及村（居）书记或主任、乡镇卫生院负责人及经办人召开医疗保障政策宣讲培训会

洛扎县信访局

2020年7月22日，山南市委副书记格桑（右二）到洛扎县信访局检查指导信访工作

2020年6月4日，山南市信访局党组书记、副局长王万军（左一）到洛扎县检查指导信访工作

2020年5月20日，山南市信访工作联席会议联查小组赴洛扎县实地督查会议召开

2020年7月28日，洛扎县信访工作上半年总结、下半年部署暨第二次联席会议召开

2020年6月17日，洛扎县信访突出矛盾纠纷化解工作调度会召开

2020年9月24日，洛扎县召开信访疑难问题化解调度会

洛扎县总工会

2020年7月15日，西藏自治区总工会副主席丹拥拉姆（右一）到洛扎县总工会调研工作

2020年8月26日，洛扎县总工会开展“科技活动周”宣传活动，县委副书记、县长白玛多吉到现场实地指导

2020年4月29日，洛扎县总工会开展“五一”劳动节慰问困难农牧民会员活动

2020年9月29日，洛扎县总工会开展妇女“两癌”筛查活动

共青团洛扎县委员会

2020年12月25日，共青团洛扎县、乡团委书记参加扎日乡小学爱心物资发放仪式

2020年5月13日，共青团洛扎县委员会开展法制进校园活动

2020年8月22日，共青团洛扎县委员会开展“青春同行，缘见七夕”活动

2020年5月4日，共青团洛扎县委员会组织县中学学生参观百位先贤展板

洛扎县创先争优强基础惠民生活动领导小组办公室

2020年10月21日，西藏反恐特侦队第九批驻村工作队为杰罗布村群众赠送家具家电

2020年10月15日，驻拉隆村工作队开展第七次全国人口普查宣传活动

2020年11月中旬，驻杜鲁社区工作队组织社区妇女开展民族手工编织培训活动

2020年2月21日，驻曲西村工作队协助医务人员到群众家中检查返县学生身体健康状况

2020年8月8日，驻扎日村工作队协助村“两委”开展以“决胜全面小康、决战脱贫攻坚”为主题的第十六届“亚吉”文化节新时代文明实践站文艺演出活动

2020年10月1日，驻门切社区工作队协助社区“两委”开展“庆十一、迎丰收，奔小康、赴新时代”文艺演出活动

山南市生态环境局洛扎县分局

2020年11月8日，山南市生态环境局洛扎县分局工作人员到嘎波社区开展禁塑限塑环保知识宣讲活动

2020年6月5日，洛扎县环保志愿者开展“美丽洛扎 我是行动者”主题活动

2020年，山南市生态环境局洛扎县分局开展“六五”世界环境日“美丽洛扎 我是行动者”签名活动

国家税务总局洛扎县税务局

2020年5月11日，国家税务总局西藏自治区税务局党委委员、总审计师雷纪选（后排左四）一行到洛扎县开展综合调研

2020年4月25日，国家税务总局洛扎县税务局党委班子到边境乡镇开展税收调研

2020年3月28日，国家税务总局洛扎县税务局开展“我和国旗合影”活动

2020年4月1日，国家税务总局洛扎县税务局开展第29个全国税收宣传月活动

2020年12月25日，国家税务总局洛扎县税务局工作人员参加山南市税务系统年底文艺会演并合影

洛扎县气象局

2020年2月2日，洛扎县气象局安排部署疫情防控工作

2020年4月21日，洛扎县气象局慰问浪卡子县伦布雪乡气象局驻村工作队

①②

① 2020年6月11日，山南市气象局业发科和洛扎县气象局联合开展自动站评测工作

② 2020年10月15日，洛扎县扎日乡积雪监测站点建站并调试

2020年6月29日，洛扎县气象局作业人员参加山南市气象局人影WR-1D火箭安全操作技能培训

2020年5月12日，洛扎县气象局工作人员开展全国防灾减灾日宣传活动

洛扎县邮政分公司

2020年11月15日，洛扎县邮政分公司荣获“军民共建单位”称号

2020年9月13日，洛扎县邮政分公司邮递员上门收寄军包

2020年10月3日，洛扎县邮政分公司邮递员投递邮件

2020年7月8日，洛扎县乡镇投递员投递党报党刊

2020年6月，洛扎县邮政分公司二级长途邮路驾驶员检查车辆

2020年12月15日，洛扎县邮政分公司配送农家书屋图书

中国农业银行股份有限公司洛扎县支行

2020年，西藏自治区人民银行副行长李玉福（右二）到农行洛扎县支行检查指导工作

2020年，洛扎县拉郊乡三农金融综合服务站挂牌

2020年，洛扎县蒙达营业所开展“金融精准扶贫”政策宣讲活动

2020年，农行洛扎县支行开展建军节节前慰问活动

2020年，农行洛扎县蒙达营业所工作人员向群众宣讲金融扶贫政策

洛扎县电信局

2020年3月5日，洛扎县电信局客户经理到扎日乡营业厅宣传5G资费业务

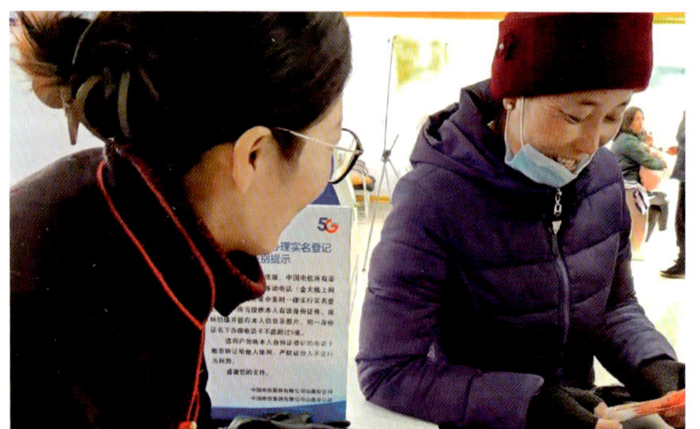

2020年2月6日，洛扎县电信局服务人员为用户讲解客户实名制规定

2020年5月26日，洛扎县电信局组织员工学习电信消防知识并开展演练活动

2020年8月15日，洛扎县电信局工作人员抢修拉郊乡光缆

洛扎县移动公司

2020年5月6—7日，中国移动公司山南市分公司总经理普布次仁（左五）到洛扎县拉郊乡德玛龙新建点位开展选点工作

2020年3月15日，洛扎县移动公司组织党员到边巴乡美秀村慰问结对帮扶户

2020年11月3日，洛扎县移动公司利用早会时间召开第四季度年底冲刺动员大会

国网洛扎县供电公司

2020年5月21日，国网山南供电公司党委书记罗布次仁（右二）到国网洛扎县供电公司检查指导工作

2020年5月26日，洛扎县委常委、县公安局局长谭富强（左三）到边巴乡边境抵边村“三区三州”配网工程现场检查指导工作

2020年11月8日，洛扎县人民政府为国网洛扎县供电公司赠送锦旗

2020年5月30日，洛扎县边巴乡边境抵边村通电仪式在桑布拉举行